救世観音

聖霊会・蘇莫者の舞い

新潮文庫

# 隠された十字架

## —法隆寺論—

梅原　猛著

新潮社版

2709

# はじめに

この本を読むにさいして、読者はたった一つのことを要求されるのである。それは、ものごとを常識ではなく、理性でもって判断することである。常識の眼でこの本を見たら、この本は、すばらしき寺、法隆寺と、すばらしき人、聖徳太子《しょうとくたいし》にたいする最大の冒瀆《ぼうとく》に見えるであろう。日本人が、千何百年もの間、信じ続けてきた法隆寺と太子像が、この本によって完全に崩壊する。

冒瀆の書よ、破壊の書よ、危険の書よ、妄想《もうそう》の書よ、人が健全な常識と、正しい良心をもてばもつほど、人はこの本にたいしてそういう非難の言葉を投げつけるであろう。真の意味において革命的なあらゆる学説が受けねばならぬそのような非難を、私もまた甘んじて受けようと思うが、一言のアポロギア（弁明）が許されてよいであろう。私は哲学を天職として選んだ。哲学というのは、文字通り、フィロソフィア、知を愛することと、名誉や、権力や、金銭より、何よりも真理を愛することである。しかし、真理を愛することは容易なことではない。なぜなら、人間というものはとかくきびしい真理の女神より、虚偽の淫女《いんじょ》につかえることを好むものであるからである。そして、虚偽の淫女が、常識という仮面をかむって、長い間人々に信じられているとき、あたかもその淫女は、真理の女神より一層女神らしく見えるからである。

それ故《ゆえ》に、哲学の仕事は徹底的な常識否定の仕事から始まる。それは多くの人々がそれに依拠している常識を否定して、人々を懐疑の中につき落し、そこから新たに根源的な思惟《しい》をはじめさせようとする仕事である。この仕事は本来危険な仕事である。この危険な情熱に憑《つ》かれたソクラテスは、そのためにアテナイの常識人の怒りを買い、ついにその命を落した。

ソクラテスの徒として、私がここで行なったのは、こういう常識の根本否定と、かくされた真理の再発見であった。ここで日本の古代に関する長い間の常識が否定され、隠された真理が現われる。ソクラテスは真理の認識は想起によって起るという。人間の魂は、かつて真理の国にいて、真理をはっきり見ていた。しかし、今や人間は現象の国に生れて、真理をはっきり見る眼を失った。それ故、この現象の国で、真理を認識するためには、かつて彼の魂がそこにいた真理の国を想起すればよいというのである。

プラトンの『メノン』にかかれたこの言葉を、今、私は感激をもって思い出す。ここで私の認識の意志は過去へ向っていた。法隆寺が、その造られた時点において、どういう意味をもっていたかが、私の問いであった。しかし、千年以上もたって、真理はおおいかくされ、誤った見解が常識として通用していたために、法隆寺は謎《なぞ》に包まれた寺となっていた。私はある日、その暗い謎の底に真理が微笑《ほほえ》みかけるのを見た。推論によって、その真理をひき出して見ると、真理は確固とした体系をもち、あたかも想起によって、過去そのままがそこに再現されるかのようであった。私が真理を発見したのではない。真理が長い間の隠蔽《いんぺい》に耐えかねて、私に語りかけてきたのである。

どうやら私の言葉は、一つの本の序文の言葉としては、いささかひびきが高すぎるようである。冷静に事実を語ろう。私が法隆寺にかんする新しい仮説に気づいたのは、一昨年の春であった。その頃、私はそれより約半年前に考えついた別の仮説の追求に夢中になっていた。それは『古事記』『日本書紀』にかんする仮説である。『古事記』と『日本書紀』の制作主体を藤原不比等《ふひと》と考え、『記紀』において語られている日本神話を律《りつ》令《りよう》体制にもとづく宗教改革の神話と考える仮説である。この仮説に到達したのは、出《いず》雲《も》神話にかんする根本的疑問からであるが、その一連の仮説構成の過程──私はそれを真理発見の過程と呼びたいのであるが──その過程については、次の著書『神々の流《る》竄《ざん》』においてくわしく語ることにしよう。とにかく私は『記紀』を藤原不比等の制作のもとに考えるという大いなる仮説を、私の頭で再認識しつつ、その大いなる仮説をめぐる山脈をあちこちたどっていた。そして、その大いなる仮説の山脈をたどっていたとき、私ははしなくもその山脈が法隆寺にも通じていることを見出《みいだ》したのである。

それは、一九七〇年の四月のある日であった。私は何げなく天平十九年（七四七）に書かれた法隆寺の『資財帳』を読んでいた。そこで私は巨勢徳太《こせのとこた》が孝徳天皇に頼んで、法隆寺へ食封《へひと》三百戸を給《たま》わっているのを見た。巨勢徳太というのは、かつて法隆寺をとりかこみ、山背大兄皇子《やましろのおおえのおうじ》はじめ、聖徳太子一族二十五人を虐殺《ぎゃくさつ》した当の本人ではないか。その男が、どうして法隆寺に食封を寄附する必要があるのか。日本の歴史を少しかじったものとして私は知っていた。日本において、多く勝者は自らの手で葬《ほうむ》った死者を、同じ手でうやうやしく神とまつり、その葬られた前代の支配者の霊の鎮魂こそ、次の時代の支配者の大きな政治的、宗教的課題であることを。私はここに日本の神まつりのもっとも根本的な意味があると思っていた。

もしも法隆寺に太子一族の虐殺者達によって食封が与えられているとすれば、法隆寺もまた後世の御霊《みたま》神社や、天満宮と同じように、太子一族の虐殺者達によって建てられた鎮魂の寺ではないか。『資財帳』は一旦《いったん》停止された食封が再び与えられたのが、養老六年（七二二）と、天平十年（七三八）であることをしめしていた。ところが、この養老六年と天平十年というのは、いずれも当時の藤原氏の権力者が死んで、藤原氏及び藤原氏の力で政権をにぎっていた皇族達が危機におち入った年であった。なぜ藤原氏の権力者の死後、食封が法隆寺に下されるのであろう。巨勢徳太の場合と同じように、それは太子の霊への恐怖ゆえであろう。太子一族と蘇我《そが》氏の滅亡、彼等の犠牲の上に大化改新はなされ、舒明《じょめい》帝の子孫と藤原氏が支配する時代が来た。殺害者の子孫たちは、彼らの父祖の死に見えざる怨霊《おんりよう》の復讐《ふくしゆう》を感じて、その霊を手厚くまつろうとしたのではないか。

私はその仮説に到達したときの魂の興奮を忘れることが出来ない。私は、たかぶった心を抑えて、一夜あれこれ推論をめぐらした。法隆寺が聖徳太子一族の鎮魂のための寺であるとしたら。この仮説をとるとき、今まで長い間謎とされてきた、私にとっても長い間謎であった法隆寺の秘密が一気にとける思いであった。

法隆寺にかんする解説書を読んで見るがよい。それが良心的な解説書であればあるほど、法隆寺には多くの謎があることが指摘されている。中門《ちゆうもん》の真中の柱、金堂の三尊、塔の実際の高さと『資財帳』に書かれた高さとのくいちがい、奇怪なる顔をしていられる救世《ぐぜ》観音と、その異常なる秘密隠蔽への意志。とにかく法隆寺には分らないことが多いのである。それゆえ、私は、法隆寺を学生時代以来、十数回おとずれたが、法隆寺はその時まで、全く分らない寺であった。そして、私の処女出版であり、今は仏像の解説書としてあまねく読まれている、望月信成《もちづきしんじよう》、佐和隆研の両先生との共著『仏像─心とかたち』においても、私は法隆寺の仏像について詳細にふれることができなかった。法隆寺の仏像は、ほとんどすべて仏像の一般的な特徴を逸脱しているからである。釈迦如来《しやかにょらい》といわれ、薬師如来といわれるものも、図像学的には、釈迦仏、薬師仏の一般的特徴を大きく逸脱しているのである。仏像ばかりではなく、建築においても、工芸においても、法隆寺には、建築学や工芸学の、一般的説明によっては理解出来ないものが多い。

こういう謎をとくには、もはや、個々の仏像学や、建築学の問題を越えて、法隆寺一般がいかなる意味をもつかという綜合《そうごう》的な問いを問わねばならないが、そういう問いが今までは、全く欠如していた。法隆寺にあるすべての仏像、すべての建築、すべての工芸を統一して、それらに意味を与えるもの、そういう全体的なもの、綜合的なものへの問いなしに、法隆寺は理解されることが出来ないのに、今まで法隆寺は分析的・部分的にのみ研究されてきたのである。

そのことは法隆寺にかんする研究にばかりあてはまるものではない。日本の古代学の全体の欠陥なのである。現代において、すべての学問は分業の方向をたどっている。美術史学にしても、ある学者は彫刻のみを、ある学者は建築のみを研究する。それによってたしかに学問は、より精密になり、より正確になるが、同時に全体的な視野を見失いやすい。ゼーデルマイヤーのいう中心の喪失が、現代文化の運命であろうが、そういう中心を喪失した文化の中に生き、中心を喪失した分業化された学問になれているわれわれは、中心が厳然として存在し、その中心によってすべてのものが統一され、すべてのものが意味を与えられていた時代の文化遺産を研究する場合にも、中心を喪失した学問によって、よく理解することが出来ると考えているのである。

すべての文化を文化たらしめる統一的な意味を研究すること、それこそまさに哲学に課せられた仕事なのである。哲学的思惟の特徴は、まさに綜合性にあるが、この綜合性の認識がまさにここで、日本の古代学にも必要だったわけである。私ははっきりいいたいが、すでに、おどろくほど精密になった個々のジャンルの研究の成果において、法隆寺にかんする真理は解明される準備が十分ととのえられていたのである。建築学における石田茂作氏、大岡実氏、竹島卓一氏などの研究、仏像学における望月信成氏、佐和隆研氏、長広敏雄《としお》氏などの意見、および高村光太郎氏や亀井《かめい》勝一郎氏の詩人的な直観などは、ここで私が体系的に展開した仮説の真理性を暗示しているように思われる。つまり、分業化され、精密化された法隆寺にかんする多くの研究によって、私の学説はすでに用意され、私はそれらの研究を観点をかえて見直し、それらを綜合すればよかったわけである。すでに真理を示す正しい点は、多くの学者によって見出されていた。その点をたどって一つの正しい図形を画くことが私の仕事であった。今まで誰によってもそのような図形が画かれなかったのは、今まで誰もが、法隆寺にかんする通説、常識にとらわれて、通説、常識を根本的に疑って見ようとしなかったからである。コロンブスの卵のように、発見してしまえば実に簡単なことなのである。

私がその仮説に到達した日から、私は改めて法隆寺にかんする多くの文献をよみあさり、何度か現場へ行って、自分の眼でそれをたしかめたのである。不思議なことには、ちょうど、磁石に金属が向うからひっついてくるように、法隆寺にかんする多くの事実が向うから私の仮説のまわりにひっついてきたのである。今まで如何《いか》なる理論によっても説明出来なかった法隆寺にかんするすべての謎が、私の仮説によって、一つ一つ明瞭《めいりよう》に説明されてくるのであった。ちょうど私が、このような仮説を思いついてから一年後、一九七一年の四月には、聖徳太子の死後千三百五十年を記念して、聖霊会《しようりようえ》がもよおされた。この聖霊会は、文字どおり恨みをのんで、この斑鳩《いかるが》の地で死んでいった、太子一族の鎮魂のまつりとしか私には思われなかった。それを見て私はもう間違いはないと、一層私の仮説の正しさを確信するようになったのである。千三百五十年祭にあたって太子は私に隠された歴史の真相を告げたまわったのであろうか。私は太子は日本における最初の理想主義者であったと思う。そのあまりに高すぎる理想主義ゆえに、太子は孤立し、太子一家は悲劇的な最期《さいご》をとげたが、太子の理想追求の精神と真理愛の精神は、その悲劇性ゆえにかえって輝きをますのである。太子にかんする間違った理解をやめさせ、太子一家の深い悲劇性を理解することこそ、真に太子を崇拝する道であると私は思う。太子の無念なる魂が、太子の怨霊が、私に歴史の真相を教えたとしか、私には思われないのである。

ここで展開された私の仮説が正しいかどうか、その判断を、私は現在及び未来の読者にまかせるより外はないが、一般に学問において、真理とは何であるかを、一言説明しておく必要があろう。それはもっとも簡単で、もっとも明晰《めいせき》な前提でもって、もっとも多くの事実を説明する仮説と考えて差支《さしつか》えないであろう。われわれは地動説を真理として、天動説を誤謬《ごびゆう》と考えているが、それは地動説をとった方が天動説をとったときより、観察によってたしかめられる天体現象が、はるかに明瞭に、はるかに簡単に説明されうるからである。地動説が百パーセント真理であるわけではないのである。それは今でも一つの仮説にすぎないものであるが、その仮説によって、今まで、天動説によって説明されなかった現象が、より明瞭に、より簡単に説明される以上は、それは、それ以上、明瞭簡単に天体現象を説明出来る仮説が発見されぬ限り、その真理性の座を維持することが出来るのである。もしも地動説では説明されぬ天体現象が見出され、それをより明瞭に、より簡単に説明する理論が見つかったら、地動説は、真理性の位置を別の仮説にゆずらねばならぬであろう。

人文科学においても、ほぼ同じことがあてはまる。私の法隆寺にかんする仮説が、たとえどんなに簡単であり、それによって、今までの理論によって説明されなかった法隆寺の謎が、どんなに明らかに説明されたとしても、それは絶対の真理性を主張するわけにはゆかないであろう。他日、私の仮説以上に簡単であり、私の仮説以上に、明らかに法隆寺にかんする多くの謎を証明する仮説がたてられたら、私の仮説はその真理性の位置を新しい仮説にゆずらねばならぬであろう。

もとより、専門の歴史家でも、仏像学者でも、建築学者でもない私は、認識の過程で若干の誤りを犯しているかもしれない。あるいはまた、私の想像力が事実をこえて、空想の世界へ迷いこんだところも、少しはあるかもしれない。そういう個々のミスを指摘していただくのも大いに結構であるが、願わくば、それと共に、この本の根底にある理論そのものを問題としてほしいのである。一旦、こういう仮説が提出されたからには、もはや、古い常識と通説へ帰ることは出来ないと思う。この仮説の否定は、この仮説以上の理論的整合性をもった他の仮説の創造によってのみ可能なのである。願わくば、私の大胆なるこの仮説が、はなはだ認識がおくれていると思われる、日本の古代学の発展の刺戟《しげき》にならんことを。

最後に、このような仮説発見の契機となったもう一つ別な古代にかんする私の仮説、法隆寺にかんする仮説より、もっと根本的な、もっと壮大な仮説にかんして、ここで一言ことわっておく必要があろう。なぜなら私の古代研究は、日本神話についての疑いからはじまり、ついで『古事記』『日本書紀』の著者の問題にいたり、その問題の探求の過程で、法隆寺にぶつかったからである。そして、雑誌「すばる」の一号、二号に、『神々の流竄』『蔭《かげ》の部分』の題のもとで、日本神話や『記紀』について論じ、法隆寺について論じたのは、その三号から五号までにおいてであった。発見の順序、雑誌掲載の順序と著書発行の順序が逆になってしまった。

その理由は、日本神話、あるいは『記紀』にかんする私の研究が不十分であり、種々の誤謬をふくんでいることが分ったからである。私は、私が一生経験したことのない不思議なエロスに導かれて、古代研究に熱中したが、当時の私には、こういう研究を進めるのに十分な学問的用意がかけていたように思われる。突然、金の鉱脈を見出し、興奮して、あまりにも不用意に金鉱を掘りすすめた人のように、私はその一端を見つけた鉱脈を夢中で掘っていき、あまりにも性急に、そこで見出した鉱石を、これは金だ、これは銅だといったが、私が金であるといった鉱石が銅であり、銅であるといった鉱石が金であったりすることもあった。時には、私は何でもない瓦礫《がれき》を金といって、人々の失笑をかったこともあったようだ。今は少し勉強したおかげで、かつての私をおそった誤謬がよくわかるが、こうした誤謬なしに、私を夢中にさせた認識の情熱はありえず、こうした誤謬が次の大いなる発見に私を導いたことは否定できないと私は思う。

神話と『記紀』にかんしては、もう一度書きなおすより仕方がないであろう。私は今年中には、『神々の流竄』と題して神話や『記紀』にかんする研究をまとめたいと思うが、あるいは少しは遅れるかもしれない。この神話と『記紀』にかんする研究において、私は上山《うえやま》春平氏の助けをえたというより、この一連の研究は、上山氏と理論的な二人三脚というべき認識作業によってつくられたのである。上山氏は私の十五年来の最大の認識の友であるが、この仕事においても、私は仏教の研究からさかのぼり、彼は縄文《じょうもん》文化論から下って、共同の研究テーマを見つけたのである。この場合、最初、この領域にエロスをもちこんだのは私であるが、上山氏の明晰な判断なしには、とうていこのような短期間に、このような理論の構成は不可能であったであろう。カントは、直観なき概念は空虚であり、概念なき直観は盲目であるといったが、この二人の共同作業において、私はより多く直観の役目を、上山氏はより多く概念の役割を分担したようである。もしも、私一人でこの仕事を進めていたとすれば、私の直観ははてしのない空想の中をさまよい、私の仕事は学者の仕事であるより、小説家の仕事になっていたであろう。上山氏は、雑誌「歴史と人物」に『神々の体系』と題して古代論を連載中であるが、たとえ、共同研究によって真理を発見しても、再びそれを個人の個性的な文章によって書きとめるより仕方がないのが人文科学の運命なのである。

日本の神話および『記紀』にかんする、かつての私の認識において、その後、検討した結果、どうもあやしいと思われる部分と、ますます確かであると思われる部分がある。あやしいと思われる部分は、ヤマタノオロチや、イナバのシロウサギにかんする部分で、ますます間違いがないと思われる部分は、『記紀』が藤原不比等の手によってつくられたものであり、『記紀』の神話は、律令《りつりょう》体制に応じる宗教改革のための神話であったということである。つまり、藤原氏は天武―持統の直系の皇族を、アマテラス神話によって他の皇族および臣下と区別して、絶対化するとともに、その背後にある自分達の政治権、軍事権、祭祀《さいし》権独占の主張をタカミムスビ、タケミカズチ、アメノコヤネが活躍する神話に盛ろうとしたものであり、出雲はこういう政治体制にじゃまになった古い神様を流した場所であるという部分である。これについてはできるだけ認識の誤謬を少なくして稿を新たにして論じたい。

とにかく、ここ二年半ほど私の魂を熱中させた古代にかんする認識の最初の本を、私はここに刊行することになった。私の心は処女作を世に送り出す時以上の喜びと不安にふるえているのである。

一九七二年二月一日　　　　梅原　猛

# 目次

華経』の講義

# 隠された十字架

——法隆寺論——

# 第一部　謎《なぞ》の提起

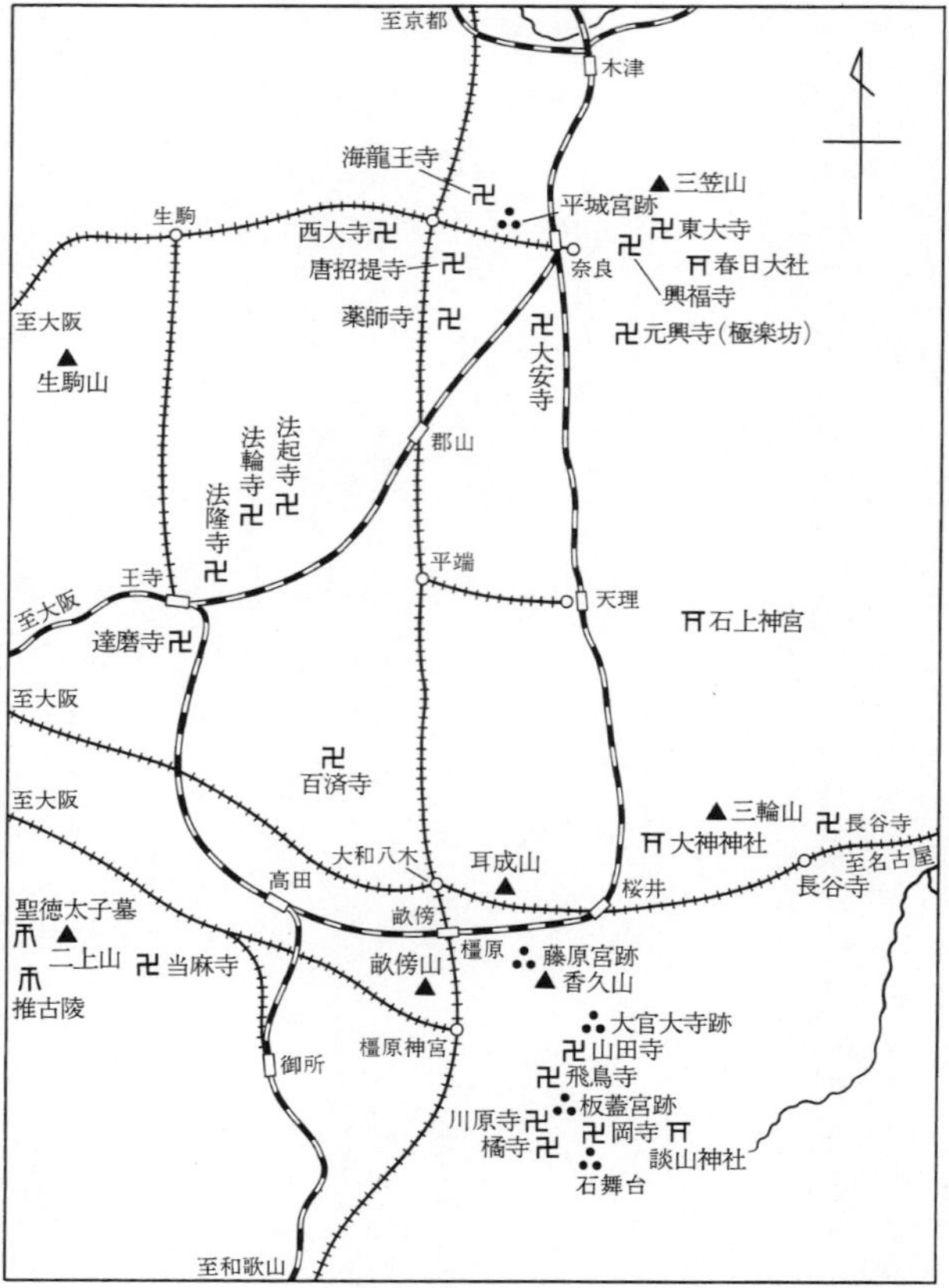
至京都
木津
海龍王寺
三笠山
平城宮跡
生駒
西大寺
東大寺
奈良
春日大社
唐招提寺
興福寺
薬師寺
至大阪
元興寺(極楽坊)
大安寺
生駒山
法起寺
法輪寺
郡山
法隆寺
平端
王寺
天理
至大阪
石上神宮
達磨寺
至大阪
百済寺
至大阪
三輪山
長谷寺
大神神社
大和八木
耳成山
至名古屋
高田
桜井
長谷寺
聖徳太子墓
畝傍
二上山
当麻寺
橿原
藤原宮跡
畝傍山
香久山
推古陵
大官大寺跡
山田寺
橿原神宮
御所
飛鳥寺
板蓋宮跡
川原寺
岡寺
橘寺
談山神社
石舞台
至和歌山

法隆寺関係地図

## 法隆寺の七不思議

先日のことである。私は久しぶりに、私の処女作『仏像―心とかたち』の共著者である、前の大阪博物館長の望月信成《もちづきしんじょう》先生におあいした。私は法隆寺についてのある仮説に夢中になっていた。望月先生におあいしたときも、法隆寺のことをたずねた。すると先生はいわれた。

「梅原さん。法隆寺はむつかしいです。五十年研究していてもさっぱり分らない。そして、この法隆寺という寺は、後からいろいろな事実が発見されれば発見されるほど分らなくなる不思議な寺です」

たしかに望月先生のいわれる通りである。法隆寺にかんする多くの参考書を読むがよい。すべて何だかよく分らない。だいいち、この寺の建造年代についても諸説紛々、収拾するところを知らない。分らないものがいっぱいある。その分らないところがまた法隆寺の魅力でもある。

この法隆寺や中宮寺にある仏像の口もとに浮ぶかすかな微笑をアルカイック・スマイルといって、フェノロサはモナ・リザの微笑に比した。モナ・リザは謎《なぞ》の女である。謎の女は謎の微笑を浮べて、ひとびとを魅惑する。法隆寺の仏像も、謎の微笑を浮べて、

塔相輪の鎌

ひとびとを魅了する。

その謎の微笑に分析のメスを入れるのは、聖なるものの冒瀆《ぼうとく》かもしれない。この謎の微笑の秘密をとくために、すでにさまざまなメスが入れられた。しかし、その謎は現在まで、依然として謎のままであった。謎の微笑を浮べる仏像のある寺は、依然として謎につつまれている。

かつて、法隆寺には七不思議の伝説があった。

1　法隆寺にはくもが巣をかけない
2　南大門《なんだいもん》の前に鯛石《たいいし》とよばれる大きな石がある
3　五重塔の上に鎌《かま》がささっている
4　不思議な伏蔵《ふくぞう》がある
5　法隆寺の蛙《かえる》には片目がない
6　夢殿《ゆめどの》の礼盤（坊さんがすわる台）の下に汗をかいている

7 雨だれが穴をあけるべき地面に穴があかない

(石田茂作『法隆寺雑記帖《ざつきちょう》』)

何やら怪談じみた話である。南大門の前に鯛石といってたしかに大きな石がある。その石の下に何があるのか。また伏蔵といって、法隆寺の中庭に三カ所、一つは金堂の北東角、一つは経蔵《きょうぞう》の中、一つは廻廊《かいろう》の南西角、塔の前あたりに、石の蓋《ふた》があって、その中にかくされた蔵《くら》があり、蔵の中にさまざまな財物が収められているといわれる。

とにかく石の蓋があることはたしかである。はたして何があるのか。くもが巣をはらないとか、蛙が片目であるとか、雨だれが穴をあけないなどとは、本当であろうか。本当とは信じられないが、何だかうす気味の悪い話である。そのうす気味の悪い伝説の背後にあるのは、いったい何だろうか。

石田茂作氏は、そういううす気味の悪い伝説を排除して、次のように七不思議を考えている(同『法隆寺雑記帖』)。

1 中門中央の柱
2 金堂・五重塔の裳階《もこし》
3 中門・講堂中軸線の喰い違い
4 五重塔の四天柱礎石の火葬骨
5 三伏蔵

6　五重塔心礎《しんそ》舎利器《しゃりき》に舎利無し
7　若草塔の心礎

このうち石田氏が第一にあげたのは、法隆寺の中門の中央に柱があることである。人の通る門の真中に柱があるのは不便である。それなのにその門の真中に柱がある。通せん坊をしているような形である。この柱があるために法隆寺の中門は、内からこの柱をはさんで二つの扉をつくっている。一つの扉でいいはずなのに二つの扉をつくるとは、たいへん不便である。不便なことをわざとしているのはなぜか。この中門の真中の柱はどういうわけであろう。

石田氏のあげた第二の不思議とは、金堂と五重塔にある裳階である。昔は法隆寺は聖徳太子時代（五七四—六二二）に建てられたとされた。しかるに裳階は薬師寺の塔にもあるように、かなり後の時代、少なくとも和銅年間（七〇八—七一五）に下るとされていた。この古い飛鳥《あすか》時代（七世紀初頭）の建物のはずである法隆寺に、どうして裳階があるのか。裳階はきっと後からつけられたのであろうと思われた。ところがそうではない。法隆寺の解体修理によって、裳階は最初からあったことが分った。いったい何のために裳階があるのか。

石田氏があげた第三の不思議は、中門の中心線と講堂の中心線が一致していないということである。しかしこの謎は石田氏のいう通り、講堂の解体修理によって解かれた。

講堂は現在は九間であるが、もとは八間であった。復原した八間の講堂の中心線は中門の中心線と一致していたのである。

石田氏のあげた第四の不思議は、法隆寺の五重塔の礎石の東北隅の柱の穴から、火葬された人骨が出てきたことである。わが国最初の火葬例は、公式記録によれば、文武四年（七〇〇）に死んだ元興寺《がんごうじ》の僧道昭《どうしょう》である。とすれば、この塔の出来たのはそれ以後ということになるが、とにかく、なぜこんなところに骨をおいたのであろう。いったいこの骨は誰の骨か。

石田氏の第五の不思議は、先の三伏蔵である。この三伏蔵は、まだその実体が明らかにされていないが、文献にはしきりに書かれている。この伏蔵には、聖徳太子が仏法が滅びたときに使うようにと多くの宝物を収めたという。いまだ仏法は滅びないので、この伏蔵もまだ使われず、調査も受けていないのであろうか。

石田氏のあげた七不思議の第六は、五重塔の心礎には舎利器があり、この器は現在も法隆寺の大宝蔵殿に陳列されているが、その中に舎利が発見されなかったということである。『聖徳太子伝私記』という鎌倉《かまくら》時代の本には「此《こ》の塔の心柱の本には、仏舎利六粒、髻髪《もとどりひげ》六毛を納籠《をさめこめ》たり、六道の衆生《しゆじやう》を利するの相を表す」とあるが、大正十五年発見のときは、それらはすでになかった。はたして舎利ははじめからなかったのか、それとも誰かが先にとり出したのであろうか。

石田氏のあげる最後の謎は、最初に建てられた法隆寺の址《あと》とされる若草伽藍《がらん》の礎石が地上にあることである。ふつう礎石は、土の下に埋め、そこに心柱をたてる。しかし、なぜ若草伽藍の礎石は地面の上にあるのか。

石田氏のあげる七不思議は、伝説的な七不思議よりいちじるしく科学的である。その七不思議の中には、すでに科学的に解かれた第三の不思議のようなものもある。しかし不思議の性格が科学的になったとしても、まだ不思議は残る。特に中門の柱の謎は、依然として解けない。

## 私の考える法隆寺七つの謎《なぞ》

石田氏の七不思議は、現場の学者らしい発想であるが、私は法隆寺を綜合《そうごう》的に見て、私なりの七不思議を考えてみよう。

一　『日本書紀』に関する疑問。法隆寺に関して、われわれの認識が謎に包まれているもっとも大きな原因は、法隆寺建造に関して正史である『日本書紀』に一言も書かれていないことである。法隆寺の名前が最初に『日本書紀』に出てくるのは法隆寺の火災の記録である。天智《てんじ》九年（六七〇）四月三十日の次のような記事である。

「夏四月《うづき》の癸卯《みづのとのう》の朔《ついたち》壬申《みづのえさるのひ》（三十日）に、夜半之後《あかつき》に、法隆寺に災《ひつ》けり。一屋《ひとつのいへ》も余ること無し」つまり法隆寺全焼の記録である。ところがこれより一年前の天智八年冬の記事に、時に、「斑鳩寺《いかるがでら》に災《ひつ》けり」という記事がある。

『日本書紀』において、しばしば寺名は古い名と新しい名で呼ばれる。飛鳥寺《あすかでら》、法興寺、元興寺は結局同じ寺であり、大官大寺、大安寺は同じ寺である。同じように法隆寺と斑鳩寺は、同じ寺のはずである。同じ寺が一年前に焼け、また再び全焼する。これも奇妙なことであるが、何よりも奇妙なのは、法隆寺あるいは斑鳩寺について、いつ建てられたかという記事はなく、ただ焼けたという記事のみあることである。

この法隆寺に対する奇妙な沈黙は、『続日本紀《しょくにほんぎ》』においてもまだ続いている。『続日本紀』において、はじめて法隆寺がその名をあらわすのは、和銅八年(七一五)六月、元《げん》明《めい》帝のときである。このとき旱魃《かんばつ》があって困り、諸社寺に幣帛《へいはく》を捧《ささ》げて雨を祈った。その翌日「斎《さい》を弘《ぐ》福《ふく》法隆の二寺に設く」とある。そしてその結果「未《いま》だ数日を経ずして澍《じゅ》雨《う》滂沱《ぼうだ》たり。時の人以為《おもへ》らく、聖徳感通して致すところなりと。因《よ》つて百官の人に禄《ろく》を賜ふこと各差《おのおのしな》有り」

つまりここで、法隆寺は弘福寺と共に雨を降らせてくれる寺であった。この弘福寺が、川原寺といわれる飛鳥にある寺か、あるいは後に興福寺と書かれる奈良に新しく出来た寺であるかは、疑問があろう。しかし、私は後にくわしく述べるように、それは奈良にある弘福寺、正確には興福寺ではなかったかと思う。この興福寺についても、『続日本

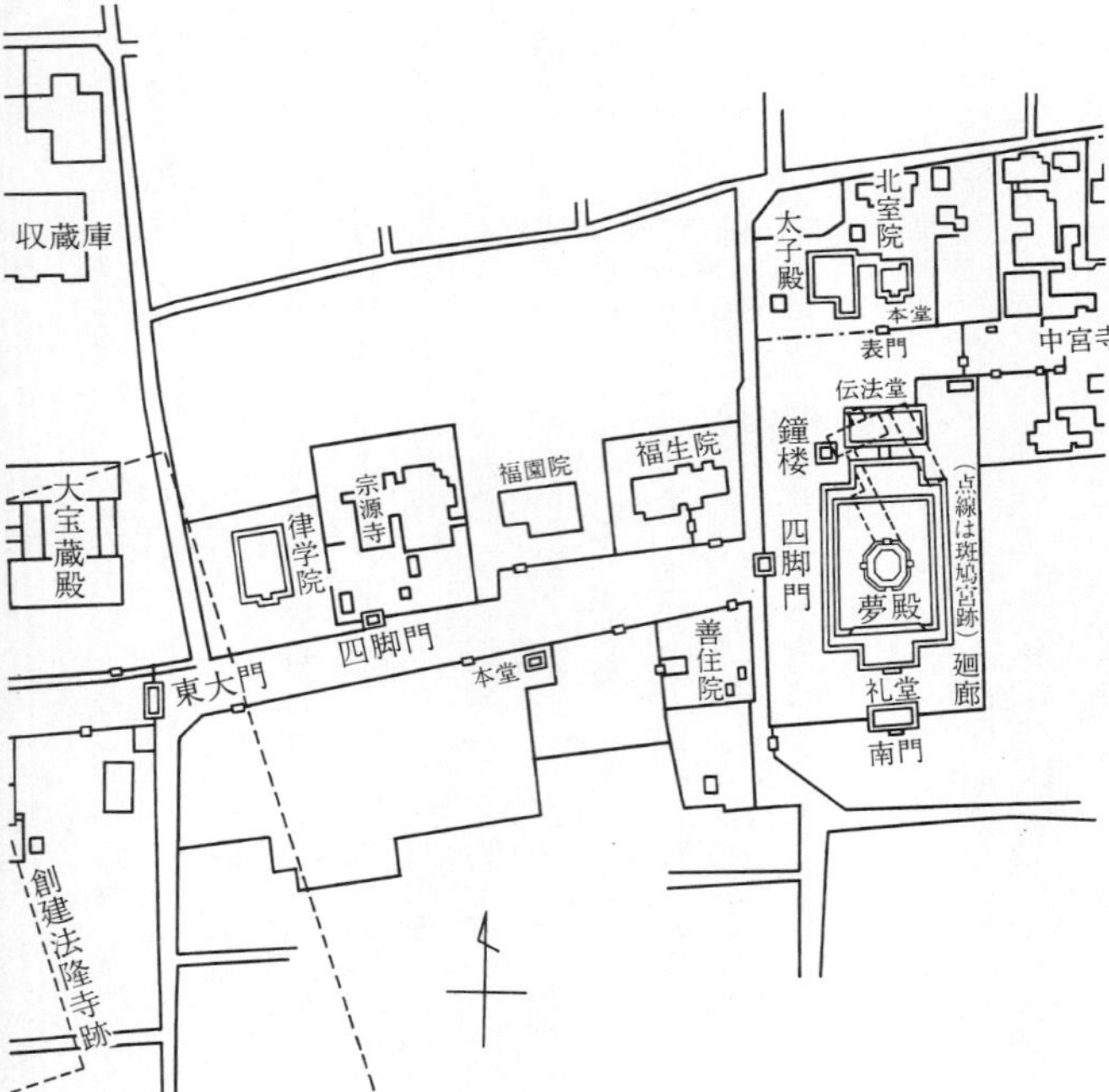
収蔵庫
大宝蔵殿
律学院
宗源寺
福園院
福生院
四脚門
東大門
本堂
善住院
創建法隆寺跡
太子殿
北室院
本堂
表門
中宮寺
伝法堂
鐘楼
四脚門
夢殿
（点線は斑鳩宮跡）
廻廊
礼堂
南門

法隆寺見取図

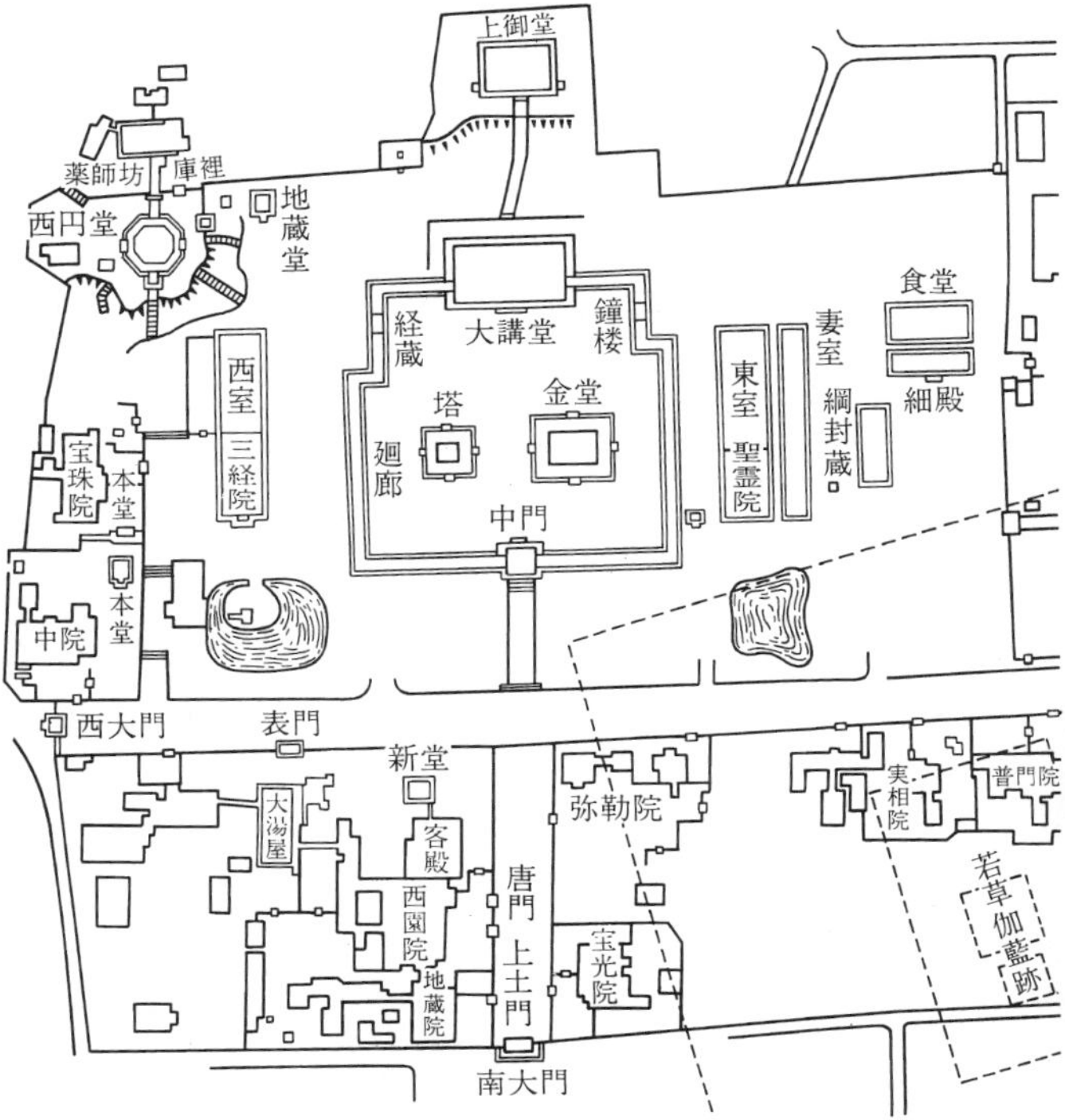
上御堂
薬師坊
庫裡
西円堂
地蔵堂
経蔵
大講堂
鐘楼
食堂
妻室
西室
三経院
塔
金堂
東室
聖霊院
綱封蔵
細殿
廻廊
宝珠院
本堂
中門
本堂
中院
西大門
表門
新堂
大湯屋
客殿
西園院
地蔵院
唐門
上土門
南大門
弥勒院
宝光院
実相院
普門院
若草伽藍跡

紀』においていつ建てられたのかはっきりしない。だいたいその建造年代は和銅年間と思われるが、もしこの記事の弘福寺が興福寺をさすとすれば、ここで興福寺ははじめて再建法隆寺と共に登場するのである。

以後、法隆寺が『続日本紀』に登場するのは、天平十年（七三八）三月二十八日の記事に「山階寺《やましなでら》に食封《へひと》一千戸、鵤寺《いかるがでら》に食封二百戸を施す」という記事のみである。ここで、法隆寺は、わざわざ鵤寺というような古い名で呼ばれているが、それは興福寺が、わざわざ山階寺という名で呼ばれているのと同じである。とにかく法隆寺に毎年の補助金が出た。興福寺の一千戸に比べれば五分の一であるが、とにかく食封が下されたのである。

じっさい、この記事は、現在残っている法隆寺という立派な寺に比べれば、少なすぎるのである。飛鳥寺や四天王寺や大官大寺（大安寺）や薬師寺についての建造の記録はある。しかし、法隆寺にかんしては、その建造について一言も語られないのはなぜか。

『日本書紀』あるいは『続日本紀』は、さまざまな秘密をもった本である。『続日本紀』は、『古事記』については一言も語らず、『日本書紀』にかんしてもただ一行しか語らず、おそらくその頃までに完成していたと思われる出雲《いずも》大社についても一言も語らなかった。そうした作為的な沈黙に『日本書紀』及び『続日本紀』の特徴がある。もし天智九年に法隆寺が全焼したとすれば、当然、その後天智九年から和銅八年までのあいだに法隆寺は再建されたことになるが、それについて一言も『日本書紀』および『続日本紀』には語られていないとしても、さほど怪しむべきことではないかもしれぬ。

しかし、私は見たのである、書かれていない部分に真実がかくされていることを。あれほど立派な建物と仏像を残しながら、『日本書紀』および『続日本紀』がこの建物について語らなかったのは、『古事記』や『日本書紀』が出雲大社について真実を語らなかったように、そこに何か大きな秘密がかくされているのではなかろうか。

『日本書紀』、『続日本紀』が、法隆寺の建造及び再建について一言も語らなかったことが、あの法隆寺論争を生んだのである。再建の年を書かないゆえに、法隆寺は聖徳太子の建てた寺そのものであるという非再建説が成立し、天智九年にこの火災のことを書いたために、また再建説が生れたのである。法隆寺にかんして、『日本書紀』は実にあいまいである。そのあいまいさは故意のものか、それとも偶然のものなのであろうか。

私は法隆寺の七不思議をあげる場合、第一に、正史の不思議、『日本書紀』、『続日本紀』のあいまいさをあげねばならない。なぜ『日本書紀』『続日本紀』は法隆寺にかんしてこのようにあいまいな叙述をしたのか。

**二**　このあいまいさは、『法隆寺資財帳』、正確にいえば『法隆寺伽藍《がらん》縁起《えんぎ》幷《ならびに》流記《るき》資財帳』によって一層深化される。『資財帳』とは、各寺院が政府に差出した財産目録である。寺院が政府の援助をうける、そこで政府からもらった財産を保管する義務が各寺院にある。したがって、ときどき寺院の財産しらべが行われる。幸い法隆寺は大安寺と共に、天平十九年（七四七）に行われたもっとも古い『資財帳』が残っている。この『資財帳』は何よりも正確であらねばならぬ。なぜなら寺院の財産を売りとばしたり盗まれたりしたら、寺院は責任を問われるからである。たとえばここに布があると、布の長さと幅まで、一々克明に記入しなければならない。

ところが、この正確を旨《むね》とする『資財帳』が、なぜか寺院の設立にかんしては、きわめてあいまいである。ここには用明天皇（？—五八七）及び、代々の天皇のために、推古天皇（在位五九二—六二八）と聖徳太子が、法隆学問寺、四天王寺、中宮尼寺《にじ》、橘《たちばな》尼寺、蜂岳寺《はちおかでら》（広隆寺）、池後《いけじり》尼寺、葛城《かつらぎ》尼寺を建てたとある。そしてそれに続いて、孝徳天皇、大化三年（六四七）戊申《つちのえのさる》九月二十一日に食封《へひと》三百戸を賜わり、また戊午《つちのえのうま》四月十五日に、播磨《はりま》国の領地を賜わったと書かれている。

これで見ると、法隆寺は明らかに聖徳太子によって建てられたのである。そしてここには焼失の記事も再建の記事もない。非再建論者が、若草伽藍の発見まで、長い間、法隆寺の焼失、再建を信じなかったのは無理もないのである。

しかし、もし法隆寺再建が動かしがたい事実であるならば、どうしてここに再建のことを書かなかったのであろうか。焼失と再建という、おそらく、この『法隆寺資財帳』が書かれた時代からそう昔のことではなかった重大事に、なぜ『資財帳』は沈黙しているのであろうか。ここに一つの虚偽がある。もとよりそれは積極的な虚偽ではない。しかしここにはっきりと事実の隠蔽《いんぺい》がある。なぜ『資財帳』は事実を隠蔽したのか。ここに今一つの謎がある。この『資財帳』の事実の隠蔽が、われわれの法隆寺にたいする認識を狂わし、今現に狂わし続けているのである。文書の謎は以上の二つの謎で十分であろう。

**三**　次は建物の謎である。その第一は、伝説の七不思議の中にも、また石田氏のあげた七不思議の中にも入っている中門の謎であろう。中門の真中に柱があるのは全くおかしい。門とは人が入るもののはずなのに、この門は通せん坊がしてあるようなものである。門の中に棒があるのは閂《かんぬき》である。この通せん坊は、横でなく縦についているが、やはりそれは通るのに邪魔になることには変りない。なぜこのような棒をたてたのか。いろいろな人がいろいろな説を出すが、どうも、確実な答えがない。この門の謎は何か。

**四**　中門を入った右側に金堂がある。この金堂についても分らぬことが多い。金堂には、本尊が三体いる。だいたい一つの寺の本尊は一体であり、あとは脇侍《きようじ》である。しかしこの金堂には、向って右から、薬師、釈迦《しやか》（三尊）、阿弥陀《あみだ》の三つの如来《にょらい》が並んでいる。『資財帳』に阿弥陀仏がないところを見ると、阿弥陀仏は後世に置かれたものかもしれないが、二体の仏ははじめから金堂に並んでいたらしい。三体あるいは二体の本尊は異例である。もとより中央にいる釈迦三尊が御本尊なのであろうが、薬師如来、阿弥陀如来も、釈迦如来と同じ服装をして、同じような台座にのっていられるのを見ると、

中　門

やはりこの金堂において、三つの如来は欠くことが出来ない役割をしているのであろう。なぜ金堂に三体の如来がいるのであろうか。

そればかりでない。そのお姿は古風である。それは北魏《ほくぎ》様式と昔からいわれてきた。北魏様式だから、当然、推古朝のものだということが多くの仏像学者の結論であった。ところが、ここに驚くべきことが起る。もし『日本書紀』にいうように天智《てんじ》九年に法隆寺は全焼し、現在の法隆寺が再建であるとすれば、いったいこの仏像は、どこにあったのだろうか。もし前からここにあったとすれば火災にあって焼けたか、誰かが持ち出したのであろうが、持ち出すにしては少し重すぎるし、火災にあったあともない。するといったい、この仏像はどこにあり、なにゆえ、ここに持ってこられたのであろうか。

まだ多くの謎《なぞ》が金堂にはある。たしかに仏像は古風であるが、あの金堂を装飾する壁画は、どう見ても新しい。どんなにそれを古く見る人でも、せいぜい天武帝（在位六七三―六八六）の頃におく。天平年間（七二九―七四九）まで下げる人もある。中にある仏像は古いはずなのに、壁画が新しいのはどういうわけであろう。

釈迦三尊

金堂にはまだ他にも謎が多いが、後にふれよう。とにかく、法隆寺の本堂と思われる金堂にかんして謎は余りに多い。

**五**　次に塔である。先に石田氏が塔の柱の下の礎石から発見された火葬骨と、心礎の仏舎利器に舎利がなかったことを七不思議の一つに数えている。いったいあの怪談じみた舎利は誰の骨であろう。そして心礎の舎利器に舎利がな

薬師如来

かったとすれば、いったいそれはどういうわけであろう。
　そしてまた、心柱が、土中へ入っていた中間に、三方から大きな石が柱にくい入るように置かれていたことが報告されている。この石は、はじめから置かれたのか、それとも一旦《いったん》柱がくさったため新たに置かれたものか議論がある。はじめから置かれたものとすれば、わざわざ建物を危うくするようなそういう石を、なぜ柱にくいこませたか、はなはだ疑問である。また一旦柱がくさってから置かれたとするならば、そういう石を置くには上部の須弥《しゅみ》山《せん》を崩さねばならないが、それを崩したあとはない。塔の北隅の舎利、舎利のない舎利器、柱の間にくいこんだ石、それはいったい何を意味するのか。

金堂と塔

そしてまた、塔には塑像《そぞう》がある。その塑像は傑作で、特に北面の涅槃《ねはん》像は奈良美術の最高傑作の一つである。そして、『聖徳太子伝私記』などによれば、塔の内面には地獄の像がつくられていたそうであるが、今はない。この外側にある四個の塑像と内側にあったという地獄の像は、いったい何を意味するのか。

塔にはこのような謎があるが、もっと不思議な謎がある。『資財帳』には、塔の高さを十六丈と報告しているが、実は十六丈はないのである。実測すると、全高三二・五六メートル弱、一〇・七四四丈なのである。元禄《げんろく》時代に中間の部分を改造し、少し高くしたらしく、もとは、三一・七六メートル、一〇・四八四丈位の高さであったろうと、建築学者の村田治郎氏はいう（『法

塔北面の塑像

隆寺』)。

いずれにしても、『資財帳』とは大分へだたりがある。『資財帳』に現われた塔は、現実の塔より、約一・五倍も高いのである。いったい、これはどういうわけか。『資財帳』に記された建物の尺度は、他の部分では、いたって正確である。しかるに、塔の高さに関してのみ、このような大きな食い違いがあるのは、どういうわけか。

大幅に塔は改造されたのであろうか。しかし、そのような改造の跡はない。よしんば改造したとしても、前の塔を約三分の二に縮めることは、建築学上から見て、全く不可能なことであろう。とすれば、塔は昔から十丈なにがしの高さであるのに、『資財帳』には十六丈と記されていたとしか考えられない。これは、いったいどういうわけであろう。塔にかんする最大のミステリーである。

**六**　夢殿を中心の建物とする寺院、それを法隆寺では東院と名付けている。建物は西院のみで十分なようである。西院のみで完全な寺院の形態である。それなのに、それに加えてもう一つ大きな伽藍をなぜ必要とするのか。この伽藍がつくられたのは天平十一年（七三九）と伝えられるが、なぜもはやすべての伽藍が整ってから二、三十年もたった後に、別の建物を必要とするのか。

夢殿は八角の堂である。この八角の堂を中心に東院伽藍が建てられているが、なぜ夢殿は八角堂なのか。この八角堂の夢殿の中には厨子《ずし》があり、その中の本尊が有名な救世《ぐぜ》観音像（口絵）である。この救世観音像は長い間秘仏であった。鎌倉《かまくら》時代の法隆寺の学僧顕真《けんしん》の書いた『聖徳太子伝私記』にも、やはり、この仏像は秘仏であり、誰も見たことはないとある。とすれば、この像は、この夢殿がつくり始められたときから、秘仏であったと考えられるが、この秘仏がはじめて人眼にさらされたのは、明治十七年のことである。日本の古美術に深い関心をもっていたアメリカの哲学者フェノロサが、明治政府の命令書をもって、この寺を訪れた。秘仏を見たら、たちまちのうちに地震が起り、寺は崩壊するであろうという伝承を信じていた寺僧は、容易に厨子の鍵《かぎ》を渡さなかったが、無理に鍵をとって、厨子をあけたフェノロサは、そこに、体一面に木綿の布を巻い

夢殿

た背の高い仏像を見た。そして、その木綿の布をとって出てきたのが、われわれが、現在、夢殿で見る救世観音である。

なぜ、救世観音は、このようにまで厳重に秘仏にされねばならなかったのであろうか。厳重に閉じられた厨子、そして、何重にも巻かれた木綿、そして、寺院崩壊の恐怖を与える伝説、それは執拗《しつよう》なる隠蔽《いんぺい》への意志を示すが、なぜ、この仏像は、それほどまでに秘密にされねばならないのか。

この仏像は発見者フェノロサによって、モナ・リザに比せられた。モナ・リザの如《ごと》く、口もとに不思議な微笑《ほほえ》みを浮べているからであろう。モナ・リザの微笑みは、長い間、西洋の美術史家にとって謎であった。救世観音の微笑もまた、日本の美術史家にとって、現在もなお、謎である。この謎の意味は何か。
建物・彫刻についての大きな謎は、以上四点である。
七　最後に、祭りの謎である。法隆寺のもっとも重要な祭りは聖霊会《しょうりょうえ》である。聖霊会というのは、文字通り聖徳太子の霊をなぐさめる祭りである。この場合、夢殿から輿《こし》に乗った舎利と太子七歳の像がかつぎ出され、聖霊殿に舎利と太子の像を置いて聖霊の供養《くよう》が行われるのである。聖霊会には大と小とがあり、毎年行われる小聖霊会は聖霊殿で行われるが、五十年に一度の大聖霊会は西院講堂の前に舞台をつくって行われる。太子には二歳のときに手から舎利が出てきたという伝説があり、その像は南無《なむ》太子像と呼ばれる。この南無太子像と共に、最も多く作られている太子像は孝養太子像といって、太子十六歳の像である。太子が柄香炉《えこうろ》をもっている像であるが、十六歳といえば、『伝暦《でんりゃく》』によれば太子の父、用明帝が死んだときである。それゆえ、この孝養太子像というのは、用明帝の葬式に参列する太子の像であると思われるが、とすれば、この像もまた死に関係があるのである。
太子七歳像というのは、大変珍しい像であるが、あるいは二歳像（南無太子像）と十六歳像（孝養太子像）の中間をとったものであろうか。とにかく、大聖霊会では、この太子七歳像と舎利が、それぞれ東院夢殿の北側にある絵殿と舎利殿からとり出され、それが西院の講堂の前に運び出されて、そこで祭りが行われるのである。たとえ舎利が仏舎利であり、その仏像は太子が生れつき仏教信者であるということをあらわすとしても、この話は何となく無気味である。法隆寺は、舎利を太子と関係させて、一緒に供養しなければならない理由があるのであろうか。いったいそれはどういうわけであろう。太子はなぜ舎利とそんなに深い関係をもっているのであろう。

以上において、私は法隆寺を、その文献二、その建物・彫刻四、その祭り一にわたって検討してみた。そして、法隆寺がそのすべてにおいて大きな謎につつまれているのを見た。じっさい望月先生が言われるように、法隆寺は全く分らない寺である。調べれば調べるほど分らなくなると、多くの学者が嘆くのは無理もない。この謎に向って私は挑戦したいのである。

## 再建論と非再建論の対決

われわれが一人の美的観照者に止《と》まるとき、法隆寺はわれわれをいくたの甘美な空想で魅惑する。あの金堂や塔の繊細優雅な建物、そして金堂の三本尊に百済《くだら》観音、夢違《ゆめたがえ》観音、救世《ぐぜ》観音などのすばらしい仏像、玉虫厨子《たまむしのずし》、橘《たちばな》夫人念持仏、天寿国曼荼羅《まんだら》など、そこに日本美術の宝庫がある。その美にわれわれは思わずうっとりする。この美の讃美《さんび》を和辻《わつじ》哲郎は『古寺巡礼』において見事に歌った。そして亀井《かめい》勝一郎は和辻に続く仏像の美の見事な歌い手であった。法隆寺はそういうひとびとの美しい文章により、いっそう美しく、いっそうロマンチックになったのである。私もかつてはまたそういう讃美の歌の歌い手であった。私の歌は、和辻や亀井のように美しくもロマンチックでもなかったが、下手な歌い手である私ですら、この法隆寺を見れば歌いたくなるような、あやしげな美しさをもっている。

われわれが一人の美的観照者である限り、われわれはそういうロマンの歌を歌いつづければよい。しかし私は、単なる美的観照者として止まれない運命をもっている。一人の認識者としての魂が私の中に宿っている。そしてその魂は私に命じる。いったいこのロマンにみちあふれた法隆寺という

玉虫厨子

夢違観音

寺にあるのは、いかなる真実であろうか。私は美的観照者であると共に真実の探究者でありたいのである。

真実の探究者としてわれわれが法隆寺に向うとき、われわれはそこに幾多の謎《なぞ》を見出《みいだ》す。その謎は私が先に七つにまとめた謎に、その大体は尽されよう。この謎を解け。

しかし、謎を解く前にまず、今までの法隆寺にたいする学者たちの見解にふれねばならない。法隆寺についていろいろな学者のいろいろな研究がある。考古学者、建築学者、古代史学者、仏像学者——多くの学者が、法隆寺について熱心に研究し、すぐれた成果を発表している。私が一人の哲学者、つまり文化を綜合《そうごう》的に理解することを職業とする一人の学者として、法隆寺について発言出来るのは、そういう学者たちの労作があればこそである。以下、私は出来るだけ専門的学者の研究の成果を参照しつつ、推論を進めてゆくことにしよう。

法隆寺についての認識を困難にしているのは、何よりもまず、法隆寺が（1）誰によって、（2）何のために、（3）いつ建てられたかが分らないことである。この誰ということについても、なぜということについても、いつということについても、正史である『日本書紀』、『続日本紀《しょくにほんぎ》』はもちろん、法隆寺の『資財帳』ですら全く沈黙している。法隆寺についての従来の研究は主として（3）にしぼられているようである。法隆寺はいつ建てられたか。それが例の法隆寺再建論争の中心問題でもあった。

法隆寺は長い間聖徳太子の建てた寺と信じられていた。僧たちはこの伝承を信じて法隆寺を守りぬいてきた。この伝承にたいして最初に疑いが投げられたのは明治二十年頃であり、小杉榲邨《おんそん》や黒川真頼《まより》などの歴史家によってであったが、伊東《いとう》忠太や塚田武馬などの建築学者は再建説に反対をとなえた。そして再建論は歴史家の喜田貞吉によって引きつがれ、平子鐸嶺《たくれい》や関野貞などの美術史家や、建築史家との間にはなばなしい論争が行われた。

「今その論争の要点を挙げると、非再建論は今の伽藍《がらん》敷地に焼失を示す遺物がないこと、現伽藍に使用されている尺度は飛鳥《あすか》時代の高麗尺《こまじゃく》で、和銅から用いられた唐尺《とうしゃく》によっていないこと、その建築様式は純然たる飛鳥式であること、日本書紀の記載は必ずしも絶対的でなく、干支《えと》を一まわり誤り、推古天皇十八年の時の一部の火災を伝えたものであることなどを論拠とした。

これに対し再建論は、日本書紀の法隆寺罹災《りさい》の記事は絶対正確であること、和銅頃に再建を思わせる多くの傍証資料があること、尺度論を初めとする遺品による証拠は絶対的でないこと、様式論は一種の仮定論に過ぎないことなどを論拠とし反駁《はんばく》した」

（野間清六『飛鳥・白鳳《はくほう》・天平の美術』）

特に昭和十四年三月における再建論者・喜田貞吉博士と非再建論者・足立《あだち》康博士の立会演説会は、猛烈なものであったらしい。

「法隆寺再建非再建の問題に関し、歴史地理学会主催のもとに喜田・足立両博士の立会演説が行われ、何時《いつ》にない緊張した討議が行われたことは、学界における近来での快事である。ことに両雄の獅子吼《ししく》は感情に走らず粗野にわたらず和気あいあいのうちに理をつくし実をきわめ、聴衆に少しも顰蹙《ひんしゅく》の念を抱かせなかったことはたのもしい限りである。……（中略）

法隆寺の再建非再建の問題はじつに明治三十二年以来のことである。爾来《じらい》三十有八年、いまだにその是非が決せられないところに、この議論の深みがあり面白味がある。再建論は『日本書紀の記載によって天智《てんじ》天皇九年大火に会い焼失し、今の諸堂は其《そ》の後の建築であるとなす説』であり、非再建論は『否《いな》、今の法隆寺、少なくとも金堂、塔、中門は飛鳥時代の建立《こんりゅう》で、決して天智天皇以後のものでないとする説』であるとひとまず云える。

しかし、その再建論非再建論にしたところで、その後内容には幾変遷《へんせん》を経、修正に修正が加わり、初期の議論とはよほど形態の変ったものとなっている。

今度の足立博士の説は、従来の非再建論が一斉に弁明につとめた再建論者の議論を全部承認して、しかも非再建なりとするもので、初期のそれとはすっかり論陣が変っている。一方喜田博士の再建論も、初期にあっては法隆寺が現在の地で火災しそこに再建したと説かれた。しかし、その後関野博士によって法隆寺伽藍地内が発掘調査されたが、同所から焼土焼瓦《やけがわら》など一切出ず、少なくとも現地においては火災のあった形跡を認めないということになり、一時再建論者の不利とも見えたが、のち現在の法隆寺食堂《じきどう》付近より焼土焼瓦の出土することが判明するに及び、その論陣を改組せられ、今日では法隆寺の最初の建物は食堂の南普門院《ふもんいん》辺に建立せられ、それが天智の火災により一屋余すなく焼失し、以後現在の地に再建立したものであろうと提唱せられている。しかし、その論拠には、現食堂辺より出土の古瓦は伽藍地出土のものより古式であること、金堂礎石に再用せるものの存すること、ならびに塔心礎中より葡萄鏡《ぶどうきょう》発見の事実などを算《かぞ》え上げていられる。

改組以来の喜田博士の再建論は、初期の『日本書紀』一点張りの議論を立て、その他の記録を顧みる必要はなくまた遺物遺蹟《いせき》の実際にとかく立脚しようとする非再建論は初学者の空想に過ぎないとされたのとは異なり、大いに円熟して傾聴すべき点がはなはだ多い。しかしながらこの円熟した説においてもなお承服し難い点が若干ある。なかでも出土古瓦の問題は、いかに贔屓眼《ひいきめ》に見、喜田博士の説をもり立てようとしても、どうしても歩みよりのできないものがあるのをどうしようもない」

（石田茂作『法隆寺雑記帖《ざっきちょう》』）

この論争は、足立博士は「今頃、再建説がとなえられるのは学界の恥である」といい、喜田博士は「今頃、非再建説がとなえられるのは学界の恥である」といい、論争は猛烈をきわめたものであったらしいが、興味深いことは、この論戦の日から間もなく、法隆寺の若草伽藍の発掘をし、再建論をほぼ決定する大発見をした石田茂作氏が、このときはまだ、再建論にくみしていなかったということである。石田氏は、自らいうように喜田博士とも足立博士とも親交があるので、困って、どちらにも難点のあることを説いて、これ以上の論争を仲裁するつもりであったらしい。

## 若草伽藍址《がらんあと》の発見と再建の時代

しかし石田氏による若草伽藍の発掘は、ほとんど再建説を決定的にさせたのである。

というのは、現在の法隆寺の普門院南あたりに昔から一つの礎石があったが、そこを若草伽藍址と推定し、十二月七日から発掘調査をしたところが、そこから塔と金堂をもつ、規模においては現在の法隆寺とほぼ同じ大きさをもつ四天王寺式の建物の遺跡が発見されたのである。ところでこの法隆寺の金堂と塔の方位は、正面を指さず、二十度東にかたむいていた。現法隆寺も、三度東に振った方位によって建てられているので、若草伽藍は現法隆寺とは十七度のちがいがあった。この十七度のずれは、後に東院の発掘によって発見された旧斑鳩宮《いかるがのみや》跡の方位と一致し、また法隆寺の東大門を出て夢殿に通ずる道の方位とも一致するのである。つまり、どうやら旧法隆寺および斑鳩宮の建物は、現在の建物より十七度東南に偏していた建物であったらしい。そしてその若草伽藍址から、複弁蓮花文《れんげもん》の鐙瓦《あぶみがわら》と、杏葉文《ぎょうようもん》の宇瓦《のきがわら》を出土したのである。

瓦については後に語ろう。法隆寺若草伽藍の瓦は飛鳥《あすか》時代（七世紀前半）の様式を示し、飛鳥時代の建物とはっきり推定される飛鳥寺の瓦とよく似ているのに対し、現法隆寺の瓦は、はっきり白鳳《はくほう》時代（七世紀後半）とされる本薬師寺の瓦に似ているのである。

このようなことから、非再建論の理論的根拠が、はなはだ弱くなったのは事実であろう。たしかに、ここに一つの寺の焼け跡が出てきたからである。しかもその寺は、四天王寺様式という、現法隆寺様式よりいっそう古い様式をもち、しかもその瓦も飛鳥時代の様式をもっている。この寺が飛鳥時代に建てられて、いつの頃にか焼けたものである

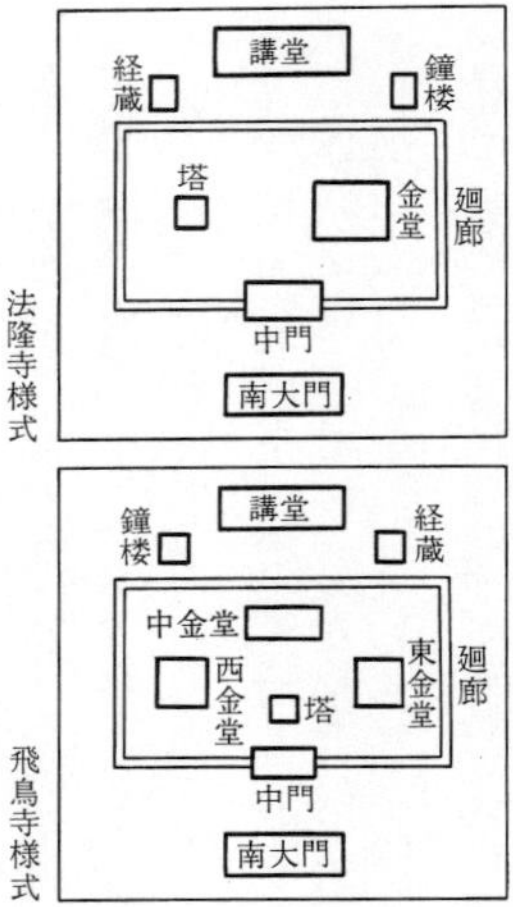

代表的な伽藍配置図(1)

ことは否定出来ない。

しかも、その寺の方向が現法隆寺と十七度ずれていることは、足立《あだち》博士のとなえる二寺併存説を不可能にするのである。そんなに近いところに、わざわざ十七度方向をずらして二つの寺を建てることは、ほとんど考えられないからである。とすると若草伽藍址といわれるところに、とにかく、四天王寺様式の伽藍があり、いつの頃にか焼け、そこにまたいつの頃からか、旧斑鳩寺（旧法隆寺）の北西に、旧斑鳩寺より十七度ずらした方向をもつ現法隆寺が建てられたのはほぼ確実である。石田氏の発見は再建論者に大いに有利な根拠になったが、まだ当時は寺院建築の様式論も古瓦の研究も十分でなく、足立博士は石田氏の発掘がかえって非再建論に有利だといち早く論じたが、その後、他の寺院の発掘がすすみ、寺院様式の変化と古瓦の文様《もんよう》の変化がはっきりするにつれ、ほぼ論争は再建説の勝利に帰したと思われる。

ここで、寺院様式論というのはこうである。われわれが学生の頃は、法隆寺は飛鳥時代の建築物であると教えられていた。法隆寺様式、中門の右手に金堂、左手に塔のある寺院様式は、もっとも古い寺院様式であるとされていた。そして、わが国のもっとも古い寺の一つである飛鳥寺も、多分そのような形ではないかと予想されていた。ところが飛鳥寺を発掘した結果、それは塔を中心に東金堂、中金堂、西金堂をおく様式であることが分った。そして飛鳥寺を例外として、飛鳥時代の建物の様式はだいたい四天王寺様式、つまり中門を入って、塔と金堂、講堂とが一直線に並ぶ様式であることが分った。そしてどうやら法隆寺様式は、相当後のもの、白鳳時代と呼ばれる大化改新（六四五）以後のものであることが分った。斉明《さいめい》帝（在位六五五—六六一）の頃建てられたと思われる川原寺は、塔と西金堂が並び、その背後に中金堂がある形であるが、この川原寺から中金堂をとり、塔と金堂の位置を反対にしたのが法隆寺であって、それだけとって見ても、現法隆寺の建築が相当後れることが分る。少なくとも飛鳥時代ではない。おそらくは斉明朝のときよりも時代が下ることが予想されるのである。この様式論については後にふれよう。ここではひとまず、現法隆寺が、飛鳥時代の建物の様式である飛鳥寺様式でも四天王寺様式でもないことにふれる

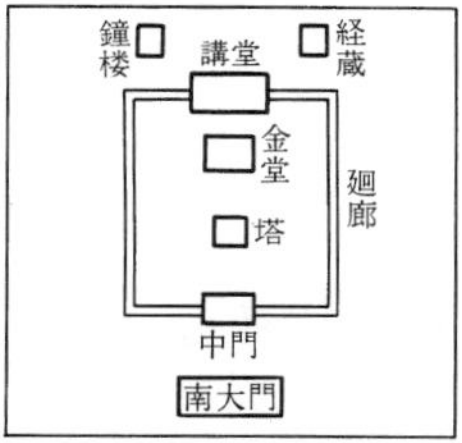


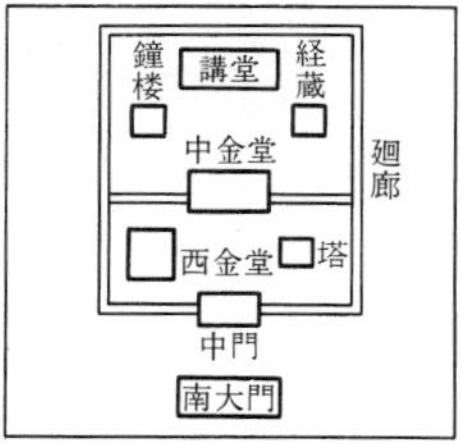


代表的な伽藍配置図(2)

に止《とど》めよう。

もう一度、この発掘によって現在までに明らかになった事実を整理することにしよう。発掘の結果、現東院といわれるところに一つの宮跡があり、若草伽藍址といわれるところに一つの寺跡があったことが分る。つまり『日本書紀』によれば、推古九年（六〇一）に聖徳太子はこの斑鳩宮を建て、十三年にそこに移り住んだという。今の夢殿のある宮殿址に太子は住んでいたのであろうか。そしておそらく太子の晩年、太子は宮の西に寺を建てたのであろう。宮の西に寺を建てる例は舒明紀《じよめいき》にあり、当時のならわしであったかもしれない。その寺が今、若草伽藍址といわれる四天王寺様式の寺であったらしい。この寺を斑鳩寺と呼んだのであろう。

ところが皇極二年（六四三）、山背大兄皇子《やましろのおおえのおうじ》の事件があった。この皇位継承権を失った失意の皇子を、入鹿《いるか》が殺したのである。『日本書紀』によれば、皇子はまず斑鳩宮にとじこもった。しかし、到底かなわないのを見た山背大兄皇子は、斑鳩宮を焼いて獣骨を中に置き、山背一族がそこで自殺したと見せかけた。焼け跡の中から出た骨を見て、入鹿は安心した。しかし、実は山背一族はひそかに生駒《いこま》山へのがれた。やがて山背は、焼け残った斑鳩寺に帰り、死ぬ。

「終《つひ》に子弟《うから》・妃妾《みめ》と一時《もろとも》に自ら経《わな》きて倶《とも》に死《みう》せましぬ」

山背大兄の死の場所は塔の中であったらしい。一族二十五人と伝えられるが、二十五人の太子の家族がこの寺の中で死んだのだ。自殺したのか、殺されたのか、よく分らないが、とにかく塔の中は生地獄であったにちがいない。その死人の中には、老人もあり、子供もいる。罪もないのに、この人達は皆殺しにされたのである。

この事件は皇極二年であったが、つまり皇極二年には斑鳩寺は残っていたのであろう。その後どうなったかよく分らないが、『日本書紀』は天智《てんじ》九年（六七〇）四月三十日に、法隆寺は全焼したという。するとそれ以後は、ここに、宮も寺もなかったのであろう。この法隆寺一帯は焼野が原であったわけである。この火災の記事について『上宮聖徳太子伝補闕記《ほけつき》』は次のようにいう。

「斑鳩寺被災の後、衆人、寺地を定むるを得ず。ゆゑに百済《くだら》の入師をして、衆人を率ゐて、葛野《かどの》の蜂岡寺《はちをかでら》を造らしめ、川内《かふち》の高井寺を造らしむ。百済の聞師、円明師、下氷君雑物等の三人をして三井寺を合せ造らしむ」

法隆寺が焼けて、人々は呆然《ぼうぜん》としていたのである。そして、いったいどこに寺を建ててよいか分らなかった。まず蜂岡寺（広隆寺）、川内の高井寺が造られ、その後三井寺をも法隆寺と共に造らせたというのである。

とにかく、焼けたのが天智九年であるとしても、それが再建されたのがいつかは分らない。そして先にのべたように、法隆寺という名が『続日本紀《しよくにほんぎ》』に初めて登場するのは和銅八年（七一五）である。『法隆寺資財帳』によれば、塔の塑像《そぞう》と中門の仁王像が造られたのは和銅四年（七一一）である。塑像と仁王像が造られたことは、寺の完成を意味するであろう。和銅四年までには、法隆寺は完成されていたと思われる。天智九年から和銅四年までの約四十年の間に、とにかくこの塔と法隆寺は建てられた。そして約三十年後の天平十一年（七三九）に、夢殿のある東院が斑鳩宮の址に建てられた。以上を表にすると次のようになる。

推古十三年（六〇五）　聖徳太子、斑鳩宮に移住。
推古二十年代（？）　聖徳太子、宮の西に法隆寺を創建。
皇極二年（六四三）　斑鳩宮焼失。山背大兄王と一族二十五人、法隆寺で自殺。
天智八年（六六九）　法隆寺出火。
天智九年（六七〇）　法隆寺全焼。
（？）　法隆寺再建。
和銅四年（七一一）　法隆寺完成。
天平十一年（七三九）　斑鳩宮址に東院建立《こんりゅう》。

つまりここで、前にここにあった二つの建物の建立と焼失の時期、および後にここに出来た法隆寺の西院と東院の建築の時期は、法隆寺の西院建立の時をのぞいてほぼ確定されるのである。

問題は、再建法隆寺が建ったのはいつかである。それについて、いろいろの説がある。

法隆寺は、かつては推古時代に建てられたといわれ、そこに存在する仏像はすべて飛鳥時代のものであるという伝承があった。ところが再建論の勝利により、仏像の制作年代にも疑義が起った。しかし日本の美術史家はまだ多くここの仏像を、たとえば金堂の釈《しゃ》迦《か》三尊像はもちろん薬師如来《にょらい》像も救世《ぐぜ》観音像も百済観音像も、飛鳥時代におこうとするのである。法隆寺再建説が有力になった現在もまだ非再建論の亡霊は残っている。

そして法隆寺再建のときをも、出来るだけ早い時期に学者たちはおこうとしているように見える。福山敏男《としお》氏は金堂の制作年代を斉明の頃（六五五―六六一）におき、村田治郎氏は天武初年（六七三）におき、上原和氏は天武九年（六八〇）においている。大化改新以後から和銅までを漠然と白鳳といっているが、再建法隆寺はただ漠然と白鳳時代ということになって、それがいったいいつ頃つくられたのかの確証はないのである。

# 第二部　解決への手掛り

## 皇室・蘇我氏系図

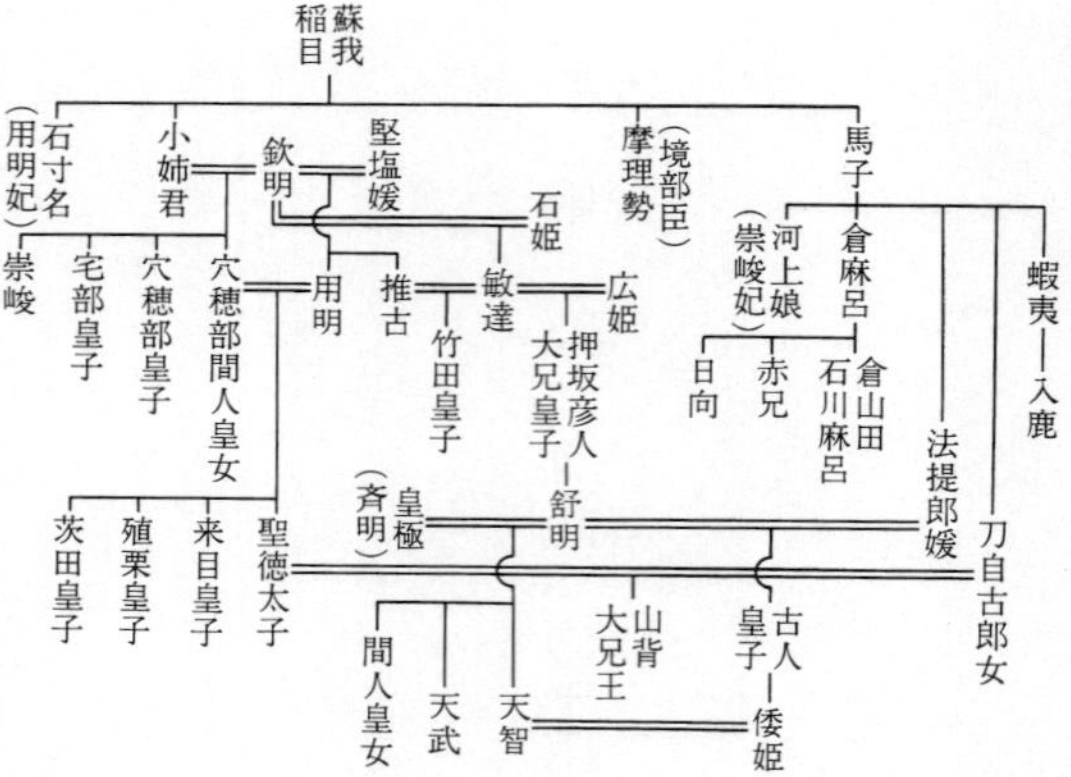


## 皇室・藤原氏系図

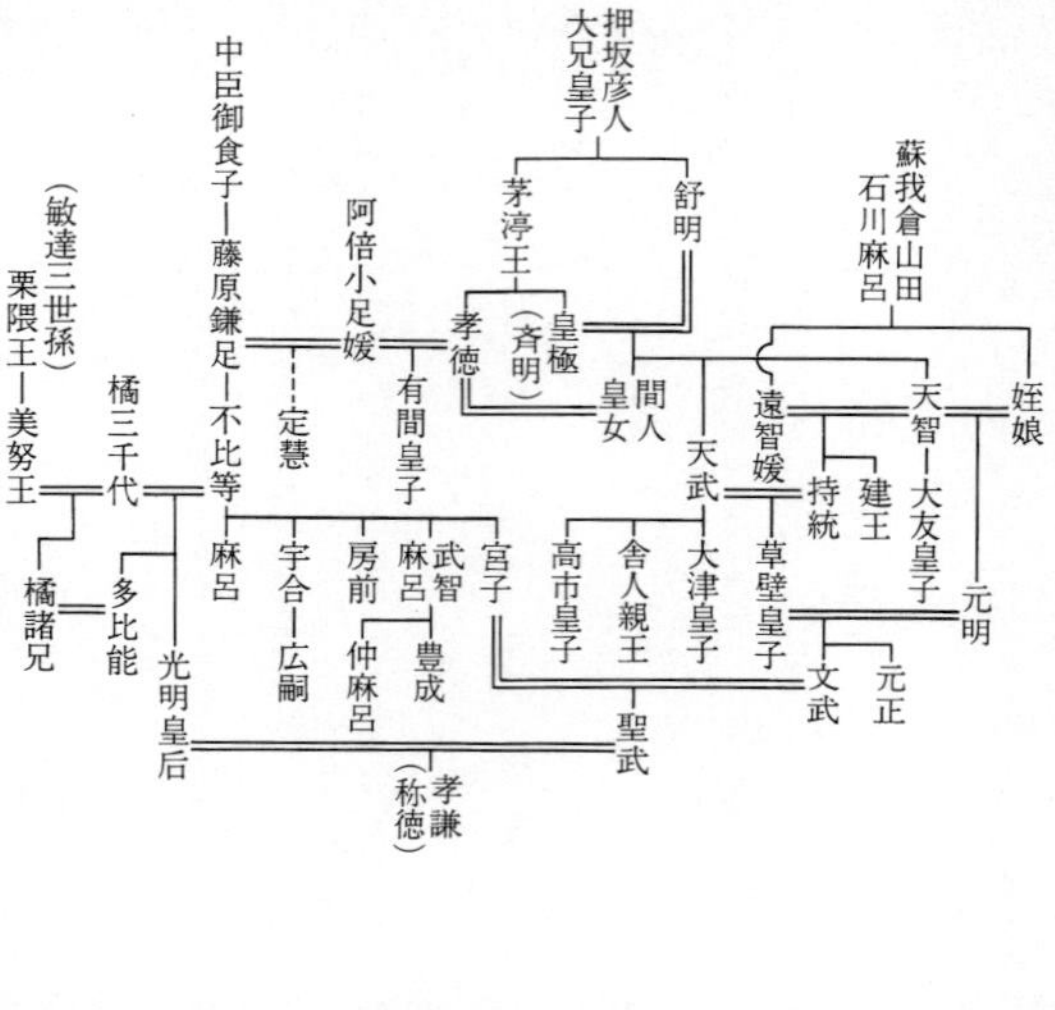

# 第一章　なぜ法隆寺は再建されたか

## 常識の盲点

私は先に、一つの寺についてはっきり認識するためには、(1)その寺が誰によって、(2)何のために、(3)いつ建てられたかを、はっきりさせる必要があるといった。様式論は主として(3)にのみ問題をしぼっている。そしてそれによってその後の法隆寺問題は、一つの袋小路に入ってしまったかに見える。

(1)と(2)の問題を深く考えるとき、法隆寺は全くちがった光の中で、その深い秘密をあらわしてくるのではないか。いったい法隆寺は、誰が、何のために、いつ建てたのか。私は今まで、法隆寺についての認識が進まなかったのは、そういう問いを根本的に欠いていたためではないかと思う。というより、そういう問いを欠くことにより、すでに答えはあらかじめ予定された常識的理解の中で止《とど》まっていたのである。

明治以来、多くの寺院や神社が建てられた。そしてその寺院や神社には、功績あるこの国の支配者を祭るものが多い。明治神宮は明治天皇を祭り、平安神宮は桓武《かんむ》天皇を祭る。つまりそれは、彼等の功績をたたえるためである。すぐれた人のいさおしを長く保存するために、ひとびとは神社や寺院をつくる、それがわれわれの常識である。そしてその常識をもとにして、われわれは法隆寺を理解する。

多くの法隆寺再建説は、結局、次のように考える。法隆寺は太子ゆかりのひとびとが太子の徳をたたえるために建てた寺である、と。そういう常識が、法隆寺再建説の背後にある。そしてこの常識は、別の常識に、つまり、法隆寺は聖徳太子が仏教興隆のために建てた寺であるという別の常識に、発掘の結果うちかった。誰もがそのように法隆寺を理解している。太子ゆかりのものが太子の徳をしのんでその寺を建てた。そして人は法隆寺にゆき、太子ゆかりの建物を見て太子の徳をしのぶのである。

たしかに現代人の常識においては、一つの寺院や神社は故人の徳をしのぶものである。しかし古代人にとって、神社や寺院ははたして人の徳をしのぶ場所であったろうか。この再建説の背後にある常識を、哲学的吟味にかけてみよう。われわれはこの常識について、次のような疑問を発せざるをえない。誰がいったいこの寺を建てたのか。太子ゆかりの人と、常識は答える。しかし、例の山背《やましろ》皇子の事件により、太子の子孫たちは絶滅したのではないか。『日本書紀』には「終《つひ》に子弟《うから》・妃妾《みめ》と一時《もろとも》に自ら経《わな》きて倶《とも》に死せましぬ」とある。また『上宮聖徳法王帝説』には「山代大兄《やましろのおほえ》及び其昆弟《そのこんてい》ら合せて十五王子ら悉《ことごと》く滅さる也《なり》」とあり、『補闕記《ほけつき》』には「男女廿三王罪無くして害せらる」とある。

その惨劇の印象は、よほど強烈だったのであろう。

とにかく、太子の子孫は絶滅した。もちろん一人や二人その災をのがれた一族もあったかもしれない。しかし、政権は山背大兄皇子の政敵田村皇子、後の舒明《じょめい》天皇側にはっきり移っている。大化改新以後政治の実権をとったのは、天智《てんじ》、天武《てんむ》、持統という舒明帝の子孫である。太子ゆかりの一族の誰かが、たとえもし永らえたにしても、このような立派な寺をつくるような財力があるはずはない。

法隆寺はすばらしい建物であるという。それは飛鳥《あすか》の四大寺（大官大寺・本薬師寺・法興寺・川原寺）、あるいは奈良の四大寺（大安寺・薬師寺・元興寺・興福寺）の中には入ることが出来ないが、四大寺の次に位する寺である。不思議なことに法隆寺は、奈良四大寺が五大寺（四大寺と東大寺）となり、五大寺が六大寺（五大寺と西大寺）となったときも、いつも大寺の仲間入りをせず、Bクラスのトップに立っている寺であった。この四大寺についでの寺であり、現在すばらしい遺品を残す寺が、滅亡した太子一族のゆかりのものによってのみ建てられたとは思われない。とすれば、われわれは法隆寺建設の主人公は誰かということを根本的に考え直さねばならないことになる。そして同時に、何のためかということが問われるのである。何のために、いったい法隆寺は建てられたのか。

私は柳田・折口学によって一つのことを学ぶ。日本において昔から個人で神になるのはほとんど不幸な死に方をした人であることを。不幸な死に方をした人のみが、日本では神に祭られることが出来る。神武天皇や、天武天皇や、桓武天皇は、明治時代になるまでは神に祭られなかった。神に祭られたのは、菅原道真《すがわらのみちざね》や崇徳《すとく》上皇や後醍醐《ごだいご》天皇など、いずれも恨みをのんで死んでいった人のみである。とすると、ここで聖徳太子という個人が祭られているのはどういうわけか、聖徳太子は、恨みをのんで死んでいったわけではない。けれど、その子山背大兄皇子はじめ彼の子孫は絶滅した。しかも、彼等は何の罪もなかったのである。もし太子の霊が一族の絶滅を聞いたなら、安らかに成仏《じょうぶつ》出来ない霊であったにちがいない。その意味で太子の霊は、菅原道真や崇徳上皇や後醍醐天皇の霊と同じ性格をもっているのである。

　このことは、われわれに「何のために」という問いを、根本的に考え直すことを要求する。霊のたたりについての恐怖は、時代をさかのぼればさかのぼるほど強いであろう。『古事記』によれば崇神《すじん》天皇の御代《みよ》、疫病《えきびょう》が流行して人民が多く死んだ。天皇が愁《うれ》い歎《なげ》いてうらなったところ、夢に三輪山のオオモノヌシがあらわれて、「是《こ》は我が御心ぞ。故《かれ》、意富多多泥古《おほたたねこ》を以《も》ちて、我が御前《みまへ》を祭らしめたまはば、神の気《け》起らず、国安らかに平らぎなむ」といったという。つまり、オオモノヌシがたたっていたのである。崇神天皇は早速、オオモノヌシの子孫と称するオオタタネコを探し求めて、オオモノヌシを祭らせたところ、疫病は治まり国家が安らかになったという。

『日本書紀』においても、だいたい話は同じであるが、『書紀』の場合はヤマトトトビモモソヒメノミコトが一枚かんでいる。つまり、神託は直接崇神天皇に告げられたのではなく、ヤマトトトビモモソヒメを通じて告げられるのである。

　この話は、日本人の宗教観を考えるにあたって、たいへん重要な話である。崇神天皇はオオモノヌシをなぜ祭ったか、これはオオモノヌシがたたったからである。つまり、たたりによって人間に不幸を下す神こそ、もっとも大切に祭られるべき神であった。なぜオオモノヌシがたたったか。オオモノヌシは、天孫族の支配者にとっては前王朝の神であった。天孫族は、九州から大和へ攻めてきて、そこにいたオオモノヌシの種族をほろぼして日本を統一した。ここで、オオモノヌシは正に前王朝の恨みを代表しているのである。前王朝の恨みが、オオモノヌシのたたりとしてあらわれる。そして崇神天皇は正に、その前王朝の神を祭ることによって、その恨みをなぐさめ、前王朝の遺民との妥協をはかったのであろう。三輪のオオモノヌシは、古代日本人にとって最大の神であった。『日本書紀』には、まずオオモノヌシを祭り、次に八《や》百万《およろず》の神を祭ったとある。古代日本最大の神は、正にたたり神であったのである。

　ここでわれわれは、はっきりということが出来る。上古の日本人にとって最大の神は、たたり神であった。たたり神こそもっとも恐ろしい、もっとも大切に祭られねばならない神であった。そしてたたり神は征服者にとって、かつて彼等あるいは彼等の祖先によって滅ぼされた前王朝の祖先神であった。

Ａなる種族がＢなる種族を殺して、権力をにぎる。そのときＡなる種族はＢの祖先神を、Ｂの種族のシンボル神を祭るのである。恨みをのんで死んでいったＢなる種族のたたりが、自分の身に及ばないように、と。崇神天皇の御代におけるこの神祭りのあり方は、正にその後の日本人の神祭りのあり方を根本的に支配している。はるか後世の、菅原道真も同じ形で祭られている。道真は罪なくして太宰府《だざいふ》に流される。彼は自己意識において、流竄《るざん》にたいして何の恨みも持っていなかったが、ついに彼の内面の隠された魂は恨みの霊となって、彼を流した藤原時平《ときひら》や時の朝廷にたたるのである。この祟《たた》りを鎮《しず》める必要がある。太宰府天満宮は、菅原道真の墓の上に建てられている。道真の石棺の上に神社が建てられる。それはなぜか。彼の霊をなぐさめるため、彼の霊をこの神社におしこめて、それ以上の祟りを防ぐためである。それを祭るのは、明らかに藤原氏である。道真を讒言《ざんげん》し道真を流した藤原氏が、自身にふりかかるわざわいをまぬがれるために、道真を祭るのである。

ここに、オオモノヌシの場合とほぼ同じ神祭りの形式がある。そして、同じことが崇徳上皇や後醍醐天皇の場合にもいえる。このオオモノヌシと菅原道真の間には、藤原広嗣《ひろつぐ》、他戸《おさべ》親王、井上内親王、早良《さわら》親王、伊予《いよ》親王などの例がある。

## たたりの条件

このような例をあげるとき、われわれは日本における神祭りの一般的公式を考えることが出来そうである。

一 個人で神々に祭られるのは、一般に政治的敗者が多い。
二 しかもその時、彼等は罪なくして殺されたものである。
三 その罪なくして殺された人が、病気とか天災、飢饉《ききん》によって、時の支配者を苦しめる。
四 時の権力者は、そのたたりを鎮《しず》め自己の政権を安泰にするために、そのたたりの霊を手厚く祭る。
五 そしてそれと共に、そういうたたりの神の徳をほめたたえ、よき名をその霊に追贈するのである。

日本における神祭りの形式が以上のように理解されるとすれば、今、個人にして神となった聖徳太子も、そういうひとびとの系列ではないかという疑問が当然起る。
なぜなら、聖徳太子こそは正に先にあげた神となる条件を、ほとんど完全にみたしている人だからである。彼は蘇我馬子《そがのうまこ》と並んで、推古天皇の御代《みよ》に太子となり、政治の実権をにぎっていた。そしてその子、山背大兄皇子《やましろのおおえのおうじ》は推古天皇の死後、当然帝位につくことが予想されていたが、馬子の子蝦夷《えみし》は勅命といって山背大兄皇子をしりぞけ、田村皇子、後の舒明《じょめい》帝を帝位につけた。帝位についた舒明帝、そしてその後をついだ舒明帝の妻、皇極帝にとっても、山背大兄皇子はけむたい存在であったと思われる。そして皇極二年、突如として蝦夷の子入鹿《いるか》は山背大兄皇子の殺害にふみきった。ここで山背大兄皇子はじめ太子の子孫は絶滅した。太子一家は滅びて、舒明一族が政権を握ったのである。

天智《てんじ》と天武は舒明と皇極の子である。その意味で、現政権にとって太子一家は敗残の前王朝のひとびとというべきである。しかもその太子一家の死は、まことに無残であった。聖徳太子は何よりも徳の高い人であった。彼の高貴な理想とその慈悲深い姿は、まだ当時の民衆の心の中に残っていたであろう。その徳高い太子の子、しかも、その死に臨んで一戦をまじえたらどうかというすすめに、「無実な民を苦しめてはいけない」という遺言を残して死んだ、あの高貴な山背大兄皇子の虐殺《ぎゃくさつ》こそ、当時の人にとって何ともねざめの悪いものであったにちがいない。それは、菅原道真《すがわらのみちざね》の流罪《るざい》以上の残虐《ざんぎゃく》事件であった。太子一族は罪なくしてというより、その高い徳ゆえに滅びていったのである。正にこの点にこそ、太子がたたり神になるもっとも大切な条件がある。しかし、太子がいつたたったかは分らない。藤原広嗣《ひろつぐ》のたたりすら、『続日本紀《しょくにほんぎ》』ははっきり語らない。『続日本紀』には、山火事があったり地震があったりしたため、しきりに諸社寺に命じて祈禱《きとう》をさせたりしていることをのべているのみである。

ところで再建法隆寺が正史上に登場するのは和銅八年（七一五）であるが、このときのことを『続日本紀』は次のようにいう。

「壬戌《みづのえいぬのひ》（十二日）太政官奏《まう》すらく、懸像度《けんぞうのり》を失ひ、亢旱《こうかん》旬に弥《わた》る。東皐《とうこう》耕せず、南畝《なん》稼《ぽみのり》を損ぜむことを恐る。昔周王、旱に遇《あ》ひて、雲漢の詩あり、漢帝雨を祈りて、改元の詔《みことのり》を興《おこ》す。人君の願、載《こと》上天を感ぜしむ。請《こ》ふ、幣帛《へいはく》を奉《たてまつ》りて、諸社に祈り、民をして年《みのり》有らしむ。誰か尭《ぎょう》の力《つとめ》を知らむ。癸亥《みづのとのゐのひ》（十三日）斎《さい》を弘福《ぐふく》法隆の二寺に設く。詔して使を遣はし、幣帛を諸社に奉り、雨を名山大川に祈らしむ。是に於《おい》て、未《いま》だ数日を経ずして澍雨《じゆう》滂沱《ぼうだ》たり。時の人以為《おもへ》らく、聖徳感通して致すところなりと。因《よ》つて百官の人に禄《ろく》を賜ふこと各差《おのおのしな》有り」

これは、すでに法隆寺が建造された後の話である。旱魃《かんばつ》があったが、雨を祈ったところ忽《たちま》ちにして雨が降ったというのである。これを時の人は「聖徳感通して致すところなり」と、とったというのである。「聖徳感通して」という言葉は、聖徳太子を匂《にお》わせているると私は思う。聖徳太子が雨を降らせたのである。法隆寺という寺を弘福寺と共に作ったために、たたりは少なくなり逆に雨を降らせてくれた、さすがは太子だ、というのが「聖徳感通して……」の意味ではないかと思う。

太子は、罪なくしてその死後子孫を絶滅された政治的敗残者であった。そして、その恨みは深い。おそらく大化の改新以後、太子のたたりはいろいろな機会に現われたにちがいない。旱魃、大雨、地震、火災、病気、すべての災害において、ひとびとは太子のたたりを見たにちがいない。その度ごとに手厚く祭られたのではないかと思う。その太子にたいする最高の祭りが、法隆寺再建であったであろう。「聖徳感通して……」という言葉は、太子を祭ってよかった、これからはもう太子もたたるまい、という時の人の安堵《あんど》の感情ではなかったろうか。

聖徳太子は、いったいいつの頃から聖徳太子と呼ばれるようになったのであろう。彼の名は、正式には厩戸豊聡耳皇子《うまやとのとよとみみのみこ》であった。父の用明天皇がたいへん可愛《かわい》がって宮の南の上殿《かみつみや》に居さしたので、上宮太子《かみつみやのみこ》と呼ばれていた。その上宮太子が、いつのまにか聖徳太子といわれるようになった。ふつう、太子の徳がすぐれていたのでそう呼ばれたというが、はたしてそうであろうか。

先にのべた桓武《かんむ》帝の弟、早良《さわら》親王は罪なくして殺されたが、死後、彼は崇道《すどう》天皇という名を追号された。また崇徳《すとく》上皇も、彼の不幸な死とたたりゆえに、高い神聖な名を贈られたのであろう。聖徳太子という名の中にも、すぐれた名を贈ることによりこの不幸な霊をなぐさめようとする政治的宗教的打算がかくされてはいないだろうか。

以上のことは、われわれをして聖徳太子もまた、オオモノヌシや、菅原道真や、崇徳上皇、後醍醐《ごだいご》天皇のような系統に入る人であり、したがって法隆寺も、三輪神社や、出雲《いずも》大社や、天満宮や、讃岐《さぬき》神社や、天龍寺《てんりゅうじ》などのように、不幸なる死霊を弔《しりよう》う寺ではな

中門正面図

いかという嫌疑を抱かせるのである。

## 中門の謎《なぞ》をめぐって

はたしてそうか。われわれはここで第三の謎について考えてみることにしよう。中門の謎は、法隆寺の多くの謎のうち、もっとも人目につきやすい謎である。

門は、その字の如《ごと》く入口が開いているものである。その開いているはずの門の真中に柱がある。いったいこの柱は何を意味するのか、議論は再三再四むしかえされる。最近では竹山道雄氏の考えがまことに興味深い。

竹山氏は思う。いったいこの柱は何か。この門は、門というものの性格に相反するものではないか。なぜなら、門は人を通すものなのに、この柱は人の通ることを拒絶する。法隆寺の中門は、一方では人を誘いつつ一方では人を拒絶するという二重の性格を持っている。いったいそれは何を意味するか。その答えとして、竹山氏は次のようにいう。それは精神的貴族主義をあらわす門で、一方では人を招くが、他の一方では人を拒否する。つまり、内なる芸術品のすばらしさを見る眼のある人のみを招き、眼のないものは拒否する門である。精神的貴族のみこの門に入れ、という意味をもつ門である、と。

私は竹山氏の着想の根底に、ニーチェがあると思う。ニーチェは彼の著書『ツァラトゥストラかくかたりき』に Ein Buch für Alle und Keinen と書いた。「この本は万人の本にして、如何《いか》なる人の本にもあらず」と。竹山氏は、法隆寺の門にそのような言葉が書かれているのを見たのであろう。「万人の門にして、いかなる人の門にもあらず」。竹山氏はニーチェの言葉を、精神的貴族主義の言葉と解釈する。この本は誰でも読めるけれど、本当にその意味を読める者は、高貴な精神を持っている人のみにすぎない。そして、この門においても竹山氏はまた、そういう精神的貴族主義を見る。この門はわずか百円出せば誰でも入れるが、しかし本当にこの寺の美が分るものはわずかである。その、わずかなものしか入ってはいけないと竹山氏は考える。

この竹山氏の精神的貴族主義を、岡本太郎氏は笑う。冗談もいいかげんにしたまえ。招くような拒否するような門、借金にでもゆく相手の家の門も、招くと共に拒否するような門ではないか。借金をしにいかねばならぬ、その意味で、その門はわれわれを招く。しかしどうも気恥ずかしい、その意味でその門は拒否する門である。法隆寺の門以上に借金にゆく門こそ「招きつつ拒否する門」である、と。岡本氏は、多分、竹山氏の精神的貴族主義が気にいらないのであろうが、竹山氏の解釈を、法隆寺の門を借金にゆく家の門と一緒にすることによって、哄笑《こうしょう》の中にほうむってしまうのである。

しかし、いったいこの門の謎はどうなったか。建築学者の村田治郎氏は、やはりこの竹山氏の説について次のようにいう。

「なかには出入口に重点がなく、むしろ中心にエンタシスの強い柱を立てて、そこから内が特別の領域であることを示すためだという風な解釈（竹山道雄『古都遍歴―奈良』一六頁《ページ》）もあるが、中門のすぐ南に接して南大門があったので、中門は遠方からながめられる門ではなく、南大門内に入ってはじめて目の前にあらわれ、そしてたちまち通過される門であったから、中央の柱にとくに意味があったなどとは信じにくい。特別の領域であることを象徴するのは南大門が第一で、中門はむしろ第二次的であったと思う。そのうえ中門は仏門であって俗人中心ではないのである」

（村田治郎・上野照夫『法隆寺』）

つまり、村田氏の説はこうである。中門は今こそ多くの人がゆくが、昔はひとびとはそこまでゆけなかった。特別の領域であることを示す必要ならば、むしろ南大門の方に柱を立てる必要があることになるのではないか。その上、中門は仏門であって、俗人中心ではない、と。

村田氏の最後にあげる論点を注意したい。中門は仏門である。『法隆寺資財帳』を見ると、仏門二、僧門四とある。この仏門の名で、中門と南大門が意味されていることはたしかである。われわれはまず南大門を第一の門とし、その南大門を通って中門に入る。しかし、それは人間中心の考え方である。法隆寺の二つの門は、何よりもまず仏様が通る門である。仏様が通る門である限り、仏様はまず中門を通って外に出て、次に南大門を通って完全に寺の外へ出るのである。この指摘はたいへん興味深いが、村田氏はこのことを余り追及せず、この門の真中にある柱の理由を次のように考えている。

「エジプトのナイル河中流におけるコム・オンボウにある古代神殿は、祭神が二つだから奥の陣へ行くまでの門から出入口までがすべて二つある例から考えて、法隆寺では金堂と五重塔が東西に対立するので、中門の出入口を二つならべたのではないか(天沼俊一『埃及《エジプト》紀行』二〇九頁、『日本建築史要』三五頁、共に昭和二年刊)という着想は、発表このかた誰からもあまり支持されなかったようだが、私はこれが一番無難の説ではないかと思う。中門と廻廊《かいろう》とがかこむ一郭内には、講堂もなく、ただ金堂と塔との二つだけだったことが明確になった現在では、二建築の本尊仏に対して二つの出入口を設けたとする程度のごく軽い解釈がかえって魅力をもつ」

(同『法隆寺』)

つまり、法隆寺金堂には金堂と塔の二つの建造物があるので、金堂へゆくときは右の門を通り、塔の方へゆくときは左の門を通るというわけである。けれど、金堂も塔もそんなに遠くはないのに、どうして二つの門を設ける必要があるのか。エジプトのコム・オンボウはよく知らないが、そこにはやはり長い参道があるのではないか。だいいち、法隆寺の祭神はけっして二つではない。金堂も塔も同じように聖徳太子を祭るのであり、祭神を二つに区別する必要がはたしてあるのか。そして、金堂と塔が法隆寺のように並列している寺の例は、法起寺《ほっきじ》とか法輪寺《ほうりんじ》とか、いろいろな寺の例があるが、それらの門には中央に柱がない。それなのにどうして、この法隆寺の門のみに柱があるのか。エジプトの例をもって推論するのでは、あまりに飛躍がありはしないか。

## 偶数の原理に秘められた意味

とすれば、いったいどういうことになるのか。われわれはこの門の説明について、もっと古い文献を読まねばならぬ。この門について説明がなされているもっとも古い文献は、鎌倉《かまくら》時代に法隆寺の僧、顕真によって書かれた『聖徳太子伝私記』である。

「次に中門は二階なり、四間なり。正面なきは、聖人は子孫を継がずの表幟《へうしき》なり、又御廟にも此《こ》の相在り、秘事なり……中門四間は仏法久住の故《ゆゑ》なり、胎金《たいこん》両部陰陽なり」

「中門に正面なきは、多くの故あり、あるいは父母のため、あるいは父母二世のためなり、あるいは父と我が身とのためなり。正面なき中の二間に、二金鼓を懸《か》くるは上の由《よし》なり。あるいは御子孫継がざるの相なり、此の義、廟内にあり。また本講堂、正面なし、中に二間あり、東間に薬師、西間に阿弥陀《あみだ》、向中門についても中に二間あり。よつて中門も正面なし、此れ則《すなは》ち父母のためなり、あるいは、また塔と金堂を東西に作るに依《よ》つて中門中間二間なり、また金堂の内正面薬師は用明天皇のためなり、西間阿弥陀は穴穂部皇女《あなほべのひめみこ》のためなり、観音を我身とし、勢至を妃《きさき》となす。西方三尊、和国の衆生《しゆじやう》の利益のために降誕したまふ。然《しか》らばすなはち、この寺は二親の奉為《ため》なり、よつて正面なし、余寺には更にこの作法なし」

どうやら、中門の謎《なぞ》は昔から法隆寺の謎であったらしい。『聖徳太子伝私記』には、この中門の謎についてのさまざまな伝承が収録されている。そして、いい伝えの中には、法隆寺の謎を解く鍵《かぎ》がかくされていることは当然である。このデータを整理してみよう。

法隆寺中門の真中に柱がある。真中に柱があることは門の大きさが四間あることである。だいたい中門の大きさは、飛鳥《あすか》時代においては横が三間あったが、奈良時代（八世紀）には五間となっている。ところが法隆寺においては四間である。四間の門は他にはない。このことの意味を、『私記』は「死」にひっかけるのである。そして『法隆寺資財帳』は、この門の広さを四丈二尺と伝える。じっさいは四丈一尺であり、はかりまちがいではないかといわれるが、私は、この門が四間あるということと、この広さが四十二尺であると伝えられていることは、無視することは出来ないと思う。

このように四間の門を造り、中央に柱が立つことによって、法隆寺には正面がなくなってしまう。そして正面がないことが、太子が子孫を残すことを欲しなかった証拠だというのである。じっさい建物を偶数に造ったら、正面が造りにくいのである。正面に柱があったら、その家は奇妙な家になる。それゆえ、ふつう、建物は奇数間口に造られる。ところが、この法隆寺を支配するのは偶数の原理である。門が四間であり、講堂は後に建てられたものであるが、やはり建築当時、六間であった。六間の建物ではどうにも不便だったせいか、現在は九間であり、そのために先にのべたように中門の中心と講堂の中心線が一致せず、法隆寺の一つの謎とされたが、調査の結果、最初の講堂の建物は六間であり、もとの講堂と中門との中心線は一致することがわかったのである。この偶数の原理は、金堂も塔をも支配している。法隆寺の金堂は横五間、縦四間の建物であるが、奇妙なことに、二階は一間少なくなって四間である。

「そのうえ下層屋根の下に木造屋根の裳層《もこし》をつけているので、屋根が三重になっている。下層は正面五間（柱が六本）で十四メートル余（四六・二八尺）、側面四間（柱が五本）で一〇・八メートル弱（三五・六尺）、周囲の裳層は正面九間で一八・五メートル弱（六一・〇三尺）、側面七間で一五・二メートル弱（五〇・一四尺）であるのに対して、上層は正面四間で一〇メートルたらず（三二・九三尺）、側面三間で六・七四メートル余（二二・二五尺）である。つまり柱間《はしらま》でいえば下層の柱間から各一間少なくしたのが上層の柱間であって、必ずしも上層の柱が下層の柱の真上《まうえ》には立っていない構造になっている」

（村田治郎『法隆寺』）

なぜ二階を一階より一間少なくしたのであろうか。

そして、塔の上層の建物についても同じことがいえる。塔は下層において五間の建物であるが、二層、三層、四層は各三間で、上層だけは二間となっている。この上層二間の塔は薬師寺の塔と当麻寺《たいまでら》の東塔にも見られるが、ほかにはない。偶数の間はたしかに使いにくいのである。講堂の六間は、ついに不便なために七間に、そして後に九間に改造された。とすれば、どうして不便をしのんで、法隆寺においては偶数にこだわるのか。

その理由を顕真は、二つあげる。一つは、仏の門には正面が存在しないから、「聖人は子孫を継がずの表幟なり」というのである。ここで顕真が「又御廟にも此の相在り、秘事なり」といっていることに注意する必要がある。このことは法隆寺にずっと伝承され、口外を許さない秘事だったのである。「御廟にこの相あり」とはどういうことか。御廟というのは磯長《しなが》の御廟である。磯長の御廟は太子の母、間人皇后《はしひとのおおきさき》と、太子の妃、膳部郎女《かしわでのいらつめ》を、太子とあわせて祭っている。その廟について吉田兼好は次のようにいう。

「聖徳太子の御墓をかねて築かせ給《たま》ひける時も、『ここを切れ、かしこを断て、子孫あらせじと思ふなり』と侍《はべ》りけるとかや」

（『徒然草』第六段）

この兼好の語る御廟の伝承は、『聖徳太子伝暦』の次の条によったのではないかといわれる。

「冬十二月、太子が駕を命じて、科長《しなが》の墓処にて墓を造る者を覧《み》る。直ちに墓内に入り、四望して左右に謂《い》ひて曰《いは》く、此処《ここ》を必ず断て、彼処《かしこ》を必ず切れ、まさに子孫のあとを断やすべからしめんと欲すと。墓工、命に随《したが》ひ、断つべきものは断ち、切るべきものは切る。太子、おほいに悦《よろこ》ぶ」

## 死の影におおわれた寺

この『伝暦』の記事と『徒然草《つれづれぐさ》』の話と『聖徳太子伝私記』にある説とを綜合《そうごう》すると、太子にかんする伝承が分りそうである。太子は子孫を欲しなかった、そのために門に正面をつくらず、墓を簡単にした、そういう伝承が法隆寺の中にあった。しかもその伝承は法隆寺の中ばかりかいつのまにか外にも伝わった。そして、懐疑主義者の吉田兼好ですら、その伝承にまんまとひっかかったのである。

しかし、その伝承は太子の意志であったのか、それとも死せる太子をしてそう思わせようとする、ことさらにつくられた伝承であろうか。太子は四人の妃《きさき》をめとり、十人を越える子供をこしらえた。子供をこしらえた以上、誰がいったい子孫の繁栄を願わないものがあろうか。子孫を欲しなかったならば、子供を生まなければよい。聖人である太子に、そのくらいの理屈がわかっていないはずはない。私はやはり、太子は人間の子として子孫の繁栄を願っていたと思う。少なくとも彼は、一族二十五人が絶滅するという悲劇を願ったはずはないのである。しかるに法隆寺に根強く「子孫を継がず」という伝承が伝わっている。しかもそれは秘事である。その秘事は何を意味するのか。

何度も法隆寺へ行くうちに、私は法隆寺には死のイメージが多いことがわかった。塔の北面の塑像《そぞう》、釈迦涅槃《しゃかねはん》像はあまりに有名である。この死の姿は、釈迦の死であると共に太子の死を意味している。歴史上の人物釈迦が、まだ生々しい記憶の残っている人物、聖徳太子と二重うつしになっているのであろう。

ところが問題なのは、塔の西側の分舎利像である。これは釈迦が死んでその骨を弟子たちが分けている像である。その舎利瓶《しゃりびん》の形に注意したまえ。その舎利瓶の形は、法隆寺においてたびたびくりかえされるテーマである。有名な玉虫厨子《たまむしのずし》に瓶を僧が供養《くよう》している図がある（四九ページ写真）。それは舎利瓶であるといわれ、そうではないともいわれるが、この形を先の舎利瓶と比べてみたまえ。先の瓶が舎利瓶であることを認めたら、この瓶も疑いもなく舎利瓶であろう。そしてこの図の上には、舎利瓶が天に舞い上り二人の天女がその瓶を両方から持っている絵が画《か》かれている。そして東院の夢殿の建物の上には、これとそっくり同じ舎利瓶が乗っている。わざわざ夢殿の屋根の上にこういう舎利瓶を乗せたのは、例外的なことである。おそらく、法隆寺はよほど舎利瓶に関係が深いのであろう。そして最後に救世《ぐぜ》観音の持っている瓶である。それも舎利瓶とか宝珠とかいわれるが、形は以上の三つの例にそっくりである。舎利瓶と見てさしつかえないであろう。また金堂において、後でくわしく語るが、釈迦、薬師の光背に銘文があり、釈迦像は聖徳太子、薬師像は用明天皇の病気全快の願いのために発願《ほつがん》されたものであるが、用明天皇と聖徳太子は死に、よってその像も死後つくられた旨《むね》が書かれている。ここにも死のイメージがある。つまり、法隆寺全体が死に包まれた寺なのである。

それゆえに、私は「子孫あらせじと思ふなり」という法隆寺に伝わった秘事の伝承には、深い意味があると思う。法隆寺の中門は、建築として例外的な四間である。そして金堂の二階も、わざわざ四間に造っている。法隆寺は死の寺なのであろうか。

それと同時に『聖徳太子伝私記』は、この中門の二つの門の意味は、父母のためとか、父母二世のためとか、父と子のためとか、いろいろいっている。この伝承も私は無視出来ないと思う。後にのべるように、金堂には太子一族の由来の話が多い。薬師如来《にょらい》は用明天皇に、釈迦如来は聖徳太子に、そして釈迦の脇侍《きょうじ》は用明天皇の妃、間人皇后《はしひとのおおきさき》と、太子の妃、膳部郎女《かしわでのいらつめ》に擬せられているのであろうか。そこでは、太子一族は父子二代にわたって祭られていると共に、父と母とが両方とも祭られているのである。つまりそのことは、法隆寺は太子ばかりか太子一家を祭る寺であることを意味する。門がこのような意味を持っているのかどうかは分らない。しかし、顕真の頃このような伝承が伝えられていたということは大切である。またこのほかに顕真は、その門を真言密教の教えに従って胎蔵界と金剛界とをあらわすといっているが、それは密教が伝来してから後の考え方であろう。太子の頃はもちろん、この寺が建造された頃にはこのような考え方はなかったと思われる。この伝承は無視してもよいであろう。

このように考えると、われわれは中門の秘密を解くには、もう一度、『私記』に書かれた古来からの伝承をたずねねばならないと思う。『私記』は「子孫の断絶」を願う太子の意志と、「父母の供養」あるいは「二世の供養」をその謎《なぞ》の理由としてあげている。その意味はいったい何か。そのことと、私が先ほどから論じてきた、日本における個人崇拝の神社寺院の成立の条件を考え合せるとき、そこに法隆寺の謎の一部が解けてくるのである。

あの柱は、いったい何であろうか。竹山道雄氏は、人が通ってはならないことを意味する柱であると考える。しかし、すでに村田治郎氏が指摘したように、中門は仏門であり、人間様の通る門ではなかったのである。『法隆寺資財帳』に、中門は南大門と共に仏門とあり、まず仏様がお通りになる門であった。その仏様の門の真中に、柱があるのはどういうわけか。竹山道雄氏の意見を生かそう。竹山氏の意見を生かして、竹山氏のように人間中心に考えず、仏中心に考えるとどうなるか。人間が入るのを止める門ではなく、仏が出るのを止める門、そういう門と考えたらどうか。

石田茂作氏は、この門のような偶数の間の建物として、次の四つの例をあげている。

1　出雲《いずも》大社の社殿
2　奈良元興寺《がんごうじ》の極楽坊
3　法隆寺金堂の上層四間
4　法隆寺五重塔の最上層、薬師寺三重塔の最上層、当麻寺《たいまでら》東塔の最上層、中層（ならびに二間）

出雲大社

私はどうもこれらの建物は、すべて死の影が濃くさしている建物であるような気がしてしかたがない。元興寺の極楽坊は蘇我《そが》一族の霊を祭る寺であり、後世浄土念仏の教えの根拠地となった寺であり、当麻寺も太子伝承のゆかりの深い寺であると同時に、極楽坊と共に、後世極楽浄土思想の根拠地になった寺でもあった。これらの寺については、後に論じることにしよう。

## もう一つの偶数原理——出雲《いずも》大社

ところで注意すべきことは、ここで石田氏がこの偶数の間の建物の例として、出雲大社の社殿をあげていることである。出雲大社の社殿は、横二間、縦二間の正方形の社殿である。それにたいして伊勢《いせ》神宮は横三間、縦二間である。横三間ならば真中に入口をつけることが出来て、そこから入ることが出来る。しかし二間で、真中に柱があっては入るのに不便である。それで右の方が入口になり、そこに廊下がつけられている。ここで私は入口といったけれど、神様の方からいえば出口である。つまり出雲大社は出口のない建物ということになる。法隆寺は、出口のない建物という点において、出雲大社と一致するのである。

はたして、この一致は偶然であろうか。『法隆寺資財帳』によれば、現在、塔の周囲に祭っている塑像《そぞう》と、中門の仁王像が出来たのは、和銅四年（七一一）である。私はこの二像が出来たのは、このとき塔や中門が完成されたからであると考えるのであるが、和銅四年に塔と中門が完成されたと考えれば、実はこのときこそ問題のときなのである。つまり、これは奈良遷都《せんと》の翌年であると共に『古事記』がつくられた前年である。もう一つつけ加えれば、この和銅四年の九月というときは、『古事記』撰修《せんしゅう》の勅命が下った年でもある。そしてこの『古事記』には出雲大社のことが書かれている。今、この出雲大社建築のところの話を、『古事記』から引用してみよう。

「此《こ》の葦原《あしはら》の中つ国は、命《みこと》の随《まにま》に既に献《たてまつ》らむ。唯僕《ただあ》が住所《すみか》をば、天《あま》つ神の御子の天津日継知らしめす登陀流《とだる》、天の御巣《みす》如《な》して、底津石根《いはね》に宮柱布斗斯理《ふとしり》、高天《たかま》の原に氷木《ひぎ》多迦斯理《たかしり》て治め賜はば、僕《あ》は百足《ももた》らず八十《やそ》坰手《くまで》に隠《かく》りて侍《さもら》ひなむ」

オオクニヌシノミコトは、ニニギノミコトに国譲りをするとき、以上のようにいったという。つまり、この国をさしあげましょう、ただ、自分の住居をば、天つ神の御子の住居のように立派に、大きく太くしてくれれば、自分は安らかにかくれるであろう、こういってオオクニヌシノカミはかくれたという。本居宣長《もとおりのりなが》は、わざわざこの後に「乃《すなは》ち隠れましき」という言葉をおぎなって、オオクニヌシノカミは海に入って死んだと註《ちゅう》をするのである。壮大なる神の死であるが、この神の死の代償が、壮大なる宮殿の建築となるのである。それゆえ出雲大社に祭られているのは、オオクニヌシの死霊《しりょう》なのである。おそらくは恨みをのんで死んでいったであろう、絶滅された前王朝の死霊が、そこに祭られているのである。

この死霊を祭る宮には、やはり、出口のないことがふさわしいと思う。なぜなら、死霊がそこから出てくれては困るのである。恨みをのんで死んでいった霊があちこちに出没したら、わざわいを増すのである。このわざわいを防ぐために、巨大な宮が建てられたはずである。『古事記』の言葉には、どうか恨みの霊よ、壮大な王者にふさわしい、いや王者以上の宮を建ててやるから、ここにじっとしていてくれ給《たま》え、という響きがある。出雲大社は、伊勢《いせ》神宮より壮大である、それはなぜか。せめて社殿の壮大さにより死霊をなぐさめ、それによって死霊を辺境に閉じこめ、大和の現政権を安泰にしようとする現政権の必死の意志ゆえではないか。

法隆寺の中門は、出口なき門という点において、出雲大社の社殿を思わせる。とすれば、ここでも出雲大社と同じことがいえないだろうか。前にのべたように、法隆寺にあるすべてのものは、深く死のイメージと関係している。中門に関していえば、子孫断絶の話にしても、父母供養《くよう》の話にしても、すべてが死の匂《にお》いがしている。そして太子は、二歳にして掌の中から舎利が出たという。舎利がたとえ釈迦《しやか》の舎利にしても、この伝承は奇妙である。死のイメージが法隆寺には深くひそんでいる。とすれば、それは出雲大社のように太子の死霊閉じこめの場所ではないか。あの中門の真中にある柱は、正に死霊に対して通せん坊をしている柱ではないか。太子の死霊よ、立派な寺をわれわれは建《た》てよう。その寺を、官寺の四大寺、大安寺（大官大寺）、薬師寺、法興寺（飛鳥《あすか》寺）、弘福《ぐ ふく》寺（川原寺）の四大寺よりも、もっと立派にしよう。その塔も高く、その金堂も立派につくろう。その代り、どうか太子の霊よ、静かにこの寺に鎮《しず》まり、現実の政治の方はわれわれにまかせてほしい、そういう願いが、ここにもあるのではないか。『記紀』の神話によれば新しい支配者、天つ神は以前の支配者国つ神たちを、立派な出雲大社という神殿をつくり、そこにみんなほうむってしまった。ちょうど同じことがここでも起っているのではないか。舒明帝《じょめい》の血をひく現政権は、その犠牲の上に現在の政治権力が立っている前時代の権力者太子一族を、法隆寺という寺に祭ったのではないだろうか。法隆寺は寺の格として四大寺のすぐ下であった。そして、それは大寺が四大寺から五大寺になり、六大寺になっても変りはしなかった。要するにBクラスの筆頭の寺なのである。それは永久にAクラスに入ることは出来なかった。その寺としての順位は、出雲大社の神社としての順位にはなはだ似ている。出雲大社は延喜式《えんぎしき》においても、やはりBクラスの上の神社なのである。

和銅四年、当時の政治指導者たちは、出雲国造《いずものくにのみやつこ》にいったのと同じことを法隆寺の法頭《ほっとう》にいったのかもしれぬ。そこには偉大なる神の死霊が住んでいる。その死霊を手厚く祭れ。二度と死霊が地上に現われて災いをもたらし、われわれの政治を邪魔しないようにに。その当時、法隆寺の僧たちは、出雲の国造と同じように、ある種の政治的役割をになっていた。このように考えるとき、石田茂作氏の指示する建築学的事実と、『聖徳太子伝私記』に書かれた法隆寺に伝わる伝承とが一致するのである。それは言葉がちがっても、一つのことを示している。はたして法隆寺は死の寺であろうか。

どうやらわれわれは、法隆寺の謎を解く解明の糸口をつかんだようである。七つの謎のうち、第三の謎はこのようにして一応解決されたようである。われわれは今千二百年の間かくされた、法隆寺の秘密の中門まで来たように思われる。この出口なき門をこしらえた寺には、秘さねばならぬ多くの秘密がかくされているのであろう。この秘密に、われわれは、一歩ずつ近づいていく。しかし急いではいけない。

実は、私がこの法隆寺の謎にかんする解決の鍵《かぎ》を発見したのは、私の日本神話にかんする研究によってであるが、神話にかんする研究において、私はいささか、性急すぎたようである。その性急さゆえに、私は数々のまちがいを犯したので、日本神話にかんする研究は、再度やり直すより他はないが、とにかく私は、あまり今までふれたことのない神の秘密にふれたので、興奮してつい性急になった。仏教については、神道《しんとう》よりはるかに長い間、私は親しんで来ている。今度はどんな深い秘密が発見されても、私は性急にならないであろう。

# 第二章　誰が法隆寺を建てたか

## 法隆寺にさす橘《たちばな》三千代の影

どうやらわれわれは、法隆寺の謎《なぞ》解明の一つの門を入ることが出来たらしい。中へ入って、金堂や塔について考えねばならぬ。ところでその前にもう一度、われわれの今までたどってきた成果をたしかめて見なければならぬ。

私は先に、法隆寺の謎を明らかにするためには、三つのことが明らかにされねばならぬといった。(1)誰が、(2)何のために、(3)いつ法隆寺を建てたかということである。従来の法隆寺にかんする論争は、主として第三の点にしぼられていた。そしてすべての再建説は、太子ゆかりの人が太子の徳をたたえるために法隆寺を建てたという前提でものを考えていたのである。私はその前提そのものを柳田・折口学によって疑った。そして法隆寺は、一族絶滅という悲劇を背負った太子の霊をなぐさめる鎮魂の寺ではないかと考えた。そう考えるとき、まずわれわれは、長い間解かれなかった中門の秘密が、ほぼ明らかになるのを見た。

たしかに、何のために、という問いは一応解決されたのである。今度は誰が、という問いを問わねばならない。

私は法隆寺について、誰がという問いが、なぜという問いと共に問われなかったことが、法隆寺についての解明を遅らした最大の原因であったと思う。常識が考えるように、太子ゆかりの人がその寺を建てたのであろうか。あれだけ大きくあんなに立派な寺が、一人の豪族の手によって建てられるはずはない。やはり四大寺と同じように、時の政府の手が入っていると考える方が自然であろう。四大寺ははっきり官寺であったが、法隆寺ははっきり国営の寺とはされておらず、また『日本書紀』も『続日本紀《しょくにほんぎ》』も、『法隆寺資財帳』すら、この再建について沈黙を守っている。このことが、何か、法隆寺という寺が官寺でなく私寺であり、一豪族あるいは信者によって建てられたかのような感を与える。しかし、いったい、あれほどすぐれた寺がどうして一豪族の力や信者の寄付で出来るであろうか。

『法隆寺資財帳』には、寺の財産として二百八十六点のものを記録しているが、そのうち八十八点のものは施入《せにゅう》の年月が明らかである。施入主は多く時の天皇であるが、あるいは寺がつくったとあるもののうちでも実は政府の命でつくられているものもあり、またある人が寄付したというものの中にも、政府の名ある要人が寄付したものもあるであろう。このようにはっきり書かれている部分ですら天皇家から寄付されたものの多くある寺は、天皇の命による建造と考えてよいのではなかろうか。『資財帳』とは政府の行う財産しらべである。政府のつくった寺だから、政府が財産しらべをすると考えるべきであろう。寺が誰かにもらった財産ならば、どうしてそれを政府が調査する必要があろうか。今日でも、政府の調査のきびしいのは官立大学であり、私立大学において、政府は財産調査をする権利をもたないのである。

ところで、法隆寺にはしきりに出没する人間の影がある。それは橘三千代（?—七三三）である。

橘三千代というのは藤原不比等《ふひと》（六五九—七二〇）の妻である。橘三千代の第一の影は、例の橘夫人念持仏といわれるものである。橘夫人念持仏は、玉虫厨子《ずし》によく似た厨子であり、そこに阿弥陀《あみだ》三尊が祭られている。宮殿像弐具（一具金塗《きんでい》押出千仏像、一具金塗銅像）と、天平十九年（七四七）に出来た『法隆寺資財帳』に記されているが、この金塗押出千仏像が玉虫厨子をさし、この金塗銅像の方が橘夫人念持仏をさすことが、だいたい学者によって認められている。その厨子が橘夫人念持仏であるとすれば、橘夫人の念持仏がいったいどういうわけでこの寺にあるのか。

橘夫人の第二の影は、西院伽藍《がらん》の西北にある西円堂にある。その八角の堂は橘夫人の御願により、養老二年（七一八）、行基《ぎょうき》がつくったものといわれる。現在では、この堂は創立当時のものはすでに破損して、鎌倉《かまくら》時代の再建であるが、この伝承も無視さるべ

橘夫人念持仏

きではない。
そして第三に東院にある伝法堂は、橘夫人の住宅が奉納されたものであるといわれる。現在建物は、七間、四間であり、住宅建築らしくないことから橘夫人の宅という伝承は疑われていたが、昭和大修理のさい、もとは五間、四間の建物であり、平安時代の寝殿造りの東の対屋《たいのや》によく似た造りであり、再び橘夫人の宅であるという説が有力になった。
このように二つの厨子と二つの建物に橘夫人の影がさしているが、第四に『東院資財帳』には、まだ他に多くの品物が橘夫人の宅から奉納された事が記録されている。そのときを天平十四年（七四二）、あるいは天平十八年と伝えるが、橘夫人は天平五年に死んでいる。おそらく橘夫人の宅を寄付したのは、遺族すなわち橘三千代と藤原不比等の間の娘、美《び》貌《ぼう》の皇后、光明皇后であろう。
そういえば『法隆寺資財帳』には、元正天皇（在位七一五―七二四）の寄付の品物として二十二点、聖武《しょうむ》天皇（在位七二四—七四九）の寄付の品物として十三点、光明皇后の寄付の品物として二十七点をあげている。元正帝は元明帝の娘、元明帝から聖武帝への政権受け渡しの中継ぎの天皇としてたてられた女帝であり、藤原氏をその背後の勢力として持っていた女帝である。光明皇后は不比等と三千代の間の子供である。そして聖武帝は文武帝と不比等の娘宮子との間の子供である。また夢殿は藤原房前《ふささき》の命により行信《ぎょうしん》が天平十一年（七三九）に建てたという。しかし天平九年にすでに房前は死んでいる。死んだ房前が建てたはずはないが、私はやはりこの伝承も大切であると思う。

このように見ると、われわれはここで、一人の人間のことを語らなければならないことになる。橘三千代の影が法隆寺には色濃くさしている。三千代の影が色濃くこの法隆寺にさしているとすれば、その夫、藤原不比等が法隆寺に何らかの関係をもたないはずはない。ちょうど女房名義で喫茶店などをやらせる人のように、ここでも橘夫人名義で、その夫、藤原不比等の意志が強く働いているのではないか。そして、その不比等がかついだ女帝と、孫の聖武帝、娘の光明皇后の寄付した品物が多いのを見るとき、藤原不比等が、この法隆寺建立《こんりゅう》に何らかの関係をもったのではないかということが推量されるのである。

どうやら、われわれは、「誰が」の問題の核心に迫りかけたようである。

藤原不比等、私は、この人こそ、正に日本の国家というものをつくり出した、隠れたる大政治家だと思う。この隠れた大政治家は、日本の国家の基礎をつくり出すことにおいて、天才的であったが、また、自己の事績のあとかたを隠すことにおいても天才的であった。

日本を支配したさまざまな氏族がいる。蘇我《そが》氏、藤原氏、平氏、源氏、北条《ほうじょう》氏、足利《あしかが》氏、徳川氏など、そのうち平氏、源氏の支配の期間は、ほんのわずか、比較的支配期間の長い足利氏や徳川氏ですら、支配した期間は三百年に足らない。しかるに、藤原氏は、鎌足《かまたり》以来、鎌倉幕府成立までの政治の実権をにぎった。その間、約五百年として、それ以後も他氏のように完全にほろびたわけではなく、尚且《なおか》つ、天皇を擁して隠然たる力をもっていたのである。明治維新に到るまで、正に千二百年の間、藤原氏は日本第一の、あるいは日本唯一《ゆいいつ》の貴族であったのである。世界の歴史に類例のない権力者であるが、その権力の基礎は、だいたい鎌足・不比等の親子によって、つくられたのである。よほど巧みに、彼等は、権力の基礎をつくったわけであるが、従来、このような権力の秘密について、ほとんど説明らしい説明はもちろん、それにたいする深い疑問も起されなかったのである。

支配の跡を全く感じさせないかのような支配、それがもっとも巧みな支配の技術である。彼等は、正に、そういう巧みな支配者であった。われわれが、今日、この時代を知るためには残された二つの歴史書である『古事記』と『日本書紀』によらざるを得ない。

この二つの書は、従来、藤原氏と関係のないものと考えられてきたが、この二つの書が、藤原不比等の指導のもとにつくられたというのが、ここ二、三年来、私がひたすら考え続けてきた大いなる仮説であった。

不比等についての新たなる発見も、この仮説追究上で起った事柄であるが、この仮説も、神話にかんする仮説と同じく、ほぼ、まちがいないと思う。

とにかく、私が『古事記』『日本書紀』の作者ではないかと疑った問題の人間の影を、私は法隆寺においても見つけたのである。

しかし、けっして、われわれは性急になってはいけない。「誰が」について、多方面から資料を集め、もっとも精緻《せいち》な推論を展開しなければならない。

## 『資財帳』の語る政略と恐怖

藤原氏と法隆寺の関係をさぐる資料として、やはりもっとも重要なのは『法隆寺資財帳』であるが、この『資財帳』の最後に次のような記事がある。

「合食封弐佰戸。右天平十年歳次戊寅四月十二日、納賜平城宮御宇　天皇者、合食封参佰戸。右本記云、又大化三年歳次戊申九月廿一日己亥、許世徳陀高臣宣命納賜、己卯年停止、又食封参佰戸。右養老六年歳次壬戌、納賜平城京御宇　天皇者、神亀四年歳次丁卯年停止」

これは法隆寺へ下された食封《へひと》の記事であるが、これによると法隆寺へ三度食封が下され、二度停止になったことが分る。

最初に食封が下されたときが、大化三年（六四七）であり、それは許世徳陀高《こせのとこたこ》が、孝徳天皇（在位六四五—六五四）に願って、食封三百戸を下さったというのである。何気なく読みとばすと見落してしまうような記事である。許世徳陀高とは、『日本書紀』において巨勢徳太《こせのとこた》（巨勢徳陀古）と書かれている人物であり、彼は、実に山背大兄皇子《やましろのおおえのおうじ》殺害の現地部隊長であった。彼はこの乱による手柄が買われたのか、後に孝徳朝の重臣となり、大化改新の中心勢力がかつぎあげた実権なき大臣《おとど》、阿倍倉梯麻呂《あべのくらはしまろ》、蘇我石川麻呂《そがのいしかわまろ》が死んだ後に、大伴馬飼《おおとものうまかい》（長徳《ながとこ》）と共に、それぞれ左大臣、右大臣になっている。しかも、私が後に明らかにするように、この殺害には孝徳天皇自身も参加していたという可能性が強い。とするとどうなるか。

山背皇子殺害の張本人、巨勢徳太、それに、おそらくは山背殺害の共犯者であった孝徳帝、その人々の意志によって、法隆寺に食封三百戸が下されたのである。この事実をあなたはどう思うか。私は一昨年（昭和四十五年）の春、『資財帳』のこの記事を読んだときから、法隆寺にたいする考えは変った。太子にたいする尊敬ゆえに建てられた聖なる寺、そういう聖なる寺のイメージは、そのとき以来私の前から消えたのである。

殺害者が食封を寄付している。山背皇子よ、あなたは、あなたを罪なくして虐殺《ぎゃくさつ》した男の食封を受けることができたのか。聖徳太子よ、息子にたいする重ね重ねの非礼にたいして怒らないのか。おそらく彼等は怒ったであろう。しかし怒れば怒るほど彼等は手厚く葬《ほうむ》られ、聖徳太子はますます聖なる人間になっていったのである。

もはやわれわれは、ここで法隆寺がたたり寺、太子の霊の鎮魂の寺であることを否定することは出来ないであろう。太子の敵が、太子を祭ったのである。太子の子孫をここで殺したその殺害者たちが、汚れた手をも洗わずに、太子を祭ったのである。彼等の心の中にあった一抹《いちまつ》の良心が、彼等の政治的権力確立のための犠牲者を祭らせたのであろうか。私はそうではあるまいと思う。彼等はやはり怨霊《おんりょう》を信じていたのであろう。怨霊の復讐《ふくしゅう》を彼等は恐れていたのである。孝徳帝は仏教の信者であったと『書紀』は語る。とすれば、彼は因果応報の原理を信じていたはずだ。もしも因果応報の仏教の原理が多少でも存在していると信じるならば、彼等は彼等の行動にたいして報いをうけるにちがいないと思ったであろう。その因果の恐怖が、彼等をして食封三百戸をここに奉《たてまつ》らせたと思うのである。

しかし、ひょっとしたら彼等は因果を信じなかったかもしれない。もっと現実的な理由がそこにあったのかもしれない。太子を祭ることによって、かつて太子と関係の深かった蘇我氏一門のひとびとを、彼等に従わせようとするねらいがあったのかもしれない。死んだ親分が祭られるとすれば、子分たちはそれを祭った人に感謝し、その人に従わないとも限らない。少なくとも、かつての敵に従属しうる口実がえられるではないか。

おそらくこの食封三百戸には、亡霊への恐怖と、太子一族あるいは蘇我氏一門の残党の慰撫《いぶ》という両方の理由があったのではないかと思う。このように考えるとき、はじめて大化三年の食封三百戸の謎《なぞ》は解けると思う。すると次はどうなるのか。己卯《つちのとのう》の年とは天武八年（六七九）にあたるが、その翌年天武九年の四月に次のような詔《みことのり》が出されている。

「凡《おほよ》そ諸寺《てらでら》は、今より以後《のち》、国の大寺たるもの二三《ふたつみつ》を除《お》きて、以外《このほか》は官司《つかさつかさ》治むること莫《なか》れ。唯《ただ》し其《そ》の食封《へひと》有らむ者は、先後《さきのち》三十年を限れ。若《も》し年を数へむに三十に満たば、除《や》めよ。且以為《またおも》ふに、飛鳥寺は司《つかさ》の治《をさめ》に関《あづか》るべからじ。然《しか》も元より大寺として、官司恒《つね》に治めき。復嘗《またかつ》て有功《たすか》れたり。是《これ》を以《もつ》て、猶《なほ》し官《つかさ》治むる例《かぎり》に入れよ」

天武帝は、仏教をも国家の統制の下におこうとした。この詔によって、従来、寺院に下された国家の給与をやめて、それを二、三の寺に限ろうとしたのであろう。この二、三の寺というのは、大官大寺と川原寺をいうのであろうが、例外として元興寺《がんごうじ》が加わっている。この三寺の他の寺は国家の保護から外されたのである。ただし、食封が下されてから三十年未満のものは、三十年に到るまで権利が認められた。法隆寺に食封が下されたのは、大化三年（六四七）であるから、この天武九年（六八〇）まで三十年以上すぎている。それゆえここで、法律に従って食封が停止されたのであろう。『法隆寺資財帳』が天武八年停止となっているのはあるいは天武九年のまちがいであろうか。

　ところが再び壬戌《みずのえのいぬ》の年に食封が再開される。壬戌の年というのは養老六年（七二二）である。そして食封を出した天皇は元正帝である。養老六年という年は藤原氏及び藤原氏の力によって政権を維持している人たちにとってたいへんな年であった。つまり養老四年八月、藤原不比等《ふひと》が死に、ついで翌五年十二月、元明帝が死んでいる。同じ『資財帳』においてちょうど養老六年十二月四日に、多数の品物が法隆寺に納められていることが分る。十二月四日という日付は、ちょうど前年の十二月七日に死んだ元明帝の一周忌の前である。『続日本紀《しよくにほんぎ》』の記事によれば、このとき元正帝は元明帝のために『花厳《けごん》経』八十巻、『大集経』六十巻、『涅槃《ねはん》経』四十巻、『大菩薩《だいぼさつ》蔵経』二十巻、『観世音経』二百巻を写し、多くの幡《はた》や机や銅鋺《どうわん》などを造り、十二月七日より、京ならびに畿内の諸寺において僧尼《そうに》二千六百三十八人をして、供養《くよう》をせしめたという。法隆寺の食封下賜《かし》は、この供養の一端であったと思うが、食封と共にそのとき莫大《ばくだい》な品物が法隆寺に下賜されたことが『資財帳』によって明らかである。天平十九年の『資財帳』が残っているのは法隆寺と大安寺のみなので、他寺と比較することは出来ないが、『大安寺資財帳』には養老六年十二月七日の日付で、二、三点の下賜品が記録されているに過ぎない。とても法隆寺の比ではない。しかも『大安寺資財帳』には、元明帝以前の下賜品が多く記録されているが、『法隆寺資財帳』に記録されている下賜品はほとんど養老年間以後のものである。

養老四年の不比等の死についで起った養老五年の元明帝の死において、法隆寺は食封を貰《もら》い、多大の物品を下賜されるべき何らかの理由があったのであろうか。しかるにこの食封は、神亀《じんぎ》四年（七二七）に停止される。それはやはり食封の年限を、天武九年の三十年間から、五年間に短縮した大宝律令《りつりょう》の制度に従ったのであろう。

ところが天平十年（七三八）四月十二日、三度平城宮御宇天皇によって食封が下賜されるのである。この平城宮御宇天皇が、元正天皇をさすのか聖武《しょうむ》天皇をさすのかはっきりしないが、とにかく食封は再開された。この天平十年四月十二日という日が問題の日なのである。つまりその前年、藤原四兄弟が相ついで死んだ。まず四月十七日に不比等の二男、内大臣の房前《ふささき》が死んだ。九州から伝染病がはやってきて、その伝染病によって多くの人が死んだ。ついで七月十三日、不比等の四男、麻呂《まろ》が死んだ。同じ月の二十五日には長男、右大臣武智麻呂《むちまろ》も死んだ。そして八月五日には、ただ一人残った三男の宇合《うまかい》も死んだ。全く藤原氏一族にとって、忽然《こつぜん》とやってきた災いであったが、藤原氏にゆかりの深い残された女性たち、元正上皇、宮子皇太后、光明皇后はもちろん、聖武帝にとっても、この四兄弟の死はどんなにショックであったであろう。

ちょうど房前の死の一周忌にあたる天平十年四月十七日、「国家隆平ならしめんがために、京畿内七道の諸国をして三日内に、最勝王経を転読せよ」という詔が出されている。そしてそれに先立つ三月二十八日に山階寺《やましなでら》に一千戸、鵤寺《いかるがでら》に二百戸、隅院（海龍王寺《かいりゆうおうじ》）に一百戸、また五年を限って観世音寺に一百戸の食封《へひと》が与えられている。ここに山階寺というのは興福寺をさし、鵤寺というのは法隆寺をさすのであるが、藤原四兄弟の死にさいして、やはり法隆寺は氏寺《うじでら》の興福寺と共に、手厚く祭られねばならなかった寺であったのである。

そして、ここで私が先に語った、天平十一年に房前の命によって行信が夢殿を建てたという記事を思い出してほしい。夢殿の建築も、この藤原四兄弟の死と、深く関係しているように思われる。死んだ房前が、ここで、法隆寺の夢殿を建てていることになるが、この伝承は房前の一周忌を記念して、法隆寺に食封二百戸を賜わったことと深く関係しているのではないか。

## 聖化された上宮太子《かみつみやのみこ》の謎《なぞ》

いまや問題はこのようになる。われわれは法隆寺を建てた誰かをさがして、くわしく『法隆寺資財帳』を調べた。その結果、物品の寄付において、橘《たちばな》三千代をはじめ藤原不《ふ》比等《ひと》と関係の深い人が、この寺に多くの寄付をしていることが分った。そしてまた、食封《へひと》もそれが当時の藤原氏及び藤原氏に縁故の深い権力者の死の翌年、つまり不比等につづく元明帝の死の翌年と藤原四兄弟の死の翌年に再開されているのを見た。なぜ、藤原氏の権力者が死んだとき、こんなに多くのものを法隆寺に寄付する必要があるのか。天皇の興福寺にたいする食封千戸の寄付は分る。興福寺は藤原氏の守り寺だからである。しかし法隆寺は藤原氏にとって何であろう。いったい藤原氏と法隆寺、藤原氏と聖徳太子はどのような関係があるのであろう。

もし法隆寺がたたり寺であるという先程の説と、この藤原氏に関係深い者の死にさいしての食封の下賜《かし》という事実とを考え合せるとき、この二つの死に、残された藤原氏ゆかりの女性たちが太子のたたりを恐れたのではないかという推定がなりたつが、そのたたりの恐れが藤原氏にゆかりの深い女性をしてこの法隆寺に多くの寄付を献じさせたとすれば、どうして聖徳太子のたたりを藤原氏が恐れなければならないかが問題になる。藤原氏には、巨勢徳太《こせのとこた》や孝徳天皇のように太子のたたりを恐れねばならぬ理由があるのであろうか。

こういう問いと共に、われわれはいよいよ、根本的な問いを問わねばならぬ。それは聖徳太子という人が、いかなる人間であったかという問いである。

この問いにたいして、ただちに一つの答えが返ってくる。聖徳太子は偉大な人間である、と。太子は、十七条の憲法をつくった。冠位十二階を制定した。「日出《い》づるところの天子、書を日没するところの天子に致す……」という言葉で有名な、自主的外交をされた。そして、『三経義疏《さんぎようぎしよ》』をつくり、多くの寺を建てられた。正に、政治と学問の両面における天才であると共に、わが国仏教興隆の功績者である。この太子の偉大さは、太子が死んだ年（六二二）からまだ百年たっていない養老四年（七二〇）につくられた『日本書紀』に十分語られているではないかと人はいうであろう。

たしかに、『日本書紀』において太子はすでに神格化されている。

「夏四月《うづき》の庚午《かのえうま》の朔己卯《つちのとのうのひ》（十日）に、厩戸豊聡耳皇子《うまやとのとよとみみのみこ》を立てて、皇太子《ひつぎのみこ》とす。仍《よ》りて録摂政《まつりごとふさねつかさど》らしむ。万機《よろづのまつりごと》を以《も》て悉《ことごとく》に委《ゆだ》ぬ。橘豊日天皇《たちばなのとよひのすめらみこと》の第二子《ふたはしらにあたりたまふみこ》なり。母《いろは》の皇后《きさき》を穴穂部間人皇女《あなほべのはしひとのひめみこ》と曰《まう》す。皇后、懐妊《みこ》開胎《あれま》さむとする日に、禁中《みやのうち》に巡行《おはしま》して、諸司《つかさつかさ》を監察《み》たまふ。馬官《うまのつかさ》に至りたまひて、乃《すなは》ち厩の戸に当りて、労《なや》みたまはずして忽《たちまち》に産《あ》れませり。生《あ》れましながら能《よ》く言《ものい》ふ。聖《ひじり》の智《さとり》有り。壮《をとこさかり》に及びて、一《ひとたび》に十《と》人《たり》の訴《うたへ》を聞きたまひて、失《あやま》ちたまはずして能く弁《わきま》へたまふ。兼ねて未然《ゆくさきのこと》を知ろしめす。且《また》、内教《ほとけのみのり》を高麗《こま》の僧慧慈《ほふしゑじ》に習ひ、外典《とつふみ》を博士覚哿《かくか》に学びたまふ。並に悉に達《さと》りたまひぬ。父《かぞ》の天皇、愛《めぐ》みたまひて、宮《おほみや》の南の上殿《かみつみや》に居《はべ》らしめたまふ。故《かれ》、其《そ》の名を称《たた》へて、上宮厩戸豊聡耳太子《かみつみやのうまやとのとよとみみのひつぎのみこ》と謂《まう》す」

『日本書紀』の著者は、ここで突如として冷静な歴史家の眼を失っているようである。

厩戸で生れたのはイエス・キリストの誕生を思わせる。ここにキリストへの連想を指摘する人もある。「生れましながら能く言ふ」それはもはや歴史家の語り方ではなく、宗教信者の語り方である。そして「兼ねて未然を知ろしめす」ということに注意すべきであろう。太子は未来を予言する能力をもっていたのである。

そして『書紀』は、推古天皇の事績を書きながら、ときどき聖徳太子の話を語る。片岡山の話もまた奇妙な話である。

「皇太子、片岡に遊行《い》でます。時に飢者《うゑたるひと》、道の垂《ほとり》に臥《こや》せり。仍《よ》りて姓名《かばねな》を問ひたまふ。而《しか》るに言《まう》さず。皇太子、視《みそなは》して飲食《をしもの》与へたまふ。即《すなは》ち衣裳《みけし》を脱きたまひて、飢者に覆《おほ》ひて言《のたま》はく、『安《やすら》に臥《ふ》せれ』とのたまふ。則《すなは》ち歌ひて曰《のたま》はく、

しなてる　片岡山に　飯《いひ》に飢《ゑ》て　臥《こや》せる　その旅人《たひと》あはれ　親無しに　汝《なれ》生《な》りけめや　さす竹の　君はや無き　飯に飢て　臥せる　その旅人あはれ

とのたまふ。辛未《かのとのひつじのひ》（二日）に、皇太子、使《つかひ》を遣して飢者を視《み》しめたまふ、使者《つかひ》、還《かへ》り来《まうき》て曰《まう》さく、『飢者、既に死《みまか》りぬ』とまうす。爰《ここ》に皇太子、大きに悲びたまふ。則ち因《よ》りて当《そ》の処《ところ》に葬《をさ》め埋《うづ》ましむ。墓固封《つかつきかた》む。数日之後《ひへて》、皇太子、近く習《つかへまつ》る者《ひと》を召して、謂《かた》りて曰《のたま》はく、『先の日に道に臥して飢者、其れ凡人《ただひと》に非《あら》じ。必ず真人《ひじり》ならむ』とのたまひて、使を遣して視《み》しむ。是《ここ》に、使者《つかひ》、還り来《まうき》て曰《まう》さく、『墓所《つかどころ》に到りて視れば、封《かた》め埋みしところ動かず。乃ち開きて見れば、屍骨《かばね》既に空《むな》しくなりたり。唯《ただ》

衣服《みけし》をのみ畳みて棺《ひつき》の上に置けり』とまうす。是に、皇太子、復《また》使者を返して、其の衣《みそ》を取らしめたまふ。常の如《ごと》く且服《またたてまつ》る。時の人、大きに異《あやし》びて曰はく、『聖《ひじり》の聖を知ること、其れ実《まこと》なるかな』といひて、逾《いよいよ》惶《かしこま》る」

太子が片岡に遊びにいったところが、飢えたる人がねていた。その人に太子は飲食物ばかりか衣裳《いしよう》まで与え、この貧乏人をあわれむ歌を歌った。そして、その飢えたる人が死んだと聞くと、太子は手厚くほうむった。太子の近習たちはびっくりした。いったい何ということをする、同情もいい加減にせよ、こんなことではとても社会の秩序を保つことができない。そういう近習の批判にたいして、太子は墓を見てみよという。家来たちが見にゆくと墓はからっぽ、どうやらその飢えたる人は仏様の権化《ごんげ》だったというのである。

こういう話は『日本霊異記《りょういき》』にも書かれているが、宗教の宣伝書である『日本霊異記』にこういう話があってもわれわれはあやしまない。しかし、こういう話が一国の正史にのっているというのはどういうわけか。著者は、仏教信者なのかどうか、われわれははなはだ理解に苦しむのである。

宗教にたいして、『日本書紀』は比較的公平である。仏教がよいとも、儒教がよいとも、神道《しんとう》がよいともいわない。例の、物部守屋《もののべのもりや》と蘇我《そが》馬子の仏教崇拝をめぐっての争いのときでも、『書紀』は客観的に事象を叙述している。蘇我がいいとも物部がいいとも

塔北面の塑像（部分）

いわない。しかし、聖徳太子にかんしてはちがう。聖徳太子にかんしては、『書紀』の著者は全く手ばなしである。太子にかんして起ることは、どんな神秘でもそれを信じるという態度である。

太子の誕生、片岡の話、そして太子の死。

「二十九年の春二月《きさらぎ》の己丑《つちのとのうし》の朔《ついたち》癸巳《みづのとのみのひ》（五日）に、半夜《よなか》に厩戸豊聡耳皇子命、斑鳩宮《いかるがのみや》に薨《かむさ》りましぬ。是《こ》の時に、諸王《もろもろのおほきみ》・諸臣《もろもろのおみ》及び天下《あめのした》の百《おほみ》姓《たから》、悉に長老《おきな》は愛《めぐ》き児《こ》を失へるが如くして、塩酢《しほす》の味《あぢはひ》、口に在れども嘗《な》めず。少幼《わかき》は慈《うつくしび》の父母《かぞいろは》を亡《うしな》へるが如くして、哭《な》き泣《いさ》つる声、行路《みち》に満てり。乃《すなは》ち耕《たがへ》す夫《もの》は耜《すき》を止《や》み、舂《いねつ》く女《め》は杵《きねおと》せず。皆曰はく、『日《ひ》月輝《つきひかり》を失ひて、天地既に崩れぬ。今より以後《のち》、誰をか恃《たの》まむ』といふ」

全く、太子の死は釈迦《しゃか》の死にひとしい。法隆寺の塔の北面に、釈迦涅槃《ねはん》像がある。釈迦が死んで弟子をはじめひとびとがおいおい泣いている像である。この像は実にバラエティがあり、ある人はこれを涙のオーケストラと名づけた。しかし、この『書紀』における聖徳太子の死のくだりでも同じように涙のオーケストラがある。おそらく法隆寺の五重塔の北面の塑像《そぞう》は、釈迦の涅槃像であると共に太子の涅槃像であったと思うが、それにしてもこの『書紀』の叙述はいささか過剰だと思う。ふつう、『日本書紀』は、人が死んだ場合、ただ事実を叙述するだけである。

「十二月《しはす》の癸亥《みづのとのゐ》の朔《ついたち》乙丑《きのとのうしのひ》（三日）に、天皇、近江《あふみ》宮に崩《かむあが》りましぬ。癸酉《みづのとのとりのひ》（十一日）に、新宮《にひみや》に殯《もがり》す」

これが偉大なる専制君主、天智《てんじ》天皇の死の記事である。

「丙午《ひのえうまのひ》（九日）に、天皇の病、遂に差《い》えずして、正宮《おほみや》に崩《かむあが》りましぬ」

これが天智天皇のあとをついだ、神にましますと歌われた天武天皇の死の記事である。

こういう記事に比べて、太子の死の記事は、異常である。先の記事の後に、次のような長い文章が続いている。

「是の月に、上宮太子《かみつみやのひつぎのみこ》を磯長陵《しながのみさざき》に葬《はぶ》る。是の時に当りて、高麗《こま》の僧慧慈《ほふしゑじ》、上宮皇太子《かみつみやのひつぎのみこ》薨《かむさ》りましぬと聞きて、大きに悲ぶ。皇太子の為《ため》に、僧を請《ま》せて設斎《をがみ》す。仍《よ》りて親《みづか》ら経を説く日に、誓願《こひちか》ひて曰はく、『日本国《やまとのくに》に聖人《ひじり》有《ま》す。上宮豊聡耳皇子と曰《まう》す。固《まこと》に天《あめ》に縦《ゆる》されたり。玄《はるか》なる聖の徳《いきほひ》を以て、日本の国に生《あ》れませり。三統《きみのみち》を苞《つつ》み貫《ぬ》きて、先聖《さきのひじり》の宏猷《おほきなるのり》に纂《つ》ぎ、三宝《さむぼう》を恭《つつし》み敬《ゐやま》ひて、黎元《おほみたから》の厄《たしなみ》を救ふ。是実《これまこと》の大《おほき》聖《ひじり》なり。今太子《ひつぎのみこ》既に薨《かむさ》りましぬ。我、国異《くにけ》なりと雖《いへど》も、心断金《うるはしき》に在り。其れ独り生くとも、何の益《しるし》かあらむ。我《わた》来年《こむとし》の二月《きさらぎ》の五日《いつかのひ》を以て必ず死《みまか》らむ。因《よ》りて上宮太子に浄土《じやうど》に遇《まうあ》ひて、共に衆生を化さむ』といふ。是《ここ》に、慧慈、期《ちぎ》りし日に当りて死《みまか》る。是を以て、時の人の彼《かれ》も此《これ》も共に言《い》はく、『其れ独り上宮太子の聖にましますのみに非ず。慧慈も聖なりけり』といふ」

まことに至れりつくせりというべきである。『日本書紀』はまだ太子をほめたりないのか、太子の師である高麗僧慧慈をして太子をべたぼめさせ、その上、太子の死の一年後の同じ日に死なせている。そして最後に一行「其れ独り上宮太子の聖にましますのみに非ず。慧慈も聖なりけり」と時の人にいわせている。

高麗僧慧慈が太子の聖人であることを証言して、しかも殉死する。それにもまして有力な、太子が聖であるという保証があろうか。すべての人は時の人と同じく、太子の聖なることを認めなくてはなるまい。われわれは太子の偉大さを否定するわけではない。こういう説が死後一世紀もたたずに正史に書かれるのは、太子の人格が高潔であり、太子の知恵がよほどすぐれていたためであろう。たしかにこのことを私は否定しない。しかし、私が怪しむのは、ここにきて『日本書紀』の著者は、なぜ、冷静な歴史家の眼を捨てたかということである。

冷静な歴史家の眼を『書紀』が捨てたことによって、かえって徳川時代になって、太子は不当な嫌疑をうけたのである。『書紀』は例の崇峻《すしゆん》帝殺害を馬子一人のせいにしている。ところが、崇峻天皇の殺害が太子にとって好都合であったことは否定しがたい。崇峻天皇の殺害によって、推古女帝の即位が可能であり太子の摂政《せつしよう》が可能であったはずである。太子は崇峻帝殺害という、この馬子の許すべからざる暴挙を、黙認していたのではないか。太子は、むしろ天皇殺害というわが国最大の歴史の汚点の共犯者ではないかという批判が、儒者や国学者などによってなされたのも不思議はない。『日本書紀』に書かれた聖にして偉大なる皇子というイメージは、崇峻帝殺害の事実と結びつきにくい。こうして不当にもち上げられた太子像を、不当に下げる試みが行われたのも、あるいは当然であったかもしれない。それゆえに、われわれが太子について正確な理解をうるためには、次のような問いを問わねばならない。なぜ『日本書紀』は、太子にかんして冷静な歴史観を捨て、このような手放しの讃美《さんび》を行なったか。

ところで先の死亡の記事で一つ気になる言葉がある。「是の月に、上宮太子を磯長陵に葬る」という言葉である。今日、大阪府南河内《みなみかわち》郡太子町の叡福《えいふく》寺境内に磯長陵がある。どうやらそれは間人皇后《はしひとのおおきさき》の墓だったらしく、この墓には三つの棺が並んでいる。奥に母間人皇后の、前面東に太子の、西にその妃《きさき》の棺が並んでいるという。

ところが、ここに妙なことがある。推古天皇の陵も河内にあるが、それについて『書紀』は次のようにいっている。

「是より先に、天皇、群臣《まへつきみたち》に遺詔《のちのみことのり》して曰《のたま》はく、『比年《としごろ》、五穀《いつつのたなつもの》登らず。百姓《おほみたから》大きに飢《う》う。其れ朕《わ》が為に陵《みささぎ》を興《た》てて厚く葬《はぶ》ること勿《まな》。便《ただ》に竹田皇子の陵《みささぎ》に葬るべし』とのたまふ。壬辰《みづのえたつのひ》（二十四日）に、竹田皇子の陵に葬りまつる」

つまり推古天皇は遺詔して、どうも五穀がみのらないので葬式は簡単にしておけというので、息子の竹田皇子の陵に葬《ほうむ》ったという。ところが、これはどうもうそらしいのである。『古事記』は叙述を推古帝のところで止めているが、それは次のような言葉で終る。

「御陵は大野の岡の上に在りしを、後に科長《しなが》の大き陵に遷《うつ》しき」

どちらがいったい真実であろうか。だいたい大和において政権についた天皇は、そこに近いところに葬られるのが当然である。大和で死んだ人を河内に移す、これからして異例のことであろう。私はこの記事にかんして、どうも『古事記』の説の方が真実ではないかと思う。大野の墓を河内に移したのに、『日本書紀』はそれをはっきり語らないのである。

また太子の父、用明帝の墓もどうやら大和から河内へ移されたらしいのである。『古事記』には、「此の天皇、御陵は石寸《いはれ》の掖上《いけのうへ》に在りしを、後に科長の中の陵に遷しき」とある。これにかんしては、『日本書紀』も用明二年の記事に、「秋七月《ふみづき》の甲戌《きのえいぬ》の朔甲午《ついたちきのえうまのひ》（二十一日）に、磐余池上陵《いはれのいけのへのみささぎ》に葬《はぶ》りまつる」とあり、推古天皇の元年九月には「橘豊日天皇《たちばなのとよひのすめらみこと》を河内磯長陵《かふちのしながのみささぎ》に改め葬りまつる」とある。

河内に葬られたのは用明、推古帝ばかりではないらしい。用明帝の兄、推古帝の夫、敏達《びたつ》帝もまた「御陵は川内《かふち》の科《し》長《なが》に在り」と『古事記』にある。『日本書紀』には、崇峻天皇四年の記事に「夏四月の壬子《みづのえね》の朔甲子《ついたちきのえねのひ》（十三日）に、訳語田《をさた》天皇（敏達）を磯長陵に葬《はぶ》りまつる。是其の妣皇后《いろはのきさき》の葬られたまひし陵《みはか》なり」とある。やはり敏達帝の墓も移されたのであろうか。

とすると、太子の墓も移動したのではないか。『聖徳太子伝暦《でんりやく》』には、太子が生前、科長に墓をつくり、巳《み》年の春をもって必ず彼地へ到らんといったという。巳年の春というのは、いつなのであろう。『書紀』に書かれている推古二十九年、太子を磯長の陵に葬ると書かれた年は巳年ではない。

大和で統治し、大和で死んだ天皇を、河内へ葬るというのは普通ではない。しかも敏達帝はその妻の墓に、推古帝はその子の墓に、太子はその母と妻の墓に、それぞれ併せ葬られている。それは、何か急な出来事による移動ではなかったか。用明帝一家は敏達帝をつれて、死後、大和から河内へ移らねばならぬ何らかの事情があったのではないか。『伝暦』では、まだ埏道《えんどう》が開かない前に太子は移ったという。

どうも私は、この『日本書紀』の太子の死の記事はくさいと思う。かんじんなことをぼかすためには、どうでもいいことを人は長々と話さねばならぬ。かんじんなことは

「是の月に、上宮太子を磯長陵に葬る」というその記事で、後は、その記事を怪しまれぬようにするためにもうけられた修飾ではなかろうか。

## 『日本書紀』のもう一つの潤色

われわれはここにきて、もう一度、『日本書紀』そのものの性格を見極める必要がある。『古事記』、『日本書紀』の実際の著者は藤原不比等《ふひと》であり、『古事記』は不比等が稗《ひえ》田阿礼《だのあれ》なる仮名のもとに太安麻呂《おおのやすまろ》に手伝わせて、新しい宗教的イデオロギーを興味深い読物にして、元明帝にたてまつった秘書であり、『日本書紀』は、そういうイデオロギーによって、実際の歴史を叙述し、藤原氏に都合のよいイデオロギーをそのまま国家のイデオロギーとして、律令《りつりよう》体制を強化しようとした公式の歴史書であるというのが私の考えである。

このうちで、『古事記』の不比等撰修《せんしゆう》説は、まだ日本の多くの学者の認めるところとはならない。稗田阿礼＝不比等説は、多くのひとびとに全く意外な感を与えているようである。しかし、その後いろいろ考えるにつれて、ますます阿礼は不比等であるという確信を私は深めた。すべての発見は、認められるまで、やはり相当な年月が必要である。何より真理の熟する時を待つ、十分な忍耐が必要なのである。

ところで、『古事記』＝不比等撰修説は、今のところこの説の共同の創造者、上山春平氏以外に味方はないが、『日本書紀』＝不比等撰修説は有力な歴史家の味方がある。上田正昭《まさあき》氏である。

上田氏が、『日本書紀』が不比等撰ではないかといわれたのは、氏の著書『大仏開眼《かいげん》』においてである。

「『日本紀』においては、『古事記』よりもはるかに建内宿禰《たけうちのすくね》が天皇近侍の内臣であったことが強調されており、また『日本紀』においては、鎌足《かまたり》の功績がことさらに修辞され粉飾されている。『日本紀』における鎌足の評価が、『魏志《ぎし》』武帝紀の文によったものであることは、すでに先学の指摘するところであり、『日本紀』における鎌足像が、不比等との関係で潤色されたのではないかとする見解も、八木充《あつる》氏によって提出されている。さらに岸俊男《としお》氏によって、建内宿禰伝承の成立が鎌足像を通路にしたのではないかとする説もだされている。

『日本紀』における鎌足の叙述は、これを詳細に検討してゆくと、いかにも矛盾を内包しており、鎌足の子孫によって、鎌足像がことさらに飾られたところが多いのである。中臣大嶋《なかとみのおおしま》が筆をとったときに、すでに中臣氏伝承がクローズアップされる条件ができつつあったが、それが藤原氏の墓記上進、ついで不比等の政界進出という状況を反映して、『日本紀』における鎌足像がより強く飾りたてられてゆくのである。その意味では、不比等が歴史上に登場する最初のところに、『日本紀』が史《ふひと》の字をあてているのも興味深い。フヒトの名の由来は、史つまり史書の編纂《へんさん》とのつながりを示すからである。それをうけて、舎人《とねり》親王らの史局による『日本紀』の完成がなされる」

この本が出版された当座、私は上田氏からこの本を贈られたが、この言葉の意味がよく分らなかった。その時、私はまだ『書紀』にかんして、古代史にかんして、さしたる興味がなかった。しかし、三年前（昭和四十四年）から急激に神々が私を訪れて、私は神々のとりことなった。そして私は私で、『古事記』と『日本書紀』の真の著者は、不比等ではないかという仮説を進めていた。そして上田氏の著書を読んだら、すでに上田氏は『書紀』について、不比等撰説らしいものを出していたのである。

正直にいって、今日、この文章を改めて読んで、私は上田氏の言葉はやや謙虚に過ぎるのではないかと思う。もっと大胆に、『日本書紀』は不比等撰であるといってもよいのではないかと思う。しかし、それはあくまで素人《しろうと》である私と、専門家である上田氏との違いであろう。私はたとえまちがっても、帰るところがあるというであろう。しかし、専門の歴史家には、帰るところがない。学界とは、どれだけ真理をいったかではなくして、どれだけ誤謬《ごびゅう》をいったかで評価されるところである。一つの誤謬もいわないために、一つの真理も語らずに、大学者で通るのが学界である。そういう学界を考えると、この上田氏の著書は、たいへんすばらしい発想であるといわねばならぬ。

上田氏以前に、八木充氏も『日本書紀』の一部に不比等の手が入っているのではないかという説を出している。八木氏は『律令国家成立過程の研究』において、『日本書紀』を次のように三つの区分に分けている。

(A) 巻二二（推古）以前
(B) 巻二三（舒明《じよめい》）以後、巻二七（天智《てんじ》）以前
(C) 巻二八（壬申《じんしん》）以後

そして、(B)の部分に鎌足、不比等の手が加えられていると推定する。

「まず巻二三〜二七の記載内容を一見して、もっとも顕著な特色をなし、他の一般的な記事の書き方と調和しないのは、記事自体の内在的特性として、中臣鎌足関係記事に異例の筆色と紙面を用いていることである。この一連の記事で鎌足の顕揚に意が注がれたと推定できることは、それが『大織冠伝《たいしよくかんでん》』のモチーフと同一筆調であることから容易に判定できる」

「要するに、書紀の巻二三〜二七の部分の原形は大宝―和銅期に成立し、その編修主体となった不比等によって多くの潤色がほどこされることになった。潤色はきわめて積極的であり、とくに律令国家の創業的意義が大化期に大きい比重をもって仮託されるにいたったと考えるのである」

とにかく『日本書紀』に藤原不比等の意志が強くはたらいていることは、私ばかりで

はなく、二、三の賛成者もいる。とすれば、どういうことになるのか。

私はやはり、『古事記』が推古女帝で叙述を止《や》めたことに注意したい。なぜ推古帝において、『古事記』は叙述を止めねばならなかったか。理由は案外簡単なことかもしれない。これは、この『古事記』の第一の読者である元明帝にとって、推古帝のつぎの天皇である舒明帝は天智、天武帝の父であり、つまり彼女自身の祖父であり、彼女がよく知っている人間であった。『古事記』は、よく知っている人間のことは彼女の記憶にまかせて語るのを止めたのかもしれない。しかし、それればかりではないと思う。それは、やはり推古帝以後の歴史をどう見るかという視点が、はっきり定まらなかったのではないだろうか。推古帝以後、はっきり新しい時代がはじまっている。物部《もののべ》、蘇我《そが》の戦い以後、壬申の乱（六七二）に到るまでの内乱の一世紀をどう見るか。それが、まだ『古事記』撰修のときには、はっきりしていなかったのではないか。そしてまた、神の書として、新しい神道《しんとう》の確立という立場で書かれたこの本には、仏教をどう見るかという困難な問題が残っていたのである。

中臣氏は神につかえる家柄であった。そして、不比等は、神道における宗教改革によって、新しいイデオロギーにもとづく支配体制を確立した。しかしもとより不比等は、神道のみによって国家が治まるとは考えていなかったに違いない。仏教の勢力を味方につけない限り、支配体制は確立しないことを彼は十分知っていたに違いない。そして、すでに文武二年（六九八）に彼は自らの子孫のみに藤原姓を限り、他の一族は中臣の姓に帰して専《もっぱ》ら神につかえさせたのである。それは政治と宗教の分離であり、政治と宗教の両面を通じて一族の支配をはかろうとするのがねらいであると私は考えるが、一方では藤原氏が神道から自由になることを意味していた。中臣氏のままで仏教の保護者になるのはまずい。藤原氏なら仏教の保護者になってもかまわないではないか。

私は『古事記』撰修から『日本書紀』撰修までの間を、藤原不比等が、推古帝以後の歴史をどう見るかという観点を確立したとき、いいかえれば彼の仏教政策が確立されたときであると思う。いかに知恵者の彼でも、そういう政策を確立するのには、入念な用意が必要であったであろう。

われわれは、今日この推古帝から天武帝への大きな古代史の流れを、『日本書紀』によってしか知ることが出来ない。この巨大な歴史の流れを、その勝利者の資料によってしか知ることが出来ないということは、何としても残念である。われわれはそこにおいて、異常に美化された太子や、異常に活躍した鎌足を見るけれど、その姿がどれだけ実際の姿であるかどうかを知る他の資料を、ほとんど持たないのである。

## 藤原——中臣《なかとみ》氏の出身

ここでわれわれは、一方では聖徳太子の、一方では中臣鎌足《かまたり》(六一四—六六九)の像を中心に、『日本書紀』の記事を見てゆくことにしよう。聖徳太子と共に、『書紀』においてて分らない人物は藤原鎌足である。藤原鎌足、すなわち中臣鎌足は、いったいどんな素姓の、どんな生れの人であるか、さっぱり分らないのである。

神話において、藤原氏の先祖アメノコヤネノミコトは天孫ニニギノミコトの側近第一号であり、そして藤原氏が祭るタケミカズチ、フツヌシの神が国土平定の大功績をたてた神であった。とすれば、当然そういう大功績があった神の子孫が神武帝以後の実際歴史で活躍するのではないかと期待されるが、中臣氏は『古事記』には全く姿をあらわさない。しかし、『日本書紀』においては中臣氏はときどき姿をあらわす。神話時代をのぞいて、鎌足の父とされる御食子《みけこ》以前に中臣氏が姿をあらわすのはだいたい四度である。

第一は、垂仁《すいにん》二十五年二月八日に詔をうけた人の名に、阿倍臣《あへのおみ》の遠祖・武渟川別《たけぬなかわわけ》、和珥臣《わにのおみ》の遠祖・彦国葺《ひこくにぶく》、中臣連《なかとみのむらじ》の遠祖・大鹿嶋《おおかしま》、物部《もののべ》連の遠祖・十千根《とおちね》、大伴《おおとも》連の遠祖・武日《たけひ》とある。ここで中臣氏は阿倍、和珥、物部、大伴の名家の中にあり、しかも連姓のトップにあるわけであるが、中臣連の遠祖・大鹿嶋なる人がどういう人であるかさっぱり分らない。この人はここに名が出てくるだけで、『日本書紀』はこれ以後彼について何も記していない。

中臣氏の人間の時代における最初の子孫が、中臣連大鹿嶋という形で登場してくるのはどういうわけであろうか。『大鏡』には、中臣鎌足は鹿島の生れであると書かれている。鹿島誕生説は、有力な氏族の伝承でもある。私は、鹿島はオオ氏の勢力の強いところで、大鹿嶋はオオ氏の鹿島という意味かもしれないと思うが、鎌足がもし鹿島の生れであるとすれば、中臣の最初の祖先が大鹿嶋という形で登場することは当然ではないか。

第二に中臣が登場するのは、仲哀《ちゆうあい》紀から神功《じんぐう》紀である。ここで中臣烏賊津連《なかとみのいかつのむらじ》というのが登場する。仲哀九年、突然に仲哀帝は死ぬ。そのとき神功皇后は大臣武内宿禰《おおおみたけうちのすくね》と相談して、この天皇の死を内緒にして天皇を葬《ほうむ》る。この宮が豊浦宮《とゆらのみや》であるが、今でもこの宮は、一週間の間、忌祭をするのである。それは火をたかず、物音をたてず、つまり内緒で行う葬式である。ここで中臣烏賊津連は、この内緒の葬式の命をうけたまわるものとして登場する。

しかし、ここで登場した中臣烏賊津連は次の神功皇后紀では、重要な役割をする。神功皇后は神がかりになる。

「皇后《きさき》、吉日《よきひ》を選びて、斎宮《いはひのみや》に入りて、親《みづか》ら神主《かむぬし》と為《な》りたまふ。則《すなは》ち武内宿禰に命《みことのり》して琴撫《みことひ》かしむ。中臣烏賊津使主《おみ》を喚《め》して、審神者《さには》にす」

つまり中臣烏賊津使主は審神者となり、神の託宣の真意を知る役をするというわけである。中臣というのは神と人との間に立って、神の言葉を人に伝え、人の言葉を神に伝える役目であるという。ここで神とは天皇である。それゆえ中臣の役割は、天皇の言葉を臣下に伝え、臣下の言葉を天皇に伝える役目をするということである。ここで神功皇后は新しい神、住吉《すみよし》の神の教えによって新羅《しらぎ》征伐を決意する。その意味でこの託宣は、古代日本の運命を決することになり、この託宣の審神者となった中臣烏賊津使主は、実に大切な役割をはたしたはずであるが、その後の神功皇后紀に彼の名はない。

ところが、ここで二つのことを注意しなければならぬ。一つは、中臣氏の祖先はどうやら朝鮮と関係があることである。というのは、『続日本紀《しよくにほんぎ》』光仁天皇の天応元年（七八一）七月の項に次のような記事がある。

「右京の人正六位上栗原勝子公言す。子公等が先祖伊賀都臣《いかつのおみ》は、是《これ》中臣の遠祖、天御中主命廿世の孫、意美佐夜麻《おみさやま》の子なり。伊賀都臣、神功皇后の御世に、百済《くだら》に使して、すなはち彼の土の女《めと》を娶りて、二男を生み、名づけて本大臣、小大臣といふ。はるかに本系を尋ねて聖朝に帰す。時に美濃《みの》国不破郡栗原の地を賜《たま》ひて以《もつ》て居《を》らしむ。その後、居に因《よ》つて、氏を命じて、遂《つひ》に栗原勝の姓を負へり。伏して乞《こ》らくは、中臣栗原連を蒙《かうむ》り賜はむと。是に於《お》いて子公等男女十八人請に依《よ》つて、改めて之《これ》を賜ふ」

ここでまた中臣伊賀都臣が出てくる。この人物は百済へ使し、そして百済の女と結婚して二人の息子を生んだ。その息子の子孫がはるか日本の系統をたずねて、聖朝に帰したというのである。栗原なにがしは帰化人あるいは準帰化人であろう。この帰化人、準帰化人が、中臣と同姓だというのである。私は、この記事は、神功皇后の新羅征伐の神話の証言者となる中臣烏賊津使主の話と共に、中臣氏の祖先を示唆《しさ》するものであると思う。

以上の話は『古事記』には全くない。『古事記』において、神功皇后は審神者を必要とせずに、直接神託を語る。

ところで次にまた允恭《いんぎょう》天皇のとき、同じ中臣烏賊津使主が登場する。この場合、烏賊津使主は「一の舎人《とねり》」という形で登場する。一の舎人は一人の舎人であるより、むしろ第一の舎人という意味かもしれない。先に神功皇后の重臣として登場した中臣烏賊津使主が、すでに時代もへだたる允恭天皇の時代に舎人で登場するのはおかしいので、これは別人であろうといわれる。ところが、この烏賊津使主は、神の託宣の判定者になるのではなく、天皇の浮気のあっせんをするのである。允恭天皇の皇后は、忍坂大中姫《おしさかのおおなかつひめ》といった。ところがその妹はたいへん美人で、時の人は衣通郎姫《そとおしのいらつめ》と呼んだ。美が衣をつらぬいてかがやくという意味であろうか。天皇はその噂《うわさ》を聞き衣通郎姫を召すが、衣通郎姫は姉の嫉妬《しっと》を恐れて、天皇の再三のお召しにも応じない。そこで天皇の使いとして烏賊津使主が、衣通郎姫のところへ行く。烏賊津使主はたいへん知恵者で、糒《ほしい》、つまり乾燥食糧を着物の中へかくして行く。衣通郎姫は頑固で、「死んでも私は行きません」といった。烏賊津使主も「天皇の命令です。あなたをおつれしなかったら殺されます。殺されるよりはここで死んだ方がましです」といってここを動かない。七日間、烏賊津使主はがんばって、姫が飲食物を与えても一切食わなかった。が、実はひそかにかくし持っていた懐中の乾燥食糧を食っていたのである。とうとう郎姫は負けて、烏賊津使主に従って倭《やまと》の春日《かすが》に行く。しかし、皇后の監視がきびしいので、天皇は宮を藤原京におき彼女をそこにおいた。皇后はやがて感づく。そして、さまざまなラブ・トラブルが起るのである。

ここでわれわれは、中臣烏賊津使主が舎人であることに注意しよう。中臣氏は舎人が好きである。不比等《ふひと》の長男の武智麻呂《むちまろ》も、またその長男の豊成《とよなり》も、舎人であった。私は稗田阿礼《ひえだのあれ》なる二十八歳の舎人は、不比等ではないかと考えるが、烏賊津使主は舎人となって、天皇の弱みをしっかりにぎっている。そこに春日が登場し、藤原が登場する。いずれも藤原氏にゆかりの深い土地である。

ところでこの話は、『古事記』には全くないことに注意したい。『古事記』において衣通郎姫なる人は、全く別な運命をもって登場してくる。それは允恭天皇の娘であり、皇太子軽皇子《かるのみこ》の同母妹であった。この美しい同母妹に軽皇子は夢中になった。もとより同母妹との性関係は、いかに性道徳がきびしくなかった古代といえども許されない。そのことを軽皇子は知っていたが、恋しさはどうにもならなかった。やがてこの関係が分って軽皇子は伊予《いよ》へ流される。軽皇女《かるのいらつめ》、衣通郎姫もその軽皇子を追って行き、共に死ぬのである。

この古代日本における最もはげしい恋愛物語を『古事記』はくわしく語り、大伴家持《おおとものやかもち》は『万葉集』の中で彼等の歌をくわしく引用している。しかし『日本書紀』はこういう恋愛にはあまり関心がなかったのか、その物語を簡単に語っていると共に、衣通郎姫の名で別の話を語るのである。これは叙情的な『古事記』と、叙事的な『日本書紀』の違いかもしれないが、いったいなぜ『日本書紀』は、ここに中臣烏賊津使主というはるか昔の人物に、天皇の浮気のあっせん役をさせたのであろうか。中臣氏は、神すなわち天皇と臣下の間の意志の疎通《そつう》をはかる役であるが、神すなわち天皇の語る言葉は必ずしも聖なる言葉ではなく、お前が好きだ、お前とねたいという言葉であったかもしれないのだ。

ここで、私は、やはり烏賊津使主が舎人であると共に、実に巧妙な知恵者であることに注意したい。糒をもって飢えをいやしながら、彼は今にも死にそうな様子で女性に誠意を訴えている。そういうことが中臣氏の伝統的知恵であると考えて、『日本書紀』の著者はこの記事を書いているのであろうか。

第四に中臣氏が登場するのは、六世紀初頭、仏教伝来のときである。欽明《きんめい》天皇十三年代史の夜明けを告げる、蘇我《そが》氏と物部氏の間に起った宗教論争の始めとなる。このとき（五五二）に仏教が日本に入ってきた。そこで有名な宗教論争が起る。つまりこれが古物部大連尾輿《もののべのおおむらじおこし》と共に仏教に反対した人に、中臣連鎌子《かまこ》という人がいる。中臣鎌子というのは、鎌足と一字違いの名をもった人物である。この宗教論争は最初は排仏派の勝利に帰して、物部尾輿と中臣鎌子は寺を焼き、仏像を難波《なにわ》の堀江に流した。ところが再びこの宗教論争は敏達《びたつ》帝の時期にくりかえされる。そのときの排仏派は、物部守屋《もりや》と中臣勝海《かつみ》であった。この時も排仏派は塔を倒して仏像や仏殿を焼いた。

この排仏派と崇仏派、古い神と新しい神との争いは、ついに物部氏と蘇我氏の天下分け目の戦いとなり、崇仏派の勝利に帰した。しかしこのとき、中臣勝海の態度は奇妙である。もちろん中臣勝海は物部守屋の味方であるはずである。ところが「俄《しばらく》ありて事の済《な》り難からむことを知りて、帰りて彦人《ひこひと》皇子に水派宮《みまたのみや》に附く」。かんじんなところで裏切ったのだが、この裏切り者を見て物部側の舎人迹見赤檮《とみのいちい》は、勝海が彦人皇子のもとから帰るのを待って、彼を殺す。勝海は不名誉な死に方をしたものである。中臣鎌子も勝海も、物部尾輿や守屋と共に蘇我氏に反対したのであるから、かなり重要な政治的位置を占めていたと思われるのであるが、この二人について、『日本書紀』はその事実のみを語って他に語らず、またこの二人は中臣氏系図にも姿を見せない。

ここで中臣氏は、二つの姿で出てくる。一つは、彼は物部氏と共に神を祭る氏族の代表者、つまり新しい神である仏にたいする反対者として登場する。そして次に彼は裏切者として出てくる。この彦人皇子というのは、敏達帝の子で、舒明《じょめい》帝の父である押坂《おさか》彦人大兄皇子《おおえのおうじ》である。つまり、中臣勝海は強硬な仏教反対派から仏教側へ、しかも舒明帝の父親を通じて寝返っていることに注意したい。

以上四人の人物が、鎌足の父とされる中臣御食子《みけこ》が登場するまでの、中臣を名のる人物である。そしてこれらの人物のうち、一人も『古事記』には登場せず、中臣烏賊津使主をのぞいては、中臣氏系譜にも登場しないことに注意するがよい。

おそらくそのすべては後世の創作であろう。そこに登場する中臣氏は、すべて後世に中臣氏がしたことをそのまま行なっているのである。おそらくすべてフィクションであろう。中臣氏は鎌足の時代に、あるいはせいぜい父の御食子の時代に、中央政界に登場した成り上り者にすぎないのであろう。そしてその成り上り者は、自らの現在の姿を遠い歴史に投影したのであろう。第一の話は、鎌足が鹿島の生れであるという伝承を思わせ、第二の話は現在不比等あるいは房前《ふささき》がやっている、神である女帝と臣下との間の媒介者、元明帝と不比等、あるいは元正帝と房前の関係を思わせ、第三の話は不比等の舎人時代の仕事、不比等と天武帝の関係を思わせ、第四の話は中臣氏の新しい神道《しんとう》確立者としての立場と同時に、舒明帝一族との交渉による仏教への転向が暗示されているように思われる。

おそらくこの中臣氏は、帰化人の血を引く東国出身らしい成り上り者であり、この成り上り者が鎌足の父、御食子を祖とし、不比等まで三代で政治の実権をほぼその手に握ったのである。何によって彼等は己れの権勢を手に入れたか、藤原不比等は恐るべき政治力をもった男であったが、父鎌足はどうか。中臣鎌足はいったい何をしたのか。

## 『書紀』の主張する入鹿《いるか》暗殺正当化の論理

『日本書紀』にのみあって『古事記』には存在しない記事は、われわれをしてこれらの記事が虚構であることを疑わしめる。それらはひそかに中臣《なかとみ》氏の出身の由来を語るか、それとも鎌足《かまたり》以後の中臣氏のあり方を語るかのいずれかであり、史実として考えるべきではないであろう。このように考えるとき、われわれはやはり、中臣氏は鎌足の父、御《み》食子《けこ》の代になってはじめて歴史に登場してきたと考えるべきであろう。鎌足がはじめて『日本書紀』に登場するのは皇極三年（六四四）、父、御食子がはじめて登場するのは推古の死の年（六二八）であるが、すでに養老の終りには、藤原氏は以後何百年間連続する絶対的権力をほぼその掌中におさめていた。その間、鎌足登場のときから数えて約八十年、御食子登場のときから数えて百年とたっていない。

この間、いったい何が起ったか。古代日本の大変革である氏族制が倒れ、律令《りつりょう》制がそれに代った。そして、軍事中心の国家のあり方が変り、農業的文化国家となり、それと同時に、天皇をたてながらこの日本を支配する氏族が、蘇我《そが》氏から中臣氏に代った。

この変革をみちびいた事件は、やはり三つあると思う。一つは山背大兄皇子《やましろのおおえのおうじ》の殺害(六四三)、もう一つは蘇我蝦夷《えみし》、入鹿《いるか》の殺害(六四五)、もう一つは壬申《じんしん》の乱(六七二)である。問題は前の二つ、この二つの事件こそ蘇我氏の滅亡を招き、これに代る新しい政治勢力の登場を可能にしたもっとも大きな事件であった。

この二つの事件は詳細に『日本書紀』に語られる。推古帝の時代で叙述を止めた『古事記』のあとを受けて、『日本書紀』はこの二つの事件を書くために全力をつくしているかのようである。この二つの事件を描くことに『日本書紀』の一つのねらいがあったとさえ思われる。そしてこの事件は藤原氏の家伝である『大織冠伝《たいしょくかんでん》』においても、ほぼ同じストーリーで語られる。従来われわれは、すべてこの『日本書紀』に語られた叙述をもとにして事件を理解した。もとよりわれわれ戦前戦中派が小学校から習った皇国史観は、そういう『日本書紀』の記事をすべて真実として歴史を理解した。そして戦後に流行したマルクス史観も、やはり『日本書紀』記載の記事をもとにしてその事件を理解し、事件そのものを怪しもうとはしなかった。

その理解とは、だいたいこうである。入鹿は山背大兄皇子を殺した。推古晩年に蘇我蝦夷と山背大兄皇子の対立は深刻になる。山背大兄皇子は推古帝から帝位を譲位されると思ったのに、蝦夷は田村皇子を皇位につけようとしたからだ。こうして田村皇子が皇位につき、舒明《じょめい》帝となり、在位十三年ののちにその皇后、皇極帝が天位につくが、翌皇極二年（六四三）、母の病気の看護で疲れた皇極帝が退位の意志をもらしたところから悲劇が起る。

入鹿は突然、山背大兄皇子を殺す。山背大兄皇子は、ここに一族二十五人と共に死ぬ。こうして山背大兄皇子を殺した入鹿は、その結果、横暴をきわめ、皇位を軽んじる行為が多くなる。こうした入鹿の横暴を憎んだ中臣鎌足は、中大兄皇子《なかのおおえのおうじ》と組んで入鹿討伐の計画をねるのである。そして、ちょうど三韓の使節入内《じゅだい》のとき、あの歴史的クーデターが起る。雨がひどく降った六月のある日、入鹿の首は飛び、その首は御簾《ぎょれん》にくらいつく。談山《だんざん》神社にある多武峰《とうのみね》絵巻は、この御簾にくらいついている入鹿の首をえがいているが、よほど無念だったのであろう。とにかく、このクーデターは聖なるクーデターであると、『日本書紀』は書いている。

「蘇我臣入鹿が、君臣長幼《きみやっこらまこのかみおとと》の序《ついで》を失ひ、社稷《くに》を闚闟《うかが》ふ権《はかりこと》を挟《わきばさ》むことを憤《いく》み、歴試《つた》ひて、王宗《きみたち》の中《みなか》に接《まじは》りて、功名《いたはり》を立つべき哲主《さかしききみ》をば求む」

つまり、このクーデターには正義の理由がある。しかも『日本書紀』ははっきり語らないが、A、蘇我入鹿による、聖なる太子の子、山背大兄皇子の殺人、B、忠臣、中臣鎌足の蘇我入鹿殺人、というA、B、二つの事件に復讐《ふくしゅう》という因果関係を想定する。つ

多武峰絵巻（部分）

まり善玉、山背大兄皇子を殺した入鹿が悪玉であり、この悪玉の入鹿を殺した中臣鎌足は善玉であるという類推である。それゆえ『日本書紀』が山背の父、聖徳太子を聖なる人間に祭り上げれば祭り上げるほど、その子、山背大兄皇子も聖となり、それを殺した入鹿はますます悪となって、入鹿がますます悪となることにより、入鹿を殺した中臣鎌足はますます善となる。

『日本書紀』はこういうあらわな論理的解釈を、この事件の登場人物に加えてはいない。しかし、そう思わせるようには書かれていて、われわれはいつのまにかそういうふうに『日本書紀』を読んでいる。そして、そういう善悪の理解にもとづいて、今までほとんどすべての人は、この事件を理解してきた。しかし、はたして事件の真相はそうであろうか。

第一に、われわれはこの事件を『日本書紀』

と藤原氏によって書かれた『家伝』によって理解するより仕方がない。『家伝』が藤原氏に有利に書かれていることは論をまたないであろう。『日本書紀』も、藤原不比《ふひ》等《と》の統制のもとに書かれた蓋然性《がいぜんせい》はきわめて高い。とすれば、われわれは事件そのものを、その事件当時の権力者である藤原氏側の資料によってしか、知ることが出来ない。

　事件の敗残者、蘇我氏側の資料については知ることが出来ない。藤原氏側の資料は、藤原氏に都合の悪いことを書くはずはない、というより、歴史の作成がきわめて高度な意味における政治的行為であるとすれば、政治的支配者によって書かれた歴史の最大の目的は、自己の政治的権力の合理化であるはずである。『日本書紀』が『古事記』と共に藤原氏によって書かれた政治的意向をもつ歴史書であるとすれば、その歴史書には、大いなる作為的意志がはたらいていることは否定出来ないであろう。そこには、どうでもよいことはきわめて正しい真実を語り、自己の政治支配を合理化する点においては、きわめてたくみにうそをつく意志がはたらいているといわねばならぬ。

　今ここでわれわれが、中臣鎌足によって行われたクーデターを合理化する論理を『日本書紀』に見出《みいだ》すとき、その論理をはたしてそのまま信じてもよいのだろうか。聖なる太子の子の聖なる山背大兄を殺した悪なる入鹿、その入鹿を倒した正義の味方—中臣鎌足、という素朴な論理を、われわれははたして素朴に信じてよいものであろうか。

　従来、この事件についての説明はすべて、『日本書紀』が藤原氏によってつくられた高度な政治的意志をもつ歴史書であることを見落している。そのねらいを見落したすべての解釈は、この事件そのものの真相をも見誤ったのである。資料の点から見ても、この事件を『日本書紀』によってのみ素朴に理解することはたいへん危険であることがわかった。それでは、いったいこの事件のどのような点がおかしいのか。そういう問いに入る前に、われわれはこの事件を、結果から眺めてみることにしよう。

結果論という言葉があり、それはしばしばプロ野球の評論家によって使われる。あるバッターのとき、あるピッチャーを替えて別のピッチャーにする。そしてそのバッターにホームランを打たれる。すると野球評論家は、結果論になりますが、あの場合あのようなピッチャーを出すのはまずいと思います、などという。

結果論とは、事件をその結果から眺める見方である。つまり、未知な行為をその事件が起った未来から眺める見方である。この一連の政治的事件を、『日本書紀』の説明を無視して、冷静にその結果から眺めることにしよう。結果から眺めるとき、この二つの事件は実際に連関している。それは悪人による善人の殺害、そして別の善人のその悪人にたいする復讐という形で連関しているのではない。むしろそれは、蘇我氏の滅亡という形で連関しているのである。

入鹿による山背大兄皇子殺害は、結局、蘇我氏の内部争いである。内ゲバである。この内部争い、内ゲバにより、蘇我氏は崩壊の第一歩を歩む。聖徳太子は自らいうように蘇我氏一門であり、山背大兄皇子は蝦夷にとっては甥《おい》、入鹿とは従兄弟《いとこ》である。山背大兄皇子と蘇我氏とは濃い親戚《しんせき》関係にある。しかも、彼等は血縁によって結ばれているばかりではなくて、宗教によっても強く結ばれている。彼等は、飛鳥《あすか》朝廷における仏教側の勢力の代表者である。この血縁と宗教によって結ばれている蘇我氏の二大巨頭が、ここで殺しあう。そして山背大兄皇子という蘇我側、仏教側の精神的シンボルであった人物を失うとき、蘇我氏の権力は裸のもの、むきだしの権力となる。精神的権威を失って裸になり、むきだしの力となった権力は案外もろい。おそらく、結果的に見て山背大兄皇子の殺害は、中臣鎌足による蘇我入鹿の滅亡という決定的な事件の原因をなすものであろう。

しかも、この蘇我入鹿殺害もまた、蘇我氏内部の分裂によって可能となる。蘇我倉山田石川麻呂《そがのくらのやまだのいしかわまろ》という、蘇我氏一門で入鹿のやり方に不満をもった重臣を鎌足は味方にひきいれる。そして、中大兄皇子にすすめて倉山田石川麻呂の娘を中大兄皇子にとつがせる。ここで鎌足は同様の分裂作戦を用いる。つまり蘇我の勢力をつぶすのに敵を分裂させ、その分裂した一方を味方につけることである。この蘇我倉山田石川麻呂を味方につけることによって、蘇我入鹿殺害は成功する。

成功するや否《いな》や、蘇我倉山田石川麻呂は右大臣にまつりあげられるが、やがていらなくなると名目をつけて殺害される。このときもまた、蘇我の一族が利用される。蘇我日《ひ》向《むか》という倉山田石川麻呂の異母弟が、謀反《むほん》の訴えをする。『日本書紀』ですらこの謀反は無実であったとするところをみると、結局、蘇我倉山田石川麻呂は入鹿打倒のため利用されたにすぎないのであろう。

鎌足の蘇我氏滅亡のやり方は、いつも蘇我氏の一族を分裂させ、反主流派、不平分子を抱きこんで事件を成功させるというやり方である。入鹿を倒し、倉山田石川麻呂を倒したやり方が、それである。

こう考えると、山背の殺害も、そういう蘇我氏の内部分裂政策の一端ではないかという推論が、われわれに可能となる。じっさい、『日本書紀』ではこの二つの事件は悪人による善人の殺害、そして善人による悪人への復讐という形で結びついているが、結果論から見ると、この事件は蘇我氏の内部分裂による崩壊の歴史という形で見られる。いったいこれは、はたして単なる結果論にすぎないのか、それともこういうことをすべて見通していた、すぐれた作戦の名人がそこに介在したのであろうか。

### 山背大兄《やましろのおおえ》一族全滅の三様の記述

この事件を『日本書紀』にそって読むとき、われわれは二、三の疑問にぶつからざるをえない。まず、この事件に入鹿《いるか》は直接手を下していないことである。この事件は、

『日本書紀』においては次のような叙述ではじまる。

「蘇我臣《そがのおみ》入鹿、独り謀《はか》りて、上宮《かみつみや》の王等《みこたち》を廃《す》てて、古人《ふるひと》大兄を立てて天皇とせむとす」

とある。ここで、「入鹿、独り謀りて」とあるが、じっさいには入鹿は直接行動はしない。直接行動したのは巨勢徳太《こせのとこた》と土師娑婆《はじのさば》である。このうち土師娑婆はこの事件で死ぬが、巨勢徳太は孝徳朝において左大臣となる。しかも巨勢徳太が左大臣になったのは、クーデターを行なった主流勢力がかついだ左大臣、阿倍倉梯麻呂《あべのくらはしまろ》が死に、右大臣、蘇我石川麻呂《いしかわまろ》が殺された後である。つまりロボットの左右大臣に代って、孝徳の側近が実際の左右大臣になったと見られる時点において、彼は左大臣という要職を占めたのである。

明らかに孝徳側近である巨勢徳太を中心とした軍隊が、突然、斑鳩《いかるが》の山背大兄皇子の宮を襲ったわけであるが、山背大兄皇子は一計を案じて生駒《いこま》山に逃げる。馬の骨をとって宮におき、その宮に火をつけたのである。巨勢徳太はその灰となった骨を見て兵を引きあげたところが、山背大兄皇子は山中にいるということが入鹿の耳にはいる。入鹿はびっくりして軍隊をさしむけようとして高向臣国押《たかむくのおみくにおし》に命じる。高向臣国押は拒否する。そこで入鹿自ら行こうとするが、そこへ古人大兄皇子が息せき切ってかけつけていう、「どこへ行く」と。入鹿がその理由を話すと、それにたいする古人皇子の答えが意味深長である。「鼠《ねずみ》は穴に伏《かく》れて生き、穴を失ひて死ぬと」。その意味は、入鹿を鼠にたとえて、入鹿が本拠をはなれたら危ういという意味をふくめたとされる。このたとえを聞いて入鹿は自ら行くことを止《や》める。しかし山背大兄は平和主義者であった。彼は、戦いが百姓を残《やぶ》り害《そこな》うことをおもんぱかって、再び斑鳩寺に帰る。そこで兵たちは寺を囲み、山背大兄皇子はじめ太子一族はすべて自殺する。

この叙述を読むと、どう見ても入鹿が戦いの主導権をにぎっていたとは思えない。戦いの主導権は、やはり巨勢徳太をはじめとする孝徳側近たちであったと思う。現に入鹿は、ひどく恐れているのである。穴にかくれて、穴から出ることを恐れている。そして入鹿に近い古人大兄皇子が、誰よりもこの事件にかんして中立派であった。これはちょっとおかしい。なぜなら『日本書紀』は「入鹿、独り謀りて、上宮の王等を廃てて、古人大兄を立てて天皇とせむとす」といっているではないか。当然、古人皇子をたてるための陰謀である。その陰謀に古人が不参加、少なくとも積極的意志を示していないのはおかしい。

そして入鹿の父、蝦夷《えみし》は、この事件を聞いて、「噫《あ》、入鹿、極甚《はなは》だ愚癡《おろか》にして、専行《たくめあ》暴悪《しきわざ》す。儞《い》が身命《いのち》、亦殆《またあやふ》からずや」といったという。たしかに蝦夷がいったとおり、この事件そのものは、はなはだ愚かなる事件であった。そして予想どおり、入鹿は蝦夷と共に二年もたたずに滅ぼされてしまった。この事件には、蝦夷も積極的に参加したようではない。とすれば、この事件そのものは『日本書紀』に書かれているように、入鹿によって積極的に起されたのではないと思われる。むしろ入鹿は、そこでは愚かであり、入鹿に愚かゆえにまんまと利用されたのではないかと思う。『日本書紀』は「入鹿、独り謀り」とあるが、『家伝』の記事は少しちがっている。『藤氏家伝』には次のようにある。

「後崗本《をかもと》（皇極）天皇二年歳次 癸卯《みづのとのう》冬十月、宗我入鹿、諸王子と共に謀りて、上宮太子の男、山背大兄等を害《そこな》はんと欲して曰く、『山背大兄は吾家の生む所なり、明徳、惟《こ》れ馨《かほ》り、聖化猶《なほ》余りあり、崗本天皇位を嗣《つ》ぐの時、諸臣云々《うんぬん》し、舅甥《きゆうせい》隙有りと。また境部臣摩理勢《さかひべのおみまりせ》を誅《ちゆう》するにより、怨望已《えんぱうはなは》だ深し、方今《いま》天子崩殂《ほうそ》し、皇后朝に臨み、心必ずしも安からず。なんぞ乱なからんや、外甥《がいせい》の親を忍ばず、以《もつ》て国家の計を成さん』と。諸王、然諾す、但《ただ》、従はずんば、害の身に及ばんことを恐れ、ゆゑに共に計るなり」

これは、『日本書紀』の叙述とちがう。『日本書紀』では「入鹿、独り謀りて」とある。しかし、ここでは「宗我入鹿、諸王子と共に謀りて」とある。つまり『日本書紀』は単独犯説であるが、『家伝』は共犯説である。しかし『家伝』には、その共犯の弁護が行われている。つまり、その共犯は入鹿の強制によるというのである。入鹿の権力が強力であるので、やむなく諸王子は従ったとあるが、どうも『日本書紀』の高向臣国押の拒絶を思うと、そのとき入鹿の権力はそれほど強大ではなかったように思われる。一臣下である高向臣国押ですら、入鹿の命令を拒絶しえたのである。どうして諸王子が、入鹿の命令を拒絶することが出来なかったであろうか。私は、どうも『家伝』の共犯弁護説は無理であるような気がして仕方がない。

この諸王子の共同正犯を主張するのは、『上宮聖徳太子伝補闕記《ほけつき》』である。この本はどうやら平安時代に出来た本らしいが、そのはじめにこのような言葉がある。

「日本書紀暦録、幷《なら》びに四天王寺聖徳王伝、具《つぶ》さに行事奇異の状を見《あらはせ》ども未《いま》だ委曲を尽さず。憤々尠《すく》なからず。斯《ここ》によりて、ほぼ耆旧《ききゆう》を訪ね、兼ねて古記を探る。調使《つきのおみ》膳臣《かしはでのおみ》等二家記を償得す。大抵古書と同じと雖《いへど》も、説、奇異あり、之《これ》を捨てるべからず」

明らかに『補闕記』は、『日本書紀』及び『四天王寺聖徳王伝』という既成の歴史書に腹をたてている。『補闕記』の著者は、真実を明らかにするために古記をさがし、調使、膳臣の二家記をみつけ、それにもとづいて異説をたてている。私はこの言葉の中にこもる憤激の口調からみて、この文書は真実を語っていると思う。だがこの文書は、誰が書いたかは分らない。私はやはり、そのときもまだ真実を明らかにすることは危険であったと思う。この危険を知りつつも、なおかつ黙ってはいられないという気持で、この著者の名前の分らない文書は書かれたと思う。

いったいこの作者は、いかなる点において、『日本書紀』と『四天王寺聖徳王伝』の記事は真実とちがうというのであろうか。この『補闕記』が『日本書紀』のこの事件にかんする叙述と全くちがうのは、はっきり犯人複数説をとる点である。

「癸卯《みづのとのう》年十一月十一日丙戌《ひのえのいぬ》、亥時《ゐのとき》、宗我大臣、幷びに林臣《りんしん》入鹿、致奴王子児《ちぬのおうじのこ》名軽王、巨勢徳太《こせのとこた》古臣《このおみ》、大臣大伴馬甘連公《おほとものうまかひのむらじのきみ》、中臣塩屋《なかとみしほや》枚夫《ひらふ》等六人、悪逆至計を発して、太子子孫男女廿三（五）王、罪なくして害せさる」

『補闕記』は、ここで罪なくして害された二十三王の名を列挙するが、ここで明らかに共犯説をとっている。

ここで入鹿ばかりか蝦夷もその犯人であることになるが、注意すべきことは致奴王子の子供、軽皇子《かるのみこ》、すなわち後の孝徳帝がここで巨勢徳太、大伴馬甘（馬飼）、中臣塩屋枚夫と共に、この計略に加わっていることである。ここで大伴馬飼というのは、後に孝徳天皇の御代、巨勢徳太が左大臣になったとき右大臣になった大伴長徳《ながとこ》である。つまり、巨勢徳太と共に孝徳帝の側近であろう。そうしてみると、ここで蘇我側が二人、孝徳側が三人加わっている。中臣塩屋枚夫という人物は、はっきり分らない。中臣であるから、中臣鎌足《かまたり》と関係があるのであろうか。中臣はともかく、『補闕記』によれば、この事件は蘇我入鹿側と孝徳側の共犯であることになる。

いったいわれわれはどれを真実とすべきであろうか。『日本書紀』の単独犯説、『家伝』の消極的共犯説、『補闕記』の積極的共犯説、いずれをとるべきであろうか。

すでに見たように、第一の単独犯説は無理であろう。なぜなら、もし単独犯ならば入鹿は陣頭指揮をとったはずである。たとえ陣頭指揮をとらなくても、彼は「鼠は穴に伏《かく》れて生き、穴を失ひて死ぬ」などと心細いことはいわれなかったはずである。入鹿はもちろんこの陰謀に加わってはいたが、どうも表面に立とうとはしなかったようである。彼は「穴に伏れている役割」を演じようとしたのである。穴にかくれてひそかに巨勢徳太たちによって山背皇子を殺させる。彼は責任を巨勢徳太にかこつけて、知らぬ顔の半《はん》兵衛《べえ》をきめこむつもりであったかもしれない。しかし、どうやらその計算がちがった。入鹿の焦燥ぶりには、そういう計算のちがいがあるように思われる。そして事件は、入鹿の意志をこえて巨勢徳太を主体にした孝徳側近たちによって動いているように見える。山背を斑鳩宮に囲んで宮を焼いたのも巨勢徳太で、また再び斑鳩寺に帰ってきた山背大兄皇子を殺したのも巨勢徳太であった。巨勢徳太が当時すでに孝徳の側近であるとすれば、この事件は孝徳及び孝徳一派の人によって主導的に動かされていたようにみえる。

私は、入鹿単独犯説をとることが出来ない。入鹿が単独に山背皇子を殺すには、やはり入鹿が絶対の権力を有している必要があるが、『日本書紀』の記事を見て入鹿が絶対の権力を有しているとは思われない。

また『家伝』の消極的共犯説も、同じ理由によってとることができない。諸王子とあるが、その諸王子の筆頭は軽皇子、すなわち後の孝徳帝であったろう。軽皇子及び諸王子にとって、山背皇子の殺害は、王位継承の競争者を一人のぞき、彼等の方に王位のまわってくるチャンスをより大きくすることであった。おそらく皇極女帝の弟、軽皇子にとって、山背大兄皇子に皇位がゆくことは、今の天皇の同母弟という彼の権力ある地位を全く捨てることを意味していた。今の地位を保全するためにも、彼はやはり山背殺害に積極的であったにちがいない。

私はどうもこの三つのうち、第三の説、積極的共犯説が真実ではないかと思う。この『補闕記』の著者は、おそらく、歴史の偽造に怒っていたのである。彼は藤原氏以外の資料によって、歴史の真実を明らかにしようとしたのではないかと思う。

ところで、ここに中臣塩屋枚夫という人物がいる。この人物については何も分らない。しかし、もし彼が中臣氏であるならば、彼は中臣鎌足と関係があるのであろうか。

## 孝徳帝一派の悲喜劇

ここで妙なことがある。中臣鎌足《なかとみのかまたり》がはじめて『日本書紀』に登場するのは、皇極三年(六四四)正月一日である。この元日づけをもって、彼は神祇伯《じんぎはく》になった。神祇伯という職名は当時はまだなかったので、この記事は鎌足が神事をつかさどる最高の位についたという意味にとるべきであろう。この時、中臣鎌足は三十一歳である。先に見たように、中臣氏はけっして名家ではない。名家の出身ではない無名の一青年が、ここでなぜ神祇伯という栄誉ある地位につくことができたか。この記事は、ちょうど山背大兄皇子《やましろのおおえのおうじ》の死のすぐ後に書かれていて、彼が神祇伯になったのは山背皇子の悲劇からまだ二月とたっていない時である。

なぜこの無名の、たいした家柄でもない青年が、神祇伯の要職に、この事件のすぐ後つくことができたのであろうか。『家伝』では、この点があいまいである。鎌足が神祇伯になったのを、『家伝』は舒明《じょめい》天皇の御代《みよ》にしている。そして「名家の子弟に錦冠を授けて家業を嗣《つ》がしめようとしたが、彼は固辞して受けなかった」といっている。私は『家伝』は『日本書紀』より一層用心深く書かれていると思う。鎌足の神祇伯になったときを、嫌疑をうける可能性のある皇極三年という時期を避けて、もっとさかのぼらせているのではないかと思う。なぜ鎌足はこの皇極三年という時期に神祇伯になったのか。明らかに、山背大兄の死後は入鹿《いるか》の独裁時代である。『日本書紀』は、その入鹿の目にあまる独裁ぶりをえがいている。独裁時代の人事は、すべて独裁者の意のままであろう。それゆえ、鎌足のこの異例の昇進もまた入鹿の意志であろう。とすれば、なぜ入鹿はこのとき鎌足を神祇伯に任じたのであろうか。この神祇伯という異例な抜擢《ばってき》に対する鎌足の行動がまた奇妙である。彼は神祇伯をことわり、その足で軽皇子《かるのみこ》を訪問している。

『日本書紀』は言う。

「再三《しきり》に固辞《いな》びて就《つかへまつ》らず。疾《やまひ》を称《まう》して退《まかりい》でて三嶋に居《はべ》り。時に、軽皇子、患脚《みあしのやまひ》して朝《まゐりつか》へず。中臣鎌子連《かまこのむらじ》、曾《いむさき》より軽皇子に善《うるは》し。故《かれ》彼《そ》の宮に詣《まう》でて、侍宿《とのゐはべ》らむとす。軽皇子、深く中臣鎌子連の意気《こころばへ》の高く逸《すぐ》れて容止《かたち》犯《な》れ難きことを識《し》りて、乃《すなは》ち寵《めぐみたまふ》妃《みめ》阿《あ》倍《へ》氏を使ひたまひて、別殿《ことどの》を浄《きよ》め掃《はら》へて、新《にひ》しき蓐《ねどこ》を高く鋪《し》きて、具《つぶさ》に給《つ》がずといふこと靡《な》からしめたまふ。敬《ゐや》び重《あが》めたまふこと、特《こと》に異《け》なり」

中臣鎌足は、病と称してこの異例の抜擢《ばってき》の結果与えられた地位をことわり、軽皇子を訪問している。軽皇子も病気である。だが軽皇子の病気は、はたして本当の病気であろうか。私はどうも、軽皇子も中臣鎌足と同じ仮病のような気がするが、実はそれより以前、中臣鎌足は軽皇子と親しかったのだ。『家伝』には「大臣《おほおみ》、曾《かつ》て、軽皇子に善くし、ゆゑに、彼の宮に詣でて、侍宿し、相与《あひとも》に言談し、終夜疲れを忘る」というのである。いったい、いつから中臣鎌足は軽皇子と親しかったのであろうか。曾てという以上、例の山背大兄事件より前のはずである。

　中臣鎌足は山背大兄皇子の事件より前に、軽皇子の政治顧問であった。この政治顧問が、じっさいに軽皇子自らが参加した一大陰謀を知らないはずはない。むしろここで入鹿と軽皇子を結び、山背一家殺害の陰謀を計画したのは、実はこの稀代《きたい》の知恵者である若き政治顧問の頭の中においてではなかったろうか。すべての聖徳太子にかんする伝記は、この事件が全く思いがけない事件であったことを語っている。事件は正に突然に起った。全く無防備であった山背大兄皇子は、突然何の理由もなくして襲われたのである。いったい事件の正体はどうなのか、山背大兄皇子自身にとっても、よく分らなかったにちがいない。

そういう突然の事件を計画したのは誰か。入鹿にとっても、この事件は最初は有利に思えた。なぜなら、いつも彼の意志にさからい、彼が次の天子にしようとしていた古人皇子の有力な反対者である山背大兄皇子をのぞくのは、彼の専制的な支配意志をみたし、そして彼の権力を安泰化するように見えたからである。そして一方、孝徳側にも山背殺害は有利に見えた。なぜなら、彼とは血族的に何の関係もない山背が天位につくことは、彼及び彼等一族の完全な衰退を意味しているからである。この二つの利益の一致を、二つの陣営のそれぞれに説得した策士がいたとすれば、いったいどうなるのか。この事件における入鹿の消極的態度を見るとき、私にはこの事件の主役は入鹿ではなく、一人の別の陰謀者であったように思われる。

皇極三年の中臣鎌足の神祇伯抜擢は、こういう陰謀者にたいする論功行賞ではなかろうか。ここで入鹿は、この一人の青年をよみ違えていたと私は思う。よみ違えたというより、まさかと思ったにちがいない。成り上り者には神祇伯でも与えておけば満足するにちがいない、と彼は思ったかもしれない。しかしこの青年は、たかが神祇伯という地位に満足するような男ではなかったのである。彼はまことに巨大な野心をもっていた。神祇伯を辞して仕えず、軽皇子のもとをおとずれる。このとき軽皇子もまた病気、あるいは病気と称していた。軽皇子の病気、あるいは仮病は何のためであろうか。私は、自信がなかったのだろうと思う。彼は入鹿と組んで山背皇子を殺した。しかし、殺しはしたもののその結果が恐ろしかったのであろう。入鹿と組んでやった非道な行為が世のひとの非難を買うかもしれない。あるいは、入鹿の猜疑《さいぎ》の眼が今度は彼自身に向けられるかもしれない。彼はひどく不安であったのではないか。こうした不安のさ中に中臣鎌足がたずねてくれる。彼はこの天才的な政治家、鎌足の来訪を深く喜び、寵妃《ちょうひ》に寝所の世話をさせるのである。寝所の世話をさせるとはどういうことであろう。私はやはりセックスのサービスであると思う。

　ところでこの寵妃阿倍氏というのは、『日本書紀』の大化元年（六四五）の記事に阿倍倉梯麻呂《くらはしまろ》の女《むすめ》、小足媛《おたらしひめ》という名で出てくる妃《きさき》ではないかと思う。孝徳帝と小足媛の間には有間皇子があった。この第一の妃、小足媛を鎌足に与えたとすれば、孝徳帝はたいへんなサービスをしたものである。それにたいして鎌足は「殊《こと》に恩沢《みうつくしひ》を奉《うけたまは》ること、前《さき》より望《ねが》ひし所に過ぎたり。誰か能《よ》く天下《あめのした》に王《きみ》とましまさしめざらむや」と舎人《とねり》にいったという。じっさい鎌足自身にとっても予期しないサービスであったにちがいない。そのサービスに成り上り者の天才政治青年はひどく感激して、軽皇子を天皇にしましょうといったというのも無理はないと思われる。

　軽皇子はこの舎人の語るのを聞いて大いに喜んだというが、鎌足はこのときすでに軽皇子に絶望していたのである。『家伝』には「然《しか》れども、皇子の器量、ともに大事を謀《はか》るに足らず。更に君を択《えら》ばんと欲し、王宗を歴見するに、唯中大兄《ただなかのおほえ》のみ雄略英徹にして、ともに乱を撥《をさめ》るべし」とある。つまり、すでにこのとき鎌足は軽皇子の限界をさとり、別の皇子をかつごうとしていたのであろう。

ここで有名な蹴鞠《けまり》の話が出るわけであるが、いったい軽皇子のこのクーデターにおける役割が何であるかを、私はこの『日本書紀』の話ではさっぱり理解することが出来ない。軽皇子は病気であった。そこへ中臣鎌足がおとずれて二人は親しく語り合ったが、中臣鎌足は軽皇子に見きりをつけて中大兄皇子に近づき、入鹿殺害という大事業を行うというのである。ここでは孝徳帝について何の説明もしていない。ただ鎌足と親しかったというのみである。しかし実はそれだけではないと思う。先にいったように山背皇子殺害に軽皇子、後の孝徳帝が参加していたとすれば、鎌足は軽皇子を使って入鹿と連絡し山背殺害を実行した。しかしその殺害は、軽皇子をして病気、あるいは仮病にさせたのである。つまり、軽皇子は孤立していた山背皇子を殺すというような役ならすることが出来るが、巨大な権力をもつ入鹿を殺害出来るような男ではない。入鹿殺害のためには、緻密《ちみつ》な計算とさらに無鉄砲な勇気が必要であり、鎌足はこの無鉄砲な勇気の持主を当時十八歳の中大兄皇子に見たのである。彼は山背殺害を軽皇子と共にやり、入鹿殺害を中大兄皇子と共に実行し、そのクーデターの後に先の山背事件の功績者、軽皇子を皇位につけたのであろう。

このように考えることにより、はじめて山背大兄殺害事件の真の意味が分ると思う。入鹿はたしかに愚かであった。彼は孝徳一派を利用するつもりで、見事に利用されたのである。巨勢徳太《こせのとこた》をはじめとする孝徳一派の力によって、彼は目の上のたんこぶ山背大兄皇子をのぞくつもりで、実は自らの命をうばってしまったのである。つまり入鹿の山背殺害は結局、仏教側、蘇我《そが》側の内部分裂であり自滅行為であった。『日本書紀』はしばしば、蘇我氏と山背一家が親戚《しんせき》関係にあることを語る。この一族の内部分裂によって、蘇我氏は滅びたのである。

おそらく、軽皇子や巨勢徳太をはじめとする孝徳一派のひとびとも、この事件の真の意味を知らなかったにちがいない。彼等は目前の邪魔者をのぞこうとする意志のみで行動したにちがいない。しかし、こうした先の見えない行動をくり返している男たちの中で、ただ一人、この事件全体を深く読み、神の如《ごと》き冷静な知恵と悪魔の如き大胆な勇気で、着々とその計画を進めていった男があったとすればどうか。

## 蘇我氏滅亡と氏族制崩壊の演出者——藤原鎌足《かまたり》

新しい政治権力が古い政治権力を滅ぼすとき、いつもとる方法はただ一つ、敵の分裂をはかることである。

鎌足は蘇我氏が二つに分裂しているのを見た。その分裂を利用して蘇我氏を滅ぼせ。その分裂は入鹿《いるか》と山背《やましろ》の対立である。現実主義の入鹿と理想主義の山背の分裂である。この分裂に目をつけた鎌足が、入鹿をおだてて一方の理想主義側を滅ぼしてしまった。とすれば、蘇我氏の権力は現実主義勢力のみとなる。つまり、蘇我は一方において強力な政治権力と共に、聖徳太子という一人の精神的シンボルを持っていた。蘇我氏内部における現実主義をして理想主義を滅ぼさしめる。聖徳太子という精神的なシンボルを蘇我一族からとりはずすとき、そのとき、蘇我氏という一氏族のむき出しの権力のみが残る。むき出しの権力は、もうその背後にカリスマ的権威を持たない。それはただ一つの力のみにすぎない。カリスマの力、精神的権威を失った力を滅ぼすのはわけはない。

こういう計算を一人の冷静な策士が、すでに山背殺害のときに考えていたとすれば、どうであろうか。『家伝』によれば、若き鎌足が、僧旻《びん》のところで周易《しゅうえき》の講義を聞いたとき、入鹿がそこにいたが、威勢をほこった入鹿でさえ鎌足には一目おいたという。それを見た僧旻は、「吾《わ》が堂に入る者、宗我大郎にしくはなし、但《ただ》、公の神識奇相、実に此《こ》の人に勝る」といったという。このとき歴史の未来が見えたのは、鎌足一人ではないかと私は思う。

そして山背殺害のあと、彼はすでに第二の目的に向っている。そういう彼を入鹿はやはり見くびっていたと思う。彼は病いと称して職を辞し、ひそかに中大兄皇子《なかのおおえのおうじ》に近づき次の作戦をねるのである。蘇我倉山田石川麻呂《いしかわまろ》を味方につける。入鹿を味方につけて山背皇子を孤立させたのと同じ方法である。

皇極四年六月十二日、いよいよクーデターの日である。そのクーデターも、先のクーデターのように不意にやってくる。六月十二日は、三韓の調《みつぎ》をたてまつる日である。中大兄皇子は蘇我倉山田石川麻呂にその表文を読む役を命じる。親戚《しんせき》が表文を読むのである。疑い深い入鹿も気を許すであろう。舎人《とねり》の使いに応じて入鹿が履《くつ》をはこうとすると、履が三たびぬげたという。入鹿は縁起が悪いと帰ろうとしたが、舎人はしきりに呼び、入鹿は止《や》むをえず行く。しかし、入鹿はまだ警戒をゆるめない。彼は、いつも剣を持っていて放さない。そこで鎌足は一計を案じて、道化を使った。道化は、「入鹿様、あなたのお腰の、太く長いものを私に下さいませ」とでもいったのであろうか。入鹿はアハハと笑って剣を解く。

殺し屋にやとわれたのは佐伯連子麻呂《さえきのむらじのこまろ》と葛城稚犬養連網田《かつらぎのわかいぬかいのむらじのあみた》であるが、さすがの殺し屋もいざとなるとおじ気つく。子麻呂は腹ごしらえに食べたものをもどしてしまう。鎌足は「だらしがないぞ」とどなりつけてはげます。文を読み続けていた倉山田石川麻呂は、もっとも大きな恐怖につかれていた。もう文書を読みおえようとしているのに、殺し屋はまだ来ない。彼は汗をびっしょりかき、声は乱れ、手がぶるぶるふるえる。入鹿は問う。「どうしてふるえているのか」。倉山田石川麻呂は苦しまぎれに「天皇の御前の近くにいるので、恐れおののき、不覚にも汗をかいたのです」と答える。

こうした状況を打ち破ったのは、やはり二十歳の若さである。中大兄皇子が、子麻呂等と共に突然に出て来て、剣で入鹿に斬《き》りつける。入鹿は驚いて起《た》つ。子麻呂が脚を斬りつけると、入鹿は天皇の御座に転びついていう。「いったい私は、何の罪でこんな目にあうのか」。天皇はおどろいて、中大兄皇子に聞く。「これはいったい何事か」。すると中大兄皇子は母、皇極天皇にいう。「鞍作《くらつくり》、天宗《きみたち》を尽し滅して、日位《ひつぎのくらゐ》を傾けむとす。豈天孫《あにあめみま》を以《も》て鞍作に代へむや」。これは、『家伝』でも「鞍作王宗を滅ぼして、将《まさ》に天位を傾けむとす。豈に帝子をもつて鞍作にかへむや」とある。

この言葉は、中大兄皇子の母、皇極帝への批判の言葉であろう。『家伝』には「寵幸近臣宗我鞍作」とある。入鹿は皇極帝の寵臣《ちょうしん》であったと私は思う。皇極帝の入鹿にたいする寵愛《ちょうあい》が、入鹿専横の背後にあったのではなかろうか。このとき、じっさいの大臣《おおおみ》は入鹿の父、蝦夷《えみし》であった。しかるにこのとき入鹿の権威は蝦夷をしのいでいた。なぜであろうか。その理由は、皇極帝の入鹿にたいする寵愛だと思う。この未亡人の寵愛を、中大兄皇子は責めたのである。「お母さん、入鹿を可愛《かわい》がるのも、いい加減にして下さい。入鹿が天位を望んでいて、天皇にとって代ろうとしているのがわからないのですか。あなたは天皇の子供より入鹿の方が大切だというのですか」

このきびしい詰問《きつもん》に、皇極女帝は沈黙し、殿の中へ入ってしまう。子麻呂や網田は入鹿を斬り殺してしまう。『多武峰縁起《とうのみねえんぎ》』は、このとき入鹿の頭が、斬られて、御簾《ぎょれん》に食いついたと記している。この『縁起』の絵巻には、じっさい入鹿の首が御簾に食いついているところが描かれている。この御簾に食いついた入鹿の首から、皇極帝の入鹿にたいする寵愛を私は感じる。入鹿は最後まで、この寵愛をあてにしすぎていたのである。そして、その寵愛が裏切られたときの入鹿のくやしさが、御簾に食いついた入鹿の首からしのばれる。かくて入鹿は死んだ。中大兄皇子と鎌足は、すべての皇子及び諸臣を集めて蝦夷と戦わせる。蝦夷は、孤立したまま死ぬ。

これが有名なクーデターであるが、この結果、皇極女帝は退位し、中臣《なかとみ》鎌足の推薦により孝徳帝が即位する。鎌足は、中大兄皇子には「まだ早い、あなたが今自分で即位するより、叔父さんの孝徳帝を即位させた方が賢明です」という。寵妃《ちょうひ》を世話したという行為ゆえに、孝徳帝は思いがけない返礼を鎌足から受けたのである。

このように考えてはじめて、われわれは山背殺害と入鹿殺害の因果関係を正しく把握《はあく》することができるであろう。事件は、『日本書紀』が語るように悪人の善人殺害と、別の善人によるその悪人殺害という復讐《ふくしゅう》物語ではなさそうである。それは蘇我氏の崩壊滅亡という、確実に進んでいく歴史の一連の動きである。その一連の動きの第一幕は山背殺害である。第二幕は入鹿殺害であるし、第三幕は蘇我倉山田石川麻呂殺害であろう。三つの幕は、それぞれ同じような筋書きによって行われている。それは、いつも一族の内部分裂である。入鹿は従兄弟《いとこ》の山背を殺し、倉山田石川麻呂は彼を信用している従兄弟の蘇我入鹿を裏切る。そして彼は異母弟の、蘇我日向《ひむか》に裏切られる。このように、一族の内部分裂という、同じ法則によって、蘇我氏は、一歩一歩滅亡と崩壊の道を進んでゆく。しかしそのドラマは、自然のドラマであるのか、それともそれを演出した人がいるのであろうか。入鹿滅亡以後の歴史のドラマの演出者は、明らかに藤原鎌足であると『日本書紀』は告げる。とすると、ほとんど同じ筋書きで行われた山背殺害のドラマも、また中臣鎌足の演出ではないか。

この各々《おのおの》一年半の間隔で行われた二つの革命は、ずっと後レーニンが行なった革命の形態にはなはだ似ている。ロシア革命は二月革命と十月革命の二段階によって起る。まずボルシェヴィキは、メンシェヴィキ及び社会革命党と提携して王政を倒す。それが革命の第一歩である。二月革命、つまりブルジョワ革命である。ついで、彼等が革命の第一歩で提携したメンシェヴィキ及び社会革命党を倒して、ボルシェヴィキの決定的権力を確立する。これが十月革命である。この革命の第一段階から第二段階へと進むにはわずか八カ月しかかからなかったが、この第一革命の段階においてすでに第二革命の見通しをもっていたのが、天才的な政治家レーニンであった。そこには、マルクス主義という理論の創造的な適用があった。公式主義的にマルクスを理解すれば、社会主義は資本主義の発達した国ではじめて実現されるということになる。ロシアのような資本主義の発達のおくれた国、二月革命によってやっとブルジョワ革命をなしとげた国においては、社会主義革命は不可能なはずであった。しかしレーニンは洞察した。こういうおくれたロシア社会こそ、むしろ社会主義社会の実現を可能にするのではないか。その意味で彼はマルクス主義の創造的解釈者であったが、創造的解釈とはいつもほとんど修正といってもよいくらいの独創性をもっている。とにかく二月革命勃発《ぼっぱつ》のとき、レーニンはすでに次の歴史の見通しをもっていた。そして彼は、見事にその革命を演出したのである。

ところがここで、山背皇子殺害から入鹿殺害まで約一年半の間隔がある。この革命はロシア革命より、もっと緻密《ちみつ》な計算と、もっと冷静に立てられた筋書きを通じて着々と行われたように見える。まず山背を倒す。それはいわば、ロシア革命における皇帝殺害にも似ている。現在、君臨している蘇我政権の精神的シンボルを倒すのである。現在の政権の精神的権威を無くする。そして精神的権威の崩壊によって、現政権は弱体化する。その弱体化した現政権をクーデターによって倒す。ここで革命は完成する。しかし、第一の革命、山背殺害の時点において、誰もがこの歴史全体の行方を知らなかったであろう。その事件に主役を演じた入鹿も、巨勢徳太《こせのとこた》も、孝徳帝も、次の歴史の幕に何が起るか知ることは出来なかった。それを知っていたら、入鹿は鎌足を神祇伯《じんぎはく》にすることはなかったであろうし、孝徳帝は自己の家へ引きこもって、鎌足の来訪に狂喜することもなかったであろう。すべての人はこの事件全体の行方を知らなかったのだ。ただ一人を除いて。

このただ一人の人は、歴史を必然の運命とは考えなかった。歴史を、彼自らが演出出来る一つのドラマと考えていた。歴史の行方をしっかり見つめよ、その必然の歴史の運命の中から、大きな歴史の筋書きが、構想されるではないか。『家伝』によれば鎌足は「聡明《そうめい》にして叡哲《えいてつ》、玄鑒《げんかん》にして深遠。幼年にして学を好み、博《ひろ》く書伝を渉《わた》り、毎《つね》に大公六韜《りくとう》を読み、未《いま》だ嘗《かつ》て反復して之《これ》を誦《ず》せざるはなし」という。彼は中国の革命の書『六韜』を読みふけっていた。その中から、彼は、革命というものがどのようにして行われるかを学んだにちがいない。その知識をもって、彼は現実の歴史のドラマを演出したのである。ちょうどレーニンがマルクスを読んで、ロシア革命を演出したように。

私は、歴史が民衆によってつくられるということを、否定するつもりはない。たしかに民衆の要求のないところ、いかなる天才政治家も歴史をつくる事業を行うことは不可能である。しかし、歴史は民衆によってのみつくられるのではない。民衆の要求をいち早くキャッチし、その必然の方向において、一つの歴史のプログラムを書く見事な天才が、必ず歴史の中には存在する。

時代は大きな変貌《へんぼう》を求めていたにちがいない。何百年の間、日本がそれによって支配されてきた氏族制度は、正にさまざまな危機を暴露しはじめていたにちがいない。土地公有制をはじめ、何らかの意味の革命が日本に要請されていたにちがいない。鎌足はその気運を十分とらえることが出来たのである。

## 蔭《かげ》の支配と血の粛清

入鹿《いるか》、蝦夷《えみし》の死によって蘇我《そが》氏が滅亡した後も、なおかつ鎌足《かまたり》は用心を止《や》めなかった。彼は、彼と中大兄皇子《なかのおおえのおうじ》との共同勢力を、けっして表面にたてようとしなかった。なぜなら彼は権力が表面にたったら危い、かくれた権力が一番安全であるという政治の原則を知っていたからである。

彼は、自己をたくみに韜晦《とうかい》させる。まずその共同政権の中心に前代の遺臣をおくのである。阿倍倉梯麻呂《あべのくらはしまろ》と蘇我石川麻呂《いしかわまろ》。阿倍倉梯麻呂は蘇我蝦夷の協力者であった。蝦夷が山背《やましろ》をしりぞけ、舒明《じょめい》帝をたてようとしたとき、倉梯麻呂は、鎌足の父、御食子《みけこ》と共にこの舒明をたてようとする蝦夷の意志の代弁者であった。倉梯麻呂はあるいは鎌足の父、御食子と親しかったのかもしれない。この倉梯麻呂は入鹿殺害のさいには中立的立場に立ったのであろう。この中立的立場に立った老人を鎌足は左大臣に、入鹿の親戚《しんせき》であり、入鹿を裏切った蘇我倉山田石川麻呂を右大臣にする。つまりここにおいては、権力の最上部は前代の遺臣であるかのように見える。改新政権の第一のシャッポは前代の遺臣であり、その下に孝徳帝一派がいる。孝徳天皇と巨勢徳太《こせのとこた》と大伴《おおとも》馬飼。これらのひとびとは山背殺害の功労者である。第一の革命の実行者である。鎌足は彼等をねぎらい、彼等を制御する道を知っていた。それは、いわば、第二のシャッポといえるであろう。この二重のシャッポの下に、中大兄皇子と鎌足がいるのである。二重のシャッポによって、彼等の実際の権力は目に見えないところにある。

歴史の進展は徐々にシャッポを不要にしていく。大化五年（六四九）三月十七日、阿倍倉梯麻呂は死んだ。それからわずか七日後、蘇我倉山田石川麻呂の事件が起った。この事件は『日本書紀』ですら無実の罪だといっている。全くのデッチアゲである。そのデッチアゲは結局、第一のシャッポが不要になったからである。形だけとはいえ、権力ある地位におけばいつのまにかその権力は実質を発揮してくる。蘇我倉山田石川麻呂が右大臣になってから五年たち、左大臣阿倍倉梯麻呂が死んだとすれば、彼の左大臣昇進が当然考えられる。それはたいへん危険だ。今のうちに危険の芽をつみとれ。この事件はどうやら改新政権が結局、二重権力制のもとで行われていたことを物語る。前代の遺臣を中心とした穏健なる政治権力に見せかけて、実際は中大兄皇子と鎌足の独裁制のもとに政治は行われていたのであろう。かくれた独裁者ほど恐ろしい独裁者はないのである。

こうして第一のシャッポがとりのぞかれると、第二のシャッポの登場である。ここで年号が、大化から白雉《はくち》と改められる。そして左大臣は巨勢徳陀古《とこたこ》、右大臣は大伴長徳《ながとこ》、いずれも山背事件の功績者であり孝徳帝の側近である。しかし、左大臣、右大臣に祭りあげられることは、かえって実際の政治権力から遠ざけられることかもしれない。孝徳帝は、彼の側近が政治の中枢部《ちゅうすうぶ》に坐《すわ》ったはずなのに、何故《なぜ》か孤独である。白雉四年（六五三）、彼は僧旻《びん》の病気を見舞い「若《も》し法師《ほふし》今日亡《し》なば、朕従《われ》ひて明日《あすのひ》に亡《し》なむ」といったという。これが一国の天皇の言葉とは思えない。僧旻にたいする愛情は異常である。実際この時点において孝徳帝は、僧旻のみが味方であり、頼りであった。おそらく大化改新以来、彼は天皇の地位にあっても、自分自身の意志によって動いてはいなかったのであろう。権力は彼や左大臣、右大臣のもとにあるかに見えて、実際の政治は中大兄皇子と中臣《なかとみ》鎌足によって動かされていたのであろう。寵妃《ちょうひ》阿倍氏のサービスによって彼は天皇の地位を得たが、その地位は、ロボットにすぎなかったのだ。この頃、彼はしきりに人生の空《むな》しさを感じたらしく、『書紀』には「仏教を尊び、神道《しんとう》を軽《あなづ》りたまふ」とある。しかし彼の政治に、格別仏教が影響したあとはない。そして大化の時代の多くの詔書は、仏教よりむしろ儒教の色彩が濃いのである。孝徳帝が仏教に関心を示しはじめたのはむしろ晩年であり、それは彼の孤独ゆえではないかと思う。孤独の中で彼が頼れるものは、ただ仏像と仏教の僧のみであったのであろうか。

白雉四年、とうとう孝徳帝にとって決定的な事件が起った。皇太子、中大兄皇子は、孝徳の姉である前帝の皇極上皇、及び孝徳帝の妻、中大兄にとっては妹にあたる間人《はしひとの》皇后《おおきさき》等をひきいて、飛鳥《あすか》へ都を遷《うつ》してしまったのである。「時に、公卿大夫《まへつきみたち》・百官《つかさつかさ》の人《ひと》等《ども》、皆随《したが》ひて遷る」と『日本書紀』にある。孝徳帝は、完全に孤独に難波《なにわ》に取り残されたのである。そのとき右大臣大伴馬飼はすでに死んでおり、巨勢徳太もまた中大兄たちに従ったのであろう。孝徳帝は次のような歌を間人皇后に送っている。

「鉗着《かなきつ》け　吾が飼ふ駒《こま》は　引出せず　吾が飼ふ駒を　人見つらむか」

人に盗まれた馬とは間人皇后をさしているとされる。わが駒、間人皇后が盗まれたというのである。歴史家の中では、そこから天智《てんじ》帝と間人皇后の間にある同母兄妹相姦《そうかん》をよみとる人があるが、私はちがうと思う。駒は間人皇后一人をさしているのではあるまい。巨勢徳太もまた一つの駒であろう。そこには、妻にも姉にも家来にも、すべての親しい人に取り残された寂しい孝徳帝の心情がある。それから一年を少し過ぎて、孝徳帝は怒りのうちに死んだ。ここで孝徳帝は大坂磯長陵《おおさかのしながのみさざき》に葬《ほうむ》られたとある。この陵は例の聖徳太子や、用明天皇や、推古天皇の近くである。いったい、どちらの陵が早く出来たのであろうか。もとより、用明帝や推古帝の陵が先に出来たと考えられるであろう。しかし『古事記』によれば、用明陵や推古陵や聖徳太子の陵は、どこからか移転されたのである。その移転はいつであろうか。私はどうも、孝徳陵が出来た頃に、あの大和にあった用明帝一家の陵が河内《かわち》の磯長へ移転されたような気がして仕方がない。恨みをのんで死んだ者は、河内の磯長にまとめてしまえ。これについては後に論じよう。

倉山田石川麻呂の死は、改新政権は第一のシャッポを必要としないことのあらわれであった。そして都の移転と孝徳帝のおきざりは、この政権が第二のシャッポをも必要としなくなった証拠である。同じシャッポを長い間かぶっていては危険になる。しかし孝徳帝の死後、再び別のシャッポが必要となる。やはりここでも、まだ中大兄皇子と中臣鎌足は冷静な計算を失っていない。むき出しの権力よりかくされた権力の方が、はるかに安全である。そのシャッポには、かつての天皇であり自分の母でもある皇極上皇が適当なようである。ここで皇極上皇の皇位復帰が実現する。日本において一人の人間が再び天皇の位についたのは、この皇極—斉明《さいめい》帝がはじめてである。この例外的な出来ごとが起ったのは、やはり中大兄や鎌足が政治の本質をよく洞察していたからであろうと思う。

　こういう隠れた支配の背後には、必ず血の粛清がある。すでに、大化元年九月、古人皇子が殺されている。皇太子、中大兄皇子の異母兄である。彼は同年六月、蘇我入鹿が殺されたとき、すでに一切の望みを失っていたはずである。その古人皇子にたいし、前帝、皇極帝に即位を求められた軽皇子は、意地悪く「大兄命《おほえのみこと》は、是昔《これさき》の天皇の所生《みこ》なり。而《しかう》して又年長《お》いたり。斯《こ》の二つの理《ことわり》を以て、天位《たかみくら》に居《ま》しますべし」といって即位をすすめている。古人皇子は懸命に辞退する。

「古人大兄、座《しきゐ》を避《さ》りて逡巡《しりぞ》きて、手を拱《つく》りて辞《いな》びて曰《まう》さく、『天皇の聖旨《おほみことのむね》に奉《うけたまは》り順《したが》はむ。何《いづくに》ぞ労《いたは》しくして臣《やつこ》に推譲《ゆづ》らむ。臣《やつかれ》は願《こ》ふ、出家《いへで》して、吉野《よしの》に入りなむ。仏道を勤め修《おこな》ひて、天皇を祐《たす》け奉《まつ》らむ』とまうす。辞《いな》び訖《をは》りて、佩《は》かせる刀《たち》を解《ぬ》きて、地《つち》に投擲《なげう》つ。亦帳内《またとねり》に命《みことおほ》せて、皆刀《たち》を解《ぬ》かしむ。即《すなは》ち自ら法興寺の仏殿《ほとけのおほとの》と塔との間《はさま》に詣《い》でまして、髯髪《ひげ》を剔除《そ》りて、袈裟《けさ》を披着《き》つ」

私はここに一人の不幸な皇子を見る。彼は自分が全く野心のないことを懸命に示そうと、刀を投げて見せ、髯髪をそり、袈裟を着て吉野山に逃げかくれる。しかしその姿を、猜疑《さいぎ》にみちた皇太子と中臣鎌足の眼は用心深く追っていたのである。このときから三月後、彼は謀反《むほん》のかどで殺されてしまう。

同じ運命が孝徳帝なきあと、孝徳帝と阿倍小足媛《おたらしひめ》の子である有間皇子をも襲うのである。この有間皇子もすでに自己の運命を知っていたようである。ちょうどこの事件は孝徳帝が死んで四年後、左大臣巨勢徳太が死んだ後に起る。さすがの皇太子や鎌足も、前代の遺臣が残っているときには有間皇子に手出し出来なかったものと見える。

有間皇子は「性《ひととなり》黠《さと》くして陽狂《うほりくるひ》す」という。すでに彼は己れの危険を知っていたのである。僧になった古人皇子ですら、皇太子と鎌足の猜疑にみちた眼は見落さなかったではないか。安全を守るにはどうしたらよいか。それは狂人のふりをすることである。彼は狂人のふりをして身の安全を守ろうとする。しかし、やはり皇太子の方が役者が一枚上だった。皇太子は天皇と共に紀伊《きい》の湯に行き、残った有間皇子に留守官の蘇我赤兄《あかえ》がいう。どうも今の天皇の政治はまちがっているようだ、あなたはどう思うか。有間皇子は喜んでつい本心をもらす。蘇我赤兄はあらかじめ皇太子としめし合せていたのである。謀反の証拠はにぎった。あとは刑を執行するだけだ。捕えられた有間皇子に皇太子は「何の故か謀反《みかどかたぶ》けむとする」という。それにたいして「天《あめ》と赤兄《あかえ》と知らむ。吾《おのれ》全《もは》ら解《し》らず」と有間皇子は答えた。それがせい一ぱいの抵抗であったと私は思う。お前と赤兄だけが知ってのことではないか。有間皇子はそのデッチアゲの事件にたいして、せい一ぱいの抵抗の言葉を残して殺された。この有間皇子の死は多くの人の涙をさそったらしい。

有間皇子、自ら傷《いた》みて松が枝を結ぶ歌
磐代《いはしろ》の浜松が枝を引き結び真幸《まさき》くあらばまた還《かへ》り見む

『万葉集』には有間皇子の辞世の歌がとられている。この有間皇子が幸を祈って結んだという松は残っていて、後のひとびとの感傷をさそった。

## 権力の原理の貫徹——定慧《じようえ》の悲劇

古人皇子、有間皇子の悲劇はよく知られた悲劇である。しかし私はまだ歴史に隠れた一つの悲劇があると思う。それは鎌足《かまたり》の長男、定慧をめぐる悲劇である。定慧は鎌足の長男であるが、彼は白雉《はくち》四年（六五三）五月に出家し、遣唐使に従って入唐する。定慧はわずか十一歳であった。彼と共に中臣渠毎連《こめのむらじ》の子安達《あんだち》、春日粟田臣百済《かすがのあわたのおみくだら》の子道観などが共に出家しているとはいえ、権臣、中臣鎌足の長男が出家するなどとは、全く異例のことである。このとき、まだ鎌足の次男、不比等《ふひと》は生れていなかった。とすれば定慧は当時、鎌足の一人息子であったはずである。どうして鎌足はこの一人息子をわずか十一歳にして出家させ、危険な旅に出したのであろうか。どうして鎌足は一人息子に自分の権力を継承させることを、敢《あ》えてしなかったのであろうか。

　そこには、よほど深い事情があると私は思う。定慧は伝承によれば阿倍《あべ》氏の子とされる。阿倍氏とは、例の山背《やましろ》殺害の後に、孝徳帝が鎌足に貸し与えた阿倍の小足媛《おたらしひめ》であろう。つまり有間皇子の母である。この定慧は白鳳《はくほう》四年、すなわち唐王永徽《えいき》四年に十一歳であったといわれる。この白鳳四年という年号はいつかよく分らないが、永徽四年は白雉四年にあたる。白雉四年に年十一歳であるとすれば、彼は皇極二年（六四三）の生れである。そして皇極二年というのは例の山背殺害の年である。そしてまた定慧については、実は孝徳の子であるという伝承がある。皇極二年の生れである定慧には孝徳と小足媛の子である可能性があるのである。皇極二年現在、おそらく鎌足は孝徳帝の寵妃《ちょうひ》、阿倍小足媛を、孝徳帝の恩寵《おんちょう》により共有していたのであろう。彼は貴族の娘の抱き心地に満足していたのかもしれない。そしてこの満足感の中に、彼は孝徳帝への忠誠を誓ったのであろう。やがて子供が生れた。その素姓のはっきりしない子供は、当然、身分の賤《いや》しいものの所有、鎌足の子となるのである。

しかし、その子供はひょっとしたら孝徳帝の子かもしれない。もし孝徳と小足媛の間の子であるとしたら、彼は有間皇子の同母弟であることになる。定慧は、表面的には鎌足の子である。しかし、おそらく秘密を知っているひとびとは、定慧の中に孝徳帝の面影を見ていたのかもしれない。

定慧が留学した白雉四年は、すでに孝徳帝と皇太子、中大兄皇子《なかのおおえのおうじ》の間が決定的に悪くなっていた年である。そして孝徳帝が病床の僧旻《びん》を見舞い、お前が死んだらどうしようと、天皇らしくもない嘆きをもらした時でもある。孝徳帝は己れの運命を知って、この不幸なわが子を出家させようとしたのであろうか。しかし私はそこに孝徳帝の意志よりも、鎌足の意志が強く働いていると思う。鎌足はすでに来るべきものを予期していたと思う。中大兄皇子と孝徳帝との間の決定的分裂。そして、その後に悲劇がおとずれる。彼はわが子となっている定慧をその悲劇の場から外したのである。唐への留学、それはひどく危険なことだ。しかし、定慧を国内においていては、この危険な旅よりもっと危険な目にあうにちがいない。中大兄と孝徳帝の対立の中で、孝徳の子であるという嫌疑をまぬかれない定慧はいったいどうなるか。定慧をかばえば彼自身が危険になることを、鎌足は誰よりもよく知っていたにちがいない。鎌足はここにおいても、冷静な政治的観察眼をもっていたと思う。まだ幼い定慧に因果を含めて出家させ、入唐させる。鎌足は半ば自分の子ではないと思っているこの子にたいしてもやはり、愛情があったものと思う。彼は家来の子供たちを一緒に出家させて定慧につけてやる。『家伝』によれば、定慧もまた聡明《そうめい》にして好学であったという。このときすでに定慧は、自分のおかれた役割がおぼろげに分っていたと思う。彼は自己のためにも父のためにも、出家入唐して学問を学ばねばならなかった。

遣唐使はまもなく帰ってくるが、定慧はなかなか帰って来ない。彼は唐から帰っても、なお百済《くだら》に滞在したといわれる。百済において彼は「故郷千里隔て、辺域四望秋なり」という詩をつくり、百済の士人を感嘆させたという。少年にして、なつかしい故郷から千里も離れた異郷に来ている、異郷の田園はもう秋である。この簡単な詩の中に、年少にして祖国を離れねばならぬ運命にあったこの少年の悲しみがにじみ出ている。白鳳十六年秋九月に、彼は日本に帰ったという。もし白鳳四年が白雉四年であるならば、白鳳十六年は天智《てんじ》四年（六六五）にあたる。天智四年は六六三年の白村江《はくすきのえ》の戦いの二年後である。百済はその時すでに滅亡していた。いったい百済が滅亡したのに、定慧はどこにいたのであろうか。あるいは定慧は百済滅亡からまだ五年生きのびた高句麗《こうくり》にいたのであろうか。私は、やはり定慧は故郷に帰れない事情があったと思う。そして外国滞在を可能なかぎりのばしたのではないかと思う。しかし百済は滅び高句麗も風前の燈火《ともしび》である。そして百済の王侯は多くの家臣と共にわが国に帰化する。そのとき、止《や》むなく定慧も帰国する。この時『日本書紀』は唐の使劉徳高《りゅうとくこう》の渡来を伝える。定慧は、彼に捕虜としてつれられてきたのであろう。

しかし帰国した定慧にとって日本は安全な場所ではなかった。帰国したときは天智四年の九月、その十二月に彼は大原の里にて死んだ。死因は、『家伝』によれば「百済士人、ひそかにその能を妬《ねた》み、之《これ》を毒す」とある。しかし、高麗僧道賢のつくった誄《しのびごと》によれば、「居ること幾何《いくばく》もならずして、寝疾纊微《こうび》ああいかんせん」とある。いったいこの定慧の急死は何故《なにゆえ》であろうか。彼は殺されたのか、それとも病死だったのか。定慧はやはり『家伝』がいうように殺されたのではないかと思う。しかし、百済士人の嫉妬《しっと》によって殺されたのではあるまい。どうして亡命の百済士人が今を時めく権臣の長男に嫉妬するようなことがあろうか。猜疑《さいぎ》深い天智帝は、この孝徳帝の血を享《う》けていると思われる僧をも見逃してはくれなかったのではないか。僧形となった古人皇子の、そして定慧の実兄であったと思われる有間皇子の運命が、やはり定慧の運命であったのであろう。天智四年十二月二十三日、定慧は二十三歳にして大原の里に死んだ。道俗皆、涙を流したというが、やはり誰よりも涙を流したのは藤原鎌足ではなかったかと思う。とにかく戸籍上はわが子である。十一歳までは一人息子として可愛《かわい》がって育ててきたのである。鎌足はどんな心で、帰ってきた息子を眺めたことであろう。大きくなった定慧を見ても、彼は嬉《うれ》し涙を流してはいられなかったのである。すでにこのとき、彼は息子の運命を知っていたにちがいない。九月から十二月までは、鎌足の助命運動の期間ではないかと私は思う。ついに功臣鎌足の努力をもってしても、この息子の生命を助けることは出来なかった。

多武峰《とうのみね》談山神社は、この定慧を祭る宮ではないかと私は思う。鎌足はかつて古人皇子を襲い、有間皇子を襲った冷酷な運命が、自分の息子にも下されるのをいかんともしがたかったにちがいない。強く罪悪の意識が彼を捕えた。談山神社には、真中に鎌足がいて、その横に定慧と不比等がならんでいる姿が画《えが》かれている絵がある。不比等はとにかく、定慧にたいして彼はやはり申し訳ない思いであったにちがいない。おそらく談山神社は、彼のもっとも内的なる、あるいは唯一《ゆいいつ》の罪悪感のあとではないであろうか。

『多武峰縁起』は、この定慧の伝記を全く別の形につくりかえている。定慧は大化元年の生れで、恵隠《えおん》について出家し、天智六年に入唐し、父の死後、談山神社の地に寺を建て、摂津国阿武山にあった鎌足の遺骸《いがい》をそこへ迎えてほうむったという。定慧は彼のじっさいの死以後に入唐し、自分より後に死んだ父、鎌足のために寺を建てたことになる。また、鎌足をほうむったという阿武山の墓所は昭和九年に発掘され、そこに実に立派な石棺が見出されたという。おそらく鎌足の墓であろう（拙稿『大織冠の謎《なぞ》』、「歴史読本」昭和四十六年八月号参照）。とすれば『縁起』の話はうそになる。なぜこんなうその話をつくったのか。私は鎌足にとって、定慧の事件はどうしてもねざめの悪い事件であったと思う。鎌足の心は定慧のもとにとどまった。そういうことから『多武峰縁起』の伝承はつくられたと思う。

『家伝』におさめられた定慧の死を悲しむ高麗僧、道賢の追悼の詩は、『万葉集』の有間皇子をしのぶ歌や、『懐風藻《かいふうそう》』の大津皇子をしのぶ詩と共に、ならんで評価さるべきものであろう。ここにもまた隠れた歴史の悲劇があったのである。

## 因果律の偽造

このように見ると、この一連の歴史の事実がほぼ明らかになると私は思う。そこには一人の偉大な演出家があった。そしてその演出家が企画したと見える第一幕は、もっともドラマチックな歴史の第二幕と密接な関係をもっていると思う。歴史の第一幕と第二幕とが、別の演出家によって演出されると考えるのは無理なような気がする。

けれど、どうして『日本書紀』はこのような事実を隠すのか。そしてそれを別の論理、善と悪との相剋《そうこく》の論理、善の悪にたいする復讐《ふくしゅう》の論理に変えてしまったのか。理由は簡単である。むしろそこにこそ、『日本書紀』撰者《せんじゃ》の最大の目的があったと思う。つまり『日本書紀』は何よりも現実の藤原政権の合理化にあった。そのために不比等《ふひと》は自己の権力を正義の味方に見せかけねばならない。聖なる法皇、聖徳太子の子を殺した入鹿《いるか》、その入鹿を殺した正義の味方、そういう役割を藤原鎌足《かまたり》に演じさせることが必要である。ここでドラマは、現実のドラマから書物の中のドラマに移る。父鎌足は現実のドラマの天才的な演出家であったが、子不比等はその現実のドラマを書物のドラマによって演出しようとしている。父のように彼は直接に血を流すことをしない。彼は書物や法律や遷《せん》都《と》によって、彼等の権力を確立しようとする。ここで彼は、父のやった大きな政治的ドラマの、書物の上の演出者として登場する。なるべく父を正義の味方として藤原氏の権力を合理化しなければならない。おそらく当時の多数の知識人を動員して彼がこしらえたであろうそのドラマが、善玉悪玉のドラマ、因果応報、善の悪にたいする復讐のドラマであった。

復讐のドラマによって、彼は仏教政策の根本を確立したように思われる。すなわち彼は、一方ではあくまで仏教を、そしてその仏教のシンボルである聖徳太子を崇拝するのである。『日本書紀』において太子はイエス・キリストの如《ごと》く厩戸《うまやど》で生れ、釈迦《しゃか》の如く衆人の慟哭《どうこく》の中で死ぬ。つまり、すでに『書紀』において太子の聖人化のドラマは完成しているのである。そして太子を聖人に祭り上げることによって、不比等は仏教の勢力を自己の味方にとり入れようとしているのである。しかし、その後の歴史は修正を加える必要がある。太子ならびに蘇我《そが》一門を滅ぼしたのは、彼等自身であるからである。太子の聖化は、本来ならば彼等自身の政治権力にたいして危険なはずである。けれど不比等は、太子の聖化が新政権にとっても危険ではない途《みち》を発見したのである。それは太子を聖化すると共に、太子の子孫の殺害をすべて入鹿一人のせいにすることである。死人に口なしとはうまくいったものである。すべてを入鹿一人のせいにして、入鹿を出来るだけ悪者にしたてあげれば、それだけ入鹿殺害者たちが得をするのである。かくて彼等は入鹿を出来るだけ悪者に描くことにより、彼等自身の入鹿殺害を合理化した。そしてこの合理化は同時に正義の復讐のようにも見えた。

何という巧妙な論理を発見したことであろう。私は『日本書紀』の推古以後の部分は、そういう巧妙な論理によってつくられていると思う。そしてその巧妙なる論理は、死者と生者とにたいして二重の効力をもっているのである。

死霊《しりよう》の怨恨《えんこん》の恐怖の強かったとき、この書はやはり一方には死者に向って書かれていると思う。熱烈なる太子讃美《さんび》。『日本書紀』は太子を聖徳としてもち上げることによって、この不幸な恨める太子の魂をなぐさめようとしている。ちょうど『古事記』がオオクニヌシの追放と共に鎮魂の書であったように、『日本書紀』は太子の鎮魂のための書でもあった。しかし、そればかりではない。それは何より生き残った仏教側の、あるいは太子側の人々の心をとらえるためであった。こんなにわれわれは太子を崇拝している、そしてわれわれは太子の敵ではなく入鹿の敵であった、太子の子孫を殺したのは入鹿一人であってわれわれではない、逆にわれわれこそ入鹿の殺害者であり、太子の復讐者である。こうした歴史の根本的偽造において、藤原氏の宗教政策が示されているのである。

天平十九年に出来た法隆寺および大安寺の『資財帳』をはじめ、もっと後のものである元興寺、興福寺の『資財帳』には、いずれも太子と寺との関係が言及されている。奈良中期、すべての寺は聖徳太子との関係によって自己の寺を権威づける必要があったのである。たしかにそこに一つの因果律の偽造がある。仏教が日本にもたらした思想の一つに因果応報の思想がある。ここで歴史は、因果律の思想によって説明されている。つまり入鹿は山背《やましろ》を殺したので、そのむくいによって殺されたという思想である。『日本書紀』はしばしばこの歴史の因果を、童謡《わざうた》を通じてあらわしている。

「岩の上《へ》に　小猿米焼く　米だにも　食《た》げて通らせ　山羊《かましし》の老翁《をぢ》」

山背が、殺されたときの童謡である。岩の上で小猿が米を焼いたというのは入鹿が斑鳩《いかるが》宮を焼いたことであり、「米だにも食げて通らせ山羊の老翁」というのは、山背が生《い》駒《こま》山で食うものに困った話であるというが、はたしてそうであろうか。小猿ははたして蘇我入鹿であるのか、それとももっと別な人であるのか。

「小林《をばやし》に　我を引入《ひきれ》て　姧《せ》し人の　面を知らず　家も知らずも」

山羊のオジ山背は、誰に殺されたかも分らず死んだのであろう。山林の中の強引な姦《かん》淫《いん》のように、この山背は誰にとも分らず殺された。そしてその後入鹿もまた、誰にともさとるひまもなく惨殺《ざんさつ》された。無体な強姦《ごうかん》ならぬ無体な殺人の連続である。『日本書紀』は一面、入鹿一人を悪人にしようとしているが、どうにもならぬ真実への恐怖のようなものがその文間に散見するのである。

## 怖《おそ》るべき怨霊のための鎮魂の寺

たとえば例の法隆寺の火事の事件である。これは天智《てんじ》九年のことであった。まず『日本書紀』には天智八年の条に「是《こ》の秋に、藤原内大臣の家に霹靂《かむとけ》せり」とある。雷が落ちたのである。そして雷が落ちたのは、ちょうど後の菅原道真《すがわらのみちざね》の場合で明らかなように、死霊《しりよう》の復讐《ふくしゆう》と考えられる。この雷が落ちてまもなく鎌足《かまたり》は病床についた。天智天皇は見舞に行き、大織冠《だいしきのこうぶり》と大臣《おおおみ》の位と藤原姓を授ける。それ以前の彼は古くなった冠をかぶり、陰の人として政治の実権をにぎっていたのである。表の位を与えられるのが死の時であるというのは、この人にとってたいへん象徴的である。そして死。その記事の後に「時に、斑鳩寺《いかるがでら》に災《ひつ》けり」とある。この藤原鎌足家の落雷と、鎌足の死と、法隆寺の火事とは、何かの関係があるのだろうか。そして翌九年四月にも次のような記事がある。

「夏四月《うづき》の癸卯《みづのとのう》の朔《ついたち》壬申《みづのえさるのひ》（三十日）に、夜半之後《あかつき》に、法隆寺に災《ひつ》けり。一屋《ひとつのいへ》も余ること無し。大雨《ひさめ》ふり雷《いかづち》震《な》る。
五月《さつき》に、童謡《わざうた》して曰はく、
打橋《うちはし》の　集楽《つめ》の遊《あそび》に　出《い》でませ子　玉手《たまで》の家《いへ》の　八重子《やへこ》の刀自《とじ》　出でましの　悔はあらじぞ　出でませ子　玉手の家《へ》の　八重子の刀自」

中国では、宮殿の火事は女性の怨恨《えんこん》のせいにされるという。ここで法隆寺の火事は、一つの怨恨のせいとされるのである。誰かが娘さんを呼んでいる。玉手の八重子さんを呼んでいる。いったい誰がそんなに呼んでいるのか。あるいは、聖徳太子が呼んでいるのであろうか。そしてあるいは鎌足の死も太子が呼んだのであろうか。

この法隆寺の火事の記事の前に、「三月《やよひ》の甲戌《きのえいぬ》の朔　壬午《みづのえうまのひ》（九日）に、山御井《やまのみゐ》の傍《ほとり》に、諸神《かみたち》の座《みまし》を敷きて、幣帛《みてぐら》を班《あか》つ。中臣金連《なかとみのかねのむらじ》、祝詞《のりと》を宣《の》る」とある。これはふつう三井寺の泉とされるが、三井はひょっとしたら大和の三井、法隆寺の近くの法輪寺のある三井ではなかったか。先の法隆寺の火事によって不吉な知らせが告げられた。そしてそのたたりを鎮《しず》めるために三井の神に祈ったが、やはりたたりはどうにもならず、法隆寺は全焼したというのであろうか。「おいでなさい鎌足さん」、死霊は無気味に手を差しのべる。そして鎌足はその死霊に引き入れられて死んだ。しかし死霊はそれのみで満足しない。やがて天智帝は死に、その死を契機にして壬申《じんしん》の乱が起る。「おいでなさい天智さん、おいでなさい大友さん、すべて私たちを滅ぼしてしまったひとたちとその子孫たち、どうかこの死の国へおいでなさい」そのように死霊は誘わなかったであろうか。『日本書紀』が出来たのは養老四年（七二〇）である。天智九年（六七〇）の火災以後、法隆寺の文字が最初に正史に出てくるのは、『続日本紀《しょくにほんぎ》』の霊亀《れいき》元年（七一五）であるが、『法隆寺資財帳』にある品物は、圧倒的に養老以後のものが多いのである。『資財帳』のみを見れば、法隆寺は寺としての体裁を養老年間にととのえたといえる。これはいったいどういうわけであろうか。

私は、単に歴史を偽造しても、偽造しきれない何物かが歴史にはあると思う。そしてこの歴史を偽造した人自身が、歴史の偽造をよく知っていたのである。彼は歴史を偽造しながら、聖徳太子の霊にたいしては、お前の一族を滅ぼしたのは入鹿《いるか》なんだとごまかし、しかもその内面においては霊の怨恨を感じていたのである。彼等がもし多少でも仏教の因果応報の歴史観を信じたならば、入鹿をおとずれた運命がやがて鎌足をおとずれるにちがいないと思ったであろう。それゆえ彼等は鎌足の死の後に、法隆寺の火事のことを書いたのである。相ついで起ったこの事件に、彼等は一つの因果関係を感じたにちがいない。鎌足の死も太子ののろいではないか。そして次に起った近江《おうみ》朝廷の滅亡もまた太子ののろいではないか。とするとやがてそののろいは、彼等自身、新天武政権にも、そして藤原氏のひとびとにもふりかかってくるのではないか。

私はここで一つの時間の暗合に注意したい。聖徳太子が死んだのは推古三十年（六二二）のこととされる。ところで法隆寺が焼け、藤原鎌足が死んだと伝えられるのは天智八年（六六九）である。じっさい法隆寺が全焼したのはその翌年であるが、その前年に炎上の記事を書いたのはその二つの事件の関係を暗示しようとするためであろう。この年は太子の死後四十七年目にあたる。ついで翌年、法隆寺全焼、翌々年天智の死、そして次の年、つまり太子の死後五十年にして壬申の乱が起り、天智一族は滅亡したのである。この五十年という偶然の暗合は、天武一族と藤原氏の子孫に何か不安な予感を感じさせたのではないか。『日本書紀』がつくられたのは七二〇年、ちょうど太子の百年忌をあと二年後にひかえている。この深い太子の聖霊への恐れが、『日本書紀』において太子を超人的な聖人にまつり上げさせたもっとも大きな原因ではなかったか。

こういう状況において、一方に法隆寺がつくられる。実際、法隆寺には莫大《ばくだい》な寄付がされている。そして和銅八年のあの記事は、二つの寺を、つまり奈良の弘福《ぐふく》寺すなわち興福寺と法隆寺を建てることが出来た、藤原氏の安心感のあらわれではなかったかと思う。やっと彼等は一門を守る寺、弘福寺と、怨霊《おんりょう》を鎮める寺、法隆寺を建てた。それゆえ今からは幸福のみがおとずれるだろう。和銅八年に日本をおそった旱魃《かんばつ》も、かくして二寺の功徳《くどく》の下に無事おさまった。すばらしい聖徳太子の力である。そしてこの力の信仰の下に『日本書紀』が書かれる。太子は正に超人間となる。太子は正に聖なる人間となる。こういう太子理解の下に『日本書紀』は書かれた。しかしこの『日本書紀』が完成した養老四年、不比等《ふひと》は死に、ついでその翌年、元明帝も死ぬ。

太子のたたりは残っていたのであろうか。養老六年の法隆寺への元正帝の大量の寄付は、その恐怖ゆえではないだろうか。そしてそのためか、しばらく藤原氏と時の政権の安泰のときが続く。しかし天平九年、藤原四兄弟が死んだ。太子のたたりはまだ残っていたのであろうか。時の権力者、藤原氏の血をひく残された女性たちは、改めて祖先の罪悪を思い、太子の根強い復讐を思う。かくしてまた莫大な寄付が法隆寺に寄せられ、ついに夢殿が建てられた。

法隆寺はこういう歴史の真実を物語っているのではないか。歴史は正に『日本書紀』において偽造されたが、どうしても偽造されないものがある。その真実の隠された尻尾《しっぽ》が正に法隆寺にあらわれているのではないか。このような眼によってしか、私は法隆寺の謎《なぞ》は解けないと思う。もしその前提に立ったなら、法隆寺の謎はどのように説明されるか、一つ一つの謎の解釈と分析に、私は入らねばならない。

しかしまだ、われわれにとって用意は十分でないようである。もう一つ別の視点をわれわれは持たなければならない。法隆寺が建てられたときの奈良朝廷の仏教政策はいかなるものであったか、一般に大化改新以後の大和朝廷の仏教政策は何であったか、法隆寺建立《こんりゅう》はそういう仏教政策の中でいかなる地位を占めるのか、その問いが、われわれの次にとくべき課題である。

# 第三章　法隆寺再建の政治的背景

## 思想の運命と担《にな》い手の運命

人間とはふつう一つの思想を信じているものである。甲なる男はAの思想を信じ、乙なる男はBの思想を信じる。思想は人間を生かし人間に希望を与えるものであるが、また、その思想が時代後れになるとき、思想は人間を生かすどころか、人間を殺すもの、滅ぼすものとさえなる。こうして、いくたの人間は、そのもっている思想のために死に、あるいは滅んだ。

それは氏族や国家の場合も同じである。ある氏族は一定の思想をもち一定の役割をもって、歴史の舞台に登場する。ところが、この氏族の思想が古くなり、その古い思想を必要としない時代が来る。そのとき、この氏族は多く滅びる。

例を今われわれが問題としている古代史に限れば、物部《もののべ》氏などは、そのよい例であろう。物部氏は、神道《しんとう》と武力をもって朝廷につかえる古代日本の豪族であった。このマジナイを中心とする神道が古くなってゆく。そして、この時代に、新しい文化的宗教である仏教が日本に入ってくる。この新しい宗教を蘇我《そが》氏がとり入れる。そこに一つの宗教戦争が起り、やはり新しいものが勝つ。新しい国際的宗教である仏教は、古い国民的宗教である神道に勝利する。かくして物部氏は、古代神道と共に、つまり一つの思想と共に、滅んでいったのである。

蘇我氏においても、ほぼ同じことがいえる。蘇我氏は仏教の保護者であった。古代最大の宗教戦争である物部氏との戦いに勝利を収めた蘇我氏は、政治の実権を一手に収める。そして、蘇我氏の仏教立国の理想が着々と実現されてゆくのである。こうした理想に応じて現われたのが聖徳太子であったが、この蘇我氏の仏教立国の理想は、いささかゆきすぎたのではないかと思われる。日本にはやはり古い神々の権威が残っている。この古い神々が天皇の権威と結びついていたのであった。こうした神々を否定することは、同時に天皇の権威を否定することになる。古い神々が天皇家の人々と共に立ち上るのは当然である。

こうして起ったのが、山背《やましろ》殺害から入鹿《いるか》殺害にいたる一連の政治的事件であるが、この事件は、大局的に見れば、神々の仏へのまきかえしであると見られないこともない。『日本書紀』の語るように、物部氏を滅ぼしたのが新しい神である仏の祟《たた》りであるとすれば、蘇我氏を滅ぼしたものも古い神々の祟りであったであろう。

この古い神と新しい神の戦いによって、古代日本を代表する二つの豪族は共に滅び、天皇親政の世が来たが、この天皇親政の世も、せいぜい天智《てんじ》、天武、二代の帝《みかど》の時代のみであり、持統晩年から新しい氏族、藤原氏の支配の時代がはじまる。神道と共に物部氏は滅び、仏教と共に蘇我氏は滅びたが、この藤原氏という氏族は、物部氏や蘇我氏とは全くちがった性格をもった氏族であるように思われる。

藤原氏の氏神である春日《かすが》大社へゆくと藤《ふじ》が植えてある。一本の藤は楓《かえで》の木と並びその木にまきついているし、他の一本の藤は、他の木に寄生し、また、その元木には、さまざまな木が生えている。この藤を己れの氏族のシンボルとして選んだ藤原氏はいかなる氏族であろうか。

藤は、一言にしていうならば、雑草の生命力をもっている木である。それは、むしろそれ自身の性をもたず、他の木にまきついて、その他の木を枯らしつつ、自己を成長させていく木である。寄生が、この木の本性である。この木を自己の姓に選んだ藤原氏とは、大した氏族だと思う。それは鎌足《かまたり》の意志かもしれないが、その意志通りに藤原氏は繁栄したのである。

藤は自性をもたない木であると私はいった。松や梅や桜は、いい意味にも悪い意味にも、松であり梅であり桜である。松の性、梅の性、桜の性を失っては、もはや松でも梅でも桜でもない。しかし、藤はちがう。それは他者によって生きている。それは固有の自性をもたない、自性をもつとしても、変幻自在な自性というべきであろう。

今、われわれは、法隆寺の秘密を解くために、藤原氏の宗教的立場を明らかにすべき必要に迫られている。この藤原氏の宗教政策を明らかにすることが、法隆寺が再建され、寺としての体裁をととのえ始めた奈良朝前期の宗教的状況を明らかにすることとなる。法隆寺はただ単純に一つの寺としてのみ見られてはならない、奈良時代全体の宗教的情勢の中で見られねばならないのである。そして奈良時代をつくったのは、何よりもやはり、藤原氏だった。

物部氏や蘇我氏は、いわば単純な性をもった木である。それはその思想と共に生き、そして滅びる。しかし藤原氏はちがう。それは一つの思想と共に生きたり滅んだりするような単純な性の持主ではない。いわば藤の性にも似たその生命意志で、一切の思想を超越して生き続ける強い力をもっている。

## 中臣《なかとみ》・神道《しんとう》と藤原・仏教の使いわけ

藤原氏は、昔、中臣の姓であった。鎌足《かまたり》は死ぬ直前まで中臣鎌足であった。しかし、死の床において鎌足は、大織冠《たいしょくかん》の位と藤原の姓を賜わる。大織冠の位を賜わったことは、人臣最高の位を賜わったことを意味する。しかし藤原の姓を賜わったことは、どういう意味をもっているのであろう。鎌足はこの二つを賜わって大へん喜んだというが、大織冠の位を賜わったことは嬉《うれ》しいにちがいないとしても、なぜ藤原という姓を賜わったことがそんなに嬉しいのか。

私はかつてこの話を聞いたときたいした意味もないことのように思ったが、その後古代史の秘密が一枚一枚はがれてゆくにつれて、この意味の大きさを改めて感じるのである。

これには、おそらく二つの意味があろう。いずれくわしく論じたいが、この中臣という姓は、どうやら、その子孫にたいして、あまり名誉でないひびきをもっていた姓ではないかと思われる。中臣氏を名のる同族には、壱岐《いき》だの対馬《つしま》だの出身者が多い。このことがいったい何を意味するかは、大きな謎《なぞ》であろう。私は中臣氏という氏姓はけっして伝統ある姓ではなく、むしろその出身を疑わしめるようなひびきをもっていたのではないかと思う。鎌足の死の直前に藤原の姓を与えられることにより、そういう一種の身分的差別の感情から解放されたと見るのは考えすぎかもしれないが、中臣という姓が、大伴《おおとも》とか、物部《もののべ》とか、紀とか、巨勢《こせ》とかいうような価値ある姓ではなかったことはたしかである。

このことについてのくわしい論究は別の機会にゆずることにして、今はこの改姓の宗教的意味についてのみ論じよう。中臣氏が藤原氏になったことは、中臣氏が本来行なっていた祭祀《さいし》の職から解放されたことを意味する。中臣の姓では鎌足の子孫は政治の実権をにぎることはできない。そういう氏姓の人が政治の実権者になるためには、鎌足がそうであったように、そっと、秘密に、政治の実権をにぎらねばならない。内臣《うちのおみ》とはそういう秘密の実権者の別名であろうが、中臣氏が藤原氏に改姓することによって、藤原氏は神道という狭いわくを離れて公然と政治的な実権者になることが出来るのである。

中臣氏ならば、仏教の保護者となることは出来まい。藤原氏という氏姓ならば、これは可能である。文武二年（六九八）、藤原不比等《ふひと》と彼の子孫以外の藤原氏を再び中臣の姓に帰し、その中臣氏をして神事を司《つかさど》らしめるという詔《みことのり》が出されている。これは、はなはだ巧妙なやり方である。それは一方において、政治的な実権をもつのを中臣のうちでも自分の子孫に限ろうとするねらいであると共に、他方において、自己の氏族を二つに分けて政治と宗教との二方面から日本を支配しようとするねらいを秘めている。

ここに私は、藤《ふじ》の性を感じるのである。この寄生植物をシンボルとする氏族は一筋縄《ひとすじなわ》ではいかない。それは単に神に仕える氏族というようなものではない。神道が自分の氏族の生存に有利であれば神を利用しよう。不利であれば神を断ち切ろう。そして、このように神にたいする自由な立場にたったのが、中臣の藤原改姓であり、そして自由な立場にたった藤原氏が逆に神を利用しようとしたのが、不比等の子孫以外の藤原氏の中臣改姓なのであろう。

それゆえ、われわれは、藤原氏の宗教的立場について論じるとき、そのような氏族の本質を把握《はあく》しなければならない。この氏族は、正に古代日本における宗教戦争というべき物部氏と蘇我《そが》氏の戦いの時代に、そっと大和朝廷に根をおろしたのである。いずくからともなくやってきて、そっと根をおろした藤が、あらゆる他の木を倒して巨木になろうとは、いったい誰が想像したろうか。しかし、この古い神道と新しい仏教との戦いにおける最後の勝利者は、物部氏でも、蘇我氏でも、あるいは天皇家でさえもなくて、藤原氏であった。そっと生えた藤はあらゆる木を見事に枯らして行ったのである。

中臣氏は、この神と仏の戦いのすき間に、そっと侵入してきたのではないかと私は思う。物部氏は滅び、神道を司る氏族は滅びたが、神道そのものは、やはり政治に欠くことは出来なかったのである。政治には神の恩恵が必要である。神の意志を問うことがどうしても必要である。物部氏はどうやら鹿《しか》の骨で神意を占う仕事をしていたらしい。物部氏にゆかりの強い群馬県の一之宮《いちのみや》、貫前《ぬきさき》神社には鹿の骨の占いが残っている。今でも、お祭りにこの鹿の骨で吉凶を占う。鹿の肩胛骨《けんこうこつ》を、炉火箸《ろひばし》で刺すのである。うまく刺されば大吉、刺さらないと小吉である。今は、これは、火の用心の占いのみに用いられ、凶は出ないことになっているが、実際は、それは吉凶の二者択一の占いであり、火の用心ばかりか、すべてのことがこの占いによって決せられたのであろう（伴信友《のぶとも》『正卜考《せいぼくこう》』参照）。

物部氏の滅亡によって、神を司る仕事にぽっかり空白が出来た。中臣氏はこの空白にひそかにしのびこんだと私は思うのである。その仕事は亀卜《きぼく》である。亀《かめ》の甲を焼いて神意を卜《うらな》う、中国から、朝鮮を伝ってやってきた占いである。この占いは、後においても、中臣氏及び卜部《うらべ》氏の司ることとされている。中臣氏というのは、もともと卜部氏から出たと『松尾神社系譜』にあり、『新撰姓氏録《しんせんしょうじろく》』にも、卜部氏を中臣氏と同じく、アメノコヤネノミコトの子孫としている。おそらく、中臣氏はもともと占いを司る氏族であったのであろう。亀甲《きっこう》の占いは、鹿の骨の占いに比べると、はるかに複雑である。それは、亀の甲を焼いて、その裂け方でもって占うのである。中国のもっとも古い文字は、このような亀の甲に書かれた文字であった。それゆえ、このような卜いは、中国文化、文字文化とも深い関係をもっている。つまり、亀甲占いの移入は、仏教伝来と同じような一つの文化的出来事ではなかったかと思う。それは、占いの方法が複雑になったというだけではない。その背後にある文字文化、あるいは、ある種の合理的思惟《しい》方法の移入であったのである。物部氏によってなされてきた鹿占いが、中臣氏によってなされる亀卜に変るのはいつの頃からか分らないが、亀卜によって、中臣氏は物部氏に代る神道の家となり、朝廷に近づいてその秘密をにぎることが出来たのではないかと思う。私はその時代を鎌足の父、御食子《みけこ》の時代、推古帝の時代と見るが、とにかく中臣氏は神を司る家柄として、世に出てきたのである。

あの物部氏と蘇我氏との間に行われた宗教戦争を『日本書紀』がえがくとき、神道の側に中臣鎌子《かまこ》と中臣勝海《かつみ》という人物をおいていることに注意するがよい。前者は物部尾輿《おこし》と共に、後者は物部守屋《もりや》と共に、仏教を排斥した排仏派の急先鋒《せんぽう》であるが、この勝海も鎌子も中臣家の系図の中にはない。『日本書紀』に出てくる中臣の祖先とされる性格のあやしい烏賊津使主《いかつのおみ》ですら中臣家系図の中に含まれているが、鎌足の父親の時代であるはずの勝海も鎌子も系図にない。これはいったいどういうわけであろうか。

それは、いわば、藤原氏の自己意識が生んだ架空の人ではないかと私は思う。藤原氏は、中臣と名のる人物を物部氏と同じく排仏側におくことにより、物部氏滅亡以後の神を司る自己の立場を合理化しようとしたのではないか。つまり、第一の神の時代を物部氏が代表するとすれば、第二の仏の時代を蘇我氏が代表し、第三の神の時代を中臣氏が代表するという意味の歴史の伏線として、どうも実在の人物ではないような中臣勝海や鎌子を、登場させたのであろう。

中臣は正にそういう神事を司る家柄として登場してくる。そして孝徳帝から天智《てんじ》帝に到る時代は、どちらかといえば、神道の反撃の時代ではなかったかと私は思う。もう蘇我氏や聖徳太子が考えたような、仏教立国の理想は滅んだ。少なくともその理想は一歩後退している。国を治める思想は、神道と儒教である。あるいは、きわめて儒教的な、きわめて律令《りつりょう》的な、神道である。藤原氏は、中臣氏として、神のことを司る家柄として登場し、その政策も、最初は多く神道寄りであった。けれど、藤の生活意志は一筋縄ではない。藤原氏はすでに、仏教の否定すべからざる力を感じていた。仏教は蘇我氏や聖徳太子の努力によって、民衆にまで拡《ひろ》がっていた。そして海外の文明国、唐も仏教を国家的に保護している。そういう情勢において、日本をいつまでも神道国家に止めることは出来ない。仏教をとり入れない限り、この日本を支配することは出来ない。いつまでも自己の出身に執着するのは愚かである。このような柔軟な考え方によって、藤原氏はやがて、仏教においても主導権をにぎるのである。

この仏教掌握の過程を見よう。例のクーデターは、仏教の最大の保護者である蘇我氏を滅ぼした。蘇我氏と共に仏教国家建設の理想は滅んだ。そして、大化改新にはじまる新しい国家建設の仕事は、むしろ、儒教と神道でもって日本の国家を造ってゆく方向であった。自ら神の事を司っていた鎌足は、やはり神道的儒教的国造りの理想をもっていたと思う。もとより大化元年の十師の任命はじめ仏教的政策もなくもないが、孝徳帝から天智帝までは、少なくとも推古時代と比べて、仏教にたいしてははるかに消極的であったと見て差しつかえないであろう。

## 天武による仏教の国家管理政策

仏教政策が大々的にはじまるのは天武帝（在位六七二―六八六）の御代《みよ》である。それは帝《みかど》が大友皇子との争いにおいて、一時、僧になって吉野《よしの》に身を隠していたこととも関係をもつかもしれないが、それ以上に、天武帝の政策が行きすぎた大化改新（六四五）以後の政策を正常な形に戻そうとしたところにあったことに原因しているのであろう。

　天武帝は、バランスの感覚をもった人ではなかったかと私は思う。バランスの感覚をもった人は、収拾者として適当である。時代の行きづまりを破るのは、むしろ異常な人である。私は、兄、天智《てんじ》帝は異常な人であったと思う。決断において、計画において、猜疑《さいぎ》において、彼は異常な人であったと私は思う。彼は、時代を切り開いてゆくのに適当な異常さをもっていたが、そういう異常さでは人心を長く掌握することはできない。それにたいして、若い時から天智帝のもとで陰の人として政治を助けた天武帝は、自ら長者の人格をもった人であったと思う。『書紀』に言う。「生《あ》れまししより岐嶷《いこよか》なる姿《みすがた》有《あ》り。壮《をとこざかり》に及《いた》りて雄抜《をを》しく神武《たけ》し」と。

　この天武帝が、誰よりも仏教に着目した。もはや仏教は、日本にとって単なる外来の教えではなく、日本の体質になっている。それゆえ、従来のように政治が仏教にたいして消極的であってはならない。仏教政策を国家政策にとり入れねばならない。こう考えて、天武帝がまずはじめたのが大官大寺の建設であった。壬申《じんしん》の乱（六七二）に勝った天武帝は天武二年（六七三）十二月、早速、大官大寺の建設の計画を進めている。

「戊戌《つちのえいぬのひ》（十七日）に、小紫美濃王《しょうしみののおほきみ》・小錦下紀臣《しょうきんげきのおみ》訶多麻呂《かたまろ》を以て、高市大寺《たけちのおほでら》造る司《つかさ》に拝《め》す。今の大官大寺、是《これ》なり」。この高市大寺が大官大寺と改称されたのが『大安寺縁起』によれば天武六年であるが、その改称と共に、この寺が国家の中心的大寺であると名実共にきまったのであろう。

　このことは、従来、蘇我《そが》氏の支配下にあった仏教を天皇の手に収めることを意味する。蘇我氏は飛鳥寺《あすかでら》を中心として仏教を掌握していた。この飛鳥寺中心の仏教を、大官大寺中心の仏教に切りかえねばならない。そこで登用されたのが、外国留学を終えた僧か、新たに外国から来た僧である。

飛鳥大官大寺跡

　大官大寺を国家の中心の寺とし、天皇家のもとに仏教を掌握しようとする政策は、順次進展していった。「諸《もろもろ》の食封《へひと》有《あ》る寺の所由《よし》を商量《はか》りて、加《ま》すべきは加《ま》し、除《や》むべきは除《や》めよ」。天武八年四月五日に出された詔《みことのり》である。この詔ははっきりと国家の仏教にたいする新たな干渉を物語っている。つまり、食封を現時点において増減しようとする。国家が必要と認めた寺の食封が増され、国家が必要と認めなかった寺の食封は減らされる。従来、蘇我氏および蘇我氏の息のかかった天皇によってなされた寺の格づけの再検討である。

またこの時「諸寺《てらでら》の名を定む」とある。日本の寺は、それまで多く土地の名で呼ばれていた。飛鳥にあるから飛鳥寺、川原にあるから川原寺、斑鳩《いかるが》にあるから斑鳩寺というふうにである。おそらく、寺の名は大官大寺という官立大寺の成立と共に定められてくるのであろう。そして、国家に定められた名はその寺に国家によって与えられた役割をどこかで示しているのであろう。飛鳥寺が法興寺と名づけられたのもその頃ではないかと思われるが、法興寺とはうまく名づけたものである。法、すなわち仏法を興《おこ》した寺である。蘇我氏によって仏教は興されたが、今は官の、大官の支配の下に仏教があるというのであろう。

天武九年四月にはまた次のような詔が出ている。

「凡《おほよ》そ諸寺《てらでら》は、今より以後《のち》、国の大寺たるもの二三《ふたつみつ》を除《お》きて、以外《このほか》は官司《つかさつかさ》治むること莫《なか》れ。唯《ただ》し其《そ》の食封《へひと》有らむ者は、先後《さきのち》三十年を限れ。若《も》し年を数へむに三十に満たば、除《や》めよ。且《また》以為《おも》ふに、飛鳥寺は司《つかさ》の治《をさめ》に関《あづか》るべからじ。然《しか》も元より大寺として、官司恒《つね》に治めき。復《また》嘗《かつ》て有功《たすか》れたり。是を以《も》て、猶《なほ》し官《つかさ》治むる例《かぎり》に入れよ」

これは、全くはっきりした仏教の国家統制である。この国家統制は先の天武八年四月の詔より一歩進んでいる。ここではっきり、官立の寺と、私立の寺を区別して、私立の寺の食封を三十年に限ろうとしている。三十年というのは、既存の権利を主張する寺院にたいする一種の妥協策であろう。ここで二、三の官寺というのに大官大寺と川原寺が含まれているのは確実であろう。薬師寺はこのときまだ出来ていなかったと思われるが、飛鳥寺にたいするあつかい方はまことに興味深い。

飛鳥寺は、本来は私寺なのである。本来私立の寺であるべきものが、過去において官立なみの扱いをうけてきた、その上、功があったというのである。功とは、例の蘇我氏討伐のクーデターのとき中大兄皇子《なかのおおえのおうじ》がこの寺を根拠地としたことや、壬申の乱に大伴吹負《おおとものふけい》がこの寺によったことを意味するといわれる。それで、本来私寺であるべき寺を官寺なみに待遇せよというのであろう。このへんに、天武帝の蘇我仏教にたいする微妙な心づかいがある。本来、官寺は、大官大寺と川原寺のみのはずであるが、ここに準官寺として、飛鳥寺が同格の扱いをうけることになる。

天武帝の仏教政策は、はっきりと、従来蘇我氏によって把握されていた仏教を天皇の手にとりもどすことであった。しかしそれは慎重に行われねばならない。そのために、蘇我仏教の中心寺である飛鳥寺にたいしてはしかるべき礼を尽して、その権力を大官大寺の方に移譲させねばならないのだ。天武帝の仏教政策の中心は、正にこの点にあったように思われる。

「京《みやこ》の内の二十四寺に施《おく》りたまふこと、各差《しな》有り」（九年五月）。蘇我氏を中心にして作られた寺が、都のうちに二十四寺もあった。この寺に一種の価値づけを、天武帝は贈物に差をつけることによって行なったのである。

「僧正《そうじやう》・僧都《そうづ》・律師《りつし》を任《ま》けたまふ。因《よ》りて勅《みことのり》して曰《のたま》はく、『僧尼《ほふしあま》を統《す》べ領《をさ》むること、法《のり》の如《ごと》くせよ』と、云云《しかしかのたまふ》」（十二年三月）。明らかに僧尼《そうに》の国家統制命令である。僧尼に国家の力で、価値の序列を定めるのである。国家に協力し、権力者に奉仕する僧尼のみが、高い位につきうる。

「是《こ》の夏に、始めて僧尼《ほふしあま》を請《ま》せて、宮中《みやのうち》に安居《あんご》せしむ」（十二年夏）。とうとう僧尼は宮中に入った。国家による仏教支配の政策は、ついに仏教をして国家の中央部、宮廷の中にまで入らしめたのである。

## 日本のハムレット

ところで、ここに一つの大きな問題がある。川原寺の問題である。川原寺は弘福《ぐふく》寺ともいう。この寺が確実に正史に現われるのは天武二年（六七三）のことである。それゆえ天武朝にはすでに建てられていたと思われるが、いったいいつ建てられたかは明らかでなく、設立について敏達《びたつ》朝説、斉明《さいめい》朝説、天智《てんじ》朝説などいろいろあった。

昭和三十二年と昭和三十三年の二年にわたって発掘調査が行われた結果、その建物の大体が明らかになり、同時にその建造年代も明らかになった。奈良国立文化財研究所によって書かれた『川原寺発掘調査報告書』は次のように結論する。

「まず第一に問題となるのは川原寺の創建年代である。この点については今回の調査によって当初予想しなかった川原寺創建以前の遺構の発見によって、川原寺創建年次の上限を決めうる可能性を生じた。さきにもふれたように、この創建前遺構によって埋立てられた池に埋没していた遺物は、様式上七世紀前半を遡《さかのぼ》りえないし、その池の埋立工事は現在の川原寺伽藍《がらん》地のほぼ全域にわたっているので、そのような広大な地に寺の創建以前に遺構をかまえたのは記録にみられる川原宮であったと推定してよいのではなかろうか。記録によると斉明天皇元年（六五五）冬、飛鳥板蓋宮《あすかいたぶきのみや》の焼失により天皇は川原宮に移ったが、この地は本格的な宮地とするには狭すぎたためか、直ちに飛鳥岡本宮を造営して、翌年これに移ったのである。したがって川原寺の創建年次の説は、今回の調査の結果斉明天皇の創建か、天智天皇の創建かの二説にしぼって考えられることとなった。『扶桑《ふそう》略記』斉明天皇元年十月条に『天皇遷幸飛鳥川原宮。造川原寺』を川原宮のあとに川原寺を建てたと解すれば、川原寺は斉明天皇二年以後に創建されたといえよう。その他『東大寺要録』にも斉明天皇の名の出てくることは川原寺が斉明天皇の発願《ほつがん》による寺であるとの意味をもつものでないかとの疑問をいだかしめるものである。ただ斉明天皇崩後の殯《もがり》を飛鳥川原で行ったという『書紀』の記事は、この斉明天皇発願説の大きな弱点となるであろう。というのはその当時の天皇の殯宮が仏寺に設けられた例がみられないことで、飛鳥ノ川原に殯したことは、未《いま》だ此《こ》の地に仏寺が営まれていなかったという重要な資料になるであろう。とすれば川原寺の創建は天智天皇元年（六六二）以降、天武天皇二年（六七三）までの十三年間に限ることが出来るであろう。なお天智天皇が発願した寺であったとすれば、福山敏男《としお》氏のように近江遷都《おうみせんと》（六六七）以前にしぼって考えることが出来るかも知れない」他にこの発掘の結果分った、伽藍配置の様式や複弁式の軒先瓦《がわら》も、だいたい天智年間建造説をうらづけるものであるが、私は、この川原寺は、斉明天皇の異常な死と関係ある寺であるような気がする。

斉明天皇、この日本最初の重祚《ちょうそ》の天皇は、やはり、古代史最大の華やかな女性であったような気がする。

『万葉集』巻四にこの女帝の恋歌がある。

神代より　生《あ》れ継ぎ来《く》れば　人多《さは》に　国には満ちて　あぢ群《むら》の　去来《かよひ》は行けど　わが恋ふる　君にしあらねば　昼は　日の暮るるまで　夜《よる》は　夜《よ》の明くる極《きは》み　思ひつつ　眠《い》も寝《ね》がてにと　明《あか》しつらくも　長きこの夜を

反歌

山の端《は》にあぢ群《むら》騒ぎ行くなれどわれはさぶしゑ君にしあらねば
淡海路《あふみぢ》の鳥籠《とこ》の山なる不知哉《いさや》川《がは》日《け》のころごろは恋ひつつもあらむ

このような恋歌をつくる女帝は、美しく情熱的な女性ではなかったか。『日本書紀』には「初《はじめ》に橘豊日天皇《たちばなのとよひのすめらみこと》の孫《みまご》高向王《たかむくのおほきみ》に適《みあひ》して、漢皇子《あやのみこ》を生《あ》れませり。後に息長足日広額天皇《おきながたらしひひろぬかのすめらみこと》に適《みあひ》して、二《ふたはしら》の男《ひこみこ》、一《ひとはしら》の女《ひめみこ》を生れます」とある。

彼女が天智帝を生んだのは二十歳のときであるが、彼女が高向王に嫁して漢皇子を生んだのは、それ以前だということになる。しかもこの舒明《じょめい》帝と皇極帝とは叔父、姪《めい》の関係であり、舒明帝は皇極帝よりわずか一歳年上である。若き日の二人の皇子皇女の熱烈な恋が、天智天皇という稀代《きたい》の革命家を生んだのであろうか。

この情熱的な女性は、四十八歳にして、夫舒明帝を失い、皇位についた。その後彼女はどんな人生を生きたか。彼女は情熱的な女としての血を抑制し、皇帝として、あるいは母親としての謹厳な年月を生きたのか。それとも彼女の女としての血は、夫を失った後もなお沸き騒いだかどうか。

従来の歴史観は、女性の血にかんしては、はなはだ理解がなかった。男性の天皇が何人もの妻妾《さいしょう》をもったことを認めながら、女性については、称徳天皇のような証拠のはっきりした天皇をのぞいて、きびしい貞操を要求したのである。私は、これは、歴史の解釈としてはなはだ自然ではないと思う。この解釈の中には、ひそかに、男性の放蕩《ほうとう》をゆるし女性にはきびしい貞操を要求した儒教的倫理観がかくされている。

私はこの皇極帝という熱い女の血をもった女帝は、やはり、夫の死後も、この熱くたぎる血を抑制出来なかったのではないかと思う。次の著書においてくわしく論じるが、舒明帝死後の入鹿《いるか》の専横は、女帝の入鹿にたいする寵愛《ちょうあい》の結果ではないかと思われる。

『日本書紀』には皇極帝の即位の後に急に入鹿の横暴がはじまったとしている。

「蘇我臣蝦夷《そがのおみえみし》を以《も》て大臣《おほおみ》とすること、故《もと》の如《ごと》し。大臣の児入鹿、更《また》の名は鞍作《くらつくり》。自ら国の政《まつりごと》を執りて、威《いきほひ》父より勝《まさ》れり」。なぜ正式に大臣の位についてない入鹿の勢いが父に勝ったか。その理由ははっきり分らない。しかし『家伝』には「寵幸近臣宗我鞍作」とある。入鹿は女帝に寵幸されていたのである。私はこの記事から見て、入鹿と皇極帝とは深い関係にあったのではないかと思ったが、最近、福永光司氏に聞いたところによると、寵幸という言葉は、中国の歴史書ではほとんど肉体関係のある寵臣にのみ使われる言葉であるという。

私が、入鹿と皇極帝の関係を疑ったのは、それによるばかりではない。談山神社の『多武峰《とうのみね》縁起』に、入鹿の首が御簾《ぎょれん》にくいついている絵を見たとき、私はこれはただごとではないと思った。御簾にくいついた入鹿の首はなみなみならぬ執着を示している。入鹿は中大兄皇子《なかのおおえのおうじ》や中臣鎌足《なかとみのかまたり》にくらいついてもよかった。それなのに、なぜ皇極帝の御簾にくらいついたか。

『日本書紀』にも、最後の入鹿の皇極帝にたいする執着を描いている。中大兄皇子に刺されたとき入鹿は、御座に転《まろ》びついて、「当《まさ》に嗣位《ひつぎのくらゐ》に居《ま》すべきは、天子《あめのみこ》なり。臣罪《やつこつみ》を知らず。乞《こ》ふ、垂審察《あきらめたま》へ」といったという。この最後の時も、入鹿は中大兄皇子や中臣鎌足に敵意を示そうとするより、皇極帝にのぞみをかけているのである。これがあの権勢きわまりない悪者の最期《さいご》とは思われないが、どうして入鹿は女帝にそんなに強い期待をかけたのであろう。

入鹿は、やはり中国語の意味通りに、皇極帝の寵愛《ちょうあい》の人であったと私は思う。それによって入鹿専横の理由も分るし、中大兄皇子の蹶起《けっき》の理由も分るのである。二十歳の皇子はここで一人のハムレットであった。母を犯したけがれた男に、彼は膺懲《ようちょう》の刃を下したのである。正義感のみでは、人間はなかなか思い切った殺害に立ち上ることはできない。人間をして殺人にかりたてるには、正義感と同時に、何らかの憎悪《ぞうお》が必要であるような気がして仕方がない。それはいいすぎとしても、憎悪が正義だけでは出来ない殺人を、容易にさせることは確かであろう。

## 母なる寺——川原寺の建立《こんりゅう》

入鹿《いるか》は無残に殺された。そしてこの入鹿、蝦夷《えみし》をはじめとする蘇我《そが》氏の犠牲の上に、大化改新の偉業は成り立ったのである。しかし、この山背《やましろ》殺害にはじまる残虐《ざんぎゃく》な殺害について、はたして殺害者たちはいささかも良心の呵責《かしゃく》を感ぜずにすませることができたであろうか。

私は、歴史の中にやはり良心の呵責のあとが見えると思う。人間は全く悪にはなり切れないのであろうか。正史である『日本書紀』には書かれていないが、『扶桑《ふそう》略記』には斉明《さいめい》七年の夏に「群臣、卒尓《そつじ》に多く死ぬ。時の人云《い》ふ、豊浦大臣の霊魂のなす所なり」とある。斉明七年（六六一）は、入鹿と蝦夷が殺されてから十六年もたっているが、まだ入鹿、蝦夷は祟《たた》ったのである。それ以前には入鹿、蝦夷は祟らなかっただろうか。

ところが、この斉明七年の五月には、別な祟りがあったらしい。天皇はこの年の五月に、唐、新羅《しらぎ》の連合軍との戦いのために九州へ行幸されていたが、このとき、朝倉に橘広庭宮《たちばなのひろにわのみや》を建てるために朝倉社《あさくらのやしろ》の木を切った。そのためこの神の怒りで宮殿はこわれ、また宮の中には鬼火が現われたという。『書紀』では「是《これ》に由《よ》りて、大舎人《とねり》及び諸《もろもろ》の近侍《ちかくはべるひと》、病みて死《まか》れる者衆《ものおほ》し」とある。この鬼火は何の鬼火であろうか。『扶桑略記』

の「七年、辛酉《かのとのとり》の夏、群臣、卒尓に多く死ぬ」というのはこのことを指すのであろうか。

鬼は、斉明帝とは深い関係があるらしい。この祟りゆえか、七月の二十四日、天皇は朝倉宮で死んだ。葬式の日にまた奇妙なことがあった。「是の夕《よひ》に、朝倉山の上に、鬼有りて、大笠《おほがさ》を着て、喪の儀《よそほひ》を臨み視《み》る」。奇妙な鬼である。鬼が、じっと葬式を見ていたのである。大笠を着て、というのは貴人の証《あか》しであろうか。

『日本書紀』は、この鬼と蘇我大臣との関係を記していないが、『扶桑略記』には、斉明六年のこととして「空中に竜に乗れる者あり。貌《かほ》は唐人に似て、青油笠を着て、葛城《かつらぎの》嶺《みね》より、馳《はし》りて胆駒《いこま》山に隠る。午時《うまのとき》に至るに及び、住吉《すみよし》の松の上より西を向いて馳り去る。時の人言ふ、蘇我豊浦大臣の霊なり、と」と記している。斉明六年のこの『扶桑略記』の記事と、斉明七年の『日本書紀』の記事は似ている。鬼はどうやら、蘇我大臣の霊らしい。葛城、生駒《いこま》、住吉、それらは蘇我氏の活躍舞台であろう。この鬼はしかし、じっと葬式を見ていた。この鬼を蘇我豊浦大臣の霊すなわち蘇我蝦夷と、『扶桑略記』は伝える。しかし私は、入鹿の霊と考えたほうが自然ではないかと思う。入鹿のほうが蝦夷より斉明帝に近く、またその死も一層ドラマチックであった。その死の残虐な印象がいつまでもひとびとの記憶に残っている霊こそ、もっとも恐れられた霊であり、従って、もっともしばしば人間の世界に現われ、もっとも人間に祟りをなす霊であるにちがいない。

川原寺の建設は、この斉明帝の突然の死と、その前後にあった奇怪な事件と関係があるのではないかと私は思う。斉明帝の死におどろいた天智《てんじ》帝は早速飛鳥《あすか》の川原宮の地に殯《もがり》をし、斉明帝を葬《ほうむ》り、その宮の地に寺を建てたのではなかろうか。じっさい川原寺の土地はかつて川原宮のあったところである。なぜ宮の地を寺にする必要があったのか。そこには天智帝の母にたいする愛情の心があったと思う。

君が目の　恋《こほ》しきからに　泊《は》てて居《ゐ》て
かくや恋ひむも　君が目を欲り

斉明帝が死んだときこのような歌をつくった天智帝は、波瀾《はらん》万丈の生涯を送った母親にたいして、子として深い愛情をもっていたにちがいない。それにしても死に方が悪い、とてもこのままでは成仏《じょうぶつ》しそうもない。そこで天智帝は宮の跡を寺にするという異例な事を行なったのであろう。

この天智帝の心は、また天武帝の心でもあった。天武帝にとっても天智帝と同じく、斉明帝は愛する母である。父を早く失った天武帝にとって、肉親といえば何よりこの斉明帝を意味したであろうが、そういう斉明帝を祭る川原寺は、いわば天武帝にとって母なる寺であった。

この母なる寺に一つの問題がある。川原寺の南に橘寺があるが、発掘の結果、ちょうどこの橘寺の西の端の北門は、川原寺の、中金堂、中門、南大門を結ぶ線の真南にあることが明らかになった。

橘寺が、正史にはじめて登場するのは天武九年（六八〇）四月のことである。「乙《きのと》卯《うのひ》（十一日）に、橘寺の尼房《あまむろ》に失火《みづながれ》きて、十房《とをのむろ》を焚《や》く」とある。例によって『書紀』の記事は不親切であり、寺の焼けたときは書いてあるが、寺のつくられたときは記されていない。

この橘寺もまた石田茂作氏によって近年発掘されたが、石田氏は橘寺の方が早くつくられ、それに隣り合せて川原寺がつくられたのではないかという。いずれにしても斉明期か天智期の建造である。川原寺は前にのべたように南面した寺で、金堂が二つあり、西金堂と塔が向い合っているたいへん異例な建物であるが、橘寺は四天王寺などと同じく中門と塔と金堂が一直線にならぶ形の寺である。この橘寺の特徴はふつうの寺のように南向きではなく、東に向いていることである。したがって、建物の北門は、川原寺の南門と向い合って建っている。このような二つの寺が、しかも門が相対して建てられているのは、いったいどういうわけか。

## 蘇我《そが》一門の祟《たた》り鎮《しず》めの寺——橘《たちばな》寺の役割

橘寺は、後世、聖徳太子由緒《ゆいしょ》の寺として有名であった。寺の伝承によれば、この地には昔、聖徳太子が住んでいて、太子が『勝鬘経《しょうまんぎょう》』を講じたところであり、太子の死後その宮を寺にしたというのである。しかし発掘の結果をまたずとも、もともと太子がいたのは、飛鳥《あすか》のこの場所ではなく用明帝の宮があったと思われる桜井の上宮の地であるらしいなどの理由から、この伝承は信頼をおきがたいものとされている。太子がいたのが信頼をおきがたいとすれば、太子がこの寺において『勝鬘経』を講じたことはいっそう信頼をおきがたい。

しかし、この伝承は信頼をおきがたいが、橘寺には執拗《しつよう》に太子のイメージがまつわりついていることはたしかである。『法隆寺資財帳』に、太子の建てた七つの寺が列記されているが、その一つに橘尼寺《にじ》がある。それは発掘の結果とも矛盾するが、橘寺を聖徳太子と結びつける考え方は、この『資財帳』の書かれた天平十九年（七四七）、すでに確固たるものがあったのであろう。

顕真の『聖徳太子伝私記』に「橘寺は法隆寺の根本の末寺なり」とある。そして、今は御物となっている法隆寺の四十八体仏について次のように言う。

「太子の本尊の阿弥陀《あみだ》の厨子《ずし》の後に、高き厨子あり。此《こ》の内に金銅の仏菩薩《ぼさつ》の像、幷《あは》せて木の仏像坐《いま》します。昔より口伝に、銀の地蔵菩薩五十余躰《たい》坐します、と云々《うんぬん》。以《もっ》ての外の誤なり。一体も之《これ》を見ざる所なり。此の厨子、幷《なら》びに仏菩薩の像は、橘寺より之を送る所のものなり。日記、金堂にあり」

法隆寺に数多くある小仏群がどれほど橘寺から送られたものかは問題だが、われわれはここで、橘寺が聖徳太子と関係の深い寺、従って法隆寺と関係の深い寺であるとされている事実のみを注意すればよいであろう。

平安中期に書かれたらしい『南都七大寺巡礼記』には、橘寺について次のように記している。

「橘寺はまた菩提寺《ぼだいじ》と云《い》ふ。

金堂は一間四面二階、救世《ぐぜ》観音像を安んず。講堂は五間四面、丈六の釈迦《しゃか》像を安んず。五重塔。推古天皇の御前において、太子、勝鬘経を講ずること五六日、竟《をは》りの夜、蓮花《れんげ》零《ふ》る。花の長さ二三尺、方三四丈の地に溢《あふ》る。明旦《みやうたん》、これを奏す。天皇大いに奇として車駕《しゃが》にしてこれを覧たまふ。即《すなは》ち其《そ》の地において寺堂を立つを誓ふ。是《これ》、今の橘寺なり。菩提寺《ぼだいじ》なり。くだんの寺の住僧、口伝して云《いは》く、広さ四丈厚さ三尺ばかりに蓮花雨《ふ》る。太子、三房をして宝蔵に納め奉《たてまつ》る。今にこれを存す。自余《そのほか》は皆失畢《うしなは》ると云々。また、くだんの堂の供養《くやう》の日、近山に釈迦如来《にょらい》の頭より上を指出す。よつて仏頂山と云ふ」

昔の橘寺は焼失したが、太子が『勝鬘経』を講じたとき落ちたという蓮花の塚は、今もまだ残っている。その昔の金堂の跡には太子堂が建っている。救世観音というのは、今、法隆寺の東院にある太子等身の像、すなわち太子そのものと推察される特殊な観音像をいうのであろうか。とすると、橘寺は太子を祭った寺であることは確実であろう。では、なぜ斉明《さいめい》あるいは天智《てんじ》年間に、この地に太子を祭る寺を建てる必要があったのか。

聖徳太子ゆかりの寺、そういう寺には、鎮魂の寺が多いことを、われわれはすでに見た。蘇我氏の滅亡、このドラマの序幕は、先に私が論じたように山背大兄皇子《やましろのおおえのおうじ》殺害であった。そしてこの山背皇子殺害ほど、無残で卑劣な殺害は、日本の歴史上においても類を見ない。何の罪もない聖徳太子の子孫二十五人が惨殺《ざんさつ》されたのである。しかもその殺害は、『日本書紀』がいうように入鹿《いるか》一人によって行われたものではなく、孝徳天皇をはじめとする大化改新の主要メンバーも、その一味であった可能性が多い。この殺害がどうして太子の霊の怒りを買わないということがあろうか。仏教は因果応報を説く。平安時代のはじめに書かれた『日本霊異記《りょういき》』が語ったのは、ただ、因果応報の思想とその実例であった。因果応報が仏教のもたらした思想であったとすれば、どうして、太子の子孫をはじめとする蘇我一門の犠牲の上に政権をにぎった当時の実権者たちは、太子をはじめとする蘇我一門の復讐《ふくしゅう》を恐れないことがあろうか。

すでにその復讐は斉明帝の死と、白村江《はくすきのえ》の戦における日本の決定的敗北に現われているではないか。この死を、汚れを潔《きよ》めねばならぬ。私は、合理主義者、天智帝に川原寺と橘寺を建てさせたのは、そういう怨霊《おんりよう》への恐れではないかと思う。

母斉明帝を川原寺に祭る、奇怪な死を死んだ母の霊はとむらわねばならぬ。しかし、それだけではいけない。母に祟る蘇我氏の霊もなぐさめられねばならぬ。まず聖徳太子の霊を祭れ。あの最も傑出し、かつまた最も子孫の運命がみじめであった太子を祭れば、蘇我氏の霊もまたなぐさめられるであろう。そしてそれは母の住居に近いほうがいい。祟られたほうの霊を祭る寺と祟るほうの霊を祭る寺、橘寺と川原寺はセットではないかと私は思う。

こうした例は後世の歴史の中にもはっきりと見ることができる。保元《ほうげん》、平治の乱以後、世の中が乱れに乱れたとき、その乱れの理由が崇徳《すとく》上皇の怨霊にあるとされ、その怨霊を祭ることによりこの世の乱れを鎮めようとする。このときも、崇徳上皇の霊をなぐさめることは、同時にそれ以後殺された多くの人の霊を祭ることにもなるのであろう。こうした怨霊成立の過程を、われわれは九条兼実《かねざね》の『玉葉《ぎよくよう》』で精細に知ることができる。

事情は同じであった。橘寺が菩提寺と呼ばれた意味をよく考えてほしい。崇られて死んだ母の冥福《めいふく》を祈るためには川原寺だけでは足りない。崇ったほうも手厚く祭られねばならない。かくして川原寺のすぐ南に橘寺が建てられたのではないかと私は思う。あるいはすでに川原寺の近くに祟りを鎮める寺が斉明帝のときに建てられ、それが川原寺とセットとされたのかもしれない。ここにおいて、仏教は正に日本的となる。祟り神を祭る風習は、『古事記』、『日本書紀』によれば、すでに崇神《すじん》天皇のときから始まっている。つまり日本の神信仰の根源であったのである。ここで仏教もまた、日本古来からあった祟り神の考え方をとり入れてゆくのである。

生きている人間の幸福と死後の冥福、それは、何よりも祟り鎮めによってえられるというのであろう。そういう要求に沿うものが川原寺であり、それと対《つい》になっている橘寺であった。

## 仏教の日本定着――国家的要請と私的祈願

母なる寺、川原寺は、外的権威の寺ではなく、むしろ内的反省の寺である。国家の寺、父なる寺は大官大寺であった。奈良遷都《せんと》後「大安寺」と名を変えられ、名称においてすら国家の大寺としての権威を否定されてしまうが、この寺の性格は、法隆寺と共に残されている天平十九年の『大安寺資財帳』の中にもはっきり語られている。

聖徳太子が死の床についたとき、推古帝は、田村皇子、のちの舒明《じょめい》帝を見舞いにやった。太子は、もう自分は余命いくばくもない、自分が道場としていた熊凝《くまこり》道場をお前にやるから、お願いだからそこに寺をつくってくれ、と言う。まもなく太子は死んだ。後に、かさねて推古帝から依頼があり、田村皇子は舒明帝として即位した後、太子と推古帝の遺志に従って、即位後十一年にして、熊凝の地に寺を建てたというのである。百済《くだら》大寺《だいじ》がこれであるが、寺を建てるとき子部神社の木を折ったために、神の怒りをこうむって寺は間もなく焼けてしまった。しかし焼失を惜しんで舒明帝は斉明《さいめい》帝に、斉明帝は天智《てんじ》帝に、その再建の意志を伝えるが、天武帝の時代になって再建が実現し、高市《たけち》の地に高市大寺なるものがつくられ始めたという。これが天武二年のことであるが、天武六年、高市大寺を大官大寺と改称した。天武帝が死んだ後もこの工事はつづけられ、文武《もんむ》帝の御代になってやっと九重塔及び金堂が完成し、丈六の仏像が納められたという。

この伝承は、もとよりそのままは信じ難い話で、聖徳太子が田村皇子に熊凝道場をゆずり、推古帝の遺命により寺をつくったというのはフィクションであろう。しかしフィクションにせよ、この伝承ははっきり大官大寺というものの性格を示しているのである。それは、天武帝にかんしていえば、父舒明帝の意志によって建てられた寺である。しかもその意志は舒明帝単独の意志ではない。聖徳太子、推古帝という二人の仏教崇拝者の意志をうけついでのことである。この仏教派の天皇の意志をうけついで、今、天武帝は、ここに国家統一のために大官大寺をつくったことになる。代々のすべての天皇、推古―舒明―斉明―天智―天武―持統―文武の名が出てくることに注意する必要がある。仏教勢力を、天皇のもとに、大官大寺のもとに統制しようとする意志が、ここにはっきりと示されている。仏教の指導権を、蘇我《そが》氏の手から皇室の手にとりもどそうとする意志が示されているのである。

その頃流行したお経は『金光明経《こんこうみょうきょう》』つまり国家安泰の経典である。仏教によって国家の安泰をはかろうとする教え、そしてそういう仏教が、この時代の仏教の基本的性格であった。『金光明経』には四天王思想が説かれている。四天王が国家の四方を守って国家を安泰にする、仏教によって国家を安泰にすることが四天王崇拝の根本なのである。

しかし、この時代の仏教を、そういう国家的なもののみに限定しては、やはり仏教の性格を誤解することになる。一つの宗教が一国に定着するとき、それは一面において国家の必要をみたすものであるが、他の一面において個人の内的心情に語りかけるものである。この二面をもたない宗教は大宗教になることは出来ない。

大官大寺に示されるような仏教の面だけならば、仏教は日本に定着することが出来なかったと私は思う。仏教は国家の安泰と同時に、個人の魂の救済に役立つものでなくてはならぬ。川原寺を弘福《ぐふく》寺という。それは国家より、より多く個人にかかわっている名なのであろう。祟《たた》りを除いて福を弘《ひろ》める、という意味かもしれない。

今残っている日本の仏像で、銘のあるもののうち最古のものは、だいたいこの頃、孝徳、斉明から天智、天武にかけてのものであるが——推古時代とされる法隆寺の薬師如《によ》来《らい》、及び釈迦《しやか》三尊については後に論じよう——これらの銘文には、多く生者の幸福と死者冥福《めいふく》の願いが記されている。

「甲寅《きのえとら》年三月廿六日、弟子王延孫、現在父母の為《ため》に、金銅釈迦像一軀《く》を敬造し奉《たてまつ》る。願はくば、父母此《こ》の功徳《くどく》に乗じて、現身を安穏に、生生世世、三塗を経ず、遠く八難を離れ、速《すみやか》に浄土に生じて、仏を見、法を聞きたまはむことを」

甲寅年は、白雉《はくち》五年（六五四）であろうが、この御物、釈迦像製作の目的は、現在まだ健康である父母の安穏と、死後の冥福である。

「戊午《つちのえうま》年十二月、命過ぎし名伊之沙古《いしさこ》の為に、其《そ》の妻、名汗麻尾古《おまびこ》、弥陀仏《みだぶつ》像を敬造す。此の功徳をもつて願はくば過往《すぎにし》、其の夫及び七世父母をもつて、生生世世、恒《つね》に浄土に生ぜんことを云々《うんぬん》」

これは河内《かわち》の観心寺に所蔵されている阿弥陀《あみだ》仏の銘であるが、この戊午年は斉明四年（六五八）と考えられる。斉明四年、すでに阿弥陀像は日本に入ってきていたのであろうか。ここでは仏像製作の目的は生存する人間の健康と幸福ではない。死んだ夫をはじめとする七世の父母の死後の冥福である。

「丙寅《ひのえとら》年四月大旧八日、癸卯《みづのとのう》開記、橘《たちばな》寺智識乃等、中宮天皇大御《おほみ》身労《いたづき》に坐《いま》すの時に詣《いた》り、誓願の弥勒《みろく》御像を奉るなり云々」

この野中寺弥勒の銘にある丙寅《ひのえとら》年は天智五年（六六六）と考えられるが、この弥勒像は問題の橘寺の僧によってつくられたものである。中宮天皇というのは誰をさすのか明らかではないが、天智帝の皇后の倭姫《やまとひめ》か、あるいは天智帝の妹で孝徳帝の皇后であった間人皇后《はしひとのおおきさき》か、とにかく天智帝周辺の女性をさすのであろう。この高貴な女性が病気になり、その平癒《へいゆ》祈願のためにこの仏像をつくったというのである。この仏像製作の目的は、多少、前の二像とちがって、病気平癒のためである。

もしこの像の天智五年作が動かないとすれば、天智五年には橘寺はすでに出来ていたことになり、しかも、その橘寺は天智帝とたいへん近い関係にあったことが推察される。とすればどういうことになるのか。なぜ天智帝の周辺の女性の病気全快のために、太子を祭った寺の僧たちが仏像をつくらねばならぬのか。

この問いはしばらく置きたいが、とにかくこのような銘は、仏像と個人の内的な魂との深い関係を明らかにするのである。現在の健康と幸福、病気の全快、そして死後の冥福、それが、当時における人間と仏像、もう一ついえば、人間と仏教とを結びつけるものであった。

## 飛鳥《あすか》四大寺と国家権力

以上を整理してみよう。天武朝における三つの大寺は、自ら性格を異にしていた。飛鳥寺は過去の国家大寺、大官大寺は現在の国家大寺、そして川原寺は私的な性格の強い寺。前二つを父なる寺とすれば、川原寺は母なる寺であり、内面に深い罪障感を宿している寺である。

いわば父なる寺は国家の寺、権力の寺である。しかし母なる寺はちがう。そこに内面の、どうにもならぬ不安が隠れている。そしてこの不安の中心に、祟《たた》り—祟られる関係がある。単なる宗教的な関係ではなく、政治、宗教、性などどろどろとした人間くさい一切のものが含まれ、そういう内的なものへの根源的よびかけのようなものをもっている寺が母なる寺である。

そういうふうに父なる寺と、母なる寺の二つをもったことによって、仏教は日本に定着したと私は思う。国家の体制強化に役立つと同時に、人間のもっとも深い内的な願望に語りかけることにより、仏教はこの国に根づくことが出来たのであろう。

大官大寺は父なる寺、国家大寺として、飛鳥寺の機能をうけつぐ。しかし大官大寺は舒明《じよめい》帝の、川原寺は斉明《さいめい》帝の寺であるという点において、天智《てんじ》帝、天武帝にとって二つの寺は父母の関係にあり、二つの寺は現在の皇室の寺という点で、過去の蘇我《そが》氏の寺であった飛鳥寺と性格を異にする。

ところが滅ぼされた蘇我氏の寺である飛鳥寺は、蘇我氏の冥福《めいふく》を祈り現世を安穏にしなければならないという点において、斉明女帝の霊を祭った川原寺、特に川原寺とコンビであると思われる橘《たちばな》寺と、性格を等しくしていた。

この三つの寺は、相互に関係をもっていたのである。

このような考え方はいささか哲学的にすぎるというかもしれない。しかし私は、この時代の宗教的政治的知恵は、現在われわれが考えるよりはるかに深いような気がして仕方がない。天武帝の宗教政策を見ると、天武二年（六七三）、壬申《じんしん》の乱（六七二）を終えた天武帝は、その三月、川原寺において一切経を誦《よ》ませている。そしてその記事の前に、『書紀』には「天下に大赦したまふ」とあり、その記事の次に伊勢《いせ》神宮に斎宮《いつきのみや》として大《おお》来《く》皇女を遣わしたことが書かれている。罪けがれのはらいとこの一切経の奉納は関係しているのであろう。国家的宗教政策は大官大寺の建造となり、罪けがれのはらいは川原寺で主として行われたように見える。

このように三つの寺を考えることが出来るとすれば、もう一つの寺、薬師寺はどうなるのか。薬師寺について、私は今まで故意に沈黙してきた。それがはたして天武帝の時代に造られたかどうか、明らかでないからである。薬師寺が『日本書紀』にはじめて登場するのは天武九年（六八〇）十一月である。

「辛巳《かのとのみのひ》（十日）に、西方《にしのかた》に雷《いかづち》なる。癸未《みづのとのひつじのひ》（十二日）に、皇后《きさき》、体不予《みやまひ》したまふ。則《すなは》ち皇后の為《ため》に誓《ち》願《か》ひて、初めて薬師寺を興《た》つ。仍《よ》りて一百僧《ももたりのほふし》を度《いへで》せしむ。是《これ》に由《よ》りて、安平《みやまひい》ゆること得たまへり」

つまり薬師寺の建立《こんりゅう》は天武九年に置かれているが、はたして天武九年に薬師寺が建てられたかどうかは疑問である。薬師寺の位置は、川原寺や飛鳥寺や大官大寺がある飛鳥の東南の地からかなり西北に離れていて、後の藤原京に近い。そして寺院の様式も塔が左右に二つある形で、従来の寺院の様式と根本的にちがっている。すなわち、飛鳥寺は真中に塔がありそれを三つの金堂がかこむ形であり、川原寺は塔と西金堂が並びその背後に中金堂が更にその背後に講堂がある形である。大官大寺はまだ発掘されていなくてよく分らないが、川原寺様式か四天王寺様式ではないかと考えられる。しかし、薬師寺のように二つの塔があり、その北に金堂、講堂と並ぶ形は新しい。私はその建立は持統帝の時代まで下ると思うが、なぜ持統帝の時代にそのような寺が建てられる必要があったのか。『薬師寺縁起』には、薬師寺建立の由来がくわしく書かれているが、そこでくりかえし語られるのは、天武帝と持統帝との間の愛の物語である。天武九年、持統帝が病気になったので天武帝は薬師寺を発願《ほつがん》した。天武十五年（朱鳥元年）、今度は天武帝が病気になった。持統帝はその病気平癒を一心に薬師如来《にょらい》に祈ったが、その持統帝の願いも空《むな》しく天武帝は死んだ。それゆえ持統帝は薬師寺を建て、先の薬師像を安置したというのである。

『薬師寺縁起』においていつも強調されるのは、夫婦の間の結びつきである。夫は妻の病気全快を祈って寺を建てようとする。おかげで妻の病気はいえたが、今度は夫が病気になって死ぬ。その夫のために寺を建てる。たしかにそれは涙をさそう愛の物語である。しかし、愛の物語も、一つの国家的仕事となるとき別の意味をもつ。なぜ、大官大寺や飛鳥寺の外に、薬師寺なる寺を建て、それを四大寺の一つに加える必要があるのか。

われわれは、この時代の歴史をその終点において見ることが出来る。奈良遷都《せんと》の後に、薬師寺も、大官大寺も、奈良の地へ移ったが、遷都は大官大寺にとってもっとも苛酷《かこく》であったようである。それは、ちょうど薬師寺と対称的に左京の六条の地に置かれたが、薬師寺が今も続いているのに、この大官大寺はひどく衰えた。この運命は必ずしも偶然ではないと私は思う。やがては大官大寺の地位を奪ってしまうような薬師寺が、なぜ持統帝の時代に建てられたのか。なぜ、ことさらに天武帝と持統帝の愛の物語が強調される必要があるのか。

この問いは意外に深く、『古事記』『日本書紀』の神話とも関係してくるように思われる。

## 『記紀』思想の仏教的表現——薬師寺建立《こんりゅう》の意志

天武帝の死は朱鳥元年（六八六）九月であったが、それから一月もたたないうちに、持統帝は継子、大津皇子を死に追いやった。理由は大津皇子の謀反《むほん》であったが、それは陰謀にすぎないだろう。それは、自分と天武帝との間の一人息子、草壁皇子を皇位につけようとして、競争相手を除くためであった。この持統帝の強烈なる血の意志にもかかわらず、その後三年もたたないうちに草壁皇子は、安閇《あべ》皇女、後の元明帝との間に一人の息子と二人の娘を残して死んだ。息子は後の文武帝、娘の一人が後の元正女帝である。己れの血を引く子孫に皇統を伝えようとする持統帝の第一の計画は挫折《ざせつ》したわけであるが、この沈着にして冷静なる女帝は、このような挫折くらいで、己れの意志をあきらめるような女性ではなかった。自ら帝位につき、己れの孫、文武帝の成長を待とうとしたのである。そしてついに皇位をねらうもう一人の競争者であった高市皇子《たけちのみこ》の死と共に、彼女は無事、孫、文武帝を皇太子につけ、すぐに帝位をゆずったのである。

私は、薬師寺建設はこのような持統帝の意志と密接に関係していると思う。つまり、ここで天武帝と持統帝の二人の愛を強調し、その愛の思い出の寺を造り、それを国家の大寺とすることは、己れの権威を強めるのにはなはだ好都合なのである。大官大寺は推古―舒明《じよめい》―斉明《さいめい》―天智《てんじ》―天武と伝わる寺である。天智、天武帝の皇子はここではすべて平等である。この父の権利の下では、天智帝と天武帝のどの皇子が皇位についても差支えない。そのことは川原寺についても飛鳥寺《あすかでら》についてもあてはまる。川原寺は天智、天武帝のいずれの皇子にとっても遠い母の寺であり、飛鳥寺は前代の政治的支配者、蘇我《そが》氏の寺である。どの寺にも持統帝及び彼女の子孫の特権はない。

ここでの持統帝のねらいは、平等の原理ではなく、差別の原理である。多くの天智、天武帝の皇子の中から、自分の血をうけているもののみが皇位につくことの出来る特権を確保することが、正に持統帝の最大の望みであった。このような意志がアマテラスが女帝とならねばならなかった最大の理由ではないかと私は思うが、このような意志の仏教政策における現われが薬師寺建設ではないか。薬師寺には新しい差別の原理がある。天武帝と持統帝の寺、つまりそういう寺の権威の下に、持統帝の血をうけた子孫のみが皇位の特権をうけることが出来るのである。こういう寺を四大寺の一つとすることによって、持統帝および持統帝の子孫たちは、他の天智、天武帝の子供に対してより一歩優越することができるのである。

このように考えると、なぜ薬師寺が藤原京の皇居の近くに建てられねばならないかが理解されよう。持統帝にとって、薬師寺の権威を高めることは、自分と自分の子孫たちの皇位継承権を、承認させることになるのである。

薬師寺が『日本書紀』にはじめて現われるのは、先にのべたように、天武九年の持統帝の病気の記事においてであり、ついで「無遮大会《かぎりなきをがみ》を薬師寺に設く」という持統二年（六八八）の記事である。つまり、天武帝の葬儀に薬師寺も参加したというわけである。しかし奇妙なことには、その後、持統紀に薬師寺の記事はなく、持統十一年六月に天皇が病気になったので仏像をつくろうとしたが、ついに七月二十九日「公卿百寮《まへつきみつかさつかさ》、仏の眼開《みめあらは》しまつる会《をがみ》を薬師寺に設く。八月《はつき》の乙丑《きのとのうし》の朔《ついたちのひ》に、天皇《すめらみこと》、策《みはかりこと》を禁中《おほうち》に定めて、皇太子《ひつぎのみこ》に禅天皇位《くにさ》りたまふ」とある。これが『日本書紀』の最後の記事であるが、この記事全体が持統帝の薬師寺によせる期待の強さを示すのであろう。もしこのとき「仏眼を開いた」のが薬師寺の本尊であるとすれば、持統二年のとき、まだ本尊はなかったことになり、先の記事はどう解釈すべきであろうか。

　薬師寺が寺としての体裁をととのえてゆくのは、むしろ、文武天皇の御代になってからのようである。「冬十月、庚寅《かのえとらのひ》（四日）、薬師寺の搆作略了《こうさくほぼをは》るを以《もっ》て、衆僧に詔して、其《そ》の寺に住せしむ」（文武二年）。「正五位上波多朝臣牟胡閇《はたのあそみむこべ》、従《じゅ》五位上許曾倍《こそべ》朝臣陽麻呂を以て、造薬師寺の司《つかさ》に任ず」（大宝元年六月）。持統帝が退位し、退位しながらも彼女の子孫の皇位を安泰にしようとする意志で、若い天皇の行方を見続けていた時代である。

　とすると、前の記事はどうなるか。このような点からも、薬師寺建設にかんして持統二年説と持統十一年説がある。ここではくわしく考証は出来ないが、私は、持統十一年説を支持したい。天武九年と持統二年の記事は、むしろ薬師寺の『縁起』の線にそうものである。それは、そうであった薬師寺より、そうであってほしいと思う薬師寺を示しているような気がする。天武帝の病気にかんする持統帝の願いなしに、薬師寺は薬師寺でありえないのである。薬師如来《にょらい》を通じ、二人の愛をたしかめ、そして二人の愛の結晶である薬師如来によって二人の子孫の皇位を安泰にすること、その意志は、天武帝の意志であるより、より多く持統帝の意志であると思われる。

ここで妙なことがある。薬師寺の建設がほぼ終ったのは、前述のように文武二年（六九八）で、波多朝臣牟胡閇と許曾倍朝臣陽麻呂が、造薬師寺の司に任ぜられたのが大宝元年（七〇一）六月である。ところが、それより約一年後、大宝二年の八月に、正五位上高橋朝臣笠間を造大安寺司としている。これ以前にすでに大官大寺は天武、持統、文武の時代を通じて、寺として活動しているところをみると、寺にはすでに僧が住んでいたのであろうが、まだ、寺の建物は完成していなかったのであろう。『大安寺縁起』の、塔と金堂は文武帝の御代に完成したという記事は、この大宝二年の造大安寺の任司と符合するものであるが、とすると大官大寺の完成が薬師寺の完成よりおくれているのであろうか。とすれば、これは何を意味するのか。

もう一度ここで読者は、先に語った『大安寺縁起』を思い出してほしい。『縁起』は、代々の天皇の大安寺崇拝を語る。推古→（聖徳）→舒明→斉明→天智→天武→持統→（草壁）→文武→元明。ここで天武→持統→文武の天皇の系譜が強調されているが、その保証のためには、もう一つの寺、薬師寺が必要だったわけである。つまり、天武→持統→（草壁）→文武という系統をはっきりと合理化出来る寺が藤原京の西に出来たことによって、その京の東にある大官大寺がはじめて完成することが出来たのである。この大官大寺登場→薬師寺登場→薬師寺完成→大官大寺完成という経過の中に、微妙な歴史の動きが感じられないであろうか。

このように考えるとき、われわれは、はじめて飛鳥四大寺の意味をはっきり知ることが出来る。四つの寺は意味なくしてそこにあったのではない。それは、異なる人間の願いや思想のあらわれとして、それぞれ別個の機能をもってそこに存在していたのである。そして一つずつ別個の機能をもった四つの寺に共通するものは、やはり、『金光明経』の護国思想であろう。四天王が、四方にあって国を守るように、四つの寺が、四方にあって国を守る、という思想であろう。かくして、四つの寺は、必要にして十分なる寺として、飛鳥の地に存在したのである。

以上、私は四大寺の性格の分析を通じて、天武、持統、文武朝の仏教のあり方を見た。一言でいえば、この時代において、仏教は天皇家の統制のもとにあった。これが奈良遷《せん》都《と》と共にどうなったかが次の問題である。

## 権力と奈良四大寺の配置

奈良の都は長安の都を模したといわれ、まことに整然たる都であった。結果から考えてみよう。次頁の図は平城京における寺院配置図である。

「七―八世紀ごろアジアの新興国では、当時の世界文明の中心である長安の都を範として、首都建設をするのが一つの風潮であった。新羅《しらぎ》の慶州《けいしゅう》、渤海《ぼっかい》の東京城《とうけい》などはこ

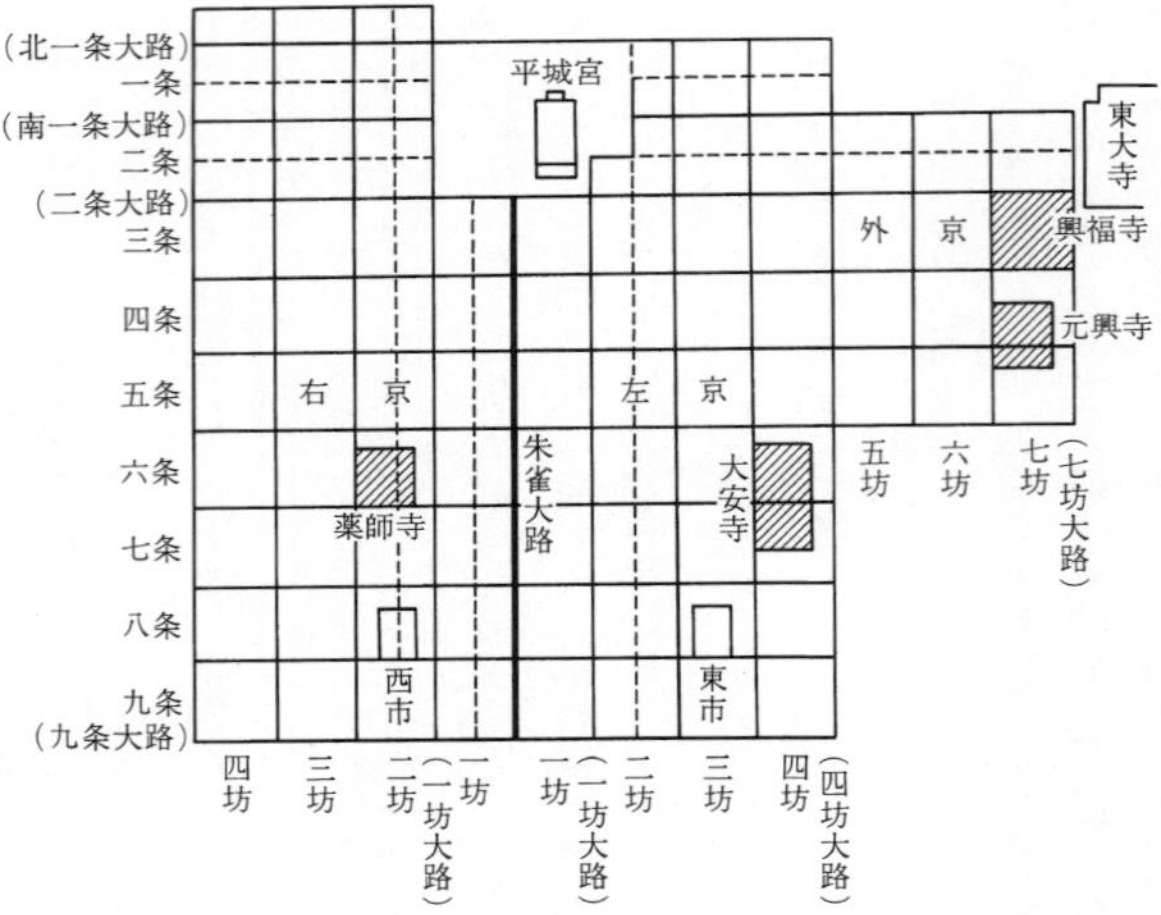


平城京の伽藍配置図

れであり、平城京《へいぜいきよう》もその一つといえるが、制度は長安より整然として、地点の表示法はじつに合理的であった。規模も長安には及ばないが、堂々たるものである。総じて古代の都市はけっして大きくない。強大を誇ったローマさえ、長径四km、短径三kmくらいが中心部であり、その他、植民地にいたってはじつに小規模であった。この意味で平城京は古代の世界的首都である」

（大岡実『奈良の寺』）

この合理的に計画された世界的首都において、寺の配置の仕方もまた合理的であった。

「平城京は前にのべたように、大路・小路によって方眼状に割られている。この中に寺院を建てるのであるから、当然その境界は街路で区切られるのが原則である。そして私は寺の格式によって寺地の大きさに基準があったと考える。まず最小の寺地をさがしてみると、方一町（街路に囲まれた小区画一つ分。一坪ともいい、約一二〇m四方）というのが見あたる。紀寺《きでら》、佐伯院《さえきいん》、葛木寺《かつらぎでら》、穂積寺《ほつみでら》がこれに相当し、海龍王寺《かいりゅうおうじ》はすこし条坊線からはずれるが約方一町である。これが最低の基準であろう。つぎに考えられるのが方二町である。唐招提寺《とうしょうだいじ》、西隆寺《さいりゅうじ》がそれであり、喜光寺も方一町の突出部分があるが、基本は方二町と考えられる。

つぎに官の大寺であるが、結果的にはかなりまちまちのようにみえる。しかし、薬師寺は方三町が基本と考えられ、元興寺《がんごうじ》も花園院の部分を除けば方三町で、例外が興《こう》福寺《ぶくじ》、大安寺、西大寺《さいだいじ》となる。このうち、西大寺は奈良時代末における特別な場合といえる。大安寺は幅三町、奥行五町であるが、これは百済《くだら》大寺（大安寺）の系統は塔の建築が非常に大きいため、特に塔建立《こんりゅう》の敷地が南大門外に付加されたものと私は考えている。南大門以北だけ考えると方三町である。興福寺が幅を四町とした理由はわからないが、藤原不比等《ふひと》が権勢にまかせて氏寺を壮大なものにしたのではなかろうか。

以上のように考えてくると、平城京においては、最小方一町、つぎが方二町、官の大寺は方三町以上が原則的基準と考えられる」

（同『奈良の寺』）

このように考えると、合理主義が奈良の都を貫いているように見える。奈良の都は、長安の都より合理的である。長安の都は、通りに区切られた矩形《くけい》の坊を、勝業坊、崇仁坊というふうに美しい名で呼んだ。しかし、明らかに奈良の都のように一坊、二坊と呼んだほうが便利である。ここでも日本人は、中国の文明を模倣しながら、その煩瑣《はんさ》な組織をそのまま採用しなかったという精神的特性を発揮したのである。

ところが、ここで一点、このような合理的知性に、疑いをさしはさみたくなる部分がある。それは外京（図の右上の部分）である。外京の部分は都の正式な区域の中からはみ出している。しかし、それにもかかわらず都の一部であり、外京と名づけられる。この部分があるために都は規則的でなくなっている。この出っぱりは合理的ではない。なぜ、この出っぱりが生じたのであろう。

この部分は、奈良の都の高台を占めている。ここに立つと、奈良の都が一望の下に眺められる。いわば軍事的要地でもある。この軍事的要地が外京となったわけであるが、この外京の中心部に藤原氏の氏寺、興福寺があるのである。しかも、この興福寺は、面積において他の国家大寺の「方三町」より一町大きい「方四町」である。そして興福寺から南に、興福寺より方一町小さい元興寺があり、これは例の飛鳥寺《あすかでら》、法興寺を無理やり移転させたものであるが、ちょうどその寺は、高く大きい興福寺からじっと見下ろされているような位置にある。この寺は興福寺に対して元興寺と名づけられた。この改名はこの寺の奈良移転後であると思われるが、元興寺、「元興る寺《もとおこるてら》」とはうまく名づけたものである。興福寺は「今興る寺《いまおこるてら》」すなわち今興隆の絶頂にある藤原氏の氏寺である。それに対して元興寺はかつて隆盛であり今は滅びた蘇我《そが》氏の寺である。この元興寺は、すでにその移転のときから興福寺の支配下にあったらしい。つまり、この外京の部分は全く藤原氏の支配下にあったのである。

そして、左京の五条と六条の間に大安寺、右京の五条と六条の間に薬師寺がある。しかも薬師寺のほうが大安寺より都の中心部に近い。この配置にも、小憎らしいほど巧みな配慮が働いているように見える。

先に論じたように、この都にいた天皇たち、つまり持統女帝の血を引く天皇にとって、天武帝と持統帝の寺である薬師寺は、単に天武帝の意志にすぎない大官大寺よりはるかに親しみ深い寺であろう。先の大官大寺と川原寺の関係、父なる寺と母なる寺の関係がここでも再現されているが、その意味は多少ちがっている。薬師寺は母なる寺であるが、その母は、父と共に、現在の天皇の王権を保証する母なる寺なのである。こういう母なる寺が、父なる寺より皇居の近くにあり、そして父なる寺より宮廷から手厚いもてなしをうけたのは当然であろう。

このことについては後に語ろう。ここで私が注意したいのは、平城遷都《せんと》によって、飛鳥の四大寺のうち二つの寺が藤原氏の手に帰したという事実である。つまり、四大寺を天皇の支配のもとにおくことが天武帝の悲願であったとすれば、ここでは、全く知らないうちに二つの寺が藤原氏の手に帰したわけである。全く巧妙な乗っとりであったが、そのことは今まで、誰によっても注意されることはなかった。

## 遷都《せんと》に秘めた仏教支配権略奪の狙《ねら》い

「朕《ちん》祗《つつし》みて上玄に奉《う》けて、宇内《うだい》に君臨し、菲《ひ》薄《はく》の徳を以《もつ》て、紫宮の尊に処《を》れり。常に為《おもへ》らく、之《これ》を作《な》す者は労し、之に居る者は逸すと。遷都の事は、必ず未《いま》だ遑《いとま》あらざるなり。而《しか》るに王公大臣咸《みなまを》言さく、往古より已降《このかた》、近代に至るまで、日を揆《はか》り星を瞻《ぬぐひ》て、宮室の基を起し、世を卜《うらな》ひ、土を相《み》て、帝皇の邑《むら》を建つ。定鼎《ていてい》の基永く固く、無窮の業斯《ここ》に在らんと。衆議忍び難く、詞情深切なり。然《しか》らば則《すなは》ち京師《けいし》は、百官の府、四海の帰する所なり。唯《ただ》朕一人、豈《あ》に独り逸予《たのし》まむや。苟《いやしく》も、物に利あらば、其《そ》れ遠ける可《べ》けんや。昔殷《いん》王五たび遷《うつり》て、中興の号を受け、周后三たび定めて、太平の称を致せり。安《いづくん》ぞ以て其の久安の宅を遷《うつ》さざらむや。方今《いま》平城の地は、四禽《しきん》図に叶《かな》ひ、三山鎮を作し、亀筮《きぜい》並び従ふ。宜しく都邑《とゆう》を建つべし、宜《よろ》しく其の営構の資は須《すべから》く事条に随《したが》つて奏すべし。亦秋収《またしゆうしゆう》を待ちて後、路橋を造らしめよ。子来の義、労擾を致すこと勿《なか》れ。制度の宜にして、後に加へざらしめよ」

これが遷都の詔《みことのり》であるが遷都の理由ははっきりしない。ただ皇族、大臣が遷都を勧めるから、そして遷都によって国家の発展が可能であるからということである。遷都を勧める皇族や大臣が誰であったかもはっきりしない。この遷都の仕事を藤原不比等《ふひと》および不比等と関係の深いひとびとがしていることを考えると、遷都の主唱者は藤原不比等であると思われるが、この点もぼかしている。遷都によって、国がどういうふうに発展するのかはっきりしない。なぜ奈良の地が選ばれたのかもはっきりしない。「四禽図に叶う」とは、青竜、白虎《びやつこ》、朱雀《すざく》、玄武の四神が、東西南北に位置していることであろう。東に川あれば青竜、西に道あれば白虎、南に池あれば朱雀、北に山あれば玄武、それが陰陽《おんよう》思想による四神相応の地である。奈良の地は、その条件をみたしているが、そのような土地は他にも多いかもしれないのに、どうして奈良の地が特に選ばれたのか。

学者はいろいろに遷都の理由をあげる。一つは、従来の都では不十分になったという説である。飛鳥の地は山にかこまれたまことに狭い土地であり、この狭い都をのがれて藤原京へ移転したが、なお不便であったので、都を別のもっと広い地に求めたというのである。

一つは、それに加えて、飛鳥《あすか》の地には古い氏族の勢力が強く、藤原氏が天皇を擁して政治を行うには新しい土地が必要であったという説である。たしかに奈良の地は、あの蘇我《そが》氏をはじめとする古代氏族の伝統が残っている飛鳥地方からも離れ、またもっと古い文化的伝統が残っている三輪からも離れて、奈良盆地の北端にあり、海外貿易の地、難波《なにわ》へも水利があり、新しい政治を行うのには絶好の地である。

そのような理由はたしかに遷都の理由の一、二であった。しかし遷都にはもっと大きな別の意味があったのである。それは、いわば宗教の略奪であった。つまり、従来皇室がもっていた四つの寺のうち二つを藤原氏の支配の下におこうとする、大胆にして不遜《ふそん》な狙いが、あの荘重にして優美なる遷都の詔勅の裏に隠れていたのである。

どのような形で、この二大寺奪取の計画は進められたのか。私はここで正史たる『続《しょく》日本紀《にほんぎ》』に、さっぱり興福寺の建設についての話が語られていないことに注意したい。興福寺が歴史上に名をあらわすのは、後の養老四年（七二〇）十月十七日の「始めて養民、造器、及び造興福寺仏殿の三司を置く」という記事である。

この養老四年十月十七日に先立つ八月三日に、藤原不比等が死んだ。この死に際して元明帝は興福寺に北円堂を建てるが、この記事は不比等の死を契機として興福寺が官寺扱いになったことを示すものであろう。

ついで『続日本紀』に興福寺が出てくるのは、天平七年（七三五）五月の「宮中、及び大安、薬師、元興、興福の四寺において、大般若経《だいはんにゃきょう》を転読せしむ」という記事である。ここではっきり文献の上に四大寺が勢揃《せいぞろ》いするわけであるが、なぜかその後も興福寺は、興福寺という名とともに山階寺《やましなでら》というもとの名でも呼ばれるのである。たとえば、天平十年に食封《へひと》一千戸が、鵤寺《いかるがでら》すなわち法隆寺の二百戸および隅院すなわち海龍王寺《かいりゅうおうじ》の百戸と共に下されるが、このときは興福寺という名は使われず、山階寺という古い名が使われている。法隆寺の再建についても『続日本紀』は一言も語らない。それが法隆寺についてわれわれの認識を狂わせた最も大きな原因であった。ところが興福寺建設についても『続日本紀』は一言も語らず、はじめて記録に載るのはその完成以後である。そして、その後も興福寺というすばらしい名前をさけて山階寺という実際に寺のある場所とちがう古い名が使われるのはなぜか。

『続日本紀』を書いたのは、明らかに藤原継縄《つぐただ》を長とする政府の権力者であった。そして、代々、正史の叙述は藤原氏の長の仕事であった。ところが、その藤原氏の息のかかっている正史に、どうして彼等の氏寺の建設が一言も書かれていないのか。氏寺が全く私的なものならば、書かなくてもよいであろう。しかし、その氏寺は国家四大寺の一つであり、しかもその寺は、後に四大寺の中でもとりわけ強力になり、他の三大寺を完全に制圧してしまった。かかる大寺の建設について、一言も語らないのはなぜか。

『続日本紀』は養老四年にはじめて興福寺の名を登場させるが、『興福寺縁起』のほうは興福寺の建設を和銅三年（七一〇）においている。「和銅三年歳次庚戌《かのえいぬ》、太上天皇、俯《ふ》して人の願ひに従ひ、都を平城に定む。是《ここ》において太政大臣、先志を相承し、春日《かすが》の勝地を簡えて、興福の伽藍を立つなり」。つまり、正史には何も記されぬのに、『縁起』には遷都と共に興福寺の工事がはじまったというのである。この太上天皇はもちろん元明帝であり、太政大臣はもちろん不比等である。

ところで、ここで「先志を相承し」というのは、どのような先志であったろうか。『縁起』は次のようにいう。

舒明《じよめい》十三年（六四一）、天皇は死んだ。翌年正月、皇后が即位した。皇極天皇である。ここで、宗我大臣すなわち蝦夷《えみし》の息子、入鹿《いるか》が自ら政権をとって恣《ほしいまま》に威福を行なったので、王室は衰微し、国家は傾いた。そこで、藤原内大臣すなわち鎌足《かまたり》は、ひそかに軽《かるの》皇子《みこ》、孝徳帝をたてて君となそうとしたが、ことがうまくゆくように丈六の釈迦《しやか》像と脇侍の菩薩《ぼさつ》両軀《く》をつくり、四天王寺において事を発願した。ところが天智《てんじ》二年（六六三）十月、鎌足が病気になったので、鎌足の夫人、鏡女王《かがみのおおきみ》が「寺をつくって先の仏像を安置したい」と大臣に願ったが、大臣は許さなかった。再三願ってやっと許され山科《やましな》にはじめて寺を建てた。これが山階寺であるが、後に遷都とともに厩坂《うまやさか》に移した。この厩坂の寺を、和銅三年再び春日の地に移して興福寺としたのである。

ここでわれわれは、この『縁起』のまことにはっきりした対蘇我の意識に注意しなければならぬ。興福寺は蘇我氏討伐の鎌足の願いから生れたとされている点である。このことはもとより信ずるに足りない。『日本書紀』に書かれているあの革命家鎌足が仏に革命の成就《じょうじゅ》を願ったかどうかは疑問である。私は若き鎌足は仏より自己の緻密《ちみつ》な計画をより多く信じた人間だと思うが、『興福寺縁起』にこのような話が書かれているのは大きな意味がある。鎌足は蘇我氏に代って天下をとった。それと同じく、興福寺自体が蘇我氏の寺である飛鳥寺すなわち法興寺の位置にとって代ろうとする意志をこの『縁起』の言葉が物語っているのである。

もう一つ、この『縁起』に三重四重に天皇の影がさしていることに注意しなければならない。一つは孝徳帝である。この孝徳帝を帝位につけるために鎌足は入鹿討伐を願い、寺の基礎をなす仏像彫造を発願したという。この仏像を寺に祭ったのも、鏡女王のすすめによる。鏡女王はかつて天智天皇の妃《きさき》であり、その妃を帝《みかど》が鎌足に賜わったものである。かつて天皇の寵愛《ちょうあい》をうけた妃の言葉であれば従わねばならない。そして第三に元明帝の奈良遷都の命である。この命に従って寺を奈良の地に移したというのである。

『縁起』において、興福寺は天皇家のひとびとの勧めによってつくられ、藤原氏はそれに消極的に従ったように見える。しかし、事実はそのようなものではない。興福寺が四大寺の一つとなったことは、単に山階寺の移転というような問題ではない。それは、藤原氏が仏教勢力をその支配下におき、そのことによってすでに仏教が強く浸透していた日本をその支配下におくことを意味する。どうして消極的な意志でそのような大寺が出来よう。いったい、どのようにしてこの国家四大寺のうち、二大寺の奪取が可能であったのか。

## 藤原氏による大寺の権利買収

飛鳥《あすか》の四大寺と奈良の四大寺を比較してみよう。飛鳥四大寺は、飛鳥寺（法興寺）、川原寺、大官大寺、本薬師寺であった。奈良の四大寺とは大官大寺（大安寺）、薬師寺、元興寺（法興寺）、興福寺である。このうち興福寺をのぞく他の三寺の由来は明らかで、飛鳥の地から移転してきたものである。興福寺だけはちがう。飛鳥四大寺が奈良四大寺になることによって、川原寺が排除されて興福寺がわりこんでいる。これははたして偶然であろうか。他の三寺はそれぞれ奈良へ移転したが、川原寺のみは移転しない。なぜであろうか。川原寺には移転出来ない運命があったのであろうか。

第一に私は、川原寺が一名弘福寺と呼ばれていることに注意したい。弘福寺は後に「グフクジ」と呼ばれる。しかし「弘」は呉音読みにすればグ、漢音読みにすればコウである。呉音はだいたい僧侶《そうりよ》の読み方、漢音は俗人の読み方と考えて差支えないであろう。弘福寺はまたコウフクジとも読める。つまり弘福寺＝コウフクジが、興福寺＝コウフクジにとって代られたのであった。『日本書紀』にはこの寺はもっぱら川原寺と書かれているが、『続日本紀《しよくにほんぎ》』にはもっぱら弘福寺と書かれている。大宝三年（七〇三）一月五日、前年に死んだ持統帝のために「斎を大安、薬師、元興、弘福四寺に設く」とある。この書き方を、先に引用した天平七年（七三五）の「宮中、及び大安、薬師、元興、興福の四寺において、大般若経《だいはんにやきよう》を転読せしむ」という記事と比べてみるとよい。寺の順序も同じで、ただ興福寺が弘福寺に代っただけである。

われわれは先に、この時代の仏教が強く護国思想、四天王思想に支配されていることを見た。それに従えば、四という数が護国の寺の必要にして十分なる数である。それゆえ、今新しく藤原氏の氏寺を国家四大寺の一つにわりこませるには、飛鳥四大寺のうち一つの寺を排除するか、あるいはその権利を買い取るかである。

第二に私は、今に残《る》る奇妙な文書に注目したい。和銅二年（七〇九）十月二十五日づけの『弘福寺領田畠流記帳《きちよう》』である。この流記帳はいわば寺の財産目録であるが、目録を上申するようになったのは元正天皇の霊亀《れいき》二年（七一六）以後である。そもそも資財帳は、この川原寺の流記帳をのぞけば、現存する最古のものは、天平十九年の法隆寺と大安寺の『伽藍《がらん》縁起 幷《ならびに》 流記資財帳』である。川原寺のものは、霊亀二年に先立つこと七年、天平十九年に先立つことじつに三十八年である。いったい時期尚早と思われるこの弘福寺―川原寺の『田畠流記帳』は何のためであろうか。

『流記帳』には、田百五十八町四段百二十一歩、陸田四十九町七段三歩の大倭《やまと》、河内《かわち》、山背《やましろ》、尾張《おわり》、近江、美濃《みの》、讃岐《さぬき》の七国にわたる寺財が記され、阿倍宿奈麻呂《すくなまろ》、小野毛野《けぬ》、中臣意美麻呂《なかとみのおみまろ》などという藤原不比等《ふひと》の重臣、奈良遷都《せんと》の立役者が名をつらねている。そしてこの和銅二年十月二十五日は、すでに遷都の詔《みことのり》が発せられ、平城京の造営が着々と進んでいたときである。その年の十二月五日、車駕《しゃが》は平城京に遷《うつ》った。この遷都事業の最中における川原寺の資財検閲を、われわれはどのように判断したらよいか。

軽率な断定はもとよりさけるべきであろうが、川原寺のみに残された時期尚早の『流記資財帳』には、何らかの謎《なぞ》がかくされているような気がする。思い切った推察を加えれば、それは、いわば権利の買収である。この時、川原寺にたいして多大の田畠が寄付され、それと引きかえに、藤原氏が弘福寺という名を買ったのではないか。そして、その名の買収によって実は四大寺の一つの権利を買収したのではないか。もとよりそれは公言すべきことではない。弘福寺という同じ名前は許されないから、代りに興福寺という名を使おう。そういう許可をとりつけることによって、このおどろくべき寺院乗っとり計画がはじまったのかもしれない。しかし、その名の貸与が後に権利の実質的譲渡になることは、市井《しせい》においてもよくあることである。

もしそうであれば、藤原氏が川原寺に眼をつけたのは賢明な判断であっただろう。川原寺は天智《てんじ》、天武両帝にとっては文字通り母なる寺であり、父なる寺、国家の寺である大官大寺にたいして、彼等の内的な心情にもとづく寺、すなわち奇妙な死に方をした母、斉明《さいめい》帝への思慕と、鎮魂の感情を刺戟《しげき》する寺であった。その寺が母への思慕が強かったと思われる天智帝と、天武帝およびその妻の持統帝の尊敬をうけたのは当然であろう。ところが、持統帝のとき薬師寺が出来ると、以後、持統帝の血を引く人によって、薬師寺は大官大寺とならぶ重要な寺になる。新しい母なる寺の誕生、しかも父なる寺の権威をも兼ね具《そな》えるような母なる寺の誕生であった。

この時点において、川原寺は存在の意味を失う。持統帝の血を引く、あるいは持統帝の血の権威のもとに皇位についているそれ以後の帝《みかど》においては、もはや川原寺は母なる寺ではなく、せいぜい祖母なる寺にすぎない。このとき、川原寺は国家の大寺としての重要度を大幅に減じたのである。藤原氏はそこに着目したわけであった。

第三に、私はなお別の理由があったように思われてならない。晩年の斉明帝と藤原鎌《かま》足《たり》との関係である。

鎌足は『六韜《りくとう》』を愛読していた。『六韜』は中国の政治の書であるが、一言でいえばいかにして相手をだますかということが書かれていて、マキアヴェリもこの本と比べるとはるかに正直なくらいである。あの巨大な国で一人の王が生きてゆくための権謀術数を教えたこの本を、暗記するくらい読みふけった鎌足という人物はどんな人かだいたい想像がつくが、そういう人間が、もともと仏教好きであったとは思えない。しかし、この合理主義者も仏教を信じたくなるときがくる。原因はやはり病気であった。『扶《ふ》桑《そう》略記』によれば、斉明二年（六五六）、中臣鎌足が病気になったが、斉明帝はそれを憂《うれ》えて、百済《くだら》の禅尼《ぜんに》法明というものが『維摩経《ゆいまぎょう》』を誦《ず》して病気をなおすというのを聞き、大いに喜んで法明に『維摩経』を誦ませたところ鎌足の病はたちどころになおった。それで翌年、精舎《しょうじゃ》を立てて斎会をもうけたが、これが維摩会《ゆいまえ》の始まりだという。『水鏡《みずかがみ》』には、次のように記されている。

「其二年と申ししに。鎌足病を請《うけ》て久《ひさしく》なり給然《たまひしか》ば。御門《みかど》大に歎《なげか》せ給《たまひし》に。百済国より来《きた》れりし名は法明と云《い》し尼。維摩経を読て此《この》病を祈《いのらん》と申然《まうししか》ば。御門大に悦《よろこ》び給き。尼法明此経を読しに。則《すなはち》鎌足の病ひ忽《たちまち》に噫《ゆ》え給にき。さて明年山城国の山科《やましな》に山科寺を建て、維摩会を始行給しなり。其山科寺を移したるに依《より》て。今興福寺を山科寺と云事、此因縁なる者也《なり》」

『水鏡』は『扶桑略記』と同じ資料によったのか、維摩会の開始、山科寺建立《こんりゅう》を斉明三年にしている。これは、山科寺の建設を天智二年におく『縁起』の記事とは矛盾し、『縁起』はこの法明尼の話を不比等の時代においている。いったい維摩会はいつはじまったのであろうか。

『続日本紀』には、天平宝字元年（七五七）の藤原仲麻呂《なかまろ》の言葉として、維摩会は内大臣すなわち藤原鎌足の起すところであったが、三十年ほどすたっていた。これを持統帝の御代に不比等が復興して毎年十月十日の鎌足の命日に行うようになったと伝えている。『縁起』はこれをうけてか、慶雲二年（七〇五）に不比等は病気になったが、この病気は彼が、父の志をつがず仏教を重んじなかったせいであったので、今より以後はあつく三宝をうやまい衆僧を供養《くよう》したい、といって維摩会を再開したところ、病気がなおったという。この不比等も養老四年（七二〇）に死に、維摩会も絶えたが、天平五年（七三三）に光明皇后により再びその講を起したという。

維摩会の開始および再開の時期については諸説があり一定しないが、ここで二つのことを注意しておこう。一つは、鎌足も不比等も、共に病によって仏教信者になったとされていることである。彼等は、聖徳太子や孝徳帝のように、根っからの仏教信者ではなかった。病を通じてしか仏教と出会えないところに、いかにも合理主義者らしい彼等の面影があると私は思う。

いま一つは、斉明帝と鎌足の関係である。『水鏡』によれば、鎌足に法明尼を紹介し仏教にさそったのは斉明帝である。私は先に、入鹿《いるか》と皇極帝は深い関係にあったのではないかという仮説をたてた。皇極帝の退位はこうした入鹿寵愛《ちょうあい》の責任をとったものであろう。ところが、孝徳帝の死後、皇極帝が再び斉明帝となって重祚《ちょうそ》する。退位も前例がないばかりか重祚も前例がない。斉明帝はなぜ重祚したのか。これはふつう、中大兄皇子《なかのおおえのおうじ》がその背後にあって政治の実権をとりたいと思ったためと説明される。しかし、はたして理由はそれだけであろうか。斉明帝の重祚には鎌足の意思が働いていると思うが、鎌足はなぜ斉明帝を推挙したのか。

ここで思い出されるのは、例の神功皇后《じんぐう》を助けた武内宿禰《たけうちのすくね》のことである。岸俊男《としお》氏は『日本書紀』にある武内宿禰を一つのフィクションと解し、鎌足の姿の投影ではないかといわれる。鎌足と皇極帝との関係が、武内宿禰と神功皇后の関係に投影されたのではないか（岸俊男『日本古代政治史研究』中の「たまきはる内の朝臣」参照）。

とすれば、どういうことになるか。ちょうど武内宿禰が神功皇后の寵臣《ちようしん》であったように、そして後に藤原不比等が元明女帝の寵臣であり、藤原房前《ふささき》が元正女帝の寵臣、内臣であったように、鎌足は斉明女帝の寵臣、内臣であったのだろうか。前に鎌足が、後に房前がついた内臣という職は、天皇とひどくインティメイトな関係にあり、陰で政治の実権をにぎる臣を意味するものであると私は思う。そして、そのインティメイトな関係が女性と男性の間に起るとき、どうなるであろうか。

これ以上推察を止《や》めよう。しかし、例の鎌足の廟《びよう》のあるという談山神社は、実は、斉明帝が建てた別荘の所在地であった。この派手好きの女帝は、山の上に妙な宮を建てたらしい。

「田身嶺《たむのみね》に、冠《かうぶ》らしむるに周《めぐ》れる垣を以てす。復《また》、嶺の上の両《ふた》つの槻《つき》の樹《き》の辺《ほとり》に、観《たかどの》を起《た》つ。号《なづ》けて両槻宮《ふたつきのみや》とす」

斉明二年のことだが、これがどうしたわけか後に鎌足の廟所となる。女帝の別荘が藤原氏の手に帰したのは、女帝と鎌足の親しい関係を物語るのであろうか。

第四に私は、興福寺が正史上にはっきり興福寺として登場する養老四年に、川原寺の僧、道明が長谷寺《はせでら》を建てたと伝える『七大寺年表』の記事に注目したい。長谷寺には後に菅原道真《すがわらのみちざね》によって書かれたといわれる『長谷寺縁起文』があるが、道明の弟子、徳道が霊木を祭って聖朝の安穏と藤原氏の繁栄を祈っていることを、房前が聞きつけて、そのゆえを聞いたのに対し、徳道は「第六魔王天が、我が朝を犯さんとしたとき、天照大神《あまてらすおおみかみ》が法性の宮にいてこのことを見、春日《かすが》の大明神と約束して、お前と私は共に日本に降《くだ》って、私は国王となりお前は臣下となれといったという。それでこの二神の孫が皇位に登り、両家がこの国を治め、仏法興隆はこの両家にあり、また両家の運命は仏法にかかっている。それで、両家の繁栄と仏法の興隆を祈っているのです」と答えたという。房前はたいへん喜んで、その由《よし》を元正帝に申しあげたところ、帝もたいへん喜んで、長谷寺に国家の保護が加えられることになったという。この話は道明の話と徳道の話とが混乱しているが、ここでも川原寺の僧が藤原氏と強く結びついているとされることに注意しなければならぬ。川原寺の僧による長谷寺建設に、藤原氏の援助が行われたと思われるが、この援助にたいする何らかの報酬を藤原氏がはたして期待しなかったであろうか。

川原寺すなわち弘福寺との関係について、論証はまだ不十分かもしれない。もう一つ決定的な証拠がほしいが、それは後人の考証にまかせるより外はない。

## 興福寺の建設と薬師寺の移転

奈良遷都《せんと》は、実は大きな宗教的ねらい、一言でいえば藤原氏の宗教的指導権の奪取を秘めていた。そのためにはまず藤原氏の氏寺を国家四大寺の一つとする必要があった。それが興福寺の建設であり、興福寺の四大寺への割り込みは、川原寺すなわち弘福《ぐふくじ》寺の四大寺からの除外の上に成立した。興福寺の建設は、実は藤原氏の宗教政策の大きな山場であった。

大岡実氏は、興福寺は平城京における最も形勝の地に建てられていて、興福寺をここにつくることを前提にして都市計画が進められたのではないかという。

「以上述べてきたところは、要するに興福寺を平城の最優最適の地に造営し、しかもこれを京内とするために、とくに外京を設けたと考えるのである。もしそうであるならば、興福寺造営の計画は当然平城京計画当時でなければならず、その造営の工事が遷都のころから始められたことは当然で、この意味で『流記《るき》』その他の和銅三年説は正しいというべきである。したがって『帝王編年記』の「和銅七年甲寅《きのえとら》、興福寺供《く》養《よう》」という記載は、年代的に妥当であり、信ずべきものと考えられる。すなわち興福寺の造営は平城京奠都《てんと》とほぼ同時に計画され、遷都のころからその造営の工を起こし、和銅末年になって主要部分の供養が行なわれたのである」

（大岡実『南都七大寺の研究』）

そうとすれば、たいへんな早業である。藤原氏は和銅三年、遷都以後直ちに興福寺の造営に着手し、和銅末年には、すでに建物の中心である中金堂の建築を完成した。したがって和銅末年の時点において、奈良の都に国家の大寺は興福寺ただ一寺のみであった。都の中にある大寺が国家の中心の寺となることはおのずから明らかであろう。

興福寺は、名と実の両面をもつ。実においては山階寺《やましなでら》の後継者であるが、名においては弘福寺の後をおそうものであろう。古い名の仮面の下に新しい寺が建てられたわけだが、この仮面も多少の修正をほどこされていた。弘福寺――福を弘《ひろ》めるだけでは消極的である。福を興《おこ》す必要がある。寺名そのものが新興氏族の旺盛《おうせい》な生活意志を秘めているが、興福寺はその後、名の如《ごと》く藤原氏と同様に興隆の一途をたどった。

まず神亀三年（七二六）、聖武《しょうむ》帝によって東金堂が建てられ、ついで天平二年（七三〇）、光明皇后の発願によって高さ十六丈一尺の塔が建てられ、天平六年、同じく光明皇后は母橘《たちばな》三千代の菩提《ぼだい》をとむらうために西金堂を建てた。また天平宝字五年（七六一）、藤原仲麻呂《なかまろ》すなわち恵美押勝《おしかつ》は光明皇后のために東院の西檜皮葺《ひわだぶき》堂を建て、また東院の東瓦葺《かわらぶき》堂は天平宝字八年に藤原豊成《とよなり》によって建てられたものである。また北円堂にたいして南円堂と呼ばれる八角円堂の建物は、弘仁《こうにん》四年（八一三）に、藤原冬嗣《ふゆつぐ》が前年に没した父、内麻呂のために建てたものであった。

興福寺の建物は、金堂が三つあるというはなはだ特殊な形式であるが、この形はかの飛鳥寺《あすかでら》すなわち法興寺の形式である。法興寺は、塔をかこんで三つの金堂があったが、ここでは様式の変化のために塔は建物の真中にはないけれども、金堂三つという形式はやはり飛鳥寺のあとを襲ったものであろう。この建築様式の受けつぎの事実に『興福寺縁起』の、蘇我《そが》氏討伐のためにこの寺が建てられたという話を重ね合せると、藤原氏がどんなに強く自己を蘇我氏に代るべき氏族と考えていたかがわかる。おそらく藤原氏は多くの政策を、とりわけ仏教の保護者たろうとする意志を、蘇我氏から受けついだのである。

こうして藤原氏は自らの氏寺を国家の大寺とするのに成功した。後は飛鳥から他の三大寺を呼びよせる課題が残っている。興福寺建設だけなら新しい仏教の中心地をつくったにすぎないが、この中心地に旧来の仏教を支配させる必要があろう。それには三大寺の移転を成功させることが何よりも必要であった。

おそらく和銅末年（七一五）頃には、飛鳥の三大寺にたいして奈良移転の命令が発せられたであろう。その命令にたいして、各寺はどのような反応を示したであろうか。

薬師寺については、比較的問題が少ない。『続日本紀《しょくにほんぎ》』、養老三年（七一九）三月辛卯《かのとのうのひ》（二日）の条《くだり》に「始めて造薬師寺の司《つかさ》に史生《ししょう》二人を置けり」とある。このとき史生が任命されたのであるから、造薬師寺司はそれ以前に任命されたのであろう。

『薬師寺縁起』には「太上天皇養老二年戊午《つちのえのうま》、伽藍《がらん》を平城京に移す。大和国添下《そえしも》郡右京六条二坊十二坪にあり」としているし、また、ここで太上天皇といわれる元明帝を天武、持統両帝につぐ「第三代の本願」としているので、養老二年、元明帝の命のもとに奈良移転が行われたと考えて差支《さしつか》えないであろう。

薬師寺の特徴はその華麗さである。今に残る東塔や薬師如来《にょらい》によっても明らかであるが、優美、艶麗《えんれい》がこの薬師寺の特徴であろう。現在、当時の建物のうち、興福寺、大安寺、元興寺などはすべて焼失した。薬師寺がなお当時の面影を止《とど》めているゆえにわれわれはそう感じるのではなく、まだ四大寺の建物がほとんど建造当時のままであった保延《ほうえん》六年（一一四〇）、旧都をたずねて書いた大江親通《ちかみち》の『七大寺巡礼私記』も、ひとしお美しい薬師寺に感激の筆を走らせている。

「よりて粧厳《しょうごん》の美、機操《きそう》の妙、諸寺に勝る。其の仏壇は瑠璃《るり》をもつて地を敷き、黄金をもつて道を堺《さかひ》し、馬瑙《めのう》をもつて壇鬘《だんかづら》となし、蘇芳《そほう》をもつて高欄となし、又内殿天井は紫《し》檀《たん》を材木となし、上に天蓋《てんがい》あり、鉄綱をもつて之《これ》を釣る。其の宝蓋《ほうがい》四面の端に、日輝を立て、諸《もろもろ》の雑宝衆《もろもろ》の色の玉をもつて、羅網《らもう》となす」と薬師寺の美しさを讃美《さんび》した後に「大安寺の釈迦《しやか》を除くの外、此《この》寺の仏像及び粧厳、諸寺に勝る」と注している。

先に述べたように、規模においては、薬師寺は興福寺や大安寺より小さい。しかし、もっとも美しく荘厳《しょうごん》されている。そして、どちらかといえばその美しさは女性的である。

このことは薬師寺に手厚い財政的保護が加えられたことを意味すると共に、この保護者が女性であったことを意味する。この寺は、天武、持統両帝の愛を記念する寺であったが、同時に元明帝の命によって奈良の地に移されたものである。それは愛の記念であると共に、天武、持統両帝の血を引く皇族に皇位継承権を限定しようとするねらいを秘めた寺であった。この寺に元明、元正帝の保護の手が差しのべられたことは当然である。

すでに養老六年、太政官の奏言によって僧綱《そうごう》を薬師寺に住まわせている。おそらくその頃薬師寺はほぼ出来上ったのであろうが、大安寺、元興寺の移転がはかどらない当時、薬師寺は興福寺とならんで仏教の中心であったろう。しかも興福寺はあくまでも氏寺であり、国家の大事は国家の寺で、薬師寺で行われなくてはならない。

薬師寺の移転はおそらくスムーズに進んだのであろうが、そのことはけっして薬師寺そのものの性格と無関係ではなかった。『薬師寺縁起』もまたこの移転を誇りをもって語っているのである。

## 道慈の理想と大官大寺の移転

大安寺については事情はもっと複雑であった。『続日本紀《しょくにほんぎ》』も、『大安寺伽藍《がらん》縁起 幷《ならびに》流記《るき》資財帳』も、この移転にかんして一言も語っていない。『日本書紀』においてはこの寺は大官大寺と書かれているが、『続日本紀』においては大安寺と書かれている。明らかに飛鳥《あすか》の地にあって「大官大寺」と呼ばれ、事実その名の如《ごと》く「大官大寺」であった寺をさす場合も、『続日本紀』は大安寺と呼んでいる。

明らかに奈良の都に新しく移された大官大寺と思われる寺が『続日本紀』に登場するのは、先にも引用した天平七年の「宮中、及び大安、薬師、元興、興福の四寺において、大般若経《だいはんにやきよう》を転読せしむ」という記事である。このとき『続日本紀』にはじめて奈良四大寺がいっしょに登場する。この頃までに奈良における大官大寺がほぼ出来ていたことは明らかであるが、いったいいつ移転したのであろうか。

これについては伝承に相違がある。寛平七年（八九五）に菅原道真《すがわらのみちざね》によってつくられたといわれる『大安寺縁起』には「和銅三年庚戌《かのえいぬ》、伽藍及び丈六の仏像等を平城に移す」とある。『扶桑《ふそう》略記』『七大寺巡礼私記』などはこの説をとっているが、和銅三年（七一〇）の移転はいかにも早い。読者はすでにこの遷都《せんと》に伴う計画的な藤原氏の宗教政策を知ったはずである。不比等《ふひと》はおどろくべき早業で興福寺をつくった。その早業に国家の大寺、大官大寺がついてゆくことが出来たとは思われない。私は、移転のときは、和銅三年よりはるか後だと思う。

奇妙な記事がある。『続日本紀』霊亀《れいき》二年（七一六）五月辛卯《かのとのうのひ》（十六日）の記事である。「始めて、元興寺を左京六条の四坊に徙《うつ》し建つ」。ここで元興寺の移転について語られているのに、これより二年後の養老二年九月甲寅《きのえとらのひ》（二十三日）の記事にもまた「法興寺を新京に遷《うつ》す」とある。法興寺が移転後、元興寺と呼ばれるようになったことは明らかである。とすれば、いったい、元興寺（法興寺）の移転が行われたのは霊亀二年なのか養老二年なのか。

霊亀二年の記事の中に「左京六条四坊」という言葉がある。この左京六条四坊は元興寺の場所ではなく大安寺の場所である。はじめ元興寺は、今の大安寺の場所へ移転したのであろうか。これは考えられない。新しい都市計画において、四大寺の位置はあらかじめきめられていたと思われるからである。六条二坊の薬師寺にたいしては六条四坊の大安寺が、東西の寺としての地位にふさわしい。それは藤原京の位置を思い出させると共に、長安における大慈恩寺と西明寺との関係を思わせる。父の寺が左、母の寺が右というのはきわめて自然な発想であろう。それゆえ、この六条四坊の寺は大安寺でなくてはならず、この記事の元興寺は、大安寺のまちがいであったとみて差支《さしつか》えないであろう。

思うに、大安寺の移転は、興福寺建設以後の藤原氏の仏教政策の最大の問題であった。代々の天皇がうやまってきた国家の大寺をいかにして奈良の地に移転させるかに奈良遷都の成否がかかっていたといってよい。

もとより寺の移転は単に建物の移転ではなく、そこに住む僧達の移転でもある。それには僧達の承諾が必要であろう。藤原京の奈良遷都は、僧達にとって寝耳に水の出来事であったにちがいない。しかし、都の移転は至上命令であり、政府の高官が新都へ移ってゆくとすれば、彼等だけが旧都に止《とど》まるのは不便である。何よりも当時の仏教が護国仏教であり、四大寺がそういう護国仏教の寺である以上、彼等は皇室、貴族を離れては生きてゆけない。都へは移転したい、しかし都へ移転すればどうなるか。

四大寺の僧たちにはそれぞれ異なった計算があったにちがいない。大官大寺の僧たちにしてみれば都移転は損なのである。彼等は自己の寺が天武帝によって建てられた国家第一の寺であるという誇りをもっていたはずだが、新しい都での位置はどうなるのか。もとより表面上は、天武帝の意志を尊重して国家第一の寺という扱いをうけるはずである。しかし、その背後にある藤原氏の宗教政策に、彼等は気づいていたにちがいない。奈良の都へ移転したら国家第一の寺としての自己の寺の地位が危うい。残るべきか、行くべきか、彼等のこの逡巡《しゅんじゅん》が原因して、大官大寺の移転ははかどらなかったのではないか。

この消極的なレジスタンスにあって、困っていたであろう藤原氏に、天が下したような助け舟があらわれた。僧道慈の帰朝である。大宝元年（七〇一）に入唐し、十八年にわたる留学を終え、養老二年に帰ってきた道慈は、学徳兼備の名僧であるばかりでなく、中国から建築技術を学び、かねがね唐の西明寺のような立派な寺をわが国に建てたいと思っていた。朝廷は難渋をきわめる大官大寺移転を、この道慈にまかせたのである。

彼が帰朝した翌年、養老三年、道慈と神叡《しんえい》をべたぼめにした詔《みことのり》が出されている。「もし、天下の桑門《さうもん》をして智行《ちぎやう》此《こ》の如くならしめば、あに善根を殖《ふ》うるの福田・苦海を渡るの宝筏《ほうはつ》たらざらむ。朕《ちん》つねに嘉歎《かたん》して、已《や》むことをあたはざるなり」。はずかしくなるくらいのほめ方である。そして、言葉ばかりではなく食封各五十戸という実質的報酬も受ける。道慈については、『続日本紀』全体が「是《こ》の時にあたりて、釈門の秀《ひい》でたるものはただ法師及び神叡法師の二人のみ」という調子である。他の僧が聞いたら気を悪くするような言葉で、道慈は神叡と共に讃《たた》えられる。しかも神叡は僧都《そうず》であったが、道慈は唐から帰ったばかりでまだ無位の僧であった。

この賞讃《しょうさん》の背後には、大官大寺移転が時の政治的指導者にとっていかに有難かったかという事実があるのであろう。長い留学生活を送った道慈には、国内の政治的事情がよく分らなかったにちがいない。彼はただ燃えるような仏教興隆の理想をもっていたにちがいない。西明寺のような大寺を日本につくること、その長年の夢が、今、実現されるのである。純粋な理想が彼を動かしていた。役立ったのは彼のたくみな技術以上に彼のすぐれた人格であったろう。すぐれた人格者、道慈が大官大寺の移転に努力している。そういう人格を使わずには大官大寺移転を断行させることは不可能だったにちがいない。

ところで、われわれは『扶桑略記』に次のような記事を見る。「和銅四年、辛亥《かのとのゐのひ》、大官等寺並、藤原宮焼亡」。もしこの火事が事実とすれば何を意味するか。奈良へ都が移った後に藤原宮が焼けた。旧《ふる》い都は遷都後わずか一年で荒れはてて火事を出したのであろうか。しかしこの火事は、明らかに遷都勢力にとって有利であった。藤原宮や大官大寺が残っていたら執着は残る。この火事はそういう執着を断ち切った。天が遷都派に有利にするために下した火事であろうか、それとも、人が故意に起した火事であろうか。

この和銅四年の火事は、大官大寺の僧たちにも奈良移転を慫慂《しょうよう》するものであったにちがいない。藤原宮と大官大寺は離れているが、どうして同時に燃えたのであろう。とにかく大官大寺の僧たちは追いつめられていたはずである。にもかかわらず大官大寺の移転がおくれたのは、僧たちの心の中にある移転後の不安が並々ならぬものであったからにちがいない。

その不安を、道慈の情熱がふきはらったのである。あれこれ政治的意図を推測するな、純粋な仏教的見地でものを考えよ。こうして巨大な寺院が左京六条四坊に建った。その褒賞《ほうしょう》によってか、天平元年（七二九）、道慈は律師となり、その後も都の大安寺に住んで仏教の興隆に尽した。

しかし、晩年の彼を襲ったものは一つの大きな空虚感ではなかったか。『懐風藻』は、長屋王《ながやおう》の宴の招待をうけた道慈が「僧は既に方外の士《ほふし》、何《なに》ぞ煩《わずら》はしく宴宮《えんきゅう》に入らむ」といって招待をことわった詩をのせている。そして彼は律師にされたが「性甚《さがはなは》だ骨鯁《こっこう》、時に容《い》れられず。任《まけ》を解きて帰り、山野に遊ぶ」とある。晩年の道慈は栄誉を恥じていたようである。おそらく彼は知っていたのである、彼という純なる人格を使っていかなる策略がめぐらされたかを。彼は玄昉《げんぼう》、行信などの問題のある僧たちと、同時代であり、彼らとともどこかで深い関係をもっていたようである。こういう世俗の動きに、道慈はおそらく耐え切れない思いであったにちがいない。動かんとすればこういう俗人どもと交際をもたざるをえず、動けば動くほどこうした俗人および俗人的僧を有利にするのである。そういう彼の逃げ道は自然であり山野であった。それしか、晩年の彼には安心してつきあえるものはなかったにちがいない。

大安寺は、やはり規模において巨大である。先に引いた『七大寺巡礼私記』の大江親《ちか》通《みち》の感想に注意するがよい。大安寺の釈迦《しゃか》、それはやはり、国家の中心の仏である。天皇の権威にひとしきものである。それゆえ、他のいかなる仏像より立派でなくてはならぬ。しかし、その他はどうか。建物についてはよく分らないがとにかく壮大な寺であった。父の寺は壮大に、母の寺は華麗に。しかしこの父なる寺は、漸次《ぜんじ》その父権すら母なる寺にうばわれていったのである。

大官大寺が大安寺になったのはいつの頃であろうか。改名は奈良移転後に行われたのは確実であるが、『三代実録』の元慶《がんぎょう》四年（八八〇）十月二十日の条《くだり》に次の記事がある。「和銅元年、都を平城に遷す。聖武《しょうむ》天皇詔を降《くだ》して、律師道慈に預つて、平城に遷造せしむ。大安寺と号す」。この聖武天皇云々《うんぬん》は、むしろ大安寺の完成時と見るべきであろうが、おそらく、改名は天平以後であったと思われる。『縁起』には天平十七年（七四五）に大安寺と改めたとある。天平十七年という年は東大寺の建設と関係しており、そのために、大官大寺は光栄ある国家の大寺としての名称をすてなければならなかったように思われる。

大安寺とは国家の安全を祈る寺の意味であろうが、この名に大安寺の僧たちは一つの侮辱を感じたにちがいない。大いに安んじる、大いに安んじて、この寺の降格に辛抱せよというのか。私はこの名の意味の中に、奈良の都がもっている大官大寺、大安寺にたいする冷たい空気を感じる。道慈はうまく利用されたのである。彼が自然にしか親しみを感じない人間になっていったのは当然であった。

## 二つの法興寺——飛鳥寺《あすかでら》と元興寺

元興寺すなわち法興寺の移転については、先にあげたように、養老二年（七一八）九月の記事がある。田村圓澄氏の分析によれば、『日本書紀』において法興寺という名がつかわれるのは十回、飛鳥寺という名が用いられるのが十四回であるのにたいして、元興寺という名が用いられるのは推古十四年（六〇六）四月と推古十七年五月の二回のみである。法興寺という名は、崇峻《すしゆん》帝から天智《てんじ》帝までの記事に主に用いられ、天武帝以後

飛鳥寺

の記事には主に飛鳥寺という名が用いられる。これは、法興寺が法を興《おこ》したという功績を賞する意味があり、天武帝の仏教政策により大官大寺が国家中心の寺になった以上は、法興寺という名の実を失ったことを暗に主張しているのではないかと思う。だが、なぜ推古十四年と十七年の二回だけに元興寺という名が用いられたのであろう。

『日本書紀』に法興寺と元興寺という二つの名が出てくることが、法興寺・元興寺別寺説を生むが、私には推古十四年、鞍作鳥《くらつくりのとり》が丈六の仏像を収めた元興寺が、法興寺＝飛鳥寺と同一の寺であるとしか思われない。もし別の寺ならば、どうしてこのような大寺を、『書紀』は、ここだけに書き止めるということがありえよう。何らかの事情で、ここに元興寺という名がまぎれこんだのである。それは田村圓澄氏の推論するように、『書紀』の編者が元興寺の塔の露盤にきざまれた銘文によってこの記事をつくったゆえかもしれない。

それはとにかく、ここで、すでに『日本書紀』がつくられた養老四年という時期に、元興寺という言葉がつかわれていることに注意しよう。『書紀』では元興寺というよび方は稀《まれ》である。ところが『続日本紀《しょくにほんぎ》』は、この寺をすべて元興寺とよぶのである。それは奈良に建てられた元興寺をよぶばかりでなく、飛鳥に古くからある「法興寺」もまた元興寺とよばれている。法興寺という名が『続日本紀』に現われるのはただ一カ所、養老二年九月の「法興寺を新京に遷《うつ》す」という言葉のみである。そして、法興寺の奈良移転にもかかわらず、残留した飛鳥の法興寺を、奈良の元興寺と区別して、本元興寺、あるいは建興寺とよぶのである。

奈良移転と共に法興寺は元興寺になったのであるが、この改名はたいへん意味深長であった。おそらく政府の権力者がつけた名にちがいない。そして元興寺は、興福寺に対してつけられた名にちがいない。元興る寺。その名は、今興っている藤原氏の寺にたいして、元興って今は滅んだ蘇我《そが》氏の氏寺を意味するものとしてまことに適当である。そして、この元興寺を奈良の都に、特に興福寺の真南に移転させることは、文字通り藤原氏が蘇我氏に代って仏教を掌握することを意味するであろう。

この屈辱に、はたして、飛鳥の法興寺の僧達は耐えられたであろうか。養老二年の記事は、おそらく政府からの都への移転命令であるにちがいない。しかし、この移転は大安寺の場合よりはるかにはげしい抵抗にぶつかったのではないかと私は思う。大官大寺は、まだ名前の上では国家の中心の大寺である。しかし元興寺は、もう名前の上からいっても、過去の大寺の扱いを受けるにすぎない。法興寺という名より元興寺という名ははるかに悪い。どうして、そのような屈辱的な移転に耐えられようか。

三大寺移転にたいする抵抗について、『続日本紀』は何も語らない。しかし歴史は、かくされた事実の一端を残している。『類聚三代格《るいじゆうさんだいきやく》』におさめる貞観《じようがん》四年（八六二）八月二十五日の太政官符に次のような言葉がある。

「去《いぬ》る和銅三年、帝都平城へ遷るの日、諸寺随《したが》つて移る。件《くだん》の寺のみ独り留る。朝廷更に新寺を造りて、其《そ》の移らざるの闕《けつ》を備ふ。所謂《いはゆる》、元興寺是《これ》なり」

この『三代格』の官符を資料として疑うことは出来ない。とすれば、どういうことになるであろうか。今の言葉でいえば、法興寺は反体制の寺であった。この由緒《ゆいしよ》ある誇り高い寺は、断乎《だんこ》として藤原体制に従うことを拒絶した。その拒絶にあって、藤原政権は別の寺を建て、それを元興寺と名づけたのである。こう見ると、元興寺という名は、法興寺という名を誇る飛鳥の寺にたてこもる反体制の僧にたいする痛烈な批判であるかもしれない。

このようにして元興寺をつくった後に、強引に移転の勧告が出されたにちがいない。しかし政府は大安寺のように飛鳥寺も焼失の運命が見舞うことを願ったかもしれない。しかし飛鳥寺は焼けなかった。だが、奇妙な史料が残っている。

「崇峻天皇第二年聖徳太子、蘇我馬子大臣とともに、高市郡飛鳥の地に法興寺を建つ。

本元興寺是なり。元正天皇養老□本寺を破る。聖武《しょうむ》天皇天平十七年、末寺を造る。今の元興寺是なり」

（『色葉字類抄《いろはじるいしょう》』）

「元正天皇養老六年、本寺を壊す。聖武天皇天平十七年、奈良元興寺をつくる云々《うんぬん》。推古天皇の代施入《せにふ》の田地　悉《ことごと》く以《も》って之《これ》を絶つ云々」

（『南都七大寺巡礼記』）

この二つは、いずれも『大和志料』に引く資料であり、私はまだ原文をたしかめていない。『大和志料』の著者は「但《ただ》しここに本寺を破壊すと云《い》ふは誤伝なり、貞観の官符証すべし」というが、この本寺の破壊と田地の没収はいかにもありそうな話だと思う。この寺の抵抗に体制側は権力を発動したのであろう。本の寺は壊され田地を没収された。しかし壊されても、この寺の抵抗は止まらなかったのではないか。大官大寺や本薬師寺のあとは跡かたもなく消えたが、この法興寺、本元興寺は、今も飛鳥寺の名で飛鳥の地に残っている。もとより当時とは比べものにならず、奈良四大寺のあとと比べても雲泥《うんでい》の相違であるが、とにかくここに、こういう寺蹟《じせき》を残したのは、強硬な反体制の意志のおかげであろう。

奈良元興寺は、大安寺と共に荒れはてて、今は極楽坊を残すのみであるが、『七大寺巡礼私記』によれば随分妙な寺であったらしい。

極楽坊

金堂の本尊は弥勒《みろく》であるが、この弥勒の鼻の穴はふつうの鼻の穴ではなかったという。どういう鼻の穴なのかよく分らないが、「此《この》像鼻の孔尤《もっと》も不審なり」と大江親通《ちかみち》はいう。またこの中門には二天像ならびに八夜叉《やしゃ》等があり、不思議な姿をしていたともいう。また五重塔は、「四方浄土の相を安んじ、其の仏菩薩《ぼさつ》の様は不可思議なり。嶮岨《けんそ》の山を畳み、曲折の路《みち》を畳み、凡そ言語道断なり」ともいう。どうもこの元興寺には怪奇なものが多いのである。

そして『今昔《こんじやく》物語』に書かれる元興寺の由来もいささか怪奇である。『今昔物語』の巻第十一の「聖武天皇始めて元興寺を造りたまへること第十五」という項に、次のような話がある。

元明帝が、奈良の都に飛鳥の郷の元興寺を建立《こんりゆう》し、金堂に弥勒を安置した。この弥勒は日本の国で出来たものではない。東インドに生天子国という国があり、長元王という王があった。この長元王は仏教興隆の志あり、海の彼方《かなた》からやってきた童子を召して仏像をつくらせたところ、眉間《みけん》に光る玉をもつ弥勒像をつくった。後に新羅《しらぎ》の王がそのことを聞き「心極めて賢《さかし》く思慮《おもばかり》深かりける」大臣《おとど》がひそかに計ってこの仏を生天子国から運び出したが、途中で船が嵐《あらし》にあい、一命を助からんがために、眉間の玉を海に投げた。その玉を竜王は得て、竜の持っているという九つの苦を滅ぼしたが、この大臣は竜にたのんで玉をとり返した。それから数百年後、元明帝の外戚《がいせき》に、「心賢く思慮ある」僧があり、かの新羅の国にいってひそかに仏を持って帰った。そして元興寺をつくるにあたって、この仏を本尊としたというのである。

二重の同じような窃盗によって手に入れた仏像であるが、この「心賢く思慮ある」大臣および外戚の僧というのは気になる表現である。日本古典文学大系（岩波版）の『今昔物語』には、わざわざ国王の外戚という言葉に「続紀、天平宝字四年八月七日の詔《みことのり》に、藤原不比等《ふひと》を『皇家之《の》外戚』と称した例が見える」と注をつけているのは面白い。四国の志度寺《しどでら》にも藤原不比等が竜から玉を取り返したという伝説があり、後世、脚色されて、能の『海人《あま》』になるが、何か関係があるのであろうか。

『今昔物語』は更に元興寺はその後、僧徒数千人集まり住して、三論、法相《ほっそう》を兼学し盛大であったが、後世になっても天竺《てんじく》の長元王の忌日《いみび》をつとめていた。ところがある乱暴ものの僧があって、「インドの王の忌日をどうしてつとめるのか」と反対し、反対派が勝ったために寺はおとろえ、他の僧は多く東大寺に移ったという。

この伝承の事実は、東大寺建築のために元興寺がおとろえたことをいうのであろうか。

私は、もともとこの寺には興福寺のような隆盛は最初から無理であったと思う。体制の中へ吸収された反体制側に、いったい何をすることが出来よう。とすれば、反抗の本拠は飛鳥の寺にたてこもった本元興寺側の話ではないだろうか。その寺を法興寺ではなく、本元興寺と名づけようとした藤原氏のしぶい顔が見えるようである。

## 宗教政治の協力者・義淵《ぎえん》僧正

以上で、四大寺の奈良移転にかんする歴史的分析は終った。これによって、ほぼ藤原氏の宗教政策は明らかになった。あとは一、二の補足をしておこう。一つは、この宗教政策の背後にある人間についてである。もちろん、この中心に藤原不比等《ふひと》がいることをわれわれは見た。しかし、仏教側の協力者が必要である。それは誰か。そのような問いにおいて、一人の僧の姿が明らかになってくる。

義淵、彼こそ藤原不比等および皇室と組んで、当時の仏教界を支配し、新しい仏教政策を成功させた張本人ではないかと私は思う。

義淵が僧正というもっとも高い僧位についたのは、大宝三年（七〇三）である。この年、義淵は、律師、少僧都、大僧都を一気にとびこえて、突然に僧正になった。大宝元年に僧正であった恵施《えし》が死に、翌大宝二年に大僧都から昇格した智淵《ちえん》も死んだ。大宝二

義淵像

年は、持統上皇が死に、元明、文武帝をバックに不比等が権力をかためようとしていた時である。このとき義淵が、一躍、僧正に任ぜられたのは、不比等の推輓《すいばん》によったものにちがいない。すでにこの年より四年前の文武三年、『続日本紀《しょくにほんぎ》』に「義淵法師に稲一万束を施す。学行を褒《ほ》めればなり」とある。すでに文武三年に彼と不比等の結びつきは生じていたのであろうか。義淵は、大和高市郡の人で、父母が観音に祈って授けられた化人《けにん》であり、天智《てんじ》帝に岡本宮において養われ、僧智鳳《ちほう》について出家し、唯識《ゆいしき》を学び、後入唐して、智周《ちしゅう》の流れをくむ法相宗《ほっそう》を学んだという。生れの伝承は奇怪であるが、不比等は唯識という新しい学と、この義淵という人間の政治性に眼をつけたのではないか。

大宝三年に僧正となった彼は、神亀五年（七二八）に至るまで、実に二十五年の長きにわたって僧正の職にあった。この二十五年間に、藤原氏の権力の基礎がきずかれ、藤原氏による仏教支配も、ほぼ完成したのである。『元亨《げんこう》釈書』や『七大寺年表』で、彼の弟子とされる僧をあげると、行基、道慈、玄《げん》昉《ぼう》、良弁《ろうべん》、宣教、隆尊、道場、良敏、行達、道鏡、行信らである。善も悪も含めて次代の有名な僧全部である。そして彼は、龍蓋寺《りゅうがいじ》、龍門寺、龍福寺など五つの龍の名をもった寺を建てた。

この義淵の像は、彼が建てた龍蓋寺すなわち岡寺にあり、今は奈良博物館に所蔵されている。どこに、あのような活力がかくされていたのであろう。彼の弟子とされる行信のような強烈な個性もなく、鑑真《がんじん》のようなきびしい意志もない、ただのしわだらけの老《ろう》翁《おう》である。どこに、とほうもない知恵がかくされていたのであろう。こういう人間を少僧都とし、律師には神叡《しんえい》など徳の高い人間をおき、知恵ある人間や、徳高い人間の上に彼は君臨していたのである。朝廷によって二大聖僧とされた神叡や道慈は、せいぜい律師どまりであった。宗教政治は別の型の人間でなければ出来なかったのであろう。

藤原氏の仏教は唯識であった。唯識は世親《せしん》の思想にもとづき、世親の思想は古くから中国に伝えられるが、唐のはじめに玄奘《げんじょう》は自ら渡印して、じかに世親の思想を学んで、その思想を多くの経典と共に中国にもち帰った。こうしてつくられたのが法相宗であるが、この新しい学問仏教にいちはやく藤原氏は着目したのである。唯識思想については語りたい多くのものを私はもっているが、ここはその場所ではない。

## 神道《しんとう》政策と仏教政策の相関

いよいよ法隆寺の謎解《なぞと》きに入る前に、もう一つ確認しておきたいことがある。神と仏の関係である。明治以後の日本の思想に関する学問は決定的な欠陥をもつ。それは神仏分離の思想ゆえである。仏教を研究する人は仏教のみを研究し、神道を研究する人は神道のみを研究した。このような学問の仕方は、明治の神仏分離の政策にそったものであろう。本居宣長《もとおりのりなが》、平田篤胤《あつたね》らが推進した国学は、神道から厳密に仏教の影響を除外しようとした。いわゆる神道と称せられるものの中に含まれる仏教的なものを不純と断じ、そういう仏教の影響のない純粋な日本の神道への復帰を主張したのである。

彼等が純粋な日本の神道としたのは古事記神道であったが、残念ながら『古事記』は、すでに日本に仏教が深く入ってきた時代に出来たものである。一見、仏教にかんして何も語ってはいないが、そのことが仏教から何も影響を受けず、また仏教にかんして無関心であることを意味するのではない。私が考えるように、『古事記』が和銅五年、藤原不比等《ふひと》を中心として撰述《せんじゅつ》されたとすれば、その時すでに四大寺移転を中心とする藤原氏の仏教政策ははじまっていたのである。その神道政策は、まさしくもう一方の仏教政策と並行して行われたのである。

こうした歴史的状況下に成立した一つの古典、『古事記』を、宣長ははるか歴史の

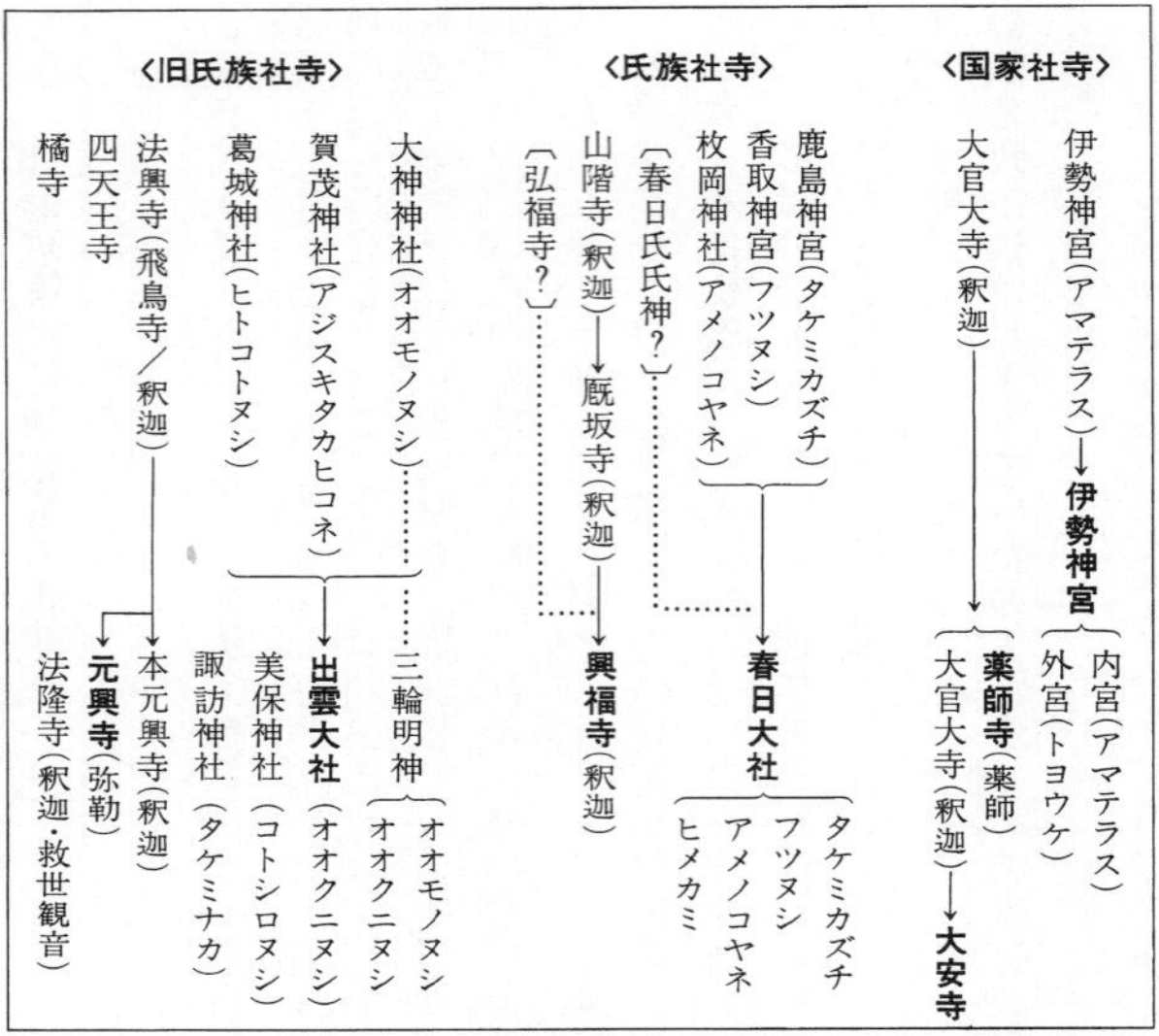

神社と寺院の相似関係表

彼方《かなた》にある永遠なる時間の中で聖化してしまった。この『古事記』の聖化によって、はじめて神仏分離の学問、純粋な神道学が可能であった。そして同時に、もう一方に純粋な仏教学が成立するのである。神が仏に関心を払わないのなら、仏が神にどうして関心を払う必要があるのか。

このような学問の仕方がどれほど日本の思想の研究をさまたげているか、これについて私は再三論じてきたが、古代日本の研究に取り組んで以来、この信念はますます強まるばかりである。学問の神仏分離はまだ解消されてはいない。

今、われわれは、藤原氏を中心とする奈良時代の仏教政策を論じた。この仏教政策は、同時に神道政策とも関連があることを、われわれはすでに知った。この神と仏の関係については、詳しくは別稿でふれることにして、ここでは法隆寺の秘密の解明に関するもののみに説明を限定しよう。

神社と寺院に一つの相似関係がある。右の表を見給え。この表を書いて、私は改めてこの時代の仏教政策と神道政策がいかに似ているかを感じるのである。仏教政策を検討した上で、改めて『古事記』、『日本書紀』に書かれたいろいろな神々の役割を考えるとき、それらの神々の意味が前よりいっそう明らかとなる。その詳細についてはここではふれるゆとりがない。この表について必要最小限度の説明をするに止《とど》めよう。

われわれは、奈良時代における国家の大寺が三種類に分類されることを見た。第一は本来の国家の大寺、つまり皇室の寺であり、大官大寺と薬師寺がそれに当る。第二は藤原氏の氏寺であるが、じっさいは国家の大寺なみの扱いをうけており、興福寺がそれに当る。第三にかつての国家の大寺、今は滅びた氏族によって崇拝されていた国家の大寺があり、その例が元興寺である。

ところが、この寺の三つの分類は、神社の分類にもそのままあてはまるのである。第一に国家の大社としての伊勢《いせ》神宮。しかも内宮《ないくう》と外宮《げくう》に分れて、内宮のほうがより多くの尊敬を受けているのは、ちょうど皇室にとって母の寺である薬師寺が、実質的に、父の寺である大宮大寺より尊敬を受けていることと、余りによく似ている。第二に氏寺としての興福寺に見合う氏神としての春日《かすが》大社。そして第三に、新政権によって滅ぼされた氏族を祭る神社と寺院。元興寺がかつての仏教の支配者、蘇我《そが》氏の寺であると同様に、出雲《いずも》大社はかつての支配者、オオクニヌシを祭る大社である。

このように、寺院と神社は、すでに分類において類似しているが、その細部を検討するとき、それらは、おどろくほどの類似を示すのである。

## 伊勢《いせ》の内宮・薬師寺・太上天皇をつらぬく発想

まず伊勢神宮を見よう。伊勢神宮については、この古代の共同研究者である上山春平氏がいずれ詳細に書かれると思うが、われわれの見解では、伊勢神宮は天武帝の時代に国家大神になったとしても、このときの伊勢神宮と、現在ある伊勢神宮とは、性格がちがうのではないかと思われる。もちろんそれ以前から、伊勢は大和朝廷の海軍根拠地として皇室にとって因縁浅からぬ土地であったにちがいないが、皇室の祖先神とされ国家の大社となったのは、筑紫申真氏（『アマテラスの誕生』参照）が指摘したように、壬申《じんしん》の乱における海人部《あまべ》の功績によるのであろう。しかし、それが内宮と外宮という形を取るようになるのはいつのことで、なぜそうなったのか。

外宮の神主は土地の名家、度会《わたらい》家であったが、内宮の神主は中臣《なかとみ》系の荒木田氏が選ばれたのはどういうことか。そしていったい皇室の祖先神であるアマテラスはなぜ女神か。なぜ内宮に女神、外宮に男神が祭られることになったのか。これらの関係を明らかにするためには、中臣と伊勢との結びつきがくわしく分析されねばならない。それにはもう一度、中臣大嶋《おおしま》、および中臣意美麻呂《おみまろ》という不比等《ふひと》の神道《しんとう》政策の先輩やその協力者の足跡が綿密に洗われねばならぬであろう。いずれ、上山氏の発表をまって、私も考えてみたいが、ここでは次の点だけを指摘しておきたい。

伊勢神宮の国家の大社昇格と、大官大寺の建設は、ほぼ時を同じくしている。いずれも神道および仏教を、はっきり天皇の支配下におこうとする意志の現われである。そして表面的には、この方針が奈良時代全体を貫いているかに見える。しかし、じっさいはちがう。大官大寺は、すでに持統帝の終りには中心寺院の地位を薬師寺にゆずる。母の寺は、父の寺に名目上は第一の寺の地位をゆずりながら、実際上はもっとも手厚い保護を朝廷から受けた。むしろ父なる寺は、母なる寺の成立をまってはじめて完成されるのである。

同じように、伊勢神宮にも母のイメージが入って来る。内宮は母のイメージで、外宮は父のイメージであろうか。ここでも、母は父を圧倒するのである。母の原理に圧倒された国家大神は、自ら女性とならねばならなかった。しかも、この女性は自ら子供を生むほどには若くない。孫をもった老女帝アマテラスのイメージは、孫、文武帝をもつ持統帝にあまりにもよく似ている。

いま一つ別の視点を提出しよう。律令《りつりよう》の変質である。

天智《てんじ》帝の「近江《おうみ》令」、天武帝の「飛鳥浄御原《あすかきよみはら》律令」をうけついだものとされる「大宝律令」が完成するのは、大宝元年（七〇一）である。そこには歴史編集と同じく、一人の天皇、天武帝の意志が働いていると今まで考えられてきた。しかし、このことをどう考えるか。現存する「養老律令」の儀制令第一条には次のようにある。

天子。（祭祀《さいし》所レ称）天皇。（詔書所レ称）皇帝。（華夷所レ称）陛下。（上長所レ称）太上天皇。（譲位帝所レ称）乗輿《じようよ》。（服御所レ称）車駕《しやが》。（行幸所レ称）

だいたい日本の令は『大唐開元礼』によっているが、『大唐開元礼』巻三、序例、雑制に次のような条《くだり》がある。

皇帝。天子。（夷夏通称レ之）陛下。（対揚咫尺上表通称レ之）至尊。（臣下内外通称レ之）乗輿。（服御所レ称）車駕。（行幸所レ称）

ところで、この二つの礼と令とは、根本的な点で異なっている。唐礼にはない、太上天皇の規定が、日本の令には加わっていることである。この点は日本の律令全体に及んでおり、養老の詐偽律《さぎりつ》には「凡《およそ》詐《いつわりて》為二詔書一者遠流、太上天皇宣亦同」なる条文があるが、その手本となった唐の「永徽律令」には「太上天皇宣亦同」なる条文は存在しない。

また養老の儀制令第三条には、皇太子以下、すべての人間が、天皇と太上天皇の前では臣と称することがきめられているが、唐礼では皇太子以下すべての人が天皇の前に臣と称するという条文である。つまり前帝といえども、一旦《いったん》帝位をしりぞいたからには、皇帝の前には臣であることになっている（滝川政次郎『律令の研究』参照）。これは実は唐礼および唐律にたいする根本的修正である。一口にいえば、唐の律令では皇帝に絶対の権利が与えられているのに、日本の律令では太上天皇に天皇と同格の権利が与えられているのである。

この相違をわれわれはどう考えたらよいのであろう。もちろん「大宝律令」のときにこの条はこの通りであったか、「養老律令」によってこの条が修正されたのかは分らない。

私は「大宝律令」のときすでにこのような条文があったのではないかと思うが、そのときの太上天皇は持統帝である。もちろん律令は天皇、太上天皇にたいする一般的規定であるが、作られたとき、当時の天皇、太上天皇が意識されていたことはたしかであろう。私は持統帝を意識してこの条は書かれたのではないかと思う。そして、「養老律令」が定められたとき、当時の太上天皇は元明帝であった。「大宝律令」の規定がそのまま踏襲されたものであったとしても、改正のときもまた当時の太上天皇、元明帝が意識されていたにちがいない。私はここで、どちらの場合も太上天皇は女性であったことに注意しておきたい。

いったい太上天皇に天皇と同じ権力を付与することは、何を意味するのであろうか。明らかに皇帝の権力の制限である。律令制は、けっして天皇の権力の絶対化ではなかったのである。天皇という名がいつ使われだしたかは分らないが、もしそれがふつう言われるように聖徳太子の時代であったにしても、あるいは律令制の時代であったにしても、いずれも天皇家の権力が衰退に向っている時代であり、むしろ大王は、支配権の源泉である物理的な権力を失うことによって天皇となったのではあるまいか。

これらのことは、天皇制について根本的に考え直すことをわれわれに要求するのであるが、とにかくここで、明らかに太上天皇に天皇と同格の権力が与えられ、その太上天皇が当時女性であったことは、『記紀』におけるアマテラスオオミカミが女性であり、彼女が現在の天皇であるらしいニニギノミコトより、より多くの権力を持っていることと関係あると共に、天武帝より持統帝の影がより多くさしている薬師寺が、大官大寺以上に当時の天皇の崇拝を受けていることともつながるのである。律令は明らかに不比等が中心になって制定されたものであることを考えると、『古事記』撰修《せんしゅう》を彼の仕事であるとする私の仮説は、ここでも一つの傍証を得るのである。

## 藤原氏の氏神による三笠《みかさ》山の略奪

寺院と神社の第二のアナロギアは、興福寺と春日《かすが》神社の間で成立する。興福寺は氏寺であるが、国家の四大寺の一つとして官寺なみの、あるいは官寺以上の待遇をうけている。そして春日神社も藤原氏の氏神であるが、後の延喜式祭式では国家大社なみの扱いをうけている。

奈良を訪ねた人が誰でも感じるのは、春日神社と興福寺は地続きであり、藤原氏の氏寺と氏神は、対《つい》をなすものではないかということである。先に私は、興福寺の位置を平城京の最も重要な地形の地にまず定めた後に、平城京全体の都市計画が行われたのではないかという大岡実氏の説を紹介したが、興福寺のある高台は春日神社のある三笠山の麓《ふもと》に他ならない。とすれば、都市計画は、興福寺の位置ばかりか春日神社の位置をも、あらかじめ設定して行われたのではないか。

しかし、この推察は春日神社建設にかんする伝承と矛盾する。伝承は、神護景雲二年(七六八)中臣《なかとみ》時風、秀行の二人が、鹿島《かしま》からタケミカズチの神を奉じ、鹿《しか》に乗ってこの地にきて、三笠山に奉遷《ほうせん》し、その後、香取よりフツヌシノミコト、枚岡《ひらおか》からアメノコヤネノミコトも奉遷されて、伊勢《いせ》から来たヒメカミを加えて、四神を祭る春日神社が出来たというのである。

神護景雲二年は、称徳天皇の御代《みよ》、道鏡の全盛時代である。興福寺建設の年と伝えられる和銅三年（七一〇）から実に五十八年もたっている。もし、この氏寺と氏神が同じ都市計画の上にたてられたとすれば、春日神社は和銅三年にすでに奉遷されていなければならぬ。福山敏男《としお》氏もそう考えている（『春日神社　興福寺』参照）。私もはじめはこの説をとり、それに近い考えに立って国譲りの神話を分析した。

しかし、今、研究を進めていくうちに、私は、神護景雲説のほうが真実ではないかと思うようになった。古い記録は一様に神護景雲二年説をとっていて、和銅三年説はない。この説は一見、非合理のように見える。奈良遷都《せんと》以後五十八年の間、藤原氏は奈良の地に氏神をもたなかったことになるからである。しかし、私はこの五十八年間、氏神をもたなかったという事実こそ、正に真実を明らかにする要点であると考えるようになった。

氏寺は容易につくれたのである。仏教は新来のものであって、古い寺といっても一世紀もさかのぼらない。寺についていえば、新しいほど格式があるかもしれない。しかし、神はそうはいかなかったのである。それは氏姓《うじかばね》と同じく古いものでなくてはならず、しかもあるべき地になくてはならない。神は当時、多く山にいた。しかも、単なる山ではなく、三輪山や、畝傍《うねび》山や、天香具山《あめのかぐやま》と同じ形の神山にいたのである。傘形の形のよい山である三笠山は、御蓋山《みかさやま》と書くのが本当であろう。遷都の詔《みことのり》に「三山鎮を作《な》す」という一句があるが、この三山とは、古代日本人に特別な意味を持っていたのであろう。

古代日本の最初の都であったと思われる三輪には巨大な三輪山が鎮をなしていた。旧都である藤原京には、大和三山が鎮をなしていた。今、奈良の地にもそういう神山が必要である。とすれば、最初から三笠山めあてに遷都が行われたと見なければならぬ。

ところが、この神山にはすでに神が住んでいた。新たに氏族の神を祭るためには、先住の神を追い出すか、先住の神と同居しなければならぬ。氏神の建設は氏寺の建設のように簡単にゆかないのは当然であった。『春日古社記』に、次のような興味深い遷宮《せんぐう》の話がある（『大和志料』参照）。

社司の中臣時風、秀行は、禰《ね》宜《ぎ》の紀乙野《きのおとの》と共に、タケミカズチの神体を白鹿に乗せて、神護景雲元年正月十六日、鹿島を出発した。長い道中をへて、やっとその年の六月二十一日、伊賀国名張郡夏身郷に着き、そこに流れている一の瀬川で、水浴をした。鹿を追う鞭《むち》としてきた榊《さかき》の木の枝を河辺に立てたところ樹《き》となった。数カ月中山に滞在し、その年の十二月七日にやっと大和国城上《しきのかみ》郡の安部山に遷《うつ》った。いよいよ待望の大和入りである。ところがそこに春日の榎本明神がやってきて言う。北に良いながめのところがあります、三笠山といいます。この山には昔から私がいましたが、あなたにあげましょう。大和に神山は多いが、月の光も三笠山に及ぶものはなく、花の香りも春日野に及ぶものはありません。早く遷りなさい。代りに私には安部山をくだされればよろしい、と。こうして神同士が居所を交換して、やっと翌年正月九日、タケミカズチは三笠山に遷宮になったというのである。

この話は何となくユーモラスであるが、神というものの性格をよく語っている。山にはすでに古くから神が住んでいて、そこに新しい神が入るのは容易ではないのである。

ところで、三笠山にいたという榎本明神とは何か。この『古社記』には「猿田《さるだ》彦《ひこ》大神なり」と注があり、ちょうどニニギノミコトがこの国に降りたときサルダヒコが道案内をしたように、ここではサルダヒコはタケミカズチの道案内をするばかりでなく、自分の本拠をも明け渡すのである。どうもサルダヒコはお人好《ひとよ》しすぎるが、いったん安部山に遷ったこの神は再び故郷へ帰りたくなり、ついに春日の地に帰って、春日神社の摂社として門前に祭られることになる。

この榎本の神はここに古くからいたのであるから、当時この地を支配していた豪族と関係をもっていたであろう。奈良遷都以前、この地には、この神社の名前をもつ春日氏がいた。春日氏は、実は和邇《わに》氏と名のる古代日本の隠れた豪族の一族らしいのである。

この隠れた豪族の実体を見事に明らかにしたのは岸俊男《としお》氏の功績であるが、岸氏によれば、ワニ氏は物部《もののべ》、大伴《おおとも》とならぶ古代日本の豪族であり、その一門から多くの皇妃を出しているという（岸俊男『古代日本政治史研究』中の「ワニ氏に関する基礎的考察」参照）。ところが、皇妃を出すのも下限は敏《び》達《たつ》帝までであって、例の物部、蘇我《そが》の宗教戦争以後、この一族は衰えたらしい。この本家の和邇氏に代って、分家である小野氏や大《おお》宅《やけ》氏や粟田《あわた》氏などが、この後は隆盛となるのである。

粟田真人《まひと》は天武、持統、文武、元明、元正五代につかえ、「大宝律令《りつりょう》」の撰定《せんてい》にたずさわり、遣唐執節使として唐へ行き、正三位となった文人官僚であるが、奈良遷都をめぐっての活躍がめざましいのは小野毛野《けぬ》と小野馬養《うまかい》である。小野毛野は、阿倍宿奈麻呂《すくなまろ》と共にその頃の藤原不比等《ふひと》の腹心であり、不比等政権を助けて政治をとり、ついに従《じゅ》二位まで昇進する。そして小野馬養は、慶雲元年（七〇四）五月十日、西楼の上に現われた慶雲をはじめて見て三階級特進した人で、和銅元年（七〇八）に造平城京次官となっている。ちなみにそのときの造京司を見ると、正四位上阿倍朝臣《あそみ》宿奈麻呂、従四位下多治比真人池守《いけもり》が長官で、従五位下中臣朝臣人足《ひとたり》、小野朝臣宏人、小野朝臣馬養が次官である。阿倍宿奈麻呂は引田宿奈麻呂といったが、ちょうど馬養が慶雲を見た慶雲元年、十一月に由緒《ゆいしょ》深い阿倍姓を賜わっている。おそらく阿倍氏の傍系か家臣であろう。それが古い氏姓を賜わったのは当時の権力者不比等との関係からであろう。宿奈麻呂は奈良遷都をはじめとするこの大計画において不比等の片腕となって辣腕《らつわん》をふるったらしい。多治比池守は天武帝の左大臣、多治比嶋《しま》の息子であると伝えられる。不比等はこの多治比嶋に取りたててもらったのではないかと私は思うが、多治比池守もはっきり不比等派であろう。そして中臣人足に加えて二人の小野氏がいる。

奈良遷都に際して小野氏の勧誘があったのであろうか。これは、すでに歴史家の推察するところであるが、もう一つ想像をたくましくすれば、市井《しせい》によくあるおちぶれた本家の住宅を縁者が手引して新興成金に売りわたすのと同じような俗悪なドラマが、市井の喜劇よりもやや大規模に、ここで行われたのではないか。小野氏の昇進の背後に、興福寺の敷地をはじめとする巨大な土地の奪取があったのではないかと私は思う。

### 土着神の抵抗を物語る二つの伝承

天武十三年（六八四）に八色《やくさ》の姓《かばね》が定められたとき、朝臣《あそみ》の姓を賜わった五十二氏を『日本書紀』は次のように書く。

「大三輪君《おほみわのきみ》・大春日臣《おほかすがのおみ》・阿倍《あへ》臣・巨勢《こせ》臣・膳《かしはで》臣・紀《き》臣・波多《はた》臣・物部連《もののべのむらじ》・平群《へぐり》臣・雀部《さざきべ》臣・中臣《なかとみ》連・大宅《おほやけ》臣・粟田《あはた》臣・石川《いしかは》臣・桜井《さくらゐ》臣・采女《うねめ》臣・田中《たなか》臣・小墾田《をはりだ》臣・穂《ほ》積《づみ》臣・山背《やましろ》臣・鴨《かも》君・小野《をの》臣・川辺《かはへ》臣・櫟井《いちゐ》臣・柿本《かきのもと》臣・軽部《かるべ》臣・若桜部《わかさくらべ》臣・岸田《きした》臣・高向《たかむく》臣・宍人《ししひと》臣・来目《くめ》臣・犬上《いぬかみ》君・上毛野《かみつけの》君・角《つの》臣・星川《ほしかは》臣・多《おほ》臣・胸方《むなかた》君・車《くるま》持《もち》君・綾《あや》君・下道《しもつみち》臣・伊賀《いが》臣・阿閉《あへ》臣・林《はやし》臣・波弥《はみ》臣・下毛野《しもつけの》君・佐味《さみ》君・道守《ちもり》臣・大野《おほの》君・坂本《さかもと》臣・池田《いけだ》君・玉手《たまて》臣・笠《かさ》臣」

ここで和邇《わに》氏は大春日と呼ばれ、大三輪氏に次いでいる。氏姓で大のつくのはこの時代には二氏に限られている。大三輪氏は神の山、三輪山に縁のある古き豪族であった。

大春日氏も神の山、三笠《みかさ》山に縁のある古き豪族ではないか。後に中臣の子孫が大中臣清《きよ》麻呂《まろ》となるが、それはこれらの豪族にかわって神のことを司《つかさど》る中臣氏が、後に大中臣となったことを意味するのではないだろうか。

この奈良遷都《せんと》をめぐる不比等《ふひと》と小野氏の関係および小野氏と本家春日氏との関係、および春日氏と三笠山の関係についていては、もう一つはっきりした証拠はえられないので推察を加えるしかないが、とにかく不比等は小野氏と協力して、奈良遷都に成功し、巨大な土地を自分の氏寺のための土地とした。しかし、神は人間より非妥協的でなかったかと私は思う。新来の仏さえ、あれほどはげしく新興勢力、藤原氏に抵抗したのではないか。まして古くから日本の地にいる神が、どうして唯々《いい》諾々《だくだく》と新興氏族の軍門に下ることができよう。猿田彦《さるだひこ》は、三笠山の頂上から、怒りにみちた眼でこの新興貴族の策謀を見下ろしていたにちがいないのである。

ここに藤原氏の困惑があり、またそのように神を考えるとき、遷都後二年にしてなぜ『古事記』が書かれなければならなかったかが、よく分るのである。氏神をこの春日の地に定着させるには、まず、神統記の作成が必要である。新しい神統記『古事記』では、アマテラスという皇室の祖先である女神が孫に皇位を譲る、それが全体のドラマの中心であった。このドラマは、一見、皇室の権威づけに役立っているようである。それゆえ、この神話は、藤原氏ではなく皇室の一員によってつくられたかに見える。しかし、見かけはそうであるが、実際はちがう。実際には、タケミカズチノミコトという神が出てきてオオクニヌシノミコトを征服する。タケミカズチは国土平定の推進者である。しかもこのタケミカズチほど出生のはっきりしない神はない。

タケミカズチすなわち建御雷は雷神であろうが、伴信友《のぶとも》は、このミカズチノカミは、はるか遠い対馬《つしま》の地に祭られる雷神ではないかと考える（伴信友『正卜考《せいぼくこう》』）。とすれば、それは亀卜《きぼく》の神である。中臣氏が、それによって皇室に入りこんだと思われる亀卜神、イカズチノカミが、タケミカズチの前身であろう。ところが、こともあろうにこの亀卜の神が、『古事記』神話においては軍神に変形しているのである。国土平定の最大の功績者タケミカズチ、それは藤原氏ではなくして誰によってつくられよう。しかしタケミカズチ一人では、公の書としての『日本書紀』においては気が引ける。そこで物部の武神フツノオオカミを思わせるフツヌシを登場させた。見せかけだけは物部氏を立てたことになるが、フツヌシはフツノオオカミとはちがうのである。そしてアマテラスの神事を司るアメノコヤネも、ミカズチの神の分身、やはり卜《うらな》いの神であろう。軍事あるいは政治のリーダー、タケミカズチ—フツヌシ、宗教あるいは祭事のリーダー、ヒメカミ—アメノコヤネ、そこに人は文武二年の、不比等の子孫以外のものの藤原氏から中臣氏への復姓、つまり、政治と祭事を二分しての支配の宣告を思い出すのである。

とにかく、『記紀』作成によって藤原氏は新しい神統記を書き、自己の氏神を誕生せしめた。しかしその氏神には住む場所がなかった。『記紀』には多く神の居所が書かれるが、この藤原氏の祖先神らしい神々は祭られている場所が書かれていない。タケミカズチの神が鹿島《かしま》に、フツヌシの神が香取にいるとされる最古の文献は、大同二年（八〇七）に書かれた『古語拾遺』なのである。そして、この二柱の神々の鹿島および香取定着には、物部氏のものであったと思われる二つの神社の乗っ取りがあったのではないかと私は考える。神々は故郷を与えられた。しかしそこでは余りに遠すぎる。最初の目的通りに三笠の山をタケミカズチ、フツヌシの終局の栖家《すみか》としなければならぬ。その期間が、五十八年という時間の空白の意味ではないか。

奈良の都の人は、ひどく奇妙な伝承を知っている。春日のふもと、氷室《ひむろ》神社にかんする伝承である。氷室さんと春日さんはひどく仲が悪く、春日さんのお祭りには氷室さんに必ず雨が降るという。そして、その原因は、氷室さんが春日さんに庇《ひさし》を貸したところ、母屋《おもや》までとられてしまったので、たいへん氷室さんが怒っているからだというのである。

この伝承をなるほどと感じさすものは、現在の春日神社の位置である。山の下にある神社は多く山の神を祭っている。古くは山が神体であり、その昔は神殿はなく、遠く山に向って拝したのであろうが、神殿が出来たときも多くは山を背に神殿が立っている。三笠の山も同じである。当然、神殿は、山を背後に、西向きに建てられるべきである。ところが現在の春日神社は南向きで、山の方向とは直角である。しかも本殿の位置は神

榎本明神

域全体から見て極端に西北に片寄っている。これはいったいどうしたわけか。

現在、正倉院御物の中に、東大寺の境内図がある。天平勝宝八年（七五六）の地図である。この地図には御《み》蓋《かさ》山と書かれているところに、神地と記入のある土地がある。この図は、たとえば北から南へ向っている建物は北から南へ大仏殿とか法花《ほっけ》堂とかと書かれているが、この神地という字は、山を背後にして東から西へと書かれている。またこの神地を、北東南の三方から木がとりかこんで西が開いていることによっても、この時代にはこの神地はまだ西へ向っていたのである。

この神地をもって、すでに当時、春日神社は建てられたという説をなす人があるが、これはちがうと思う。すでに神社が建っていたからといって、興福寺および春日神社にたいして必ずしも友好的ではなかった東大寺がこの建物を書いたかどうかは別にして、すでに春日神社が建っていたら、神社は南から北に向けられて書かれるべきではなかったかと思う。おそらく、猿田彦とされる榎本明神が、当時まだこの地にがんばっていたのであろう。

しかし、すでに藤原氏の宗教政策の最終の目的が三笠山の奪取にあるとすれば、藤《ふじ》の意志をもつ氏族がちょっとやそっとの抵抗によってその意志を変えるはずはないのである。おそらく何らかの口実でそっと春日の神地を借りたのであろう。そして、漸次《ぜんじ》、自己の土地をふやして、遂《つい》にそこに強引に自己の氏神をつくってしまったのであろう。しかし、山を背にすることはどうも気が引ける。そこで山に向って直角の、奇妙な神社が建つことになったのである。神地の東北の一隅に南に向った神社を建てる。仕上げは榎本明神の追い出しである。それには榎本の神の代替地が必要になる。安部《あべ》山へ一時移したが、また榎本の神は故郷へ帰りたいという。だが、帰ってきたとき、もう故郷は他神のものであった。

今、榎本明神は、春日神社の門前に祭られている。春日の神が願いごとを聞いてくれないときは、ツンボ春日と言って榎本の神の門を叩《たた》くといいという。榎本の神は、落ちぶれて門前の召使いの場所に寝てはいるが、ツンボでさっぱり民衆のいうことを聞いてくれぬ春日の神々に、民衆の願いごとをとりつぐことが出来るだけの力を、まだもっているのであろうか。

## 流竄《るざん》と鎮魂の社寺

仏と神の第三の類似は元興寺と出雲《いずも》大社である。元興寺は前代の政治的支配者である蘇我《そが》氏が祭った寺である。しかしそれは、新しい政治的支配者の手にかかると別な意味をもつ。前代の支配者は封じ祭られるものとなるのである。このことは、出雲大社の場合、いっそうはっきりしている。出雲大社の祭るオオクニヌシは、『記紀』の神話によれば、天孫降臨以前の政治的支配者であった。前代の政治的支配者オオクニヌシの霊は三輪の山から移されて、出雲の国に流され、そこに封じ込まれる。三輪山を中心とする古い神道《しんとう》に代って伊勢《いせ》—春日《かすが》中心の神道を優先することが藤原氏の願いであった。古い神々は出雲へ行け。この神々の流竄の秘密について、詳しくは私は別稿で語ることにするが、この神々のドラマは、仏の場合にもほとんどそのままあてはまるのである。

古い蘇我氏は滅んだ。その霊は祭られねばならない。蘇我氏の寺は藤原氏のもとに帰せしめる。しかし、寺の意味は全く変って、元興寺は一つの過去性を代表することになる。しかし、単に過去性を代表するだけでは足りない。元興寺は、過去の大寺という意味と、蘇我氏の鎮魂という二重の意味をもっているのであろう。

私のいうことを疑う人は、元興寺をたずねるとよい。最近元興寺には宝蔵館が出来たが、そこにならべられているおびただしい骨壺《こつつぼ》、卒塔婆《そとば》の類《たぐい》に、ひとはびっくりするにちがいない。あらゆる時代の、あらゆる形の骨壺がそこにある。あたかもその骨壺は、人間というものに与えられた必然の運命を語り、人間に無常の理を教えようとするかのように、そこに存在している。

このおびただしい骨壺は、かつては極楽坊の長押《なげし》に、累々《るいるい》と積み重ねられていたらしい。私はその光景を見たことはないが、鬼気迫るものがあったにちがいない。それにこの寺の境内には無数の墓石があり、近所の人に聞くと、今でもこの土地を掘ると、墓石が続々出てくるという。

そしてこの附近には、井上《いがみ》内親王をまつる御霊神社や、広嗣《ひろつぐ》をまつる鏡神社や、玄昉《げんぼう》の首がとんだという首塚がある。正に奈良の都のこの一隅は、怨霊《おんりょう》の集合地の感があるが、奈良遷都《せんと》のはじめから、蘇我氏の霊をとむらったこの土地に、後世の怨霊も、群をなして集まってきたのであろうか。林屋辰三郎氏から聞いたことであるが、奈良では幽霊のことをガンゴウジというそうな。

この元興寺には、多くの聖徳太子像があるが、その中の二体は特に奇妙である。ちょっと右の足のふくらんだ太子二歳像があるが、それをX線にかけて見ると、その中に、五寸七分もある大きな五輪塔があることが確認された。この五輪塔の中に舎利らしいものが入っていたという。また文永五年（一二六八）に造られた太子十六歳像は、頭がぽっかり割れ、そこに五輪塔二基がおさめられていた。

二体とも実に奇妙な太子像であるが、なぜそのような太子像が、この元興寺という寺に存在しているのであろうか。

元興寺は蘇我氏の鎮魂の寺であることは確実であるが、それだけでは足りなかったのであろう。元興寺はやはり前代の国家の大寺という意味を持ち、純粋に鎮魂の寺の意味を持たない。出雲大社がそうであるように、祟《たた》りを封じ込める鎮魂の寺が必要である。橘《たちばな》寺はまさにそういう寺ではなかったかと私は思う。橘寺を菩提寺《ぼだいじ》という。ちょうど山田寺を浄土寺といったように。菩提寺、浄土寺、いずれも鎮魂の寺であろう。ほうっておけば祟りをなすにちがいない怨霊をなぐさめる寺、この名前そのものがそういう意味を示している。

今、われわれが、その謎《なぞ》を解こうとしている法隆寺も、純粋に鎮魂の性格をもつ寺ではないか。聖徳太子を祭る寺を、太子ゆかりの場所に建てる必要がある。もしその寺が天智《てんじ》九年に焼けたとすれば、この奈良の都の近くにある斑鳩《いかるが》の地に、やはり太子鎮魂の寺をつくる必要がある。国家の寺として薬師寺と大官大寺、氏族の寺として興福寺を建てようとする意志と同時に、旧氏族の寺として元興寺、その鎮魂の寺として橘寺と法隆寺を建てる必要があったのである。しかし今、橘寺は奈良の都から遠くへだたってしまった。都の近くにそういう寺を建てなければならぬ。それが正に藤原氏の神道政策と対をなす仏教政策の必然の帰結ではなかったか。

ここにおいて、われわれは再び法隆寺の問題につき返されるのである。われわれはこの寺に関する謎を解くべき一切の用意をととのえた。いよいよ、謎そのものの解明に入るべき時が来たのである。

# 第三部　真実の開示

私はこの論文を、法隆寺をめぐる七つの謎《なぞ》の提起から始めた。法隆寺にかんしては分らぬことが多すぎる。この分らぬことは、昔から法隆寺の七つの謎などといわれてきたが、私はそれを体系的に整理して七つの謎にまとめた。文献にかんする二つの謎、建物・彫刻にかんする四つの謎、祭りに関する一つの謎である。

この謎を解くために、私は法隆寺再建論争にふれた。再建論は、もはや動かしがたい。とすれば「誰が、いつ、何のために、法隆寺を建てたか」を明らかにする必要がある。その予《あらかじ》めの解明から、私は、法隆寺は祟《たた》り寺ではないかという疑問にぶつかった。祟り寺というのはいいすぎで、聖徳太子の鎮魂の寺というべきかもしれない。なぜ太子は祟り、そして鎮魂される必要があるのか。その分析を通じて、私は山背大兄皇子《やましろのおおえのおうじ》以下太子の子孫二十五人惨殺《ざんさつ》の事件を考察しなければならなかった。この事件はあまりにも無残すぎ、『書紀』はそれを蘇我入鹿《そがのいるか》一人のせいにしているが、軽皇子《かるのみこ》——後の孝徳帝が関与していることは動かしがたく、また当時、孝徳帝の政治顧問のようなことをしていた藤原鎌足《かまたり》もこの事件にかかわっていることが十分考えられる。そして不思議なことには、藤原鎌足の死は天智《てんじ》八年（六六九）であり、法隆寺の全焼はその翌年であるが、『書紀』

はこの二つの事件に、何か関係があるかのごとき書き方をしている。『法隆寺資財帳』によって、はじめての食封が法隆寺に下されたのは大化三年（六四七）、山背大兄皇子を殺した直接の殺害者、巨勢徳太《こせのとこた》（許世徳陀高）と孝徳帝によってであり、廃止された食封《へひと》が再び下されたのは養老六年（七二二）の藤原不比等《ふひと》の死についで元明帝が死んだ翌年であり、その食封が規定により五年で廃止された後に永年食封が下されたのは、藤原四兄弟が相ついで死んだ天平九年の翌年、天平十年（七三八）であることをわれわれは知る。最初の食封給与によって太子の子孫の殺害者自らが法隆寺に食封を与えていることが分るが、藤原氏の権力者鎌足の子や孫の死に際して、食封が多額の物品と共に法隆寺に与えられるのはなぜであろうか。食封を与えたのは、元正、聖武《しょうむ》帝であるが、この両帝は藤原氏の血を引くか藤原氏に擁立された天皇である。このような天皇の意志の背後に、不比等の未亡人で実力者である橘三千代《たちばなのみちよ》、聖武帝の母宮子、聖武帝の皇后光明子《こうみょうし》など、残された女性たちの不安が隠れていることもまた確実であろう。隠された犯罪はどこかで尻尾《しっぽ》を出すものではないか。犯罪者の仲間でもっとも正直な人間、もっとも良心的な人間が、真実の一端をどこかで暴露する。二回目以後の食封の給与は、残された女たちの不安が暴露した真実の一端ではないか。鎌足の山背大兄皇子惨殺事件参加の可能性を、はからずも法隆寺の『資財帳』が示していはしないであろうか。

　このようにして、過去の因果関係に眼を向けた後に、われわれは、再び当時の仏教政策に眼を転じた。法隆寺の性格を、当時の仏教情勢の全体から考察するためである。四大寺の設置は、天武から天平に至る時代の仏教の最大の事件であった。この四大寺の設置と共にその移転をめぐる政治的意味を私は明らかにしたが、意外にもその宗教政策はまた、さきに私が分析した神道《しんとう》政策とも深く関連を持っていたことが明らかになった。こうしてわれわれは、法隆寺にかんする謎を解くべき、一切の用意をととのえ終ったのである。いよいよ、謎そのものの解明に入らなければならない。

謎とは次の七つであった。

一、『日本書紀』、『続日本紀《しょくにほんぎ》』にかんする謎
二、『法隆寺資財帳』にかんする謎
三、中門にかんする謎
四、金堂にかんする謎
五、塔にかんする謎
六、夢殿にかんする謎
七、聖霊会《しょうりょうえ》にかんする謎

# 第一章　第一の答（『日本書紀』『続日本紀』について）

## 権力は歴史を偽造する

まず第一の謎《なぞ》から解明してゆこう。法隆寺に関するわれわれの認識を不明確にした第一の原因は、法隆寺の建造および再建にかんして、『日本書紀』が一言も語っていないことであった。『日本書紀』は建造のことを書かずに、天智《てんじ》九年（六七〇）の焼失のことのみを記し、また法隆寺が天智九年に全焼したとすればその後再建されたはずなのに、再建について『続日本紀《しょくにほんぎ》』ともども、完全に沈黙を守っている。再建法隆寺がはじめて正史に登場するのは、和銅八年（七一五）である。この『日本書紀』、『続日本紀』を通じての法隆寺に関する沈黙は、はたして偶然であろうか、故意であろうか。故意とすれば、何のためか。それが第一の謎である。

この謎は、すでに半ばは解かれている。私は、山背《やましろ》皇子殺害の事件をめぐる推論において、『書紀』の性格にふれた。『書紀』は必ずしも正確なる事件の叙述の書ではない。およそいかなる歴史書といえども、単に正確なる叙述の意志のみで作られることはあるまいと私は思う。『史記』のように個人によって歴史書が作られる場合ですら、そこに司馬遷《しばせん》の意識的あるいは無意識なる意志が働くことは否定しがたいと思う。まして国家の権力者によって歴史書が作られる場合、そこに強力な政治的意志が働くのは、否定しがたいであろう。

私がずっと論じてきたように、『日本書紀』が藤原不比等《ふひと》を中心として作られたとすれば、そこに何よりも、藤原氏の意志が強く働いていることは否定できないであろう。そしてわれわれは、神話においてそれがいかに藤原氏の思想に従い、いかに藤原氏の利益を代弁しているかを明らかにした。『古事記』と共に神話において露骨に藤原氏の利益を代弁している『日本書紀』が、それ以外のところにおいても、自己に都合のよい歴史解釈をしているのはまちがいないと思われる。

私は『古事記』と『日本書紀』のちがいは、『古事記』は神代の叙述が中心であるにたいし、『日本書紀』は歴史時代の叙述が中心であり、結局、『古事記』は秘密の宗教の書、イデオロギーの書であるにたいし、『日本書紀』は公然たる歴史の書、推古（七世紀）以後の現代史の叙述を中心とする歴史の書であることにあると論じた。そしてこの書は、推古以後の歴史叙述に重点がおかれ、特にあの大化改新（六四五）のきっかけをなす入鹿《いるか》暗殺の場面が、もっともよく出来ていると思う。たしかにその場面は、『日本書紀』という歴史書を一つの文学作品と化せしめるかのような簡潔で、しかも迫力のある名文である。

しかし、われわれは、このような名文が単純に公平なる歴史叙述の意志で出来上っていると考えてはならない。そこにもやはり、強い政治的意志が働いている。私は『法隆寺資財帳』、あるいは『聖徳太子伝補闕記《ほけつき》』などから、どうやらあの山背皇子殺害は入鹿一人のせいではなく、そこには藤原鎌足《かまたり》も加わっているのではないかと考えた。もしそうとなれば、どういうことになるのか。ここで、『日本書紀』撰修《せんしゅう》の歴史的意志が浮び上ってくるのである。古代史最大の惨劇である山背大兄皇子殺害事件におけるアリバイ証明の意志が、『日本書紀』製作の意図の背後にあることになる。

『日本書紀』は、山背大兄皇子《おおえのおうじ》殺害を蘇我《そが》入鹿一人の単独犯にして、入鹿殺害を、そのような犯罪への復讐《ふくしゅう》と思わせようとしている。それはまさに因果律の偽造である。因果律の偽造によって、藤原氏は仏教勢力を自己の支配の下に置こうとするのである。もし藤原鎌足が山背大兄皇子惨殺《ざんさつ》の一味に入っていたとすると、どうしてその子孫が仏教の保護者となることが出来よう。なぜなら、聖徳太子こそはまさに日本に仏教を定着させた聖なる人のはずだからである。聖なる人の子孫殺害は、たとえ事実であっても隠しとおさねばならぬ。それを入鹿一人の犯罪にし、そしてその入鹿を鎌足が殺したとすれば、藤原氏は先祖代々仏教の保護者であったことになる。

既に述べたように、『日本書紀』が書かれた養老年間（七一七―七二三）は、四大寺の奈良移転が着々と行われていた時であった。興福寺建造を中心とする藤原氏の仏教掌握の政策が着々と成功をおさめつつある時代であった。こういう時代思潮と『書紀』推古紀の記事を考え合せてみると、いっそうはっきりとわれわれは『書紀』の性格を理解することができるはずである。この仏教をめぐる一大陰謀の一端を、『書紀』自らがかついでいるのである。『興福寺縁起』の語る、藤原鎌足が入鹿誅伐《ちゆうばつ》のため仏像を造り、天智帝のときその仏を祭る寺を建てたという考え方が、正に『書紀』全体を貫いているのである。つまり藤原氏は、かつて仏教の保護者であった蘇我氏に代って仏教の保護者となろうとしているのである。そのためには、自己の家を聖徳太子の子孫および蘇我氏を滅ぼして政権をとった反仏教の家柄と見られては都合が悪い。自家の祖先鎌足こそ、仏教の保護者聖徳太子の子孫を惨殺した入鹿を誅伐した人物であり、その意味で聖徳太子の遺志を継いだ仏教の保護者であるという印象を与える必要がある。そこで、彼等がその子孫を殺した人間の聖化が行われた。聖徳太子の聖化。そして否定の否定の論理により、彼等こそ、まさに太子の遺志を継いだ仏教の保護者であるという印象を与えようとしたのである。

全く奇妙なる弁証法であるが、この弁証法にわれわれは長い間だまされてきたのである。われわれはいつもこの一連の歴史を考えるとき、中大兄皇子《なかのおおえのおうじ》と鎌足を正義の復讐者のように、彼等を何か聖徳太子の味方であり、聖徳太子の遺志を受けて入鹿を殺したような錯覚におち入っていた。しかしこの錯覚こそ、『日本書紀』製作の一つの目的ではなかったのか。

この弁証法はわれわれをあざむいてきたばかりでなく、鎌足の子孫までをも呪縛《じゆばく》してしまったように思われる。それは過去の偽造であったが、偽造された過去の歴史に、彼等の子孫たちの未来が逆に規定されていったのである。歴史の偽造者、藤原不比等の孫、聖武《しょうむ》帝は、まさしく歴代の天皇の中で最も信仰厚き仏教信者であった。この、身心共に虚弱であったように思われる帝王は、不比等の娘である妻光明皇后と共に、自己の祖先のやった悪について何らかの認識を持っていたにちがいない。正倉院御物にある天平七年に光明皇后によって書かれた、父不比等、母三千代の成仏《じょうぶつ》のために日本はおろか中国、インドからも経典を取り寄せ、すべて書写せしめたいという願文《がんもん》を見ると、私はこの親思いの皇后がいかに父母の悪行に心を痛めていたかが分るような気がする。彼女は自己の上にのしかかっている罪障感の重みに耐えがたかったのではないか。その罪障感の重みを克服するには、ただ一つの道しかなかった。彼等自身が仏教信者になる道である。仏教を一つの政治の手段とする道ではなく、真に、心の底から、仏教を信仰する道である。そのために、何よりも必要なのは布施《ふせ》であった。

現在、東大寺に残るあのすばらしい正倉院御物は、私は彼女及び聖武帝の罪障感の産物ではないかと思う。ここにおいて、仏教は政治の手段以上のものになってしまった。

藤原不比等、このならびなき人というすばらしい名を持つ男は、仏教をも自己の政治的意志の下に従属させたが、彼の孫、聖武帝、彼の娘、光明皇后の時代には、仏教の中に政治が呑《の》みこまれてしまったのである。

否定の否定は、まさにここで事実となった。養老四年に『日本書紀』が出来たときに被《かぶ》った仏教保護者としての藤原氏の仮面が、ついに藤原氏の実の顔になってしまったのである。聖武という名、それは、聖という名を聖徳太子から受けつぎ、武という名を天武帝、文武帝から受けついだという意味であろう。つまり、天武帝—文武帝という皇統と藤原氏の血を引く人間が、精神的に聖徳太子の後継者になってしまったのである。『日本霊異記《りょういき》』などに伝えられる聖武天皇、聖徳太子後身説は、こうして作られるが、祖父不比等は、天皇が仏教を利用し、仏教信者であると見せかけることは必要であると考えても、仏教好きになってしまうこと、政治が仏教の中に呑みこまれてしまうことが、いかに危険かということをよく知っていたにちがいない。不比等は、仏教を現実政治の支配の下に置く。彼は仏教を政治的利害のためにコントロールする、よくきくブレーキを持っていた。しかし、聖武帝や光明皇后は、もう抑制のブレーキを持たなかった。むしろ抑制のブレーキを持つことは、不純に思われた。こうしてあまりにも純粋なる仏教信者が誕生するが、その時すでに崩壊は迫っていたのである。彼等が純粋なる仏教信者になり、政治を仏教の下に従属させた以上、政治の実力者も僧にしてしまったほうがよい。道鏡の帝位就任は、ロゴスの自ら導くところとなる。

ここで、偽造された弁証法は、ついに真実の歴史の方向となってしまう。藤原氏は、自己の偽造された仮面の方向に内的に自己変革をとげ、純粋な仏教信者になってしまった。ウソからマコトが生れ、仮面が真実の顔になった。

このことについては、いずれ後にくわしく論じたいが、『日本書紀』という書物は、藤原氏が仏教の勢力を自己の支配下に吸収するために全力をあげていた時代の産物であることに注意する必要があろう。仏教保護者藤原氏、そういう印象を強く与えることが必要であった。そのために、聖徳太子を神化する。まだ死んでから百年しかたたぬ太子を、イエスや釈迦《しやか》なみにもち上げる。そして、その子孫の惨殺を入鹿一人のせいにして、入鹿の殺害者としての鎌足の偉功をクローズアップすることにより、あたかも藤原氏を仏教の保護者、太子の遺志の後継者であるかの如《ごと》く見せかける。

もちろんこれは嘘《うそ》である。この嘘を当時の人は知っていたにちがいない。しかし、嘘と知っても、どうしてそれをいいえよう。その嘘をあばくには、彼等の持っている巨大な権力と対抗しなくてはならぬ。おそらく、事実を知っている人も口をつぐむ。口をつぐんだら、やがて真実は忘れられる。そして、虚偽が真実として定着してしまうのである。

## 官の意志の陰にひそむ吏の証言

最近、中国思想の研究家である山田慶児氏と話したとき、彼はこのようにいった。中国では記録を記すのは官吏の仕事である。ところで、この官と吏はちがう。官は、政治家である。それゆえ、政治的見地から事実を収拾選択する。時には事実を偽造したりする。だから、官の記録は信用出来ないことが多い。しかし、吏はちがう。吏は、いわば事務屋である。事務屋はただ真実を書くことのみが目的である。だから吏の記録は信用することが出来る。

この言葉は、意味深い。『日本書紀』は、第一に官によって書かれたものである。官の指導者、藤原不比等《ふひと》の存在は否定しがたい。その彼が歴史を偽造する。すでに神話において見事な創造、あるいは偽造を行なった彼が、現実に起った歴史をも修正偽造しようとする。現代史、ほんの最近起ったことをも、彼はかくの如《ごと》く書くべしと吏に命じたであろう。『日本書紀』を貫いているものは、まず第一にこういう偽造への意志である。

しかし、そればかりで歴史は書けないのである。歴史にはやはり吏の協力が必要である。不比等は、名もない、身分もない人間の能力を活用する点において、天才的な能力の持主であったことは、律令《りつりよう》制定の過程などによっても分る。大宝年間に一旦《いったん》つくった律令を、新しく唐からもってこられた法律知識と現実政治の必要に照らして改正する仕事を、彼は外国帰りの若い学者と共に養老年間にやっているのである。『日本書紀』が作られたのは、こういう律令の制定が行われたときなので、律令の改定にあずかった、矢集虫麻呂《やずめのむしまろ》、大倭小東人《やまとのこあずまひと》、塩屋古麻呂《こまろ》、百済人成《くだらのひとなり》などのひとびとが、『日本書紀』撰修《せんしゅう》にもあずかったにちがいないと私は思う。

ところが、そういう吏は官とちがった意志を持つ。もとより官の方針に従わない限り、彼等の存在はありえない。表面上、彼等の意志は官の意志であらねばならぬ。しかし、事実は、彼等は自己の意志を目立たないところで示すのである。

彼等の誇りは、支配への意志ではない。そういう意志を持ったとしても、彼等が、官のように立身出世出来るわけではない。それゆえ彼等の誇りは、正確な叙述にある。そういう誇りを持つ彼等は、どこかで歴史の偽造にブレーキをかけているのである。真実を解く鍵《かぎ》を、官によって命じられた歴史の叙述の中に、ひそかに用意しておくのである。

たとえば、例の山背大兄皇子《やましろのおおえのおうじ》殺害のところに、古人《ふるひと》皇子のいう言葉がある。「鼠《ねずみ》は穴に伏《かく》れて生き、穴を失ひて死ぬ」という言葉である。ここで、入鹿《いるか》は一匹の鼠に比せられているが、これはおかしい。入鹿が山背皇子殺害の張本人ならば、どうして入鹿が自らおもむいて山背皇子を討たないのか。なぜ入鹿は、ことさらに、穴にかくれている必要があるのか。きっとこのとき入鹿は、誰かと自分は表面に立たぬようにして、山背皇子を殺してくれと約束したのであろう。いうことを聞かない親戚《しんせき》の男を、別の男に殺させる。ところが、殺されたはずの男は生きていた。その狼狽《ろうばい》のあまり、自ら武器をとって殺害にいこうとする。古人皇子の言葉は、そういう入鹿の軽挙妄動《もうどう》をいさめたものであろう。この言葉そのものは、事件の黒幕としての入鹿の役割を示している。入鹿が黒幕である以上、入鹿の単独犯であるはずはないのである。私は、古人皇子の言葉の中に吏の意志が働いていると思う。

もう一つ、入鹿が殺された後に、古人皇子は、おどろいて人にいう。「韓人《からひと》、鞍作臣《くらつくりのおみ》を殺しつ。吾が心痛し」と……。この韓人とは誰かについて、いろいろ説がある。入鹿を殺したのは、中大兄皇子《なかのおおえのおうじ》と中臣鎌足《なかとみ》である。それに佐伯連子麻呂《さえきのむらじのこまろ》、葛城稚犬養連《かつらぎのわかいぬかいのむらじの》網田《あみた》らが手助けしているが、その中には「韓人」はいない。この言葉からいって、「韓人」は、中大兄皇子か中臣鎌足をさすものと思われるが、中大兄皇子はもちろん鎌足も「韓人」であるはずはない。それゆえこの言葉は謎《なぞ》の言葉とされる。私は後にくわしく論じたいが、この古人皇子の言葉も、吏によって書かれた記録ではないかと思う。古人皇子は、やがて中大兄皇子によって殺される。まさしく死人に口なしである。その口のない死人に、歴史の真実の破片を示す言葉を吐かせているのである。心ある人よ、この一片の言葉から、真実の歴史の姿を読みとってくれ。そういう、官によっておさえられている吏の意志の一片が見られると私は思う。

もしも、『日本書紀』がそのようなものであるならば、『日本書紀』が、今現に行われている、そして『日本書紀』製作者自身がその大いなる政策の一端を示す歴史の真実を明かすはずはないのである。『日本書紀』は持統帝の時代で終っている。それは、けっして偶然ではないと思う。

文武帝の時代からは、はっきり藤原氏の支配の時代が来る。天智、天武帝で出来上った皇室中心の支配体制を利用しつつ、それを巧みに自己の利害の方向に切りかえてゆく。それは、いわば藤《ふじ》の生活意志である。高々とそびえ立つ巨大な大樹、この巨大な大樹に、藤は執拗《しつよう》に自己を巻きつけて、自らもまた巨大になってゆく。一見、この天皇制という巨大な樹木を天高く聳《そび》えさせ、まわりの木をはらってゆく作業は、天智《てんじ》、天武帝という偉大なる帝《みかど》の意志を受けた天皇制確立のための作業のように見える。しかし事実はちがう。この天皇制という巨木を空高く伸ばすのも、そこに藤が巻きつき藤自らの繁栄をはかるためである。こんなにしっかり藤が巻いていたら、どんなに風が吹いても倒れませんからと、藤は巨木にいって巨木を安心させたかもしれないが、藤によって巨木の養分が吸われ、巨木自身が枯れはてることとさえある。

持統紀までは、このような藤原氏の繁栄の前史であろう。『日本書紀』は、このような繁栄の前史で叙述を止《や》めたのである。『続日本紀《しょくにほんぎ》』は、文武帝にはじまり桓武《かんむ》帝に終る。しかもそれも、延暦《えんりやく》十年（七九一）までである。桓武帝の朝は延暦二十四年から大同元年（改元前）までであるのに、なぜか『続日本紀』は、延暦十年で筆を止めている。それはおそらく、一つの時代が終ったという意識であろう。延暦十三年、桓武帝は奈良から京都に都を遷《うつ》す。その移転の動きの前で『続日本紀』は歴史叙述を止めている。

ここに私は一つの歴史意識が働いていると思うが、『続日本紀』は、藤原氏が天武―持統帝の血統を引く巨木にまといつき、繁栄し、遂《つい》にその巨木を枯らしてしまった後に、また別の天智帝の血を引く木を見出《みいだ》して、再び繁栄をはかろうとする時代を語っているのである。しかしここでも、官は用心深く、その繁栄の秘密を隠している。『古事記』について一言も語らず、『日本書紀』の撰修者として舎人《とねり》親王一人しか名を出さず、興福寺の建設についても、春日《かすが》神社の造営についても、一言も語ろうとしないのである。すべて、藤原氏の勢力拡大の秘密について、『続日本紀』は頑固に沈黙している。

ここに、官の意志があると私は言いたい。藤は一本の巨木にまつわりついて、自家の繁栄の根を固めたが、この巨木のほうは駄目になってしまったのである。この巨木は、いつの間にやら藤によって養分を吸いとられて空になり、空になった巨木には、空の教えを説く仏教が住みついたわけであるが、このような空の心では、木はもはや生きてゆくことが出来ない。道鏡という僧に住みこまれた巨木は、もう枯れるしかないことを、藤原氏はとっくの昔に見定めていたと思う。

新しい木が必要である。それは、仏教の影響のない、新鮮で活動的な木がよい。藤原百川《ももかわ》の見つけた新しい木が、光仁—桓武帝の皇統であり、彼等はその木を育て、例のごとくその木に自己を巻きつかせようとしたのである。そして彼等はその木が育ちやすい別の土地をさがしたのであろう。こうして元木は滅びたが、藤は以前にもまして育っていったわけであるが、このような藤の生命力の秘密を、官は語ろうとしない。『続日本紀』は新しい大樹桓武帝と、依然としてそれに巻きついている藤原氏の意志によって作られたものであろう。それは一つの時代の終りをつげ、新しい時代の到来を告げている点、歴史的意識としては『日本書紀』に似ている。そして歴史的状況はちがうが、依然として一つの意志が支配的である。

ここに『続日本紀』の沈黙の原因があろう。そして法隆寺についての沈黙もそういう沈黙の一例にすぎないのである。とすれば、法隆寺の再建そのものも、藤原氏の仏教政策の一端をなしている。第一の謎は解けた。

## 第二章　第二の答（『法隆寺資財帳』について）

### 『縁起』は寺の権力に向けた自己主張である

第二は、『法隆寺資財帳』の謎《なぞ》である。正確にいえば、『法隆寺伽藍縁起幷流記《がらんえんぎならびにるき》資財帳』である。この法隆寺の『資財帳』は、天平十九年（七四七）のものである。

『資財帳』とは何か。

「寺院に対しても厚き保護が加へられた。その保護の一つとして、諸寺に対して、年々財産目録を作成して、朝集使に附して上申せしめた。これによつて、寺院の資財が悪質の僧尼《そうに》或《あるい》は檀越《だんおつ》によつて、不正に散逸消費されるのを防ぐのである。この財産目録帳を資財帳といひ、年々上申することになつたのは、元正天皇の霊亀《れいき》二年以来のことである。出雲《いづも》国計会帳に、朝集使に附して進上した公文の中に寺財物帳一巻とあるのはこれが実際に行はれてゐたことを示してゐるが、平安時代に入つて以後は、毎年作成といふことは行はれなくなつた。

資財帳の作成は、寺の三綱《さんごう》のみでなく、国師国家より任命されて地方の国衙にあつて宗教上の仕事をなす僧と国司及び衆僧と檀越とが立ち会ひで、一一実物を検知して明瞭《めいれう》に記帳する。官大寺では、国師の代りに僧綱《そうごう》がこれに当る。その記載事項は寺の縁起から、寺の敷地建物・仏像・経典・仏具・道具・雑具・稲穀米銭の財物・寺領・住僧・奴婢《ぬひ》の数に至るまで細大漏さず、あらゆるものを尽し、道具財物はその使用目的を決定して、仏物（仏分ともある。殿堂、衣服牀帳等の仏受用の物、仏衣幡蓋《ばんがい》等仏菩薩《ぶつぼさつ》に属し、或は仏菩薩の供養《くやう》に用ひられる）・法物（法分とも。箱函・机・櫃《ひつ》等、経典保持・供養に用ひられる物）・僧物（住僧が生活するために用ふる道具）・通物（通分ともいふ。仏・法・僧三者を通じて共通に使用するもの）に大別して記してある。諸道具は、一々その寸法まで記入し、その精密さは、戸籍・計帳・正税帳等に相通ずるものがある。年々作られる資財帳の中、特に後世まで留《とど》めて永例となすものを流記資財帳といふ。流記とは、後代にまで流す記録といふ意味である。従ってその作成は、特に厳密を期した」

（竹内理三編『寧楽《なら》遺文』上）

竹内理三氏のいう通り、『資財帳』は厳密さを要求されている。この『法隆寺資財帳』でも、寺僧、霊尊以下が正確な財産目録を作成し、それを大僧都《だいそうず》、行信以下が検閲している。どういう仏像がどれだけあり、どういう鉢がどれだけありと、一々、寸法まではかって正確に報告されている。毎年このような財産の報告がなされたらしい。まちがった報告がなされていたらたいへんである。きびしくその異同を責められる。とすれば、

『資財帳』はたいへん正確なものと考えて差し支えない。ところが、この正確なはずの『資財帳』に法隆寺再建のことが一言も書かれていないのである。『資財帳』には寺の建設について次のように書かれているのみである。「池辺大宮御宇 天皇ならびに御世御世にいます天皇のために、歳次丁卯年《さいじひのとのうのとし》、小治田大宮御宇《をはりだ》 天皇ならびに東宮上宮聖徳法王、法隆学問寺、ならびに四天王寺、中宮尼寺、橘《たちばな》尼寺、蜂岳《はちをか》寺、池後尼《いけじり》寺、葛城《かつらぎ》尼寺を敬造仕奉る《つかへまつ》」

ここでいう池辺大宮御宇天皇は、用明帝、小治田大宮御宇天皇は、推古帝をさすのであろうが、この丁卯年《ひのとのうのとし》をもつ年を推古帝の御代《みよ》に求めると、推古十五年（六〇七）になる。つまり推古十五年に用明帝および代々の天皇のために、推古帝と聖徳太子が法隆寺をはじめとする七つの寺を建てたというわけである。他の寺の縁起帳では、すべてその寺のみの縁起がくわしく記されているのに、『法隆寺縁起』では他の六つの寺と共に法隆寺は推古十五年に造られたとあるだけである。

じっさい、これもおかしいことであるが、まあ、われわれは『資財帳』に書かれたこの縁起を信じることにしよう。太子が斑鳩《いかるが》の地に宮室《みや》を建てたのは、『日本書紀』によれば推古九年であり、推古十五年に太子がまた寺を建てても別におかしくはない。それに若草伽藍の発掘は、その地に推古時代の宮跡と共に、寺跡を確かめたのである。推古十五年、第一次法隆寺創建説を信じることにしよう。

しかも丁卯の年は、『資財帳』では、また金堂本尊の一つである薬師如来《にょらい》がつくられた年とされる。丁卯年が、もしも寺および金堂の本尊である薬師如来がつくられた年であるとすれば、推古十五年法隆寺創建説は動かしがたいであろう。

ところで『資財帳』は、この寺の建造の年のみを書き、その焼失については一言も書かない。『日本書紀』に書かれている天智《てんじ》九年の全焼については一言もふれず、また、その後あったにちがいない寺の再建についても一言もふれていない。

このことが、かつて法隆寺非再建論の根拠になったのである。正確たるべき『資財帳』が、どうして法隆寺にとって重大事件である焼失―再建についてふれないことがあろうか、焼失―再建は事実ではないと。しかし、この論議はまちがっていることが、例の若草伽藍の発掘以来、明らかになった。焼失―再建は事実であった。しかし、この事実を『資財帳』は一言も書かない。それは、正確たるべき『資財帳』の本質に反することではないか。

こういう論議にたいして、すでに他の寺の『縁起』や『資財帳』を解読してきたわれわれは、すぐ答えることが出来るであろう。つまり、この法隆寺の『伽藍縁起』並びに『資財帳』において、厳密さを要求されるのは、文字通りその『資財帳』の部分である。どのような仏像が何体あり、どのような鉢がいくつあるかということは、正確に報告される必要がある。しかし、『伽藍縁起』の部分はまた別である。すでにわれわれは、大安寺や興福寺の縁起そのものが、けっして正確ではないのを見た。縁起は、寺の朝廷にたいする自己主張なのである。国家の保護を受けているその寺が、いかに古い由緒《ゆいしよ》をもち、それが皇室および時の権力者といかに深い関係をもっているかを強調する必要がある。それには真実なことはもちろん、あやしげなこともまた語られるのである。そして、それにたいして国家側も、けっして歴史的正確さを要求しない。つまり、その寺が国家の要求するような寺であればよいのである。

『大安寺縁起』にその寺が聖徳太子から田村皇子、後の舒明《じよめい》帝にゆずられたという、熊《くま》凝《こり》道場の後をうけるものであるという伝承が書かれている。おそらくこの伝承は事実ではなかろうが、天武帝の命によって建てられた大官大寺には、天武帝の父舒明帝が聖徳太子から仏教の興隆をたのまれたという伝承が、天武帝の手に仏教勢力を掌握するために必要であったのであろう。

同じく『興福寺縁起』に、藤原鎌足《かまたり》が入鹿《いるか》誅滅《ちゆうめつ》のために釈迦《しやか》仏を造り、その仏を本尊として天智帝の御代に建てた山階寺《やましなでら》にその由来があるというが、それも事実ではなかろう。仏教を藤原氏の下に掌握するのには、そういうふうに藤原氏と仏教の関係を古く深いものとし、蘇我《そが》氏に代って藤原氏が仏教の指導者になるという縁起が必要なのである。

つまり、『縁起』は、あった寺の姿よりあるべき寺の姿を伝えているのである。『大安寺縁起』においても、大安寺の奈良移転に関しては一言も語られていない。そんなことはどうでもいいのであろう。この寺が、舒明帝が聖徳太子の依頼を受けて発願し、舒明帝の血を引く代々の天皇の尊敬厚かったというだけで十分なのであろう。

『法隆寺縁起』においても同じであろう。法隆寺は、聖徳太子によって建てられた寺、あるいは聖徳太子にゆかりのある寺というだけで十分であり、それがいつ焼け、いつ再建されたかは、『縁起』としてどうでもよいことなのであろう。このように考えると、『資財帳』の部分の正確さと『縁起』の部分の不正確さは矛盾しない。

ところが、『資財帳』は建造の記事の後に次のような記事をのせている。

「小治田　天皇大化三年、歳次戊申《つちのえさる》九月廿一日己亥《つちのとのゐ》、許世徳陀高臣《こせのとこたこ》、宣命なして、食封《へひと》三百烟入れ賜ひき」

小治田天皇はふつう推古帝をさすが、ここでは大化三年（六四七）とあるから孝徳帝をさすのであろう。孝徳帝は難波遷都《なにわせんと》の前に、一時、小治田の宮にいられたことがあるのであろう。孝徳帝の大化三年に巨勢徳太《こせのとこた》が、孝徳帝の命で三百戸の食封を法隆寺に賜わったというのである。この食封のことは、『資財帳』の後の部分にも記されているのでまちがいはあるまい。前にものべたように、巨勢徳太は山背《やましろ》皇子惨殺《ざんさつ》の直接の加害者であり、そして孝徳帝もまたその一味であった可能性が大きい。巨勢徳太や孝徳帝は、山背大兄皇子《おおえのおうじ》を自らの手で殺しながら、しかもその父、聖徳太子の寺に食封を下賜《かし》したのである。一見、奇怪なことであるが、後の菅原道真《すがわらのみちざね》や崇徳《すとく》帝の例などに照らしてみて、このことは別におどろくべきことではないのである。日本ではむしろ殺害者は、自ら殺した敵を、その血で汚れた手で寺や宮に祭るのである。祟《たた》りへの恐怖のためであろうが、そこにはまた加害者の政治的計算も隠されている。

じっさい、法隆寺の祟り寺説が私の頭にひらめいたのは、この大化三年、巨勢徳太と孝徳帝による食封の施入《せにゅう》の記事を読んだときである。これについてはすでに語り、また後に語らねばならぬので、次に進もう。

## 聖徳太子の経典講読と『書紀』の試みた合理化

『資財帳』はまた次に以下のような記事をのせている。理解しにくい言葉もあるが、大意はだいたい次のようであろう。「また戊午《つちのえうま》年四月十五日に、上宮聖徳法王にたのんで、『法華《ほけ》』、『勝鬘経《しょうまんぎょう》』を講読してもらった。その様子は僧のようであった。諸王、公主、および臣連《おみむらじ》公民、信受して喜ばない人はなかった。講読が終ると天皇は高座におすわりになり次のようにいわれた。『七重の宝も大切であるが、人宝も大切である。こういうわけであるから、遠い天皇の御地を布施《ふせ》します。これは永久に朽ちないものです。播磨《はりま》国佐西地五十万代《しろ》を布施します』ここで聖徳法王はこれを受け賜い、『この物は私に用うべきものではなく、伊河留我《いかるが》本寺、中宮尼《にじ》寺、片岡僧寺に三分し、伊河留我本寺の分は功徳《くどく》分、食分、衣分、寺主分に四分し、功徳分をもって、代々の天皇が末久しく栄えるように、毎年、法華、維摩《ゆいま》、勝鬘経を説いて、仏の御法を万代に伝え、仏法の興隆をはかって下さい。そして食分、衣分をもって衆僧の衣食となし、寺主分をもって、この寺を造営、修理して下さい』といった」

だいたい右のような話であるが、ここで戊午年というのが問題である。上宮聖徳法王、すなわち聖徳太子が出てくるのだから、推古帝の御代であると思われるが、戊午という年を推古帝の御代にさぐると、推古六年（五九八）になる。ところが、先にのべたように同じ『資財帳』に、寺が建てられたのは丁卯《ひのとのう》の年（六〇七）とある。とすると、たいへん奇妙なことが生じる。つまり、法隆寺が推古十五年に建てられたのに、それより九年も前の推古六年に、法隆寺に田地を給《たま》わっていることになるのである。寺がないのに寺に物を賜わるというようなことがあろうか。それはつまり、家がないのに召使いや家具が与えられたようなものである。この不合理をどう考えたらよいか。この戊午という年号か、丁卯という年号か、どちらかがまちがっていると考えるより仕方がない。しかし、この丁卯という年号は薬師如来《にょらい》建造の年ともされ、一方、戊午という年も、『資財帳』のこのときに法隆寺に与えられた播磨国の田畠が具体的に記せられている個所にも、はっきりと小治田《おはりだ》大宮御宇天皇戊午年四月十五日とあり、動かしがたい。とすれば丁卯と戊午の年はいずれも動かしがたい年であることになる。

この不合理をどう解くか。

この不合理を矛盾なく説明するには、時間の順序を逆にするより外はない。つまり、寺が建てられ、それについで寺に田地を賜わったというふうな、きわめて常識的な時間の順序に従って事件を考えてみることである。とすると、この戊午年を丁卯年より後におかねばならぬが、丁卯年を推古十五年（六〇七）におけば、戊午年は六十年下らせる必要がある。六十年下げて考えると、戊午年は斉明《さいめい》四年（六五八）になる。

ところで、この『資財帳』の縁起の部分は結局、三つの事実の報告からなっている。一つは、小治田天皇丁卯の年における法隆寺の建造である。そして第二に小治田天皇大化三年における巨勢徳太《こせのとこた》による食封《へひと》三百戸の施入《せにゅう》である。そして第三に戊午年四月十五日における田畠の布施である。

こういう順序に記事は記せられているが、これが、もしも時間の順序であるならば、戊午の年を、推古天皇の時代にあてることは困難であり、この事件は斉明四年のことであるとしなければならぬ。

ここに「又戊午年四月十五日」とあるがこの「又」はどういう意味であろうか。この又は、やはり先の小治田天皇の御代をさすものであろう。ところでこの小治田天皇は直接前の小治田天皇をうけて、推古帝ではなく孝徳帝であると考えられる。小治田天皇は固有名詞ではなくて、小治田にいられた天皇という意味であろう。孝徳帝が小治田にいられたかどうかはよく分らないが、斉明帝が小治田に宮をつくろうとされたことが斉明元年十月の記事によって分る。小治田に宮をつくろうとされたが材木がくちただれて駄目であったので、川原の宮に遷《うつ》ったという。

ところで『大安寺資財帳』などの他の寺院の資財帳を見ても、縁起の説明は先に寺の建造が書かれ、次に食封の施入が記され、次に田畠の施入が記されるという形ではない。寺の建造、食封、田畠の寄進をひっくるめてじっさいの時間の順序に従って記されている。『法隆寺資財帳』も、他の寺の資財帳と同じように、時間の順序に従って記されているとすれば、この戊午の年は大化三年より以後のこととなる。この「又」という言葉は、この田畠の寄進が大化三年の後の、あまりへだたっていない時に起ったような印象を与える。そして四月十五日という日付であるが、この日付だけは、異常に明白である。もしそれが推古帝の時代のことであるとすれば、天平十九年にこの『資財帳』が書かれたときから百五十年も前である。寺の建てられた日もはっきりしないのに、どうして寺に田畠が贈られたときだけが、このようにはっきり日時が記されているのか。もとより、『日本書紀』には推古六年に『法華』、『維摩経』の講読の話はない。『日本書紀』においてこの二経講読の話は、推古十四年におかれている。

「秋七月《ふみづき》に、天皇、皇太子《ひつぎのみこ》を請《ま》せて、勝鬘経を講《と》かしめたまふ。三日《みか》に説き竟《を》へつ。

是歳《ことし》、皇太子、亦《また》法華経を岡本宮に講《と》く。天皇、大きに喜びて、播磨国の水田《た》百町《ももところ》を皇太子に施《おく》りたまふ。因《よ》りて斑鳩寺《いかるがでら》に納《い》れたまふ」

『日本書紀』において斑鳩寺の名が出てくるのは、この推古十四年の記事と、天智《てんじ》八年の例の火災の記事のみであるが、この『書紀』の記事は『資財帳』とちがっている。この推古十四年をとれば、推古十五年建造説との矛盾は少なくなるように思われるが、たとえ『日本書紀』のいうように、この二経の講読と播磨国の土地の施入を推古十四年においたとしても、この説は推古十五年法隆寺建造説とやはり両立出来ないであろう。たとえ一年前といえども、まだ存在しない寺に土地を施入することは考えられないからである。推古十四年に聖徳太子に土地が与えられ、その後、法隆寺が出来たので太子は法隆寺にこの土地を寄付したのであろうか。そう考えられなくもないが、『資財帳』はそのように語ってはいない。つまり、天皇→聖徳太子→法隆寺・中宮尼寺・片岡僧寺への寄付は、一直線である。もともと僧の如《ごと》き太子には、土地を自分のもとに留める意志を全くもっていないかのような書き方である。

二経の講読と土地の施入にかんして、『資財帳』の説と、『日本書紀』の説は矛盾する。いったいどちらが正しいのか。『日本書紀』が書かれたのは養老四年（七二〇）、『法隆寺資財帳』が書かれたのは天平十九年（七四七）であって、『日本書紀』のほうが二十七年古い。それゆえ、『日本書紀』のほうがより正しいと考えるべきであろうか。『日本書紀』より二十七年後に書かれたこの『資財帳』の作者は、『日本書紀』の推古十四年講読説を知っていたにちがいない。にもかかわらず、彼は戊午年をとったのはどういうわけか。私は寺には寺として書き記すべき、はっきりとした根拠があったと思う。われわれは、『縁起』及び『資財帳』は官に提出されていることを知った。『続日本紀《しょくにほんぎ》』を見れば霊亀《れいき》二年（七一六）五月十五日に寺社の財産を撿挍《けんぎょう》せしめよという詔《みことのり》が出ている。もしこのとき最初の『法隆寺伽藍《がらん》縁起幷流記資財帳《ならびにるきしざいちょう》』が提出されているとすれば、話は別になる。そして、その資財帳の部分は毎年書き改められるとしても、縁起の部分は書き改められなかったと考えられる。とすれば『縁起』はすでに霊亀二年に出来ていて、『日本書紀』の撰者《せんじゃ》はこの『縁起』の記事を参照して、『日本書紀』の太子にかんする記事をこしらえたのではないかと思われる。福山敏男氏は、『日本書紀』における仏教伝来と弾圧にかんする記事は、『元興寺縁起』によってつくられているのではないかといわれる。太子にかんする記事と『法隆寺縁起』との関係についても、ほぼ同じことが考えられるのではないか。『日本書紀』の著者は戊午年の二経講読および土地施入の『縁起』の記事を見ていたのではないか。見た上で、これでは不合理だと思い、寺建設の年とされる推古十五年の前年にこの二経講読の時期を引き下げて、推古十四年説をとったのではあるまいか。『縁起』の記事と『書紀』の記事は日時をのぞいては余りによく似ている。そして『書紀』のほうが『縁起』、あるいは『縁起』に似た記事に創作を加えて出来た記事のような気がする。『縁起』には、『法華』、『勝鬘』等の経を一日にして講ぜしめたとある。ところが『書紀』のほうは『勝鬘経』を三日で説き終ったとある。『勝鬘経』と『法華経』とを一日にして講義することは出来ない。それゆえここでも『書紀』の著者は、『縁起』の記事を常識でもって合理化しようとしたのであろう。『勝鬘経』が一日で説かれるはずはない。三日はかかる。三日にして『勝鬘経』を説き終えたことにしよう。すると『法華経』はどうなるか。『書紀』の編者は困って「是歳《ことし》、皇太子、亦法華経を岡本宮に講《と》く」という。ここにも『日本書紀』の編者の苦心のあとがある。推古十四年に二経講読の時期をおき、『勝鬘経』講読を三日と書き変え、この年に『法華経』を講読せしめたという二重の点に、私は『書紀』の中に『縁起』の記事の二重の合理的説明を見るのである。しかし推古十四年に二経の講読の時期をもっていっても、それは推古十五年法隆寺建造説とは両立しないのである。

推古十五年、法隆寺建造説を信ずる限り、推古六年土地施入説（『資財帳』は必ずしもそういうふうにいっていない）も、『日本書紀』のいう推古十四年土地施入説も、共にとることができない。とすれば、どうなるか。われわれは、この『資財帳』の記事通り、大化三年につぐ、小治田天皇の御代の戊午年四月十五日に、一日にして二経の講読と、土地施入が行われたと考えたらよいことになる。とすれば、この戊午という年を斉明四年（六五八）におくより仕方がない。

## 斉明《さいめい》四年の死霊《しりよう》による『勝鬘経《しようまんぎよう》』、『法華経《ほけきよう》』の講義

このように私がいうと、人は馬鹿《ばか》な、というであろう。われわれは一つの不合理をのがれて、別の、より大きな不合理にとらわれたかに見える。斉明四年には聖徳太子はすでに死んでいる。死んだ人がどうして『法華経』や『勝鬘経』を講ずることが出来るのか。このように人はいうであろう。それが現代の常識である。しかし、それははたして当時の人間の常識であろうか。そうではないと私は思う。むしろ当時の人は、死霊の存在を強く信じていた。古代にかんするさまざまな研究は、いかに古代人が死霊の復活を恐れているかを明らかにする。甕棺《かめかん》に葬《ほうむ》られる屍《しかばね》は、多く手足が折られているという。その死者が生き復《かえ》り、生者の生活を乱さないためであろう。この時代、死者は生者のすぐ近くに住んでいた。そして、その死霊はときどき生者に祟《たた》って、さまざまな災害や病気を下すのである。ことに恨みをのんで死んでいった死者はそうである。そういう不幸な霊はあちこちにさまよい、生者に害を及ぼすのである。それゆえ、このような恨みの死霊こそ、もっとも手厚く祭られるべき霊となる。われわれは歴史上にこのような怨霊《おんりよう》の多くの実例を知っている。そしてそのような怨霊の祟りを、世阿弥《ぜあみ》は、能という見事な芸術にしたのである。まさに世阿弥こそは日本の伝統のもっとも正しい解釈者であっ

た。

『資財帳』にはただ「上宮聖徳法王に請《こ》ひて」とある。その上宮聖徳法王が、生きている人間なのか、死んだ霊であるのかは語らない。われわれ現代人はそれを読んで生きている人と思って疑いもしないが、実は、それは太子の死霊ではなかったか。上宮聖徳法王という言葉は、いささか丁寧すぎる。私は前にものべたが、日本で「徳」のつく天皇や皇太子は、非業《ひごう》の死をとげた人、ほとんど不幸な死に方をした人である。崇徳《すとく》上皇は保元《ほうげん》の乱に敗《ま》けて讃岐《さぬき》へ流され鬼となって死んだという。安徳天皇は海に入って死んでいるし、文徳天皇も毒殺されたという噂《うわさ》がある。聖徳太子も子孫二十五人が惨殺《ざんさつ》された。美しい名前を贈って、この怨霊を慰める必要があったのである。しかも、この聖徳太子には法王という位がついている。そういう位は、生きている太子にはなかったであろう。法界の王である。どうもこの世の人ではない。その法王に請いて、とある。なぜ請う必要があるのであろう。生きている太子ならば、仏教を盛んにするために積極的に経典の講義を行なったのではないか。そして「その儀僧の如《ごと》く」とある。太子が僧の形をしたのであろうか。私は、いやしくも一国の摂政《せっしょう》が、頭を丸めたりひげを剃《そ》ったりするはずはないと思う。それは太子が僧になったのではなく、僧が太子になったのではないか。もう一ついえば、僧に太子の死霊が乗りうつったのではないか。すべての人は信受して喜ばざるはなしとある。ふつうはすべての人が仏教を信じたと解釈するが、私は、ここで太子の霊が姿を現わし、『勝鬘』『法華』の経を講じたとき、すべての人が信受して喜んだという意味なのではないかと思う。

これはいささか大胆すぎる解釈のようにも思われる。しかし、けっしてありうべからざることではないと私は思う。じっさい、私は最近、二度にわたって聖徳太子が『三経義疏《さんぎようぎしよ》』を講じるのを見たのである。それは昨年（昭和四十六年）の四月に行われた聖徳太子千三百五十年の御聖諱《しようき》を記念して、法隆寺と四天王寺において行われた聖霊会《しようりようえ》においてであるが、この文字通り、聖霊、すなわち太子の霊と会う祭りは、同時に『勝鬘経』、『法華経』講読式ともいわれるのである。この聖霊会では、講師、読師《とくじ》が左右に分れて、あらかじめきめられた『勝鬘経』と『法華経』にかんする疑義を、読師が質問すると講師がそれに答える仏事が、『勝鬘経』と『法華経』の講読式として行われるのである。この聖霊会については後にくわしく語るが、この聖霊会の前にあらかじめ東院から、舎利と太子の七歳像がとり出され、それが講堂の前にかざられる。この舎利と太子七歳像の前で、聖霊会が行われるわけであるが、私は、この舎利と七歳像は太子の霊の依代《よりしろ》ではないかと思う。この二つの依代によって太子の霊がよびよせられ、そして、二経の講読が行われるのではないか。この聖霊会とほぼ同じことが、すでに戊午《つちのえのうま》の年の四月十五日に行われたのではないか。私は聖霊会を見ない前に、ほぼこの『資財帳』の記事はそのようなものではないかと推測していたが、聖霊会を見て、これを確信するに至った。後に、詳細に語ろう。

戊午年四月十五日、太子に請いて『勝鬘』『法華』等の経を講ぜしむと『縁起』にある。これによれば一日にして『勝鬘経』と『法華経』を講じ終えたはずである。しかしいくら太子が天才であっても、一日にして『勝鬘経』と『法華経』、その他を講じられるはずがない。そう考えて『日本書紀』の著者は『勝鬘経』の説教を三日間とした。『法華経』については、日数が計算出来なかったので、「是歳」として一年間のことにしておいたのであろうか。しかし『縁起』では、すべて四月十五日一日の出来事としている。講じ終って布施《ふせ》を授かったのが、まぎれもなく四月十五日一日のことなのである。人間業にしては全く不可能である。けれど、霊魂であったらどうか。死霊であったら、一日にして『勝鬘経』と『法華経』とを講義出来たとしても不思議はない。じじつ聖霊会において、二経の講読は半日にして終った。それと同じように太子の死霊が迎えられて、二経の講読を一日にして終えたのではないか。

例によって、これはいささか大胆すぎる解釈であると人はいうにちがいない。しかし、私がこの解釈を確信するのは、一つには聖霊会を見たためでもあるが、もう一つは斉明四年（六五八）四月十五日という日時こそ、太子の供養《くよう》が大いに必要とされたときであったと思うからである。

斉明四年の記事を『日本書紀』で探してみよう。

「五月《さつき》に、皇孫建王《みまごたけるのみこ》、年八歳《みとしやつ》にして薨《う》せましぬ。今城谷《いまきのたに》の上に、殯《もがり》を起《た》てて収む。天《すめら》皇《みこと》、本《もと》より皇孫の有順《みさをか》なるを以《も》て、器重《ことにあが》めたまふ。故《かれ》、不忍哀《あからしび》したまひ、傷《いた》み慟《まど》ひたまふこと極めて甚《にへさ》なり。群臣《まへつきみたち》に詔《みことのり》して曰《のたま》はく、『万歳千秋《よろづとせ》の後に、要《かなら》ず朕《わ》が陵《みささぎ》に合せ葬《はぶ》れ』とのたまふ。廼《すなは》ち作歌《うたよみ》して曰はく、

今城《いまき》なる　小丘《をむれ》が上に　雲だにも　著《しる》くし立たば　何か歎《なげ》かむ

射ゆ鹿猪《しし》を　認《つな》ぐ川上《かはへ》の　若草の　若くありきと　吾《あ》が思《も》はなくに

飛鳥《あすか》川　漲《みなぎら》ひつつ　行く水の　間も無くも　思ほゆるかも」

建王は、中大兄皇子《なかのおおえのおうじ》（天智《てんじ》帝）と蘇我倉山田石川麻呂《そがのくらやまだのいしかわまろ》の娘、遠智娘《おちのいらつめ》の間の子であり、大田皇女や鸕野《うのの》皇女、後の持統帝の同母弟にあたるが、天智帝の嫡男《ちゃくなん》であり、斉明帝にとっては孫にあたる。ところが、この嫡孫《ちゃくそん》は生れつきにして唖であった。祖母にとって、この不具の孫は、不憫《ふびん》さも加わっていわゆる眼に入れても痛くない可愛《かわい》い孫であったにちがいない。おそらく彼女は、この孫が物を言うことが出来るように、あらゆる神仏に願ったにちがいない。『古事記』の垂仁記にある唖の皇子の話も、実はこの建皇子の話が仮託されたものであるという説がある。このいとしい皇孫、建皇子が、病気となり死んでしまった。斉明帝の悲しみは深かった。このとき斉明帝は六十五歳であったが、彼女の詠《よ》んだ歌の何とみずみずしいことであろうか。最後の歌など、初恋の歌のように新鮮である。

この歌は『万葉集』の多くの秀歌と比べてもけっして遜色《そんしょく》のない歌だと私は思うが、この歌は斉明女帝がいつまでも詩人の情熱をもち続けた人であることを示すと共に、彼女の建皇子にたいする愛情の深さをも示すものであろう。

ところで、この建皇子の死が斉明四年五月であった。先の戊午年《つちのえうまのとし》を斉明四年とすると、聖徳太子の二経講読はこの建皇子の死の直前ということになる。

先に私がのべたように、そのとき出現したのが現実の太子ではなく太子の霊であり、太子の二経講読（たった一日で二経の講読が終るのは、『書紀』が考えたように不合理である）が、実は死せる太子への供養のためであるとすれば、事態は自ら明らかである。つまり、斉明女帝は建皇子の発病に際して、太子を供養し、太子の霊を慰めて、可愛い孫、建皇子の全快を祈ったのである。なぜか。これについて、この論文の読者には改めて説明の必要はあるまい。建皇子が生れてきたとき、天智帝の嫡男であるこの孫に、斉明帝はどんなに深い愛情と期待とをかけたことか。しかし、この子は大きくなっても物を言わない。今に物を言うか、言うかと思っていても、いっこうに物を言わない子をもった親や祖母の心はどんなであろう。斉明帝の失望。どうしてこんな因果な孫が生れたのか。唖の国王、そんなものはありえない。その失望は、必ず斉明帝や天智帝をして、その因縁を考えさせたにちがいない。天智帝が殺した多くの人間、それらの霊が祟っているのではないか。斉明帝や天智帝はきっとそう考えついたにちがいない。殺された蘇我氏の怨霊、そして蘇我氏の精神的代表者としての聖徳太子の怨霊。斉明女帝は、山背《やましろの》大兄皇子《おおえのおうじ》の無残な死の事実を知っていた。そしてまた彼女は、入鹿《いるか》の無残に殺された死体を眼の前に見たにちがいない。怨霊の祟りだ。怨霊を祭れ。

建皇子の病気が重くなると、その不安は一層つのってくる。そして、彼女のまわりにいる僧は言う。聖徳太子の祟りだ、太子の霊を呼んで供養しなさい。こうして太子は迎えられるのである。『勝鬘経』と『法華経』、太子の好んだ二つの経が、太子に代った、あるいは太子の霊が乗りうつった僧によって講読される。じっさいに、僧に太子の霊が乗りうつったにちがいない。僧に乗りうつり、儀、僧の如き太子の語る言葉を聞いて、すべての人々は信じるのである。それは実際に聖徳太子であったにちがいない——私も聖霊会に行って、あやうくそういう錯覚にかられそうであった。そしてこの『法華経』、『勝鬘経』講読の儀式と共に上宮聖徳法王は天降《あまくだ》り、ひとびとと共に建皇子の全快を祈ったのであろう。

ここで、読者は先に私が引用した橘《たちばな》寺にまつわる話を思い出してほしい。太子が『勝鬘経』、『法華経』を講義したとき、天から蓮《はす》の花が落ちてきたので、それを集めて塚としたという伝承である。天から落ちてきたのは蓮の花ばかりではあるまい。太子もすでに天界の法王であり、蓮の花と共にそこに降りてきたのではないか。そして蓮花は塚となったというが、塚は死者の墓である。生きている太子にどうして塚が必要なのか。

私は、ここで天上から太子と蓮花《れんげ》を下す荘厳《しょうごん》なる『法華経』、『勝鬘経』講読の儀式を行なって、太子を塚に祭ったのではないかと思う。

橘寺には、根強くここが太子の二経講読の場所であったという伝説が残っている。しかしこの寺跡の発掘調査は、この寺の建造が斉明帝の時代をさかのぼりえないことを明らかにする。とすると、この寺は、やはり太子の死霊が現われて『勝鬘』、『法華』の二経を説いた太子の死霊出現の寺ではないか。

そしてこのとき、太子の霊を祭る多くの寺にたいして土地を賜わったのである。法隆寺は中宮尼《にじ》寺や片岡僧寺と共に、こうして土地を施与《せよ》された。それが法隆寺のもつ主な財産になっている。『資財帳』に語る戊午年の二経講読は、このような意味ではないだろうか。

この橘寺と、斉明帝の宮であった川原宮とはひどく近い。斉明帝は斉明四年、この寺で建皇子の病気全快のため、太子の供養を行なったのではないか。私は、『法隆寺資財帳』はそう読まるべきものであると思う。

しかし、斉明帝の熱烈な祈りにもかかわらず、建皇子は死んだ。斉明帝は、おそらくその傷心を癒《いや》すためであろうか、その年の十月、紀州の湯に巡幸するが、孫の建皇子のことが忘れられない。

『日本書紀』は斉明天皇四年十月に次のような御製を伝える。

山越えて　海渡るとも　おもしろき　今城《いまき》の中《うち》は　忘らゆましじ
水門《みなと》の　潮《うしほ》のくだり　海《うな》くだり　後《うしろ》も暗《くれ》に　置きてか行かむ

斉明帝は、建皇子のことを忘れようとするが、あの今城の墓の中に眠っている建皇子のことが忘れられない。特に、この後の歌はすばらしいと思う。暗い気持を忘れようとして明るい海へ出てみるが、暗い墓場の思いが後ろから追ってくる。私は、斉明帝はすばらしい歌人であると思う。あのように盛大に太子の霊を供養したけれど、建皇子の運命はどうにもならなかった。太子の怨霊の力は、やはり強大だった。斉明帝を後ろから追いかける暗さが、やがて斉明帝をも包んで彼女の奇怪なる死となるのである。

『資財帳』にある戊午年を斉明四年とするならば、以上のような推論になる。もしも戊午年を推古六年とするならば、この『資財帳』はそれ自身において矛盾する。しかし戊午年を斉明四年とする限り、それはそれ自身において矛盾しないのである。ただし、ここに登場する聖徳太子を、われわれは生きた太子ではなく死んだ太子と解釈しなくてはならぬ。これから分析するように、それ以後も、太子の死霊はしばしば現われている。そう考えると、このとき太子の死霊が現われたといっても不思議ではないと私は思う。

大化三年にもその死霊は現われ、何らかの害をしたのではないか。そして次に斉明四年、やはり太子の死霊が出現して建皇子の病気となり、ついに死となった。そして、この二度の太子の出現によって、法隆寺は食封《へひと》三百戸と播磨《はりま》の国の田畠五十万代《しろ》を得たのである。『資財帳』の記事は、正確なのである。

# 第三章　法隆寺の再建年代

## 根強い非再建論の亡霊

以上で、われわれは法隆寺にかんする文献の謎《なぞ》について、ほぼ完全に解明を終えた。いよいよ建築の謎を解かねばならぬ。個々の建物の部分の問題に入る前に、残された綜《そう》合《ごう》的問題にふれておきたい。

われわれは法隆寺の謎を解くために、三つの点から法隆寺の解明を試みた。（1）誰によって、（2）何のために、（3）いつ建てられたかである。従来のほとんどすべての論点は（3）の問いを中心としている。しかし私は（2）の問いから法隆寺の謎に挑戦した。そして、法隆寺が、太子鎮魂の寺、祟《たた》り寺ではないかという仮説を見出した。この仮説を推し進めると中門の謎は解け、そこから、『法隆寺資財帳』の謎を解く鍵《かぎ》を得たのである。そして今、建物の個々の部分について、その仮説でもって解明しようとしている。

ところで、（3）の問い、すなわちい
つ
の問いも、まだ十分解明されていないのである。もちろん、法隆寺再建論争とその後の発掘調査により、法隆寺、飛鳥《あすか》時代建造説はほぼ完全に消失した。

しかし法隆寺非再建論は消失したが、その亡霊はまだ依然として根強いのである。というのは、建築物そのものが飛鳥時代でないとしても、法隆寺にある仏像、その他はやはり飛鳥のものと考え、そこから法隆寺の再建年代を出来るだけ古く考えようという傾向がある。かつて野間清六氏が指摘したように、もし法隆寺が、天智帝《てんじ》（在位六六八—六七一）以後再建されたとすれば、われわれはそこにある仏像を一応それ以後のものと疑ってかからねばならず、従って従来のように法隆寺にある仏像を飛鳥時代（七世紀前半）ときめて、そこから仏像の時代決定を行うことは許されないのである。野間氏は非再建論の亡霊を払い、考え方を根本的に変革することを主張したが、私も賛成である。

法隆寺建造の時についても、やはり非再建論の亡霊がいて、その建造の時を出来るだけ前にさかのぼらせようとしている。再建法隆寺の年代を斉明《さいめい》（在位六五五—六六一）の御代におく人、天武（在位六七二—六八六）の御代におく人、持統（在位六八六—六九七）の御代におく人、いちばん遅くおく人でさえ持統七年説である。法隆寺建設を持統以後におく学者はほとんどいない。しかし私は、あえてそれを持統以後、和銅に近い時におきたいと思う。その理由は何か。

われわれは、法隆寺の再建年代を正しく知る資料をもっていない。確実に信頼しうる唯一《ゆいいつ》の資料は、例の『法隆寺資財帳』に、「合塔本肆《し》面具攝、（一具涅槃《ねはん》像、土、一具弥《み》勒《ろく》仏像、土、一具維摩《ゆいま》詰《きつ》像、土、一具分舎利仏、土）右、和銅四年歳次辛亥《かのとのゐ》、寺造者。合金剛力士形弐《に》軀《く》（在中門）右、和銅四年歳次辛亥、寺造者」とある記事のみである。塔の四面に塑像《そぞう》がある。一つは涅槃像、一つは弥勒像、一つは維摩、文殊《もんじゅ》問答像、一つは分舎利像である。この塑像が和銅四年（七一一）に出来たという。そしてまた金剛力士二軀がそのとき出来たという。金剛力士とは中門の両脇《りょうわき》にいる仁王様であろう。この仁王様が同じく和銅四年の作である。

　塑像がつくられたということは、そのとき塔が完成されたことを意味し、仁王像ができたことはそのとき中門が完成されたことを意味するであろう。そして他の寺の記録によれば、金堂は中門より先に完成されている場合が多い。このとき、塔と中門が出来ているとすると、和銅四年には、法隆寺がほぼ完成されていたとみてよいであろう。法隆寺建造について確実な唯一の資料は、この和銅四年の記事である。これは認めねばならぬ。とすると、一応この時期をほぼ完成のときとして、いったい、いつ頃から現在の法隆寺が建造されたのか。

　このことをはっきりさせる資料は一つもない。ただ二つの史料が、われわれの注意を引くのである。

　一つは『色葉《いろは》字類抄《じるいしょう》』である。この『色葉字類抄』は、イロハ別に事項が分れているわが国最古の字引といってもよいが、それに次のようにある。

「法隆寺は七大寺の内なり。和銅年中造立なり。縁起に云《いは》く、推古天皇第十五年、聖徳太子斑鳩《いかるが》宮西に、一伽藍《がらん》を建つ。法隆学問寺といふ。仏舎利を安置する。本朝始め、法華《ほけ》、維摩、勝鬘三部の大乗を、此《この》寺に於《お》いて、如来《にょらい》の教法始る所の故《ゆゑ》に、学問寺と名づく」

この『色葉字類抄』にはまちがった記事もあり、必ずしも信頼出来ないが、ここで、著者はあえて寺の『縁起』に反して和銅年間の造営を主張している。よほどの確信があったからであろう。

もう一つの資料は、例の『古事記』が発見された名古屋の真福寺に伝わる古鈔本《こしょうぼん》、ふつう『七大寺年表』とよばれるものにのせられている記事である。この『七大寺年表』は、僧正、大僧都、少僧都、律師というような、僧綱《そうごう》、つまり僧の内閣というべきひとびとの任免の次第を年ごとに書いたものであり、その点についてはたいへん正確な資料である。その『七大寺年表』の和銅元年の項に次のようにある。

「和銅元年、戊申《つちのえさる》、詔《みことのり》に依《よ》り、大宰府観世音寺を造る。又法隆寺を作る」

ここで観世音寺の場合は造、法隆寺の場合は作と書きかえているのは問題であるが、一応ここで法隆寺が和銅年間に出来たという記録があることに注意しよう。

じっさい、『資財帳』や寺に伝わる伝承をのぞけば、法隆寺にかんする資料はだいたい以上である。そしてすでに『色葉字類抄』がいっているように、寺は頑固に、その寺が聖徳太子自ら建てた寺であることを信じてきた。それが非再建論者をあざむいて、法隆寺にかんする悲劇的な主張を生んだことはすでにわれわれは見た。

法隆寺再建のときにかんするもう一つの間接史料は、例の『上宮聖徳太子伝補闕記《ほけつき》』である。ここに次のような文章がある。

「斑鳩寺被災の後、衆人、寺地を定むるを得ず。ゆゑに百済《くだら》の入師をして、衆人を率ゐて、葛野《かどの》の蜂岡寺《はちをかでら》を造らしめ、川内の高井寺を造らしむ。百済の聞師、円明師、下氷君雑物等の三人をして三井寺を合せ造らしむ」

この「斑鳩寺被災の後」という言葉も法隆寺再建論争においてしばしば論議の的となった。法隆寺が焼けた後に衆人が寺の地を定めることができなかった、つまりどこへ寺を建てたらいいか分らなかったというのである。そこで蜂岡寺、あの有名な弥勒菩薩《ぼさつ》のある京都の広隆寺と河内《かわち》の高井寺をつくらしめ、そしてまた百済の聞師と円明師と下氷君雑物の三人に、三井法輪寺をつくらせたというのである。

前にのべたように、この『上宮聖徳太子伝補闕記』はかなり確実度が高い本であると思われるが、ここでは法隆寺焼失↓広隆寺及び高井寺の建設↓法輪寺の建設↓法隆寺の建設というふうに、法隆寺焼失から法隆寺再建まで、かなりの時間が考えられているのである。

このようなものが、法隆寺再建の時期を考えるほとんどすべての文献的資料であるが、私にはこれらはすべて、和銅、あるいは和銅に近い年月に法隆寺再建の時期をおくことを命じているように思われる。

最初喜田博士が、圧倒的優勢であった法隆寺非再建論にたいして独り、堂々たる再建論の論陣をはったのは、博士がこのような文献的証拠を背景にしていたからである。しかし不思議なことにはこの論争が進むにつれて、喜田博士は多少非再建論者と妥協し、再建のときを和銅年間より以前に引き上げたようである。喜田博士の言によれば、和銅四年を完成のときと見て、その建造計画が出来たときを持統、あるいは天武の時にさえ置くようになったのである。

「法隆寺の再建は、無論天智天皇朝の火災直後に着手せられたものではない。其《そ》の直後には再建の寺地を何処《いづこ》に定むべきかの議が決せずして、為《ため》に一時衆人離散して太子所縁《ゆかり》の他の寺の造営に従事したといふ。然らば其の後寺地決定して、最初に着手せられたであらうところの金堂にしても、早くて天武天皇の御代の中期以上ではあり得なかつた事と思はれる。併《しか》しながら、持統天皇の七年十月二十三日より二十六日まで、始めて仁王経を百国に講ぜしめ給《たま》ふや、法隆寺に対しては経台一足、紫の天蓋《てんがい》一具、緑帳一張の納賜《なふし》があり、又翌八年には、天皇金光明経一部八巻の御請座のあつた事が、同じく資財帳に見えて居る。此の金光明経御請座の事は、日本紀に、持統天皇八年五月十一日『金光明経一百部を諸国に送り置く、必ず毎年正月上玄に当りて之《これ》を読め。其の布施《ふせ》は当国の官物を以《もつ》て之に宛《あ》てよ』とあるものに相当し、諸大寺に於ても励行が命ぜられたものであつたと解せられる。随《したが》つて之等は共に特に法隆寺にのみ関したものではないが、併し法隆寺に於てもそれが行ぜられて、此の御寄附のあつたといふ事は、持統天皇七・八年頃に於て、法隆寺は勿論《もちろん》官の大寺として相当数の僧侶《そうりよ》がそこに住し、勅命によりて仁王経を講じ、又官物を布施として金光明経を読誦《どくじゆ》せしむるに堪《た》ふるだけの、寺観と設備とが整つて居た事を語るものである。換言すれば、少くも金堂だけはすでに此の頃にはほゞ完成して居たものであらうことを示すものである」

（足立康編『法隆寺再建非再建論争史』）

ここで喜田博士は、法隆寺再建のときを「早くて天武天皇の御代の中期以上ではあり得なかつた」という。そして金堂は持統七、八年にはほぼ完成していたのではないかといわれる。ずいぶん喜田氏も遠慮されたものだと私は思う。遠慮しすぎではないだろうか。もし、天武の中期に再建造の初めのときを置いたら、『上宮聖徳太子伝補闕記』の記事はどうなるか。「衆人、寺地を定むるを得ず」という言葉の意味はどうなるのか。天智九年（六七〇）の焼失のときから天武の中期まで十年とたっていない。この十年の間に、広隆寺、高井寺が建ち、また法輪寺が建てられたのか。再建の年代を上げれば上げるほど、資料的価値がかなり高いと思われる『補闕記』の記事は無視され、『色葉字類抄』と『七大寺年表』の二つの古い文献証拠はふっとんでしまうと思う。文献的には、建造のときを出来るだけ和銅に近く置くのがもっとも合理的なのである。もし、これに反する何らかの証拠があるとすれば、その文献を否定しなければならないことになるが、われわれはそういう証拠を見出せないばかりか、和銅に近いところに法隆寺の再建を置いたほうが、はるかに論理整合的であると思われる。この論証を、三つの点から行なってみよう。第一は、『法隆寺資財帳』の分析であり、第二は様式論の上からであり、第三は先に私が明らかにした当時の全般的な宗教情勢の上からである。

喜田氏が、論争の初めにおける強固な和銅説を一歩ゆずったのは、必ずしも喜田氏にとって頑迷固陋《ころう》のように思われた非再建論者の議論に妥協したためのみによるのではない。論争はしばしば思いがけない結果に終る。それは論争相手の説が、論争している間に知らないうちに自己のものとなってしまうためである。この論争は再建論の勝利に終ったが、しかし到着点として、頑固な和銅建造説を学界からなくしてしまった。その意味では、非再建論の勝利であった。和銅再建論者であった喜田博士が、再建説を主張しつつも和銅説を捨てるとしたら、誰が和銅説をとるのか。そしてその後の、すべての法隆寺再建論者は和銅説をとらない。私はここに非再建論の亡霊を見るのである。

しかし、喜田博士が和銅説を捨てたのはそれのみによるのではない。一つには先の引用文で示される『法隆寺資財帳』の記事、特にその持統七年及び八年の記事によってである。これについて検討してみよう。

前にものべたように『資財帳』は、法隆寺にあるさまざまな物品を詳細に記入し、それがいつ誰によって寄附されたかを記録しているが、食封《へひと》も入れて、その年代が記されているものの件数は、以下である。斉明以前四、持統四、元明二、元正十二、聖武《しょうむ》二十三である。その他、飛鳥浄御原宮《きよみはらのみや》御宇天皇と記されたものと、平城宮御宇天皇と記されたものがある。前者は天武帝か持統帝を指し、後者は元正帝か聖武帝を指しているのであろう。前者についてはいろいろ議論があるが、ここでは天武帝、持統帝いずれとも定めがたいとしておこう。

この『資財帳』を、同時代につくられた『大安寺資財帳』と比べてみよう。『大安寺資財帳』は、舒明《じょめい》三、孝徳一、天智二、天武四、持統三、元正三、聖武六となる。つまりこの二つを比べてみると、『法隆寺資財帳』のほうは圧倒的に元正、聖武帝の時代の寄進が多いのに対し、大安寺は古くから寺に寄附されていたものが多い。このことは、法隆寺が奈良遷都《せんと》をまってはじめて、寺としての整備を完成したことを示すものであろうが、もっと詳細に見てみよう。

斉明以前のものとして私が先にあげた『資財帳』の四つの件である。そのうち一つは、例の大化三年における食封であり、他の一つは、小治田《おはりだ》天皇、戊午年《つちのえうまのとし》四月十五日における五十万代《しろ》の土地寄贈である。戊午年の意味については先に論じたが、これを推古帝の年代とみても斉明帝の年代とみても、いずれも斉明以前となる。

残った二つの斉明以前のものは、本堂の薬師如来と釈迦《しやか》如来である。それについては後に論じる。この二体の本尊を除外すれば、天智九年以後、確実に法隆寺に物品が寄進されたのは、持統七年と八年における四点である。持統七年には三点のものが下賜《かし》された。経台一足、紫の天蓋一具、緑帳一張《ひとはり》。経台は明らかに、お経をのせたり焼香をしたりする台であろう。紫の蓋《ふた》というのは、法分に入っているところを見ると、仏様の上にかぶせるものではなく、法事に使う僧の上にかぶせる蓋であろうか。そして緑の幕、この三点が持統七年、法隆寺に与えられた。そして翌年、『金光明経《こんこうみようきよう》』一部八巻が寺に下賜されたのである。

この持統七年は、薬師寺の造営がさかんにおこなわれていた頃ではないかと思うが、この年の十月二十三日から二十六日まで、『仁王経』を各寺において講ぜしめた。法隆寺に経台以下が寄附されたのは、その『仁王経』講読の終った十月二十六日である。また翌年五月、『金光明経』一百部を諸国へ送ったと『日本書紀』にある。この一端が、『資財帳』にある法隆寺への『金光明経』一部八巻の寄進であろう。

ところが、このとき大安寺には、繍大灌頂《しゆうだいかんじよう》一具が寄附されている。灌頂をするのに必要な法具一式をいうのであるが、寄附の額において法隆寺とは比較にならない。そして持統八年には『金光明経』一部八巻に加えて、『金剛般若経《こんごうはんにやきよう》』百巻が寄附されている。

『金剛般若経』は短いもので、百巻はおかしいが、あるいは『大般若経』をいうのであろうか。とにかく、このとき法隆寺の待遇は、大官大寺の待遇にはるかに及ばなかったことは疑うことができない。台と蓋と帳では、仏を祭る最小限度のものであろう。しかし、問題はこういうことである。このときはたして法隆寺は、すでに今のような建物であったか、それとも別なものであったかである。もう一つはっきりいえば、そのとき金堂は、現在のものであるか、それとも別なものであったかである。

一つの堂を想像してみよう。ここに堂がある。そこに二つの本尊があるとしよう。今、法隆寺の金堂にある薬師如来と釈迦如来である。その他に、一つの経台と一つの蓋と、一つの帳、それに『金光明経』一部、そういうものだけの寺である。そんな寺を、あなたは現在の法隆寺の金堂であると想像することが出来るか。もちろん壁画も四天王もない。ただ二体の仏像と、一つの台と蓋と帳。あまりにも建物の荘厳《しようごん》のわりに什器《じゆうき》が貧弱すぎはしないか。いや、まだ他に什器があったと人はいうかもしれない。しかしもしあったとすれば『資財帳』に書かれるはずである。たしかにこの『資財帳』には、年月日がはっきりしない、必ずしも天皇から寄附されたものではない品物があるにはある。しかし主要なものは、やはり、官の寄附によっている。そして法隆寺建立《こんりゆう》ということが、太子の子孫が根絶していた当時に、一私人の手によって出来るはずはない。官の造営によるのであろうが、それならば、造営と同時に、品物が寄附されるはずである。法隆寺の金堂建造を祝うものとしては、一つの台と蓋と帳というのではあまりに貧弱すぎる贈物ではないか。

いや、まだ一つ残っているではないかと人はいうかもしれない。それは飛鳥《あすか》浄御原宮御宇天皇のとき納め賜わった繡帳《しゅうちょう》二帳である。繡帳とは、刺繡《ししゅう》のある幕をいうのであろう。その幕に二十二条の帯と三百九十三の鈴がついていたとある。そういうものが何であるかはっきりしない。ある人は天寿国曼荼羅《てんじゅこくまんだら》のようなものではないかというが、そうではなく、ただ、刺繡のある鈴のついた幕と考えればよいのであろう。法隆寺にはその鈴の名残りらしいものがある。これを「飛鳥浄御原宮御宇天皇」の御代に賜わったとあり、この飛鳥浄御原天皇を天武帝と考えて法隆寺の建造を天武期までもってゆく人があるが、私は必ずしも天武帝と断定出来ないと思うし、またこれを天武帝と考えても、この帳一つで法隆寺建造を天武朝におくことは無理だと思う。

『資財帳』の物品目録を正確に分析する限り、法隆寺の建造年代を天武帝の時期におくのはもちろん、持統帝の時期におくのさえ無理だと思われる。そして持統以後ですら、例の和銅四年につくられたとある塔の四面の塑像《そぞう》や、中門の金剛力士像の建造をのぞいて、多くの物品は、ほとんど養老年間以後につくられたものなのである。金堂に舎利伍《ご》粒《りゅう》と、檀像《だんぞう》一具が唐よりもってこられたのは養老三年（七一九）である。この養老三年という年は、道慈が唐から帰った翌年である。あるいは檀像一具を、舎利伍粒と共に法隆寺[illegible]とげたのは道慈であったかもしれないが、法隆寺が寺としての本[illegible]をととのえたの[illegible]やはり養老年間ではないかと思われる。元正、聖武時[illegible]大量の物品の寄附はそれを[illegible]語ると思うが、法隆寺が奈良五大寺の一つとして[illegible]四大寺の次に位置することの出来るよ[illegible]になったのは[illegible]る。

とすると持統帝の時代にあったものは何か。私はそ[illegible]、仮小屋ではないかと思う。法隆寺には、大化三年以来賜わった食封がある。そ[illegible]に斉明[illegible]のときであると思われるが、帝《みかど》によって寄附された田畠がある。ところが天智《てんじ》九年の火事があって、人は祟《たた》りの恐怖を感じる。「衆人、寺地を定むるを得ず」とは、[illegible]の実感[illegible]と思う。法隆寺火災の後、まもなく天智帝の死についで起った壬申《じんしん》の乱により[illegible]近江朝はほろびる。人はそこに何か不吉なつながりを見たのではないか。どこに寺を建てたらよいか。前の寺地は何か不吉に思われる。そして広隆寺と高井寺。寺の疎開《そかい》である。この寺にも食封も田畠もあり、寺の僧たちは十分生活出来たにちがいない。天武八年における食封停止は、本寺がないとしたら当然の処置である。しかし、まだこのとき法隆寺は田畠をもっていたはずである。多くの僧は広隆寺に、高井寺に疎開していたはずであるが、やがて法隆寺再建の計画が出はじめる。法隆寺の近くに法輪寺を建てる。太子の霊はまわりから徐々に鎮魂されていく。法隆寺の焼跡に、仮小屋ぐらいは建てられていたであろう。私は持統七年、八年の寄附は、今の金堂ではなく、そういう仮小屋への寄附ではないかと思う。

それが、その寄附された納品にふさわしい寺の有様であろう。

学者たちが法隆寺の建造年代をさかのぼらせるのは、一つには、他の寺の建造年代からの類推であろう。つまり、和銅四年（七一一）を寺の完成のときとして、それを二十年も三十年もさかのぼらせるのである。和銅四年から持統七年まで十八年ある。それ以前に寺がつくられていたとすれば、着手から完成まで二十年以上かかっていることになる。天武の時代にその建造年代をおけば、三十年もかかったことになる。ところが、このように長い間かかって出来た例が他にもあるのである。

一つは山田寺。かの大化改新の功労者、倉山田石川麻呂《いしかわまろ》が生前つくり、彼が殺害された後に、石川麻呂の菩提供養《ぼだいくよう》のために建てられた寺である。『上宮聖徳法王帝説』という法隆寺に伝わる文書に、山田寺についてのメモが書かれているが、それによると山田寺は舒明十三年（六四一）に地をならし、皇極二年（六四三）に金堂を建て、大化四年（六四八）にはじめて僧が住み、大化五年（六四九）に蘇我《そが》倉山田石川麻呂が殺された。そして天智二年（六六三）に塔を構え、天武二年（六七三）に塔の心柱《しんのはしら》を立て、天武五年（六七六）に露盤を上げ、天武七年（六七八）に丈六の仏像をつくり、天武十四年（六八五）に仏眼を点じたという。

この記事はまちがいないと思うが、天武五年、露盤を上げたときを塔の完成としても、天智二年の工事着手から十三年かかっている。もし舒明十三年を着手のときと見て、天武十四年に仏眼を点じたときを完成のときと見れば、実に四十四年かかってつくられたことになる。

また、『聖徳太子伝私記』所載の法起寺塔婆露盤銘《ほっきじとうば》によれば、法起寺は聖徳太子の臨終のとき、山背大兄皇子《やましろのおおえのおうじ》に勅願あって出来たもので、舒明十年（六三八）福亮僧正《ふくりよう》が弥勒像《みろく》をつくり、金堂を構立《こうりゆう》した。そして天武十三年（六八四）恵施僧正《えし》が御願をうけ、堂塔を構立して、慶雲三年（七〇六）露盤をつくったというのである。法起寺も、天武十三年から慶雲三年まで二十二年、舒明十年からは実に六十八年の長い年月を費やしている。

このように二寺が長い時期をかけてつくられたとすれば、法隆寺の建造年代を和銅四年完成と見て、その建造着手のときをもっとさかのぼらせて考えても差支《さしつか》えないことになる。

しかし、そういう対比はこの場合成立しないと私は思う。山田麻呂の死以前と以後では、その寺の意味が全くちがっている。はじめの山田寺は、山田麻呂の氏寺《うじでら》である。しかし後の山田寺は、菩提供養の寺である。それはむしろ再建法隆寺と同じ意味をもつ寺である。山田寺の又の名を浄土寺という。それはやはり、倉山田石川麻呂の浄土往生を願う意味であろう。天武帝の后《きさき》、持統皇后は山田麻呂の孫である。山田麻呂の殺害後、持統帝の母遠智娘《おちのいらつめ》は父の死を悲しんで自殺した。そして山田麻呂の子供も、ほとんどが山田麻呂と一緒に死んだ。持統帝の母方の血縁は全滅したのである。この祖父や母の悲劇を、持統帝は終生忘れえなかったであろう。それが山田寺建設となると思うが、実際は、天武帝のときに持統皇后の意志をうけて建造されたと考えてよいかもしれない。ここで建造の意志は山田麻呂の生前と死後とでは、明らかに断絶しているのである。

また法起寺の場合も、山背皇子への建造依頼は例によって縁起類によくある伝承であろう。そして舒明十年の福亮僧正の意志と、天武十三年の恵施僧正の意志は断絶している。今の法起寺はやはり、天武十三年に恵施僧正によってつくられたと考えてよいであろう。とすれば天武十三年から数えて慶雲三年まで二十二年である。

この両寺とも私寺の色彩が強いが、法隆寺は後に七大寺の一つに加わることでも明らかなように、官寺の色彩が濃い。つまり建造に財力と人力を動員出来ることを意味する。とすれば、はたしてこの寺の建造に二十年以上を要したであろうか。もとより、法隆寺が山田寺や法起寺より短い期間に建ったという証拠はない。ただ、山田寺と法起寺を例にして、法隆寺建造のときを何十年とさかのぼらせるのは、必ずしも正しくないことを論じたまでである。

## 浄土思想の影響を示す法隆寺様式

しかし、もっとはっきりした証拠がほしい。だが、そういう証拠はどこにもない。多少もどかしいが、いろいろな証拠を総動員して、そこから総合判定してゆくより他はない。

様式論から、この建築年代の時期を考えてみよう。先にものべたように、法隆寺再建論争当時は、中門の右に金堂、左に塔がある形は、日本独自のもので、それが飛鳥《あすか》時代の建物の特徴であると考えられたが、戦後発掘が進んで、わが国最古の寺院建築であると思われる飛鳥寺は、真中に塔があり、それを三つの金堂がとりかこむ形であることがわかった。こういう飛鳥寺を例外として、だいたい飛鳥時代の寺院は、中門と塔と金堂とが一直線にならぶ四天王寺様式であることもわかり、それと共に法隆寺様式というものは、かつて考えられたように飛鳥時代のものではなく、白鳳《はくほう》時代（七世紀後半）のものであることもわかった。

しかし、さて、その外国には例をみない様式がどうして成立したかが問題である。この説明は、ふつう川原寺の様式をもとにして行われる。川原寺は、前にものべたように、飛鳥寺の寺院配置から東金堂が脱落し、塔と西金堂が向い合っていて、その後ろに中金堂があり更にその背後に講堂がある形である。その中金堂を落し西金堂を南向きにしたらどうか。すると塔と金堂が東西にならぶ形になる。この形が法起寺《ほっきじ》様式であろう。もちろんこのようにして法起寺様式が生れたかどうかは確証がない。あるいは、東から西へ、塔と金堂が並んでいる橘《たちばな》寺様式の門を南口につけて、塔と金堂を南向きにさせて法起寺様式が生れてきたとも考えられる。

いずれにせよ、こうして生れたのが法起寺様式であるが、この様式は、他にも高麗寺《こうらいじ》、観世音寺などある。ところで今問題の法隆寺様式は、この金堂と塔の位置が反対になった形である。法起寺様式の塔を東、金堂を西という形を逆にして、金堂を東、塔を西とした形である。この形は法輪寺、野中寺など多くある。

そして、理論的にもこの法隆寺様式は法起寺様式より後のものといえるし、また発掘の結果も、もちろんはっきり断定出来ないが、法起寺様式の寺院のほうが法隆寺様式の寺院より古いとされる。

とするとどういうことになるか。もしも川原寺が、天智《てんじ》（在位六六一―六七一）の御《み》代《よ》に建てられたとする。これを起点にして考えてみると、それが天武十三年（六八四）に建造開始ということになる。それが天武十三年建造開始であるとすれば、それはいつ完成したのか。この法起寺建造の中心的役割をした恵施《えし》は、文武二年（六九八）に僧正になり、大宝元年（七〇一）に死んでいる。この頃に法起寺建造が大々的に行われ、慶雲三年（七〇六）に完成されたと見てよいと思われる。

このように考えると、だいたい持統―文武頃の建築様式が法起寺様式であると思われる。すると、法隆寺様式はそれをもっと下ることになる。ところで、この法隆寺様式においても、法隆寺がその様式の最初ではない。なぜなら『補闕記《ほけつき》』によれば、法隆寺の寺地を定め得ず、広隆寺と高井寺をつくり、また法輪寺をつくったという。この法輪寺の塔は最近まで存在した。法輪寺は法隆寺西院をちょうど三分の二にした法隆寺様式の寺であった。とすれば、この法輪寺を建てた意味が分る。まず法輪寺を建てて、次に法隆寺を建てる。法輪寺は新しい建築様式の最初の試みであったかもしれない。

この例と同じような建物の例がある。出雲《いずも》の神魂《かもす》神社である。この神魂神社も、出雲大社と同じように何度も建造し直されているので、厳密なことははっきり分らないが、神魂神社の大きさはすべて出雲大社の半分である。私はやはりこの頃、はじめての試みの寺を建てるとき、それより規模の小さい寺をあらかじめ建てたのではないかと思うが、この法輪寺と神魂神社は、それが別の建物の正確なるミニアチュアであるという点において不思議な相似をもつ。ここにおいて、先にのべた出雲大社と法隆寺とを比較した私の考え方が、再び証拠づけられるのである。この一つの建造物をつくるときの試みの建築について、東大寺の大仏をつくるにさいしてつくられたという「試みの大仏」という名の仏像があることを見ると、当時よくあったことであるのであろう。試みの建物は、本建造物より先に出来たものであることは明らかであろう。

とすると、法隆寺は、法隆寺様式の建物のうちでもっとも古いものではなく、法輪寺が建てられた以後の建造であるということになる。法隆寺様式の成立を、法起寺様式の成立の後におき、しかも法隆寺が法隆寺様式のうちの最初でないとしたら、持統朝に流行した法起寺様式より後におかねばならず、せいぜい文武帝の御代となり、しかも法隆寺建造が法輪寺の建造をまたねばならぬとしたら、法隆寺建造の開始を和銅あるいは和銅に近い頃におかなくてはならないことになる。

法隆寺建設を天武や持統の時代におく論者は、このへんの関係の説明が全く苦しくなる。法輪寺を法隆寺様式と別なものと考えるか、それとも、あの『補闕記』の記事を無視してしまうかである。われわれが様式論を真面目《まじめ》に考え、そして『補闕記』の記事を信頼すれば、法隆寺は天武十三年以後、しかも法輪寺という一つの寺が出来上る時日をおいて、建造が開始されたと考えるのがもっとも妥当であろう。

ところでここに問題が一つある。なぜ法起寺様式から、法隆寺様式への転化が行われたかということである。いいかえれば、塔の位置が、東から西へ移ったのはなぜか。この問題が解明されねばならぬ。

このようなことを考えていたとき、私は、一つの研究にぶつかった。安井良三氏の研究発表である。それは、三品彰英氏を中心とする『日本書紀』研究会の、昨年（昭和四十六年）の二月例会における「天武天皇と仏教」と題する発表であるが、そこで、安井氏は次のように論じた。飛鳥の本薬師寺において舎利塔は東に堂塔は西にあるが、奈良の薬師寺においては舎利塔が西に移っている。これはいったいどういうわけか。ここに浄土思想の影響が見られるのではないか。それと同じことが、法起寺様式の寺から法隆寺様式の寺への推移についてもいえるのではないか。

これははなはだ面白い論議である。飛鳥にあった本薬師寺と奈良に移した薬師寺は似ているが、結局、舎利塔の位置がちがう。東から西へとはっきり移されている。この同じような二塔形式の寺院における舎利塔の位置の移動と、舎利塔と金堂の位置の移動には、やはりパラレルの関係があろう。もしこのようなパラレルの関係が成立するとすれば、どういうことになるのか。

本薬師寺が出来たのは、だいたい天武（在位六七二―六八六）の頃から持統（在位六八六―六九七）の御代にかけてであろう。そのとき舎利塔はまだ東にあった。この時期に、やはり東に塔のある法起寺が建てられていた。塔が西へ移るのはそれ以後である。奈良の薬師寺建設を養老（七一七―七二四）年間とすれば、養老年間には舎利塔は西にならねばならなかった。舎利塔を西におくのは浄土思想の影響であろう。西は極楽浄土の方向であるためである。ところで法隆寺様式はそれと同じ思想によって出来上っている。つまり、舎利塔をわざわざ西にもっていったのは極楽往生の思想であろう。持統の時代と養老の時代の思想の相異がそこに出てくるわけであるが、こういう思想の転化はいつ起ったのであろうか。私はそのときを、日本で最初に天皇が火葬で葬《ほうむ》られるようになった文武の時代ではないかと思う。先にのべたように、法隆寺が法隆寺様式の最初の寺ではないとしたら、法隆寺再建のときはもう一時代新しくなるのである。とすると、そのときは和銅（七〇八―七一五）あるいは和銅に近いときになるのではないか。

このように考えると、法隆寺建造を持統七年以前におく通説は、どうやら、かつて非再建論が喜田氏の緻密《ちみつ》な論理によって雲散霧消したように、私の論証によって雲散霧消しないであろうか。しかし、私にはそう簡単に消え去るとも思えない。喜田氏の明解なる論証にもかかわらず、その後も非再建論派は有力であり、若草伽藍《がらん》の発掘によってはじめて再建論の勝利が認められたのである。そしてこの時すら足立康氏のように、牽強《けんきょう》付会《ふかい》の二寺併存説によって、まだ非再建説の偏見を守ろうとする学者さえあり、その奇怪なる説がある程度世人の賛意を得ていたのである。盲千人といわねばならぬが、私はやはり正しい説が認められるのには、相当の時間が必要だと思う。あせって、自分の説を認めさせようとしてはならない。真理は時が来れば、ひとりでに現われるものであろう。

### 法隆寺の再建は和銅年間まで下る

以上においてわれわれは、法隆寺の建造年代を持統朝以前におく通説が、『資財帳』の検討からいっても、伽藍《がらん》配置の様式論からいっても、必ずしも正しいものではなく、むしろ資料的にも様式論的にも、数々の無理をおかしていることを明らかにした。『七大寺年表』や『色葉字類抄《いろはじるいしょう》』がいうように、法隆寺建造年代を和銅年間と考えるほうが、論理的一貫性をもっているのである。しかし、それだけでは論証が十分ではない。せいぜい、法隆寺建造年代を和銅年間と考えたほうが、天武朝や持統朝において考えるより合理的であると考えられるということしかいえない。和銅年間とずばり言い切る確実な証拠がほしいが、今のところそういう証拠は存在しない。

しかし、と人はいうであろう。『資財帳』や伽藍配置の様式はそうかもしれないが、法隆寺には数々の古い仏像が残っているではないか。そしてあの雲形の斗栱《ときょう》や、人字形の束《つか》や、エンタシス（柱身のふくらみ）のある柱などは、はっきりそれが飛鳥《あすか》時代の建物であり、飛鳥時代ではなくとも、かなり古いものであることを物語っているではないかと。

そういうふうに人は思うだろう。そして、そう思うところに、ひとびとが法隆寺の再建年代を古く引き上げようとする論理的、心理的根拠がある。仏像については後に論じよう。建築の年代についてあらかじめ一言すれば、あの雲形斗栱や人字形の束や、エンタシスのある柱があることによって、それを古い時代に引き上げること自体が、実は非再建論の亡霊がうろついている証拠である。それらは他の現存する建造物にはない。かつて、それらが法隆寺にあり、しかも法隆寺が非再建と考えられたので、それらの特徴をひとびとは飛鳥時代のもの、古い時代のものと考えた。非再建論は消滅したが、それらの様式が古いものであるという幻想のみは残り、それらの特徴をもつ法隆寺を古い時代におこうとするのである。

　そういう特徴は、古い建造物を新しい建造物から分つものではなく、法隆寺を他の建造物から分つものかもしれないし、またそれが古い様式であっても、法隆寺は何らかの必要があって古い様式で造られる必要があったのかもしれないのである。

　非再建論の亡霊がまたうろうろして、この亡霊によってあの鋭敏な喜田博士すら、論争の終点においてこの亡霊の軍門に下っているかに見える。

　われわれは事象を冷静に見る必要があるが、もう一つわれわれの説に有利な点がある。それは、法隆寺を天武、持統の頃の建造におくより、私のように和銅の頃においたほうが、法隆寺建造当時の仏教政策における位置がよく理解されるということである。

　もしも、法隆寺建造を天武、持統の頃においたとき、われわれはなぜ飛鳥の都から遠い斑鳩《いかるが》の地に、このような優雅な建物を建てねばならなかったかがよく分らなくなる。当時、太子の霊を祭る寺としては、都の近くにすでに橘《たちばな》寺が存在したはずである。川原寺—橘寺の系列が、四大寺の一つとして内面的罪障感の除去という機能をはたしているかぎり、後に国家の五大寺とされ、四大寺につぐ機能をもってくるような、聖徳太子を祭る寺を新たに必要としないであろう。

法隆寺は、奈良（平城）遷都《せんと》後、大きく浮び上ってくる。そして霊亀《れいき》元年（七一五）に、法隆寺は弘福寺《ぐふくじ》（川原寺）と共に『続日本紀《しょくにほんぎ》』にはじめて登場し、天平十年（七三八）においても法隆寺は鵤寺《いかるがでら》という名で、山階寺《やましなでら》（興福寺）と共に食封《へひと》をさずけられている。法隆寺は、川原寺あるいは興福寺と一緒に登場してくることが多い。法隆寺は奈良遷都を待っていたようである。奈良遷都と共に、それははじめて寺としての機能を果す。

「平城遷都が和銅三年（七一〇）であって、法隆寺の建築が出来上り、その五重塔の須弥山《しゅみせん》、中門の仁王像の塑像《そぞう》が完了したのが和銅四年である事は、法隆寺にとって何たる幸運であったろう。飛鳥の諸大寺は平城移建の、計画に大童《おおわらわ》なるに際し、法隆寺は完成伽藍の新面目を以《も》ってこの新時代に対処し得たのである。奈良時代初期にあって法隆寺は帝都に近い唯一《ゆいいつ》の大寺であったのである。従って朝廷とのつながりも以前にまして繁《しげ》くなり、行信僧都があれだけの活動をなし得たのも地の利が大いに役立ったであろう」

（近畿日本叢書《そうしょ》第四冊『法隆寺』所載、石田茂作「法隆寺総説」）

石田氏は、それを偶然と見るが、私にはどうも偶然とは見えないのである。私は先に奈良遷都計画が、実に緻密《ちみつ》な計算あるいは打算にもとづいていることを綿密に考察したが、そういう点から考えても、あらかじめ法隆寺の役割が緻密に計算されていたように思われる。

法隆寺建設の計画は、川原寺―橘寺のコンビの解消から起っていると思う。奈良遷都において、川原寺（弘福寺）は興福寺となって藤原氏の氏寺となった。橘寺はどうなるのか。天智《てんじ》、天武帝が願った聖徳太子の霊鎮《たましず》めはどうなるのか。その霊鎮めは、国家の事業として必要なばかりか、藤原鎌足《かまたり》が山背《やましろ》皇子殺害に一役買っていたとすれば、藤原氏の立場からもより一層必要なのである。

そういう太子の霊鎮めの場所を、奈良の都の西の方、聖徳太子の根拠地である斑鳩につくる。そして、ここで川原寺―橘寺のコンビは、興福寺―法隆寺のコンビによって奈良の都に再生するのである。しかし、ちょうど川原寺すなわち弘福寺が興福寺となることによって皇室の寺が藤原氏の寺となったように、橘寺が法隆寺となったことによって太子鎮魂の祭りの主役は天皇家から藤原氏の手にうつるのである。そして太子鎮魂の主役を藤原氏が演じることによって、藤原氏は仏教勢力を自分の下におくことになるのであろう。

『日本書紀』が出来たのは養老四年（七二〇）である。法隆寺に数多くの財宝が運ばれ、四大寺につぐ寺となるのは、まさにその頃である。そしてその贈り主は、橘三千代、元正女帝、光明皇后など、藤原不比等《ふひと》のまわりにいた女性たちである。

もし法隆寺再建のときを持統朝以前においたら、その事件は一般的歴史的状況から見て孤立している。もし和銅年間の近くにそれをおくと、その頃の歴史が一層生き生きとして理解されるのである。私はその仮説によって、人間や歴史が一層生き生きとしてくる仮説のほうが、その仮説が歴史的状況の中で孤立している仮説より、いっそう真理に近いと思うのである。

# 第四章　第三の答（中門について）

## 中門は怨霊《おんりよう》を封じ込めるためにある

われわれは長い迂路《うろ》を通らねばならなかった。法隆寺の謎《なぞ》を解く鍵《かぎ》をすでに発見しかかったが、その鍵で完全に法隆寺の謎を解くためには、長いまわり道が必要だった。すでに法隆寺にたいする第三の謎、中門の謎はほぼ明らかになっている。しかし、どうやらわれわれは中門から引きかえして、遠く歴史の彼方《かなた》にさまよい、あの飛鳥板蓋宮《あすかのいたぶきのみや》で起った惨劇や、四大寺の移転のさまなどを見てきたのだ。

今はわれわれは、法隆寺の中門の前に立っている。この中門は、真中に柱をもっている。門の真中にある柱、それは世にも奇妙なる柱であり、その謎はスフィンクスの如《ごと》く法隆寺を訪れるあらゆる人に語りかけたが、私はその謎をほぼ解き終えたと思う。

この柱のために、中門は四間となっている。ふつう飛鳥時代の寺院の門は三間、後に奈良時代において門は巨大になり五間のものが建てられる。しかし、四間の門、偶数の門は他に存在しない。そういうものは原理的にも存在しにくい。しかし再建当時の法隆寺において偶数性の原理が、中門も、講堂も、金堂も、塔も、支配していたのである。偶数性の原理は、中門の真中に柱をおかせ、世にも不思議な四間の門を出現せしめ、講堂を六間にさせ、金堂の二階を四間にさせ、塔の最上層を二間にさせている。六↓四↓二と、ここで正に偶数性の原理は、等差において存在している。ところが偶数性の原理は建築学的にはたいへん不便である。建物の真中に柱があることになり、正面がとりにくい。特に寺院では本尊が真中に置けないことになる。

このような不便さにもかかわらず、法隆寺において偶数性の原理が支配的であるのは、よほど執拗《しつよう》な偶数性の原理への執着があると思うが、この執着がもっとはっきり現われているのは金堂であろう。金堂は、一階五間であり、内陣と外陣を分ち、内陣は三間である。ところが、ここにはけっして内からは上れない形だけの二階があり、二階は四間になっている。五間の階上に四間の二階をつけることは、建築学的にははなはだ面倒であり、はなはだ非合理である。

なぜこの非合理をあえてしたのか。私は、それは偶数性の意志が本尊安置の意志と戦った結果であろうと思う。法隆寺の設計者は、出来たらすべての間を偶数にしようとする意志をもっていたにちがいない。しかし、それでは本尊を真中に置けない。それで、階下だけは五間にして三間の内陣の真中に本尊を安置する。しかし、それでは不安だ。偶数性の原理への意志がおさまらない。それゆえ、四間の、形だけの四間の二階をそれにつけ加えたのである。偶数性の原理への固執が、門の真中に柱をつけさせ、金堂に奇妙な二階をつけさせたのである。

この偶数性の原理は何か。私は先に石田茂作氏の著書、『法隆寺雑記帖《ざっきちょう》』から引用の、偶数間の建物の例として、次の四つの例をあげた。

1　出雲《いずも》大社の社殿
2　奈良元興寺の極楽坊
3　法隆寺金堂の上層四間
4　法隆寺五重塔の最上層、薬師寺三重塔の最上層、当麻寺《たいまでら》東塔の最上層および中層

このうち、薬師寺を除けば、他はすべて怨霊をとむらう社寺であることは注意すべきことである。元興寺は蘇我《そが》氏の寺である。その極楽坊は、後世、浄土教発生の根拠地となった。当麻寺も聖徳太子にゆかりのある寺であると共に、中将姫の伝説で浄土教発生の根拠地となった寺である。法隆寺は太子を祭る寺、出雲大社はオオクニヌシのおしこめられた神社、いずれも性格はよく似ている。また大岡実氏の『奈良の寺』にも、このような偶数間の寺の例があげられている。たとえば、ここで講堂の正面の間数をしらべると、法隆寺―六間、四天王寺―八間、山田寺―八間、大官大寺―九間、薬師寺―十一間、興福寺―九間、元興寺―十一間、大安寺―九間、東大寺―十一間、唐招提寺《とうしょうだいじ》―九間、西大寺―七間である。つまり、寺院の間口はほとんど奇数であるけれど、法隆寺、四天

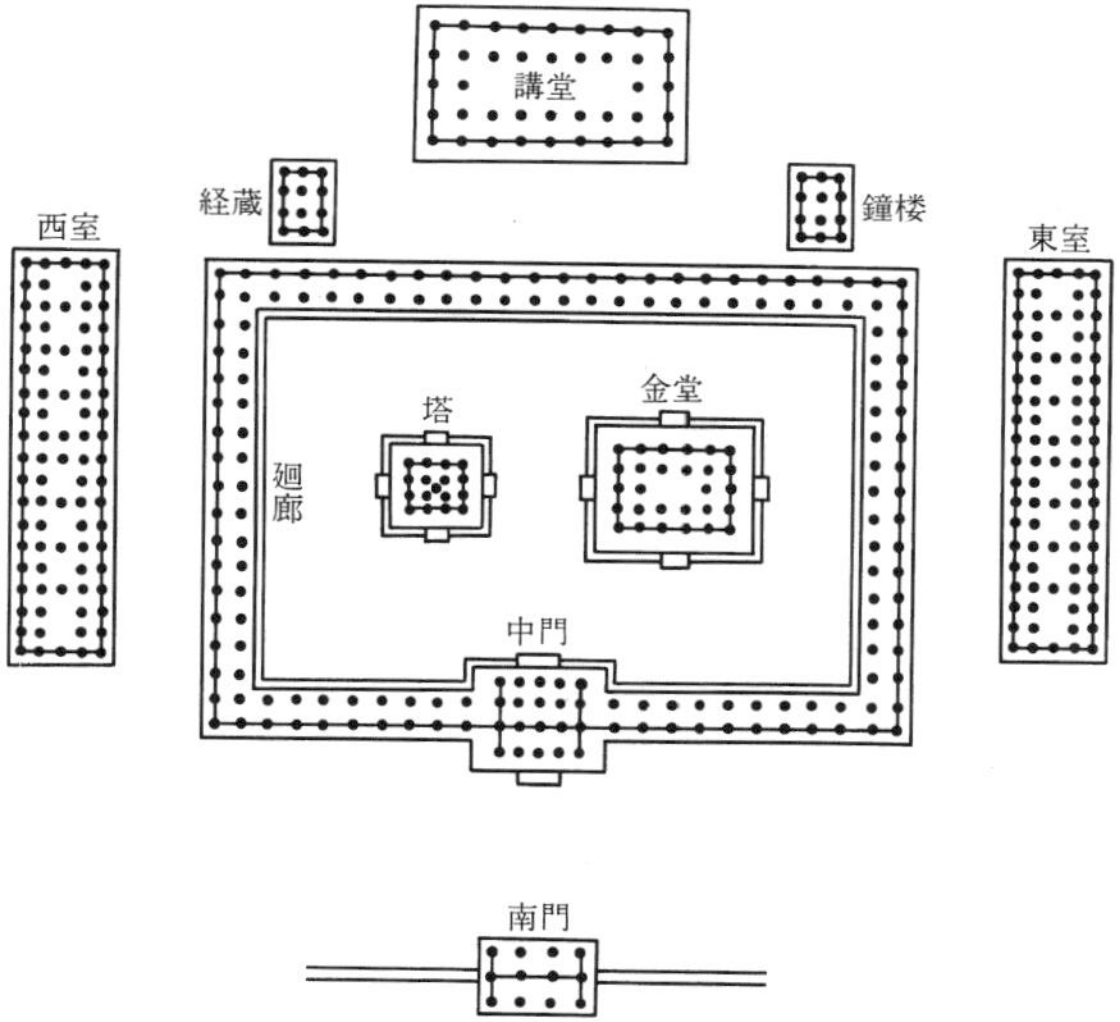


西院伽藍復原図

王寺、山田寺に限って偶数間である。法隆寺、四天王寺は、同じように太子の霊を祭る寺、そして山田寺は惨殺《ざんさつ》された蘇我倉山田石川麻呂《いしかわまろ》を祭る寺である。

そしてこのような偶数性の原理はまた出雲大社をも支配し、それは奇数性の原理の支配する伊勢《いせ》神宮と対照的であることは前にのべた。

東洋において奇数すなわち陽の数が、いかに瑞祥《ずいしょう》として考えられたか。一月一日、三月三日、五月五日、七月七日、九月九日が、節句の日として祝われたことによっても分る。

それにたいして偶数は陰の数である。いわば、それは、生の数にたいして死の数なのである。

建物における偶数性の意味はそれのみではあるまい。偶数性の建物は正面のない建物、それはいわば子孫断絶の建物である。それは死霊《しりよう》とじこめの建物である。偶数性の建物は、正面なき建物であると共に出口なき建物である。法隆寺に偶数性の原理が支配するのは、ここに太子の霊をとじこめ、怒れる霊の鎮魂をこの寺において行おうとする意志が、いかに強いかを物語るのである。

われわれは、このような解釈によってこのスフィンクスの謎を解き、この謎の門を通る権利を得たと思う。

けれど、まだ信じない人があるかもしれない。古代日本人の知識は、多く中国からきている。中国にもこのような例ありや否《いな》やと問う人があるかもしれない。こういう人のために『秘宝法隆寺』にある竹島卓一氏による次のような中門の解説を指摘しておこう。

「中国に孝堂山石室という漢時代の石造建築がのこっている。現存最古の遺構といってよいであろう。墓前にたてられた祠堂《しどう》であるが、正面の中央に石柱がたっている。漢の画像石《がぞうせき》に彫表わされた邸宅の図様にも、出入口の中央に飾りたてた柱をたてている例がある。また、漢の石槨墓《せっかくぼ》の中にも、出入口の中央に石柱をたてた例は少なくない。むしろ、門は中央をあけなければならないという考えかたの方が、こだわった考

えかたというべきではなかろうか。門を入って真正面に塔や金堂が配置されていない
この法隆寺の西院伽藍《がらん》の場合、特に門の中央をあける必要がなかったといえる。そこに伽藍全体の配置や個々の建物の釣合いから、自由に計画が進められたということが考えられる」

（『秘宝法隆寺』上）

これは注目すべき指摘なのである。中国の建築史についてはいささかも知らない私は、この指摘通り門の真中にじっさい柱をつけているのは、墓ばかりか個人の邸宅にもあるかどうか判断する力はない。ただはっきりしていることは、どうやら墓の門の真中に柱が立てられていたことである。法隆寺の中門の柱は、これと同じ意味をもつのではないだろうか。

われわれは、どうやら通るべきではない門を通り、解くべきではない謎を解いたような気がする。私は今、正直にいえば、オイディプスのように、見えざらましをという嘆きを感じる。オイディプスは、自分の運命が見えてきたとき、自分の眼をくりぬいた。認識が人間を不幸にするのである。認識は無知の幸福に安らっていた彼を、一直線に不幸におとしいれた。今、長い間おおわれていた法隆寺の謎が、われわれには明らかになってくる。それは、私ばかりか日本人全体から夢をうばい、結局、われわれを不幸におとしいれることになるのではないか。私の心にはそういう危惧《きぐ》がある。しかし、一旦、

認識の木の実を食った人間は、もはや引っかえすことが出来ない。真実を知れ、その真実から出発せよ。それが、あのオイディプスの神話をその文化的伝統の中心におくギリシア人が、われわれに教えた態度なのである。

# 第五章　第四の答（金堂について）

## 金堂の形成する世界は何か——中心を見失った研究法

中門を通って金堂にゆこう。間口五間、奥行四間の建物である。外陣と内陣に分れており、内陣は三間、東から薬師如来《にょらい》、釈迦《しゃか》如来、阿弥陀《あみだ》如来がならび、その四隅に四天王、そのほか釈迦三尊の両脇《りょうわき》に吉祥天《きっしょうてん》と毘沙門天《びしゃもんてん》、その後方に塑像《そぞう》の吉祥天と木彫の地蔵菩薩《ぼさつ》がある。吉祥天以下は後世になって置かれたもので、従来あまり問題とされていない。

問題はやはり、この本尊、特に薬師如来と釈迦如来である。この薬師像と釈迦像は、いずれも推古年代に造られたという光背の銘があり、わが国最古の金銅仏とされる。法隆寺非再建説が学界の定説であった頃は、この二体の仏像が飛鳥《あすか》様式を代表するものであり、この仏像をもとにして飛鳥彫刻が論ぜられたのである。非再建論の神話はくずれたが、この二体の仏像のうち少なくとも一体、釈迦如来は飛鳥時代におく考え方が依然として強い。

「上述の造像記によれば、この釈迦三尊は止利《とり》仏師によって、聖徳太子の亡《な》くなられた翌年に当る推古三十一年（六二三）に完成されたものであるという。この造像記の可信性については、ごく少数の人がこれを疑っているが、多くの人は、少くとも作者と完成の年時については、疑う必要はないという態度をとっている」

「そのように、発願の時期については、まだ多少の問題があり、太子の在世中に発願されたと考え得る可能性も残されているが、その完成の年時に関しては、造像記の伝える推古三十一年説が、だいたい肯定されている。したがって、この三尊のもつ様式については、その発願の時期の多少の違いは、ほとんど問題にならない。推古朝の確実な作例として、まさに貴重な遺品である」

（『奈良六大寺大観　法隆寺二』）

これは、まさに穏当な説というべきであろう。『奈良六大寺大観』の『法隆寺』の解説にはさまざまな意見が紹介され、その結論はきわめて穏当な学界の通説をとっている。まことに結構であるが、残念なことには、穏当な通説とはきわめて真理から遠い場合が多いのである。かつて非再建論がきわめて妥当、穏当な通説であったことを考えるがよい。

法隆寺の釈迦如来は「推古朝の貴重な遺品」であるが、薬師如来はすでに「推古朝の貴重な遺品」である権利を剝奪《はくだつ》されてしまったらしい。薬師如来については、次のよう

法隆寺（西院）全景

な説明がある。

「最後に、本像造立に関する多様な可能性のうち、つぎのような立場に立っての推論もあり得るであろう。像については、本像と釈迦像との比較から、これが彼の発展様式とする可能性が考慮される。その場合、新たに加わったものが何であるかを考えることによってその製作年代が推定されよう。その新たに加わったものによって天《てん》蓋《がい》・飛天のような柔かみのある表現が造られ、さらにそれが新薬師寺の銅造薬師如来像（香薬師）などに展開し、橘《たちばな》夫人念持仏（阿弥陀三尊像）のような像につながるものとするならば、本像に認められる穏やかさ、丸み、柔かみ、一面の写実性や他面の形式化は、新しい時代に属するものと考えられよう。しかしその下限は、遅くとも和銅四年（七一一）における本寺塔本塑像以前とすべきであろう。一方その光背の銘や書風・文体をその頃と想定することも必ずしも不穏当でないとの見解も想起される」

（同『法隆寺』）

これも、だいたい現代の美術史学界における穏健、妥当な説であろう。この説に従えば、薬師如来はもはや、飛鳥時代を代表する「貴重な遺品」の位置を失っているのである。まさにそれは、かつてこの像が推古十五年に造られたという光背にもとづいて、あの法隆寺非再建説が主張された頃のことを考えると、隔世の感がある。あわれなる薬師如来よ、汝《なんじ》は、かつての光栄ある「日本最古の仏像」という地位を失って、今は、はるか後世の和銅年間に出来た、まがいものの仏の如《ごと》く扱われている。

私は薬師如来に同情するが、依然として、ひとりこの法隆寺において「推古朝の確実な作例として、まさに貴重な遺品」の地位を保っている釈迦如来の頑張りには驚嘆の心をもつ。すべてのものが時代を下げられてもなおかつ、推古三十一年の自己証明の銘文をかたく信じて、法隆寺の金堂にましますす釈迦如来。それは、すべてのひとびとが、とうとうと時流に流されてゆく風潮の中で、頑固に、己れを守る古武士の姿をも思い起こさせる。

しかし、いたずらにわれわれはそういう釈迦如来の姿に感嘆してはいられない。もう一度、白紙の心で、はたしてそのように頑固に地位を守っているのは、釈迦如来のほうなのか、それとも仏像学者のほうなのかを、根本的に調査する必要がある。

正直にいおう。私は、現代の日本の美術史の方法論に、深い不満をおぼえるのである。たとえば、法隆寺の研究法を見るがよい。法隆寺を研究するのに、建築は建築、彫刻は彫刻、工芸は工芸と、それぞれ部門が分けられて研究される。分けられて研究されることは、研究を精密にするために必須《ひっす》の作業である。こうして研究は精密になる。しかし、研究は精密になればなるほど、法隆寺を観察する綜合《そうごう》的視点が失われてしまう。

一つの寺は、ある意味をもってそこに存在している。その意味を与えたのは、それを造った人間の意志である。一つの意志によって、一つの寺は統一され、そしてその寺のすべての建築、彫刻、工芸は、その意志の中で、それぞれある種の役割をはたしているのである。一つの寺を研究するには、その寺のもつ意味を知らねばならない。その意味を知るには、その寺を造った人間の意志を明らかにしなければならぬ。その意志は、必ずしも宗教的意志ではない。そこには、宗教的意志と同時に政治的意志が働いている。宗教的意志でもあり、政治的意志でもある、一つの形而上学《けいじじょう》的根本意志が、必ず一つの寺院や、神社や、宮殿には存在している。そういう、いわばすべての芸術を綜合する意志によって、一つの時代の芸術は出来上る。そして建築も、彫刻も、絵画も、工芸も、

金堂内陣

すべてこの意志によって統一されているのである。そしてその意志によってそれらは一つの世界を形成する。そのようなものが、われわれの問題としている芸術には存在している。かつてのギリシアのパルテノンはそのような世界であり、また中世のゴシック建築もそのような世界であり、今われわれが問題としている古代寺院もそのような世界である。それゆえ、そういう芸術を知るには、それが建てられた根本的意志のようなものを知らねばならぬのである。

ところが、現代の芸術学はそういう意志についてきわめて無関心である。統一をもった世界を個々の部分に分解し、個々の部分の綿密な研究が進めば、この建築物を完全に理解したと思っている。そこに近代芸術学の主流があり、特に日本の美術史学界にはそういう傾向が強い。

しかし、私はいいたい。それは誤った芸術理解の方法であると。そういう理解の方法は、もともと現代の分業化された世界から生れた。ゼーデルマイヤーのいう中心の喪失は現代世界の運命である。かつては協力して一つの世界をつくっていた建築だの、絵画だの、彫刻だのが、それぞれ独立し、独自の芸術の道をゆく。これが現代芸術の方向であり、現代の美術史の方向もまた現代芸術の方向と同じであり、分業によってその理解を深めようとしている。あるいは、近代の芸術を理解するにはこのような方法でよいかもしれない。しかし、まだ統一的世界が失われていない時代の芸術をさぐるのには、このような方法では不完全である。

その上、現代の美術史学にとって、すべて、観賞の対象はものである。ちょうど現代の歴史学が資料を一つのものとして見るように、美術史学においても一つの芸術的遺品は、その時代のある種の芸術の本質を教える一つの遺品、残ったものにすぎない。しかし、私はちがうと思う。一つの芸術作品は、やはり人間の造ったものである。そこには人間の願望や祈りが、欲望や怨恨《えんこん》が含まれているのである。そしてそれが人間の造ったものである以上、意味をもつ。一つの仏像を一つの意志をもった人間精神の産物として理解する道、そういう道が唯一《ゆいいつ》の正しい芸術理解の道であると思う。分業して、精密な研究を進めるがよい。しかし、その研究は、結局そのような寺院なら寺院の背後にある一つの人間的意志を、その寺をそのものたらしめる一つの意味を見出すための手段であろう。

意味の分析が、全く現代の日本の美術史には欠けていたと思う。その方法について、いつか私はくわしく論じたいと思う。そのような方法論によって、どれだけ、法隆寺の本質が解けるだろうか。

## 謎《なぞ》にみちた金堂とその仏たち

通説にこだわらずに、いっぺん、裸の眼でこの法隆寺金堂の仏像を眺めてみよう。

私が、法隆寺に初めていったのは、戦後しばらくたった、まだ京大に在学していた頃だと思うが、実際、この時の記憶は全くないのである。その頃和辻《わつじ》哲郎の『古寺巡礼』や亀井《かめい》勝一郎の『大和古寺風物誌』を読んでいた私は、期待をもって法隆寺へ行ったが、それをうらぎられた印象がかすかにある。そして、印象に残った仏として、百済《くだら》観音や夢違《ゆめたがえ》観音などがあり、金堂にあった仏像は、ほとんど私の注意を引かなかった。その後もときどき法隆寺をおとずれ、百済観音や夢違観音などを見たが、さっぱり金堂の本尊を見なかったのではないかと思う。

実際、金堂にいるこの御本尊に美を感じるのは、よほどすぐれた美的観照眼をもっている人か、それともよほど厚い信仰をもっている人かに限られるであろう。それは少なくとも、薬師寺の薬師如来《にょらい》のように誰にも分る仏像ではない。暗い金堂に冷たく立っていて、容易に人を近づかせない感じである。その仏像の口もとに浮ぶアルカイック・スマイルなどというものも、けっして温かいものではない。それは陽の当らない場所に影のように立つ仏の口に、ほのかに浮ぶ気味悪い微笑のようなものである。私は何度行っても、この法隆寺の仏像に親しみを感じることが出来なかった。

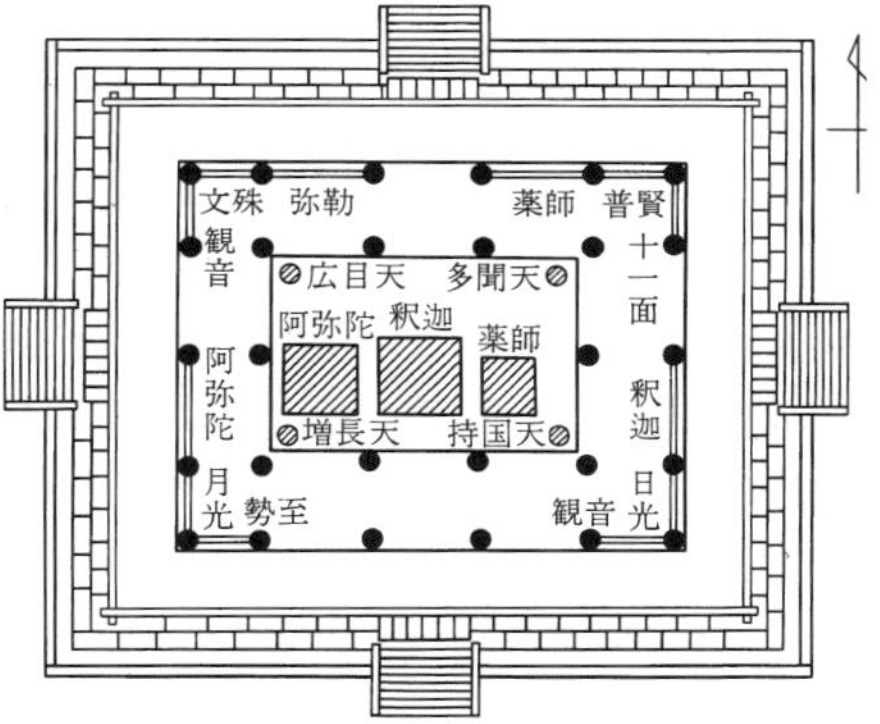

金堂内陣配置図

後に、私はふとしたことが縁となり「仏像――心とかたち」というＮＨＫ番組の司会をする機会にめぐまれた。ちょうどその時、私は、今まで眼をそむけていた日本とか東洋とかに、もう一度眼を向けようとしていた頃であった。それまで仏像を一つの美術品として見ていたが、この時、その背後に一つの思想、哲学があることを私は知った。そのことは私にとって新鮮な発見であった。私は、美術史の研究と共に密教を中心にした仏教の研究をはじめた。

しかし、そのように、仏像とその背後にある仏教思想を多少理解した後においても、法隆寺の仏像は私にとって依然として理解出来なかった。それは、一言でいえば、いかなる図像学、いかなる仏教学の常識をも越えた仏像であったからである。

第一に、一つの堂には一体の本尊があることがふさわしい。本尊とは、文字通り一つの堂にあるもっとも尊い仏像をいうのであろう。それなのに、法隆寺の金堂のみは本尊が三体ある。それがすでに異例のことなのに、この三尊はそれぞれ互いによく似ている。その大きさ、その衣服、その台座などが、きわめて類似している。しかも、このうち西の阿弥陀《あみだ》像は一度盗まれて、鎌倉《かまくら》時代に再造されたものであることがはっきりしている。鎌倉時代になってもまだ、ほぼ同じものをここに置かなくてはならぬとは、よほどの事情があるのだろうが、それは何か。

第二に、ことにこの釈迦《しゃか》如来像と薬師如来像はそっくりである。あとで詳しく述べるが、その印相《いんぞう》、すなわち手の形がまったく同じである。ということは、図像学的にいえば、この薬師如来はむしろ釈迦如来なのである。しかも、釈迦如来としてもおかしい。左手の形が与願《よがん》の印とはことなり、もっと真っすぐに指をのばしていなければならないのに、薬指と小指が半ば曲げられている。この二体の如来の左手は何を意味しているのか。

第三に、その衣服である。ふつう如来様はさとりを開いた人なので、ほとんど何の飾りもつけていない。偏袒右肩《へんたんうけん》といって、うすい衣を軽く体にまとっているのみである。インドの僧の服装であろう。ところが、この釈迦如来や薬師如来はそういう僧の制服を着ていない。後にのべるように、長広敏雄《としお》氏は、このような衣服は中国の天子の服であるという。インドには、このような衣服を着た仏像はない。中国の北魏《ほくぎ》王朝にこのような衣服を着た仏像があらわれた。当時の北魏の皇帝の服装である。そして、このような仏像をつくらしめた背後に、皇帝を仏とする考え方があったという。

これは面白い考え方である。法隆寺のこの仏像も、北魏の仏像のように天子の服を着ているのである。それは何故《なぜ》か。もとよりそのような様式の仏像が日本に入ってきたのであろうが、飛鳥《あすか》時代の仏像はすべてこのような仏像であったわけではあるまい。法隆寺に伝わる小金銅仏から見ても、すべての仏像がこのような形をしていたわけではない。ここで、こういう王の服を着た仏像が、なぜ法隆寺の本尊としてえらばれたかが問題となる。

更に、この釈迦三尊といわれる三尊仏の脇侍《きょうじ》が問題である。この脇侍は、『資財帳』には何の記載もないが、顕真《けんしん》の『聖徳太子伝私記』には「脇士二躰《たい》薬王、薬上共に手に玉を持つ」とある。つまり『私記』はこの二体を薬王、薬上菩薩《ぼさつ》としているが、はたしてそうであろうか。釈迦如来の脇侍は、ふつう文殊、普賢菩薩であり、薬王、薬上菩薩が釈迦如来の脇侍である図像学的根拠はない。おそらくこの名は、二菩薩が手に玉のようなものをもっているのでつけられたのであろうが、これははたして薬の玉であろうか。

このように、この本尊はふつうの図像学的常識をいろいろな点ではみ出しているものであるが、そもそもこの金堂の如来は、最初二体であったか三体であったかも問題である。建築が外陣五間、内陣三間に出来ていることを思うと、はじめから三体の本尊が考えられていたと思われるが、『資財帳』には薬師如来と釈迦如来のことは載っているが、阿弥陀如来については何も記されていない。その三体の仏の乗っていられる台座は大体似ているが、調査によれば釈迦如来の台座は少し古く、薬師、阿弥陀如来の台座は同じ時代のものであるという。とすれば原・阿弥陀如来は薬師如来とほぼ同時にここへ祭られたことになるが、どうして阿弥陀如来だけが『資財帳』にないのか、どうもよく分らない。金堂の仏像について、謎は多い。この謎をどう解くべきか。われわれは、どうやら法隆寺にかんするもっとも根本的な謎に到達したようである。一つずつ、その謎を解いてゆこう。

## 薬師光背の銘は『資財帳』をもとに偽造された

まず薬師如来《にょらい》からはじめよう。薬師如来は『資財帳』のトップにおかれている。とすれば、そのとき、その仏はもっとも尊敬された仏であったはずである。この仏像について、『資財帳』は次のようにいう。

「金埿銅薬師像壱具
右奉為池辺大宮御宇　天皇
小治田大宮御宇　天皇
幷東宮上宮聖徳法王、丁卯年敬造請坐者」

薬師如来光背の銘文

これはどう読むのであろう。
「金埿《きんでい》銅薬師像壱具、右池辺大宮御宇天皇（用明天皇）のために、小治田《おはりだ》大宮御宇天皇ならびに東宮上宮聖徳法王、丁卯年《ひのとのうのとし》、敬造して請《こ》い坐《いま》すものなり」とでも読むのであろうか。

私がこのように『資財帳』の記事を読むのは、この薬師如来の光背に次のような銘文があるからである。

「池辺大宮治天下天皇大御身労賜時歳
次丙午年召於大王天皇与太子而誓願賜我大
御病太平欲坐故将造寺薬師像作仕奉詔然
当時崩賜造不堪者小治田大宮治天下大王天
皇及東宮聖王大命受賜而歳次丁卯年仕奉」

これは、どう読むべきであろう。前述の『奈良六大寺大観』は次のように読んでいる。

「池辺大宮治天下天皇《いけのへのおおみやにあめのしたしらしめしすめらみこと》（用明天皇）大御《おおみ》身《み》労《いたつ》き賜いし時、歳《ほし》は丙午《ひのえうま》に次《やど》りし年（用明元年）、大王天皇《おおきみのすめらみこと》（推古天皇）と太子《みこ》とを召して誓願し賜わく、我大御病《わがおおみやまい》太平《たいら》きなんと欲《おもほ》し坐《ま》す、故《かれ》、寺を造り薬師像を作り仕奉《つかえまつ》らんとすと詔《の》りたまいき。然《しか》れども、当時《そのかみ》崩《かみさ》り賜いて造り堪《あ》えざれば、小《お》治田大宮治天下大王天皇《はりだのおおみやのあめのしたしらしめししおおきみのすめらみこと》（推古天皇）と東宮聖王（聖徳太子）大命《おおみこと》を受賜《うけたま》わりて、歳丁卯《ほしはひのとう》に次《やど》りし年（推古十五年）に仕奉る」

（『奈良六大寺大観　法隆寺二』）

つまり、用明天皇元年に天皇は御病気になった。そこで天皇は推古天皇と聖徳太子を召して、病気の全快を祈って寺と薬師像を建てたいといわれた。しかし用明天皇は死んだので、推古天皇と聖徳太子はその遺志を受けて推古十五年に、寺と薬師像を造った、という意味であろう。

この銘文は、かの『資財帳』の記事と共に推古十五年製作説をうらづける。そして、銘文と『資財帳』が共にこの薬師如来が推古十五年に出来たものであることを保証すれば、この薬師如来はまちがいなく推古十五年作となる。そのように、この仏像は長い間信じられてきた。あの若草伽藍《がらん》の発掘が行われて非再建説が誤謬《ごびゅう》であることが分っても、なおかつ人は銘文と『資財帳』を信じつつ、この薬師如来の推古十五年製作説を信じてきた。

このような伝説を根本的に否定したのは福山敏男氏であろう。福山氏はまずこの銘文の用語に疑問を投げかける。ここに天皇という言葉が使われているが、この天皇という言葉がはたして推古朝に使われていたであろうか。五、六世紀当時の天皇は、自分のことを大王と書いた。天皇という語が用いられるのは大化改新以後ではないか。また推古帝のことを大王天皇というのも不自然であるし、太子のことを聖王というのも太子が亡《な》くなってからであろう。このような、用語そのものを疑った福山氏は、更にこの像が薬師像といわれるが、薬師崇拝がはたして推古帝のころにあったかどうかを疑う。日本に入ってきた仏像は、最初は釈迦《しゃか》像であり、次に阿弥陀《あみだ》像、ついで弥勒《みろく》像が入ってきて、薬師像は天武帝以後に日本にもたらされたものではないか。

「以上の諸条件を考慮に入れると、この薬師像の光背銘文は、推古朝当時のものとするよりも、寧《むし》ろ天武朝又はそれ以降（天平の『資財帳』の時代を降《くだ》らぬことは云《い》ふ迄《まで》もあるまい）に於《お》いて書かれたものとした方が穏当であるとしなくてはなるまい。

然らば何故にかゝる銘文が作られたか。この問ひには、銘文の内容に少しく注意すれば、容易に答へ得られよう。初めは恐らく膳《かしはで》氏によつて創立されたらしい法隆寺が、後には漠然と太子建立《こんりふ》の寺の一つに数へられる様になり、遂にはかくの如《ごと》く用明・推古の二天皇と聖徳太子とによつて発願され建立された、即《すなは》ちこの寺は勅願寺であるとして、寺家によつて理解されるに到つたであらう」

（福山敏男『法隆寺の金石文に関する二三の問題』）

福山氏は、銘を、法隆寺を勅願寺として権威づけんがための後世の追記であるという。これは、たいへん鋭い指摘であるが、銘文が追記であるとしたら、薬師像そのものはどうなるのか。薬師像はいったいいつ出来たのか。

福山氏はこれについて何も語っていないが、この福山氏の疑問から、薬師像が新しい眼で見られ、釈迦像と比較されるようになった。釈迦像がかどかどした風貌《ふうぼう》をしているのにたいして、薬師像は丸みをおびた風貌をしていて、丸みをおびた風貌の仏は、奈良時代に近くなるものに多いことから、この仏像もまた、釈迦如来を模して後世造られたのではないかとされる。先にあげた『奈良六大寺大観』の説が、現在の学界の常識というところであろう。

われわれは、やはり福山氏の疑問から出発しなければならない。特に、天皇という言葉は、大化改新以後、あるいは律令制《りつりよう》以後ではないかというのは、ただ、一個の仏像の製作年代を考える場合ばかりでなく、天皇制一般を考えるにあたって重要な視点を提供する。それに、そのとき薬師如来の崇拝はまだなかったのではないかという点においては、反論の余地はないであろう。私の見るところ、この福山説にまだ決定的な反論は加えられていず、われわれが法隆寺の仏像を考えるにあたっては、やはり福山氏の仕事から出発しなくてはなるまい。

しかし、ここで問題がある。福山氏は、この銘文と『資財帳』の記事を比較し、『資財帳』の記事は、この光背の銘文から出たものと考えられる。こういう前提にもとづいて、福山氏はこの銘文追記の下限を天平におかれる。しかし、そのことは、はたして疑いえないものであろうか。

『資財帳』には、はっきりと天平十九年という年号がある。それは天平のものであるが、『資財帳』そのものはすでに霊亀《れいき》二年から年々提出を命じられている。この『資財帳』が年々変るはずはないのである。つまり『資財帳』は異動をとがめるためにあるわけで、年々同じ形式のものが提出されたにちがいない。すると、『資財帳』の年代をもっとあげなくてはならぬことになるが、前に私がいったように、『日本書紀』の推古十四年の条《くだり》の、太子の『法華経《ほけきよう》』『勝鬘経《しようまんぎよう》』の講義の話も、実は『資財帳』の記事にもとづいて書かれたのではないかとさえ推測されるのである。この場合、『資財帳』の記事が引き上げられ、銘文の時が引き下げられるとすれば、福山氏のように、『資財帳』の記事が銘文をもとにして書かれたという前提から出発せず、この前提を疑って、むしろ銘文の方が『資財帳』をもとにして書かれたと考えたらどうであろうか。

今、二つの文章をよく見比べてほしい。それは、はたして同じ意味の文章であろうか。今までは、それを同じ意味の文章として考えてきた。そして人は、この二つの文章によって、薬師如来と寺の推古十五年建造説を信じてきたのである。

しかし、私はいいたい。よく読んでみると、この二つの文章は全くちがった意味を表わしていると。『資財帳』の文章を、ごくふつうに読めば、「金埿銅薬師像壱具、右、池辺大宮御宇天皇、小治田大宮御宇天皇、ならびに東宮上宮聖徳法王の奉為《ため》に、丁卯年、敬造して、請い坐す者なり」というふうになろう。つまり、この金銅仏は、用明天皇と推古天皇と聖徳太子のために、丁卯年に造られたというのである。先にのべたように、法隆寺に残された仏像は、死者の供養のためにつくられることが多い。この仏像も死者の供養であろう。そしてこの東宮上宮聖徳法王という言葉は、いかにも死せる人に贈るにふさわしい言葉であり、この三人の死者のために、この仏像が丁卯年につくられたと解されるべきであろう。もし小治田天皇と東宮聖徳法王がつくったとすれば、小治田天皇と東宮上宮聖徳法王という文字は「奉為」の前か、丁卯年の後になければならない。これは文章としても正しい解釈であるが、この『資財帳』にも年月日の前に製作者を入れた書き方はない。この文章にかんする限り、以上のように読むのが正しく、前述の通説のように読むのはまちがいであろう。

とすると、丁卯年はいつになるか。丁卯年は、当然、用明、推古両帝、および聖徳太子の死後となるはずであるから、推古十五年（六〇七）より一干支《えと》下った六六七年、天智《てんじ》六年に求むべきであろう。私は本来『資財帳』の記事は、そう読まるべきであると思う。

とすると、銘文の記事をどう判断すべきか。この銘文の記事はたいへんおかしいのである。というのは、祈願の内容そのものがおかしい。もともと薬師如来は病気平癒《へいゆ》の仏である。『日本書紀』に歴史的事実としてはっきり示される薬師崇拝は、前にのべた天武、持統両帝の薬師崇拝である。皇后持統帝が病気になり、薬師に祈ったところ、病気は治り、また逆に天武帝も病気になってその回復を祈り、三年の延命をえた。それゆえ薬師如来像を造り、薬師寺を建てたという話である。この場合、薬師は効験あらたかな仏なのである。なぜなら、それは持統帝の病を治し、天武帝の命をも延ばしている。こういう仏のために寺を建てるのは当然である。けれど、用明帝の場合はちがう。銘文によれば、彼は病気を治すために薬師に祈ったが、その願いも空《むな》しく死んでしまった。薬師の効果がなかったわけである。こういう効果のない仏を、なぜ、残された人たちが祭る必要があるのか。

それに前にものべたように、薬師寺の建立には単なる愛のロマンスではなく、一つの政治的ねらいが秘められていた。それは、天武、持統帝の愛のきずなを強調することによって、二人の血を引く子孫に政権を独占させようとするねらいであった。しかし、この場合は全くちがう。用明帝がなぜ、死の枕元《まくらもと》に、妹の推古帝と、まだ当時十四、五歳であった太子を呼んだのか。当時、推古帝は敏達《びたつ》帝の妃《きさき》の一人にすぎず、後世、帝位に就くことは予想されていなかったであろう。こういうことを、当時薬師崇拝はまだ日本には入ってきていないことと考えあわせると、この話は全く架空の作りごとということになるが、この話そのものが薬師寺の由来を手本にしたのではないかとさえ考えられる。前帝の病気―死―後帝の薬師像および寺の建立。主要ストーリーは、薬師寺の縁起そのものであるが、ただ、銘文の場合は、この薬師仏が全く病気平癒の力を発揮せず、また、用明―推古―聖徳との結びつきが弱く、しかも造寺の政治的ねらいがぼやけているので、全体として間が抜けてくるのである。作り話は、どこかで尻尾《しっぽ》を出すものである。

私は、この話は一方において『薬師寺縁起』にもとづき、一方においては『資財帳』の記事にもとづいて作られた話ではないかと思う。つまり『資財帳』にある、池辺大宮御宇天皇（用明）、小治田大宮御宇天皇（推古）、東宮上宮聖徳法王（太子）の三人を、天武帝と持統帝の話にあてはめたわけである。しかし、そうすることによって、「丁卯年」は一巡くり上ってしまうばかりか、仏像建造の主体も変ってしまうのである。

これは一種の虚偽であるが、一応、論理整合的である。ちょっと主語の位置を置きかえると、『資財帳』の記事は銘文の記事と一致するのである。巧みな文献の偽造であるが、このような由来は、薬師寺が朝廷の尊敬を厚く受けるような時代、元明—元正—聖《しょう》武《む》の時期に書かれたのではないかと思う。法隆寺は、薬師寺より由緒《ゆいしょ》の古い薬師寺的な寺であったといいたげである。私は、そこに薬師寺の繁栄を横目で見ている法隆寺の僧の手が入っているような気がする。

どうやらここで、私は福山氏とは反対の結論になったようである。つまり、『資財帳』が銘文にもとづいて作られたのではなくて、銘文が『資財帳』の記事にもとづいて作られたということになる。『資財帳』の記事は、インプリケーションがたいへん少ないが、銘文はその意味のインプリケーションがはなはだ豊かである。

一般的にいえばこういうことになる。ここにAとBの資料がある。そしてAはBより、はるかにインプリケーションが少なく、しかもこの二つの資料には、どちらかがどちらかをもとにしてつくられたという関係があるとすれば、AがBの意味を要約したか、BがAの意味を拡大したかである。この場合、Aは『資財帳』、Bは銘文にあたるわけであるが、『資財帳』は、明らかに銘文の要約ではない。なぜなら、そこには用明帝の病気も報告されてはいず、また銘文と『資財帳』はその意味がちがっている。『資財帳』が故意に銘文をまちがって要約する必要はない。とすれば、『資財帳』の記事にもとづいて銘文がつくられたのであろう。そのさい、一種の意味の拡大、あるいは意味の偽造が行われる。つまり、『資財帳』とつじつまを合わせつつ、『薬師寺縁起』に従って寺の格式を確定しようとする、後の時代の法隆寺の僧の偽作であろう。

福山氏の説に従えば、もし銘文がまちがっているとすると『資財帳』もまちがっていることになり、『資財帳』の記者は、知ってか知らずかこのきわめて高い正確度を要求される公文書に虚偽の申告をしたということになる。しかし、私はそうは思わない。薬師の光背には嘘《うそ》を書いても、『資財帳』に嘘を書くことは許されないであろう。私は『資財帳』はあくまで正確だったと思う。やはりこの像は、丁卯年（天智六年）につくられた像なのであろう。その点に嘘はない。官の報告書に嘘は書けないのである。

## 三人の死霊《しりよう》を背負った釈迦《しやか》像

私が、薬師如来《にょらい》の銘文において、福山敏男《としお》氏と同様にそれが後世の追記であると認めつつ、なお福山氏の意見に反して『資財帳』の記事は銘文を模範にして作られたと考えることが出来ないのは、同じような関係が、釈迦如来の光背に書かれている銘文と、それと対《つい》の『資財帳』の記事との関係にもあてはまるからである。

『資財帳』には釈迦如来像について、次のようにある。

「金逕洞（銅）釈伽像壱具
右奉為上宮聖徳法王、癸未年三月
王后敬造而　請坐者」

右の文は「金逕銅釈迦像壱具、右、上宮聖徳法王のために、癸未《みずのとのひつじのとし》年三月、王后敬造して請《こ》い坐《いま》す者なり」と読むべきであろう。

つまり、上宮聖徳法王のために、王后が、癸未の年の三月に金銅仏を造ったというのである。ところで癸未の年は西暦になおすと、(60×n×23) 年である。聖徳太子が死んだのは、六二二年、推古三十年である。とすると、太子の死後の癸未の年は六二三年、推古三十一年か、それより一干支《えと》後の六八三年、天武十二年である。ふつう、この癸未年は、この釈迦像の光背の文章から解釈して、推古三十一年であることが疑われていない。しかし、この文章を読む限り、それは推古三十一年ともとれるし天武十二年ともとれる。あるいは、更にもう六十年くり下げて七四三年、天平十五年ともとれないことはない。

このうちのいずれかになるが、まず天平十五年は、『資財帳』の出来るわずか四年前であり、ちょっと新しすぎる。この釈迦像が薬師像とならんで法隆寺の本尊であったとすれば、養老年間にはこの仏像はここにあった可能性が強い。とすると、一応天平説は捨てよう。

すると残るのは推古三十一年説か、それとも天武十二年説かである。私は、この文面だけからいえば、天武十二年説のほうが有力だと思う。というのは、推古三十一年では、太子が死んでからわずか一年である。たった一年間で、推古帝の時代に、あのような金銅仏が出来るであろうか。薬師如来は、用明帝が死んでから二十一年もかかって造られているではないか。それからわずか十五年たらずで、仏像鋳造技術が二十一年から一年に短縮したのであろうか。たとえ前の話が偽造されたものであり、信じがたいものであるにしても、わずか一年間での金銅仏鋳造は早すぎるのである。

それにもう一つ大切な点がある。それは、王后という言葉である。ここでははっきりと王后という言葉が使われており、王妃ではない。王后とはやはり皇后、天皇の第一夫人をいうのであろう。

后の制が出来たのは、周の時代であるといわれる。それまでは、すべて帝《みかど》の夫人は妃といわれたが、周の時代に王妃の名を正嫡《せいちゃく》に限った。そして、秦《しん》・漢になって、皇后という名が用いられたという。王后というのは皇后の古いよび名であろうが、『日本書紀』においてそういう名が出てくるのは、斉明《さいめい》四年の記事中「或《あ》る本に云《い》はく」としてある記事一カ所である。庚申年《かのえさるのとし》（斉明六年）の七月に百済《くだら》が使いを派遣してきて、「大唐《もろこし》、新羅《しらき》、力を幷《あは》せて我を伐《う》つ。既に義慈王《ぎじわう》・王后・太子を以《も》て、虜《とりこ》として去《い》ぬ」ともうしたという。

してみると、この王后という言葉は百済人の好んで用いた言葉のようにも思われるが、後にのべるように再建法隆寺もまた、百済系の帰化人の力に負っているところが多い。このことは『資財帳』の作者の出身を察せしめることにもなるが、私にはやはり、王后という言葉はむやみに意味の拡大が出来る言葉であるとは思われない。王后とは何よりも帝の、天皇の、特別にあがめられている第一夫人なのである。

とすれば、推古三十一年に王后は誰であり、天武十二年に王后は誰であるかが問題になる。ところが、推古三十一年には王后はいない。なぜなら、推古自身が女帝だからである。また前々帝の用明帝の皇后である聖徳太子の母、穴穂部間人皇女《あなほべのはしひとのひめみこ》も、光背の銘文や『上宮聖徳法王帝説』によれば、太子の死の前年にすでに死んでいる。王后を言葉通りの正しい意味に解釈すれば、この推古三十一年というときには、王后は存在しなかったことになる。

一方、天武十二年はどうか。ここではまさに王后のうちのもっとも王后らしい人、天武帝の皇后、持統が健在なのである。この皇后は後に、おそらくはロボットではない最初の、あるいは最初にして最後の実権をもった女帝になるが、この女帝は、すでに天武帝晩年のこの天武十二年に王后としての威厳と実力とをもっていたにちがいない。

ちょうど持統皇后が病気となり、天武帝が薬師寺を発願し、それにより持統皇后の病気は治ったが、逆に今度は天武帝が病気となり、持統皇后が病気の治癒を祈っていた頃である。そして、天武帝、持統皇后によって、仏像を全国の寺におさめる努力が行われていた頃でもある。聖徳太子崇拝が仏教勢力を味方につけるためにも、病気を癒《いや》すためにも必要とされていた頃である。とすると、『資財帳』にあるこの癸未年は、天武十二年を指すと見るべきであると思う。

私は、人間の心とはいかに常識にとらわれているか、そして常識はいかに真理の認識を不可能にさせるか、このエッセエと共につぶさに見てきたが、ここでもそのことはあてはまる。当然、この『資財帳』の文章のみならば、誰でも癸未年を天武十二年と解釈するであろう。しかし、このような解釈をする人がいなかったのは、先に光背の銘文を読み、銘文によって作られた先入観をもってこの『資財帳』の記事を読んだからであろう。銘文を読んでみよう。

「法興元卅一年歳次辛巳十二月鬼
前太后崩明年正月廿二日上宮法
皇枕病弗悆干食王后仍以労疾並
著於床時王后王子等及与諸臣深
懐愁毒共相発願仰依三宝当造釈
像尺寸王身蒙此願力転病延寿安
住世間若是定業以背世者往登浄

土早昇妙果二月廿一日癸酉王后
即世翌日法皇登遐癸未年三月中
如願敬造釈迦尊像幷俠侍及荘厳
具竟乗斯微福信道知識現在安隠
出生入死随奉三主紹隆三宝遂共
彼岸普遍六道法界含識得脱苦縁
同趣菩提使司馬鞍首止利仏師造」

『奈良六大寺大観』は、これを次のように読んでいる。

「法興元卅一年、歳次辛巳（推古二十九年）十二月に太后（聖徳太子の母、間人皇后）崩《みまか》りたもう。明年正月廿二日、上宮法皇枕病、食を悆《よろこ》ばず（枕病弗悆、干食王后と読む説あり）。王后（膳妃）また労疾を以って並に床に着きたもう。時に王后王子等、また諸臣と深く愁毒を懐《いだ》きて、共相《とも》に願を発す。仰ぎて三宝に依《よ》り、当《まさ》に釈像の尺寸王身なるを造るべし。此《こ》の願力を蒙《こうむ》り、病を転じ、寿を延ばし、世間に安住したまわんことを。若《も》し是《こ》れ定業にして、以って世に背きたまわば、往いて浄土に登り、早く妙果に昇らせたまわんことを。二月廿一日癸酉、王后即世したまい、翌日法皇登遐《とうか》したもう。癸未年（推古三十一年、六二三年）の三月の中《なかば》に、願の如《ごと》く敬みて釈迦の尊像幷《なら》びに俠侍及び荘厳具《しょうごんぐ》を造り竟《おわ》りぬ。斯《こ》の微福に乗《よ》り、信道の知識、現在は安隠にして生を出て死に入らば、三主に随《したが》い奉《たてまつ》り、三宝を紹隆して、遂《つい》に彼岸を共にし、普遍の六《ろく》道《どう》、法界の含識も、苦縁を脱するを得て、同じく菩《ぼ》提《だい》に趣かんことを。司馬鞍首止《と》利《り》仏師をして造らしむ」

意味は明白であろう。推古二十九年、聖徳太子の母、間人太后は死んだ。明くる年の正月二十二日、太子も病床につき、食事もとらなかった。王后も介抱の疲れかやはり病床についた。そこで王后および王子が相談して、釈迦仏の建造を発願して、その釈迦仏の力により病気を治すことを願うと共に、もし不幸にしてなくなった場合は、その願力によって太子が浄土に往生されるよう願った。ところが二月二十一日に王后はなくなり、翌日、太子もなくなった。そして、その願いを受けついで、推古三十一年（六二三）に造り終えたというわけである。そして、この微福により、仏教を信じる人たちが安全な人生を送り、もしもなくなった場合は、彼岸に登ると共に、六道の迷える衆生《しゅじょう》も同じように菩提におもむいてほしいというわけである。

先にいったように、この銘は、今でも銘文の言葉通り推古帝の晩年に書かれたものであり、事実まちがいないと信じられている。これを疑う人は少なく、それによってこの釈迦仏は光栄ある「推古仏」の牙城《がじょう》を最後まで守っている。

福山敏男氏は、この銘文を疑う数少ない学者の一人である。福山氏のこれを疑う理由は、やはりその用語である。ここで太子のことを「上宮法皇」または「法皇」といっている。法皇というのは「仏法界における天皇」という意味であるから、天皇という言葉が用いられた頃にはじめて使われたのであろうが、それは前にものべたように大化改新以後ではないかと福山氏はいう。

福山氏が、この銘文を疑うもう一つの理由は、法興元なる年号である。法興なる年号は『釈日本紀』に引用されている『伊予《いよ》国風土記』の文に、四国湯郡の湯の岡の傍らに立てられていたという碑文の文章の中に出てくるが、この文章は推古当時のものとはいいがたく、後世に書かれたものであろう。わが国で年号が出来たのは大化がはじめてである。法興とは仏法興隆という意味であろうが、飛鳥寺《あすかでら》が法興寺とよばれるのは天武朝以後のことと考えられるので、法興という年号が推古の時代にあったとは考えられない、と福山氏はいう。

福山氏は、この銘文の書かれた時代を、前の薬師如来の銘文の書かれた頃よりやや以前と判断しておられるが、仏像の製作年代については、薬師像の場合と同じく発言しておられない。

この福山氏の釈迦如来の光背の銘にたいする疑問は、薬師如来のそれのように学界の承認するところとはなっていない。その理由は、やはり何よりもこの釈迦像の古風な姿にある。一見その仏像から感じられるものは、天平や白鳳《はくほう》の仏とちがった一種特別な匂《にお》いである。たとえ薬師如来はこの釈迦像を手本とした後世の鋳造であるとしても、この古風な仏像だけはどうしようもない。そのようにひとびとは考えて、銘文にたいするかなり根本的な福山氏の疑問を釈迦像そのものにまで及ぼさないのである。

福山氏の疑問は、主として用語における疑問であるが、私は話そのものがたいへんおかしいと思う。一番おかしいと思われるのは「王后」の役割である。上宮太子が病気になった。そして王后もまた病気になった。その太子の病気の全快祈願のために、王后が王子と共に釈迦像の建造を発願しているのである。しかもその釈迦像は太子等身の仏像である。つまり、寺伝でいう「太子等身大の像」なのである。王后は、自分が瀕死《ひんし》の床にあったのに、太子の病気の全快だけを祈ったのであろうか。太子自らがなぜ祈らなかったのか。なぜ太子ではなく王后が、釈迦像建立《こんりゅう》を発願したのか。しかも王后は死んだのである。太子より先に死んだ王后が釈迦像を造るはずはない。残された王子や侍臣たちが造ったとも解釈されるが、造った人の主語は入っていない。

大体、この願いそのものもおかしい。ふつうなら、夫の病気のときにもっぱら夫の病気全快を祈るのは当然である。夫や父の病気のときに、病気の全快と共に死後の冥福《めいふく》を祈るのはよほど変り者であり、不孝者である。太子夫人および太子の王子は、よほどの変り者か不孝者ぞろいということになる。

それとも、仏像建立を願った王后と、太子の死の前日になくなった王后は別人なのであろうか。ところが、王后とは、天皇の第一夫人である。第一夫人が太子には何人もいたのであろうか。後年、光明子が皇后になるとき、聖武《しょうむ》帝はわざわざ異例の詔勅を出している。皇后とは皇族出身の人間に限られるという制限を破るためであるが、后という言葉はどんなに重みをもった言葉であるかが分る。王后が二人も三人もいるはずはない。一人であればよけいおかしい。『上宮聖徳法王帝説』は、この王后を膳大刀自《かしわでのおおとじ》というが、はたして皇族にあらざる膳大刀自が第一夫人の位置を占めることが出来たであろうか。同じく『帝説』によれば太子には三人の妃《きさき》があったという。膳臣傾子《かしわでのおみかたぶこ》の女菩岐岐美郎女《ほききみのいらつめ》（膳大郎女）、蘇我《そが》馬子の女刀自古《とじこ》郎女、尾張皇子《おわりのみこ》の女位奈部橘王《いなべのたちばなのひめきみ》（橘大郎女）である。この三人のうち、正妃は誰であったか。蘇我氏の権力が強かったところをみると、刀自古郎女が正妃の位置を得ていたと思われるし、また山背大兄皇子《やましろのおおえのおうじ》はこの刀自古郎女の子である。しかるに、王后が王子と共に像を造ったとされるとき、王子は当然山背大兄皇子とされているのに、王后のほうは膳郎女があげられている。どうやら太子と共に死んだのはこの膳郎女であるらしいが、この膳郎女の死と王后の仏像製造の話は結びつきがたいのである。

　私の考えをいおう。ちょうどあの薬師像の光背の銘文が、『薬師寺縁起』と『法隆寺資財帳』の記事を結びつけようとしてかえってまぬけた話になったように、ここでも『資財帳』の記事と「太子の妃が太子より一日早く死んだ」という伝承とを結びつけようとしたために矛盾におちいっているのである。その結果、太子より一日早く死んだ王后をして、太子の死後、太子の仏像を造らせるという不合理におちいったのである。そして、その不合理を、銘文ははじめの誓願の主体を王后および王子にしつつも、釈迦《しゃか》の建造の主体を明記しなかったりして、出来るだけかくそうとしているのである。このような巧妙な内容偽造により、われわれは今まで、銘文と『資財帳』の記事の一致を信じてきたのである。しかし、正確を旨《むね》とする『資財帳』が、太子の第一夫人ではない妃のことを王后といい、すでに死んでいる王后が仏像を「敬造」したなどというであろうか。

　私はそれは、先の薬師像の場合と同じような由来の偽造だと思う。何とか『資財帳』の記事と矛盾しないようにしつつも仏像の製作の時を一巡くり上げ、太子の伝承とこの仏像を結びつけようとしたのである。そして薬師寺の場合のように、その釈迦像を父から子に伝える寺、つまり太子一家の代々の寺としようとしたわけである。そのために推古帝および太子をして、用明帝のために薬師像を造らせ、聖徳太子の王后および王子をして、太子のために釈迦像を造らせたわけである。ところが前帝の遺言――後帝の仏像建造というこの形を、薬師像＝丁卯年《ひのとのうのとし》、釈迦像＝癸未年《みずのとのひつじのとし》建造の『資財帳』の記事と矛盾なく結合させるために、前者は発願から仏像建造まで二十一年の歳月を要し、後者はわずか一年にして仏像が出来上ったという不均衡を生ぜしめたわけである。そればかりか、太子と膳妃の同時の死という伝承をこの釈迦像建造と結びつけるために、太子の第何夫人かをおそれ多くも王后と呼び、そして、死せる后をして釈迦像を「敬造」

せしめる結果になったのである。

　これは明らかに不合理である。しかし、この不合理を、今まで誰も根本的に疑ってみようと思わなかった。この不合理を疑わせなかったのは、有難い釈迦如来《にょらい》の光背に書かれた銘文の権威ゆえである。

　われわれは、この仏像の放つ宗教的美術的な光のために、光背の銘の本質を見ぬけなかったわけであるが、この仏像のあるがままの形を明らかにすることはけっして聖徳太子の精神とは矛盾しないと私は思う。太子は、やはり政治的価値とちがった宗教とか学問の真の意味を教えてくれた人であると思う。真実を明らかにすることこそ、何よりも太子が日本人に教えた精神なのである。

## 奈良遷都《せんと》と鎮魂寺の移転

　では、どういうことになるのか。法隆寺の本尊は二体、薬師像と釈迦《しゃか》像である。そのうち薬師像は「用明帝、推古帝、聖徳太子」のために、天智《てんじ》六年（六六七）、敬造されたのである。この天智六年という年は、天智帝がちょうど都を大津に遷《うつ》した年である。この頃、なぜか天智帝は仏教に関心を示し、天智五年には先にのべた丙寅《ひのえのとら》の銘の野中寺の弥勒《みろく》像があり、また御物の中に有名な丙寅の銘のある弥勒半跏《はんか》思惟《しい》像《ぞう》がある。しきりに弥勒像が造られたわけであるが、この頃やっと鋳造の技術も発達し、盛んに小仏像を造ることが出来るようになったのであろうか。

このような技術の発達と共に、このとき再び聖徳太子が祭られねばならぬ何らかの事情があったのであろう。それは、先にのべた中宮天皇の病気ゆえかもしれない。遷都の理由も病のせいにする歴史家もあるが、こういう病と共に、あらためて太子の霊が手厚く祭られたことは今更いうまでもなかろう。

ところで、このような薬師如来《にょらい》と全く同じ形の釈迦如来像が、聖徳太子のために天武十二年に持統なる王后によって造られたのである。それは、一つには天武帝の病気平癒の祈願のためであり、もう一つには天武帝のもとに仏教勢力を掌握しようとする仏教政策によってであろう。

私は『資財帳』の記事は、偏見なく読む限り、そう読まれるべきであると思う。とすれば、そのとき薬師像はどこにあったのか。天智九年に法隆寺は「一屋も余すことなく焼けた」はずである。この薬師像は、その火災のときすでに造られていたはずである。そうすると、どうなるのか。

私は、この二体の像は、焼けた法隆寺の本尊ではないと思う。なぜなら若草伽藍《がらん》が太子がつくった寺であるとすれば、太子自らが太子の等身大の仏像を祭るはずはないからである。やはり、かつての斑鳩寺《いかるがでら》は、『書紀』がえがくように一屋も余さず灰燼《かいじん》に帰したのであろう。そして新しい本尊が、再建法隆寺の建造と共にどこからか移されてきたにちがいない。どこからと断定することは出来ないが、多分、橘《たちばな》寺からではないかと思う。多くの小金銅仏像が橘寺からもたらされたということが、『聖徳太子伝私記』はじめ多くの文献に書かれている。そして『太子伝私記』には「橘寺は法隆寺の根本の末寺なり」とある。私は都の移転と共に橘寺の意味は失われたと思う。都の近くにある太子鎮魂の寺、都が移れば、この飛鳥《あすか》の地の太子鎮魂の寺は無用になる。そして、橘寺の役目は法隆寺にとってかわられる。それと共に仏像その他が移転されたと考えても不思議はない。天武九年には、橘寺火事の記事があるが、とすれば、いっそう仏像の移転が必要とされるであろう。野中寺にある弥勒像をつくって天智五年に中宮天皇の病気全快を祈願したのは、橘寺の僧たちであった。その寺で、その翌年、聖徳太子の鎮魂のために薬師像がつくられたとしても不思議はないと思う。

ここでわれわれはもう一度だけ、釈迦像と薬師像が、全く同一の様式で造られていることに注意しよう。同一の仏像は、一方をモデルにして他の一方が造られたという推論を可能にするものであるが、同時に、なぜ一方の仏像を薬師と呼び、他の一方を釈迦と呼んだのかという疑問を起させる。私は『続日本紀《しょくにほんぎ》』、養老七年の項に、天武帝のために弥勒像を、持統帝のために釈迦像を造ったとあるように、新しく造られた仏像を仮に釈迦とよび、古い仏像を仮に薬師と呼んだのではないかと思う。もう一ついうと、現在の薬師如来があるいはかつての釈迦如来で、現在の釈迦如来がかつての薬師如来であったかもしれないと思うのである。もし、材料や様式の上から釈迦如来が薬師如来より早くつくられたことが明らかであるとすれば、釈迦如来像が天智六年の作であり、薬師如来像が天武十二年の作であっても差支えないと思う。

野間清一氏がいうように、私はやはり、日本の美術史学は根本的に様式論を考え直すべく迫られていると思う。従来、法隆寺にある仏像は、すべて飛鳥時代の作とされた。少なくとも釈迦如来像を基範として、釈迦如来に作風がどこか似ている仏像はすべて飛鳥期とされた。しかしこの釈迦如来ははたして飛鳥時代の作であろうか、それとも天智以後のものであろうか。この釈迦如来を天智六年の作としてなぜいけないか。この像は、一年前に出来た野中寺の弥勒像や、御物の弥勒像と同一時代の作と考えてはいけないのであろうか。仏像学者の教えを聞きたい。

銘文の矛盾と、その矛盾がどうして生じたかについて、明らかになった。しかし、問題はまだ残っている。何のために、このような銘が作られたかである。私は、釈迦如来光背の銘文は薬師如来の光背の銘文と合わせてその意味が考えられねばならぬと思う。つまり、中央に釈迦如来があって、その釈迦如来がかくかくの由来をもち、左に薬師如来がいて、またかくかくの由来をもっている。この二つの由来をもった仏像が、ここに一つの世界をつくっているのである。

銘文の意味は、一つでははっきり理解することが出来ないと私は思う。この二つの銘文は仏像と共にある世界をつくる。一つの銘文が、それだけで意味をもっているわけではない。また仏像は銘文なしにあるわけではない。二つの仏像が二つの銘文をもってそこにあることによって、一つの世界をつくっているのである。かくかくの意味を附与された仏像が、かくかくの仕方で配置されつつ、ここに一つの世界をつくる。この世界の意味は何か。法隆寺金堂の意味は、あるいは、法隆寺そのものの意味は何か。

## 仮説とその立証のための条件

どうやら、われわれは法隆寺の謎《なぞ》を解くために、悪戦苦闘しつつ、多くのアポリアを征服し、その謎を掘りさげて、今や問題そのものに肉薄すべき時が来たように思われる。もう一度、われわれの仮説を整理しよう。われわれは、この論文の半ばで、一つの仮説を立てた。法隆寺は、太子一家の鎮魂の寺であるという仮説である。その仮説によって、法隆寺という寺の建築や彫刻が、十分に説明されるであろうか。もとより、一つの建築や彫刻は、ただ精神的意味ばかりで成り立ってはいない。材質からの限定をうけ、またその時代の様式的な影響をうけている。しかし、一つの芸術は、単なる材質的な限定や、様式論的意味によってのみ説明は出来ない。様式の決定、材質の選択にも、一つの意志が働いている。そして、この意志は、芸術的であると共に、宗教的でもあり、政治的でもある世界形成的意志である。

何人かの芸術家とその芸術をつくらせた人は、どのような世界をそこに創造しようとしたのか。今、法隆寺において、いかなる世界創造の意志が働いているのか。そしてその世界創造の意志は、一つのイメージを通じて表現されている。多くのイメージが、ある種の意味をもち、それが全体として一つの世界を象徴的に表現しているのである。われわれが一つの芸術作品にただ材質のみを見、また、ただ様式のみを見るだけならば、十分に芸術を理解することはできない。その芸術がもっているイメージが、どのような世界を象徴的にあらわしているかが、根本的に問われねばならない。

今、もし、法隆寺が太子一族の怨霊《おんりよう》の鎮魂の寺であるとすれば、法隆寺の建築や彫刻や絵画は、そのようなものをあらわすイメージで満ちていなくてはならないはずである。もし法隆寺にそのようなイメージがないならば、法隆寺は太子一家の鎮魂の寺ではない。非常に多くのそういうイメージを法隆寺に見出《みいだ》すならば、われわれの仮説は真理性を高めるのである。

太子一家の怨霊の鎮魂の寺。その言葉の意味は三つの要素に分析出来る。（1）聖徳太子一家という意味、（2）怨霊という意味、（3）鎮魂という意味、である。とすれば、もしこの三つのものをあらわすイメージが、法隆寺に必要かつ十分に存在すれば、私の仮説はほぼ完全に証明されるといえる。

このような証明は、数学の場合よりはるかにむつかしい。数学の場合では論理だけでよい。しかしここでわれわれは、パスカルのいうように、幾何学的精神とならんで繊細の精神を必要としている。一つ一つ事象をつみ上げ論証を重ねてゆく精神と共に、一つの芸術作品にそれとなく含まれている意味を見出すシンボル解明の精神を必要とするのである。

まず、金堂にある一切のものに、深い注意を向けよう。そしてその意味を注意深く見出してゆこう。この場合、仏像の種類や形態や配置の仕方が意味を構成しているばかりではなく、光背の銘や、この仏像にまつわる伝承が、すべてここで意味を形成するのである。光背の銘は、事実として信頼しがたいものであることを私は見た。これは明らかに虚構されたものであった。しかし、その虚構された銘文が、ここでは、金堂の意味を構成する大切な要素をなす。ここに一つの仏像があるのみではなく、かくかくの銘をもった仏像があるのである。

この金堂という空間をみたす中心的なものは、やはり三体の本尊であろう。右から薬師如来《にょらい》、釈迦《しゃか》三尊、阿弥陀《あみだ》如来、それを四天王がとりかこむ。そして正面、薬師と釈迦の間に少し下って毘沙門天《びしゃもんてん》が、釈迦と阿弥陀の間に吉祥天がいる。その背後にも、同じようなところに吉祥天と地蔵菩薩《ぼさつ》がいる。この他、この金堂には浄土の有様が描かれている壁画がある。

これが、現在の金堂を構成するものであるが、再建当時のままではない。昭和のはじめまで、ここに例の玉虫厨子《ずし》と橘《たちばな》夫人念持仏をはじめ多くの仏像があったことが知られている。しかし、これらがいつからここに置かれたかははっきりしない。このうち毘沙門天と吉祥天は、承暦二年（一〇七八）に講堂から移されてきたことははっきりしている。背後の吉祥天と地蔵も、もとより当初からここに置かれたのではあるまい。そして四天王にかんしても、阿弥陀如来にかんしても、はじめから置かれていたかどうかに疑問を投げさせる理由がある。

しかし、われわれは、一応、こういう疑問を括弧の中におこう。そして、現在の法隆寺の金堂をよく見、そこにどういうイメージが存在しているかを問うことにしよう。四天王にしても阿弥陀如来にしても、はじめからそこにいたかどうかは明らかではない。『資財帳』には、両方とものっていないが、しかし、天平十九年当時になくても、それから余り下らない時に、ここにあったのではないかと思われる理由もある。われわれは、このような年代考証を後まわしにして、一応現在のままの形で金堂の意味を考えてみよう。

この金堂を構成している主役は、釈迦如来、薬師如来の二体の仏像であろう。すべての法隆寺についての解説書はこの二体の仏像についてくわしく語る。日本におけるもっとも古い金銅仏だと考えられてきたからである。あの銘によって保証された推古仏、そういう美術史的尊敬が払われて来たが、推古仏という伝承は今や大きくゆらぎはじめたようである。すでに薬師如来にかんしてはこの伝承は大きくゆらぎ、釈迦如来にかんしても疑問が投げられるべきであることをわれわれは見た。

現代のわれわれは、そういう美術史的評価で仏の価値をきめる。しかし、昔の人はそうではない。もとより、この薬師如来と釈迦如来にかんしては現在以上に大きな尊敬が払われたが、それが推古時代につくられたからという理由によるのみではない。薬師如来は用明帝御等身の像として、釈迦如来は聖徳太子御等身の像として、尊敬されたのである。つまり昔の人は、この薬師仏を用明帝、この釈迦仏を聖徳太子として拝んでいたのである。

「惣《そう》じて薬師は、用明天皇のために、之《これ》を営み給《たま》へり。此《こ》れ則《すなは》ち当寺の本仏なり」と『聖徳太子伝私記』にある。『太子伝私記』には、薬師如来ははじめは中の間にあったのだが、中ごろ釈迦像の勢いが大であるので、東の間にいた釈迦像と入れ替ったという。この伝承を信用しない美術史家が多いが、一応この意味については後に考えてみることにしよう。

とにかく釈迦像と薬師像が、この金堂において主役を果していることは事実である。しかし、この二つの仏像とはなはだよく似ている西の間の阿弥陀像はどうか。この阿弥陀如来に今の美術史家はほとんど注意を払わない。私も解説書を読んで法隆寺へ行ったので、阿弥陀如来にほとんど注意を払わなかった。この阿弥陀像については、多くの法隆寺の解説書ではほとんどふれていない。私はそこにそういう仏像があることすら忘れていたのである。

なぜ解説書はこの阿弥陀如来について注意を払わないのであろうか。それは、この仏像が明らかに鎌倉《かまくら》時代に出来たものであるためである。その光背の銘には、ここに承徳年間（一〇九七—一〇九九）に泥棒が入って仏像を盗み、須弥座《しゅみざ》がさびしく残っていたので、寛喜三年（一二三一）に鋳造がはじめられ、翌貞永元年の八月に供養《くよう》が行われたと書かれている。してみるとこの阿弥陀如来は一二三二年の作ということになるが、この盗難と新たな鋳造については、『太子伝私記』その他にも書かれ、またこの仏像の材質的、様式論的研究も、この仏像がその時代に出来たものであることを明らかにしている。

新しくつくられたことがはっきりしているこの仏像に、それから百年とたっていない『太子伝私記』は、次のような尊敬を払っている。

「次に西の間、須弥壇の阿弥陀三尊は、間人皇女《はしひとのひめみこ》、聖徳太子、高橋妃の御本躰《ほんたい》ゆゑ、もつとも根本の尊像なり」

このように考えるとき、われわれは、寺の意味を知るには、古いもののみをよしとする美術史的偏見を捨てねばならないことになるが、ここでは、近代美術史家によってほとんど問題とされていない新しく出来た阿弥陀如来《にょらい》が「もつとも根本の尊像なり」とされているのである。とすれば、われわれは阿弥陀如来を金堂の根本の尊像と考えねばならぬことになる。阿弥陀如来を金堂の主役とすれば、いったい釈迦《しゃか》如来と薬師如来はどうなるのか。われわれはすでに釈迦如来と薬師如来の間にも主役の争いがあることを見た。今また阿弥陀如来がその争いに加わるとすれば、事態はいっそう紛糾を招くおそれがある。阿弥陀如来がもし『太子伝私記』の伝えるように「根本の尊像」であるにしても、それは後のことかもしれないし、また『資財帳』に見えないところをみると、「隠された主役」かもしれない。われわれは「隠された主役」には一応引っこんでもらうことにして、表面の主役の問題から、まず考えてみよう。

## 両如来の異例の印相《いんぞう》と帝王の服装

金堂の釈迦三尊と薬師如来には多くの問題点がある。一口でいえば、それらは、釈迦、薬師如来像の一般的特徴から逸脱する多くの特徴をもっている。

まずこの仏像がはたして釈迦如来とよばれ、薬師如来とよばれるべきかどうかさえ、実は疑問なのである。仏像の種類は、服装と印相によってきめられる。明王や天神はひとまずおいて、仏像には、如来と菩薩《ぼさつ》の区別がある。菩薩は、仏の候補者といったらよいか、さとりを開こうと努力している人間なのであるが、如来はすでにさとりを開いた聖者である。大乗仏教は、その二種類の仏教者の区別を、菩薩には冠や首輪、腕輪などをつけさせるにたいし、如来には、うすい僧の着物をまとわせるだけの形をとらせることによってつけている。つまり、さとりを開こうとする人間はまだおしゃれの心を捨て切れないが、さとりを開いた人間はすっかりおしゃれの心を捨てて、裸の自己になり切っているという意味であろう。

今、この釈迦如来と薬師如来は、明らかに宝冠や首飾りをつけていないので、如来であることは確実であるが、何如来かは明らかではない。こうして如来と菩薩の間に区別をつけた大乗仏教は、如来同士の間を、印、すなわち指の形で区別をつけるのである。釈迦如来は、ふつう与願《よがん》・施無畏《せむい》といって、右手の掌《たなごころ》を前にして上にあげ、左手を同じく掌を前にして下にさげる形でつくられる（室生寺・釈迦如来像）。左手、与願とは、ものを与える形であり、右手の施無畏とは、不安をなだめる手の形を示すものであろう。つまり大乗仏教は小乗仏教の現世否定の精神を否定し、現実にたいする積極的働きかけを主張する仏教であるが、この現実への積極的な姿勢が、釈迦像を与願・施無畏の印であらわすことになる。つまり釈迦は、人間の不安を解決し、人間に幸福を与える仏であるという意味であろう。

こういう現実肯定の精神の下に立つ大乗仏教は、いろいろな人格をもった仏を生み出すが、薬師如来は、まさにこの大乗仏教のもつ現世利益《げんぜりやく》の精神を代表するものであろう。薬師如来は個人の病気を治癒《ちゆ》し、あわせて国家の安全を護《まも》る仏である。この仏は、ふつう、その名のように薬壺をもっている。従って、その印も、掌を平らにしていなければならない。多くの薬師如来は、たとえ薬壺が失われても、その手には薬壺がもたされていたことを示す何らかのしるしがある。

室生寺の釈迦如来

しかし、この法隆寺の釈迦像と薬師像とは全く同じ印相なのである。薬師如来といわれる仏は、全く薬師如来らしくないのである。光背の銘に薬師如来とあり、そして『資財帳』にも、またこの寺の伝承にも薬師というから薬師なので、もしこのままであったら、われわれは釈迦像といったにちがいないのである。印相学から見れば、この金堂には釈迦像が二体あることになる。

薬師如来の印相

しかしこの釈迦像も、多少、異例である。右手ははっきり施無畏印である。しかし左手がおかしい。それは、はっきり与願印ではない。左手の薬指と小指が曲げられている。この指の曲げが偶然ではないことは、金堂の釈迦、薬師像、そして後に私が論じる橘《たちばな》夫人念持仏（四六九ページ）といわれる阿弥陀《あみだ》像も同じように、薬指と小指を曲げていることによっても分る。この二指の曲げは何を意味するのか。この二指の曲げによって、釈迦像は、釈迦像であるという図像学的な一般的特徴を逸脱しようとしている。その逸脱は、いかなる意志にもとづくのであろうか。

われわれは、銘文や『資財帳』によって、この二つの仏像が薬師如来であり、釈迦如来であるとされていることを知る。しかし、ひょっとしたら、釈迦如来像あるいは薬師如来像とよばれることは、この二つの仏像にとってどうでもいいことかもしれない。

そういえば、この釈迦如来の衣服もはなはだ異例である。先にのべたように、ふつう如来像はインドの僧の着る、左肩から右の胸の下に、うすい着物をまとった偏袒右肩《へんたんうけん》という形の着物をまとっている。しかしこの仏像は、中国風な衣裳《いしよう》をまとっている。もちろんこのような衣裳をまとった仏像は、法隆寺にのみあるわけではない。中国にも、こうした服装の仏像がある。

長広敏雄《としお》氏は、このような形の仏像の成立を北魏《ほくぎ》時代においている。雲岡《うんこう》第六洞に、こういう衣服をまとった仏が並んでいる。これは、仏像の歴史を考えるとき、革命的なことであるといわれねばならぬ。なぜなら、ここで仏像は、インド直移入の形から、中国独自の形をとるからである。

こういう革命がなぜ起ったか。この革命を長広氏は、思想の革命によると考える。仏教を重んじた北魏朝において、皇帝を仏そのものと見る思想が起った。北魏の高宗文成帝の御世に(興安元年、四五二)、「石像を為《つく》りて、帝身の如《ごと》くせしめよ」という詔《みことのり》が出ている。「帝身の如くせしめよ」ということは、長広氏は、帝《みかど》と等身大でしかも帝と同じ服装をした仏像彫刻をつくることだと解釈する。等身大にして、しかも帝と同じ服装をした仏像をつくる、そこには、帝すなわち仏、仏すなわち帝という思想がある。

「この命令は文成帝が、一方では仏像であり、他方では自己の肖像である石像を彫刻させたことを意味する。石像が文成帝の姿を真に迫つて表はしたこと、誇張すれば、文成帝の魂を表はしたこと、と同時に、それが仏の像を表はしたことの二重性を含む

雲岡第六洞仏像

のである。それは生仏《いきぼとけ》の像を見事につくりあげた」「皇帝は仏道弘布《ぐぶ》の中心である。だから自分は皇帝を拝してゐるのではなく、皇帝に顕現せられてゐる仏を礼拝してゐるのだといふのである。この心境は、時代こそ降《くだ》りはするが、文成帝の石仏像を拝する仏教徒の心境とも考へられる」
（長広敏雄『雲岡石窟《せっくつ》に於《お》ける仏像の服制について』）

この長広氏の指摘は、法隆寺の彫刻を考える場合に、大きな示唆《しさ》を与える。この法隆寺の金銅仏は北魏様式といわれてきた。それはその服装及び仏像のかどかどした荘重さにおいて、北魏様式と考えられてきた。そして、北魏様式である限り、それは飛鳥《あすか》時代のものではないかと考えられてきた。

しかし、この北魏式の仏像は、一つの思想から生れていたのである。それは、帝に似せて仏像をつくるという思想である。法隆寺の金銅仏の製作者が北魏仏から学んだのは、単なる形式ではなく、帝身を仏ならしめるという思想ではないか。この仏像は、実は、仏に見せて帝そのものを表現しようとしたのではないか。

このように、印相においても、服装においても、この釈迦像、薬師像は正に異例の仏像であるが、釈迦の脇侍もまた異例なのである。ふつう釈迦の脇侍には文殊、普賢が置かれるが、この脇侍は、明らかに文殊、普賢ではない。『太子伝私記』には「脇士二躰《たい》。薬王、薬上」とある。薬王、薬上とは『法華経《ほけきよう》』に出てくる仏であるが、それが、釈迦の脇侍をなすことがあるかどうか、類例はない。法華経崇拝がたいへん盛んになったときには、あるいはそのような脇侍の存在が考えられるかもしれないが、奈良時代をさかのぼって、このように釈迦の脇侍に薬王、薬上が置かれることは考えられない。おそらく、この脇侍が両手に玉のようなものをもっているので、これを薬壺と見て薬王、薬上と名づけたものであろう。この脇侍は、ほとんど左右同形で、左手の親指と薬指で玉をはさみ、右手も親指と薬指で玉をはさむようにしてもっている。おそらく、先に仏の名があって像がつくられたものではなく、むしろそのような像があったので、後に薬王、薬上とつけられたものであろう。いったい、何のために、このような、図像学的に何とも判断出来ない菩薩を脇侍にしたかが問題である。

もう一つの問題はかの光背の銘文である。光背の銘文の真偽性について、私は先に、事実としては、はなはだ疑わしいことをのべた。じっさい、一つの仏像が、この法隆寺のように、明白な光背の銘文をもっている例は少ないのである。つまりそれは一種の肩書で、この法隆寺の釈迦像と薬師像を、はっきりこれこれの仏であると限定することである。この肩書が必ずしも真実ではないにしても、この仏像がこれこれの肩書をもつものとされていることは、大切である。つまり、この仏像は肩書なしにありえない仏像なのであるが、肩書をその背中に大きく書かれなければならぬ仏像とは、異例な仏像である。

この異例さは、ある種の意志の存在を暗示している。つまり、もし、ここにふつう人が考えるように、朝鮮をへて伝わってきた中国の文化、はっきりいえば北魏の文化があるとしても、やはりここには、法隆寺を作らしめた個別的意志が強く働いているのである。一般的な文化移入だけでは判断出来ぬ特殊な意志がここには働いている。そしてその特殊なる意志は、この仏像の図像学的法則を逸脱せしめ、法隆寺の金堂の仏像に異例の特徴を与えているのである。

## 隠された太子一家と剣のイメージ

この個別的意志は何か。私は、この二体の仏像には、二つの意味をあらわすイメージが秘められていると思う。一つは太子及び太子一家を指示するイメージである。もう一つは、死を指示するイメージである。

何よりも、あの光背の銘が、太子及び太子一家を指示している。薬師如来《にょらい》は用明帝のために、推古天皇と聖徳太子がつくったと銘文にある。そして釈迦《しゃか》如来は、聖徳太子のために王后と称する太子妃と王子たちがつくったとある。妻や子供や妹が、夫や父や兄のために仏像をつくっているのである。つまり、ここには、祖先を祭る太子一家の意志が示されている。

しかし、この像は、祭る方が太子一家であるばかりではなく、祭られる方もまた、太子一家なのである。薬師像は、用明帝等身の像とされ、釈迦像は、聖徳太子等身の像とされる。つまりそこで祭られるのは、薬師像であると同時に用明帝であり、釈迦像であると共に聖徳太子なのである。『続日本紀《しょくにほんぎ》』の養老六年十二月の記事のところに、天武帝のために弥勒《みろく》像をつくり、持統帝のために釈迦像をたてたとある。この場合、弥勒像をおがむことは、実は天武帝をおがむことであり、釈迦像をおがむことは、実は持統帝をおがむことを意味するのである。この場合、弥勒と薬師はちがっているが、後の帝《みかど》が釈迦仏となり、前帝が、弥勒又は薬師となっていることに注意する必要がある。とすれば、薬師像は用明帝をシンボルとして表現し、釈迦像は聖徳太子をシンボルとして表現することになるが、私はこのシンボル関係は、脇侍にまで及ぶものであると思う。

われわれは、この釈迦光背の銘文が、さまざまな不合理を内包していることを見た。太子のため釈迦像を誓願したばかりか、釈迦像を「敬造」したはずの王后が太子より一日先に死ぬことも奇妙な話であるが、太子の母、間人太后《はしひとのおおきさき》が、太子の死の前年に死ぬというのも話が出来すぎているように思われる。太子と妃《きさき》の同時の死によって、その愛の誓いの深さをたたえている『聖徳太子伝暦』も、間人太后の死については何も語っていないのである。銘文の鬼前太后というのが、はたして太子の母、間人太后をさすのかどうかも、もう一つはっきりしない。この「鬼前太后」を「カミサキノオオキサキ」とよんで間人太后であるとしたのは、平安時代のはじめに書かれたと思われる『上宮聖徳法王帝説』であるが、『帝説』はその理由を間人太后の兄、崇峻《すしゆん》帝は石寸神前《いわれのかみさき》の宮で天下を治めたので、その同母妹にあたる間人太后もそこにいたにちがいなく、それで鬼前太后といわれたのであると説明するが、必ずしも信用出来ない。

すでに狩谷棭斎《かりやえきさい》は、この石寸神前宮というのが『書紀』になく、また崇峻帝がここにいたという記録もないことから、この『帝説』の記事は疑わしいと考証しているが、私は種々の理由から、この『上宮聖徳法王帝説』という本を、由来は古いものであるにしても、信用しがたい本であると思うので、狩谷棭斎のいう通り、これがはたして正確に間人太后をさすものかどうか、大へん疑わしいと思う。

大体この銘文には、固有名詞は太子一人で、あとは太后とか王后とかきわめて一般的な名詞である。もし太后が間人太后をさすならば、なぜはっきり間人太后と書き、王后が膳郎女《かしわでのいらつめ》をさすならば、なぜ膳王妃と書かないのか。

もう一ついえば、ここに何らかの意志で二人の人間の死が必要であったのではないかと思う。つまり、太子の母らしい人物、前太后の死と、太子の妻らしい人物、王后の死である。この二人の死の必要性と『資財帳』の記事とを何とか辻《つじ》つまを合わせるために、ここに奇妙な銘文が出来たと私は思うが、この三人の死者が、この三体の仏像ときわめてよく調和するのである。この銘文の中に「釈迦の尊像幷《なら》びに俠侍《きょうじ》及び荘厳具《しょうごんぐ》を造り竟《おわ》りぬ」という言葉があったことを、もう一度、読者は思い出してほしい。この銘文は、釈迦像一体のための銘文ではなく、脇侍を含めての銘文である。ここに三尊の仏がある。それゆえ、ここに三人の死者が必要であったのではないか。もう一つつけ加えれば、中央の釈迦像が太子であるとすれば、右に間人太后、左に「王后」と呼ばれている太子妃ということになるであろうか。このような推定をいっそう強めるのは、一光三尊という光背の形式である。一光三尊とは、一つの光背のもとに三尊がつつまれている形であるが、それはあたかも本尊の光背の下に脇侍が庇護《ひご》されている形になる。親の七光りとい

善光寺前立本尊

うのは、こういうことを意味するのかもしれないが、ここで脇侍はそれ自身の小さい光を放ちつつ、釈迦如来の放つ、より大きな光の中につつまれている。一光三尊の光背は、きわめてインティメイトな家族的感情を表わす光背である。

　このような一光三尊の光背の有名な例として、善光寺如来の例がある。善光寺の本尊は阿《あ》弥《み》陀《だ》如来といわれるが、やはりその光背が一光三尊形式であり、御本尊は秘仏として何とも分らないが、それと同じ様式であるといわれる前立仏は写真にもとられている。この善光寺もまた本多善光の家族的結合の強い寺であり、一光三尊の阿弥陀三尊の横には、本多善光の像をはさんでその妻とその子の像がならんでいる。この善光寺如来の一光三尊の阿弥陀如来も、善光をはさむその妻と子のイメージと深く関係しているのであろう。法隆寺釈迦仏の一光三尊の光背にも、そのような関係があてはまろう。太子を真中にはさんで、太子と同時に死んだその母と妻、そこには親密なる家族関係が表現されているのであろう。

この太子の家族の一光三尊形式による親密感の表現は、例のわれわれが昔教科書でよく見た阿佐《あさ》太子の筆になる「聖徳太子および二王子像」にも見られるのである。真中にひげを生やし、笏《しゃく》をもち、剣を吊《つ》った太子が立っている。それを、子供の山背《やましろ》王子と弟の殖栗《うえぐり》王子がかこんでいる画像である。

聖徳太子および二王子像

この太子像は、今、五千円札、一万円札に画かれた太子像の原画となり、今でも太子はわれわれに喜びと悲しみを与えているのである。この絵は、太子の生前、百済《くだら》の阿佐太子によって画かれたと『聖徳太子伝暦』などにあるが、すでに早くも黒川真頼《まより》博士によって、その画は推古時代の作ではなく、少なくとも持統帝の時代を上ることができないものであることを明らかにされている。というのは、笏をもつ風習がはじまるのは、大化改新の詔《みことのり》からだといわれるからである。それゆえそれは、生前の太子を画いた肖像画ではない。それどころか、仏となった三人を描いた、肖像画に見せかけた仏画ではないかと思う。この画像をよく見ていると、山背王と殖栗王は、真中の太子の約三分の二の背丈であるが、この背の高さの比例は、ちょうど金堂の釈迦如来と脇侍との高さの比例にひとしい。じっさいそれが山背大兄と殖栗王の画像であるとすれば、子の山背王はともかく、弟の殖栗王が小さすぎるのである。それゆえそれは、ふつう美術史家のいうように、実は三尊の形でつくられた肖像画というべきであろうが、逆にそれは表面太子の肖像を画きながら、むしろ実際にはもう仏となった三人の姿を画いたものではないかと思う。つまり、金堂の釈迦三尊像の逆なのである。本尊の釈迦三尊は表に仏の形を示し、裏に太子一家を表わしたものであろうが、この「聖徳太子および二王子像」は、表に太子一家を表わし、陰に仏を表わしたものであろう。

ところで、この画像の絵であるが、太子のもっている剣がいかにも長いのである。それは腰から大きくたれ下り、山背王の体をよぎって左にはみ出ている。そしてまた、山背王のもっている剣もまた立派であり、いくつかの星の模様がある。この二人の剣と比べると、右の殖栗王のほうの剣は細い。聖徳太子がこのような長大な剣をもつことは、今のわれわれの常識から考えればおかしく思われるが、それはわれわれが明治以後にもっている太子にかんする先入見のせいである。十七条の憲法の制定者、仏教保護者という太子を見て、物部守屋《もののべのもりや》と壮烈な戦いを行なった太子の姿を忘れてしまうからである。若き日の太子を思え。しかし、それにしてもこの剣は長大すぎる。何か、太子には長大な剣をもたねばならぬ秘密があるのであろうか。それはまた後で問おう。

法隆寺の釈迦仏、薬師仏が太子一家を暗示しているもう一つの理由は、その衣服による。長広氏が指摘したように、この仏像の衣服は中国の王者の服装であった。こうした服装の仏像は日本では珍しい。王者の服装をまとった仏像を、なぜ法隆寺の本尊にしたのか。それは、明らかに王者を祭るためではないか。少なくとも用明帝や聖徳太子を仏像であらわすためには、それをあのインドの僧の服を着た仏にするより、中国の王者の服をまとった仏にする方がより適当であると思われる。

とすれば、先に私が見たあの「聖徳太子および二王子像」とはなはだ性格が似通っているのである。われわれは、どうやらこの日本最古の等身大の仏像を、単なる仏像として見てはならないようである。

とすれば、問題は印である。この二体の如来と二体の脇侍の奇怪な指の形は、何のためか。この印は、類例がないと私はいった。しかし大宝蔵殿にある戊子《つちのえのね》の銘文のあるやはり一光三尊式の釈迦三尊像の本尊も、このような半ば薬指と小指が曲げられた格好をしているし、また橘《たちばな》夫人念持仏といわれる阿弥陀三尊仏の本尊も、やはり二指を少し曲げている。

この指の形の意味を考えるために、われわれは、この印の極端な形を考えてみよう。つまり、この釈迦三尊のように中途半端《ちゅうとはんぱ》な曲げ方ではなく、すっかり指の曲げられた形である。この指の形をしている有名な仏像がある。それは、前にのべた善光寺如来である。善光寺如来は、阿弥陀如来であるが、寺では刀剣《とうけん》・施無畏《せむい》の印という。右手は施無畏印であることは確実なので、この左手が刀剣印といわれているのであろう。そして、人差指と中指を立て、親指と薬指、小指が組み合わされた形は、ちょうど刀剣をさした形になっている。そして密教でも、この形を刀剣印という。じっさい、阿弥陀如来が刀剣の印をしているのは、異例というより異常なことであるが、この善光寺の阿弥陀三尊も、法隆寺の釈迦三尊と深く関係をもっているのではないかと思われる。その一光三尊の光背といい、この左手の印といい、この二つの仏ばかりではなく、この二つの寺には深い相互関係があると私は思う。善光寺の建造の時期は、寺伝によれば皇極三年（六四四）になっているが、それは例の山背皇子の惨殺《ざんさつ》の翌年である。いずれゆっくり、善光寺について調べてみたいが、この法隆寺の釈迦如来の印も、半ば隠された刀剣印ではないのか。

刀剣の印、それは、例の阿佐太子の画といわれる「太子および二王子像」の長い立派な剣を思い出させる。しかも、後にのべるように、この金堂における三体の本尊を四方から守護する持国天と増長天が、立派な由緒《ゆいしょ》ある大刀をもっていたのである。四天王は武器をもつものであるが、この法隆寺の金堂の四天王のように国宝級の名剣をもつ四天王は少ない。

このことを思うと、聖徳太子には剣がつきものであるように思われるが、太子をあらわす釈迦像も、左の腰にやはり大刀をもっていることを示す印を表わしているのではないだろうか。それも善光寺の阿弥陀如来のように、はっきりとは示していない。そっと、ひそかに隠して、この刀剣を示さねばならない。それゆえ、釈迦如来も、薬師如来も、半ば左手の薬指と小指を曲げている。表に与願印の仏像と見せかけて、裏に、それは刀剣印であり、長い刀剣をさげた聖徳太子を暗示しているのではないだろうか。

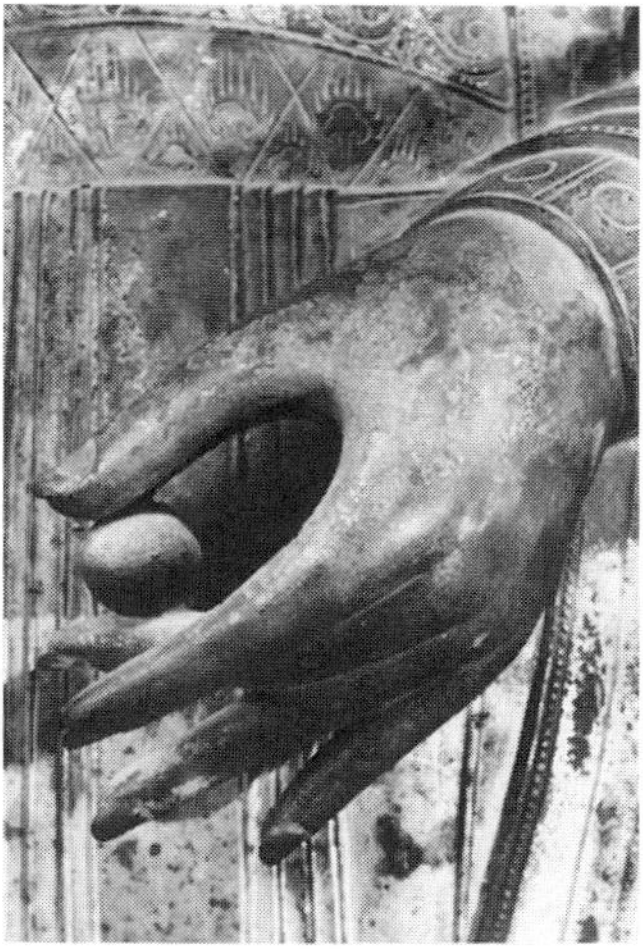
釈迦如来脇侍の印相

## 舎利と火焔《かえん》のイメージの反復

本尊の印相《いんぞう》とならんで問題なのは、像の脇侍の印相である。この薬王、薬上と呼ばれる二脇侍が手にもっている丸いものは、一体何であろうか。この玉は遠くから見ると丸く見えるが、近くで見ると必ずしも丸くはない。むしろ、多少横に細長く、ごつごつした感じがする。それは一体何か。私は舎利ではないかと思う。じっさい、先に私が暗示し、後に私がくわしく見るように、法隆寺ほど舎利と舎利瓶の多い寺はないのである。塔の両面の塑像《そぞう》の舎利瓶、その形がいたるところで反復されている。夢殿の屋根の上の露盤、夢殿の本尊の救世《ぐぜ》観音のもっているもの、そして玉虫厨子《ずし》の正面下の絵の中に同じ形の舎利瓶が現われる。その上、舎利の話が法隆寺には実に多い。太子二歳のとき掌から舎利が出てきたという伝説がある。またこの脇侍の右手は、細長い玉のようなものをもっているという形ではない。むしろその掌から玉のようなものが生じてきたような形である。そして、左手も何かいやなものでももつかのように、その玉のようなものをもっているのである。おそらくそれを薬と解しては、この謎《なぞ》は解けない。舎利と考えてみると、このシンボルは法隆寺にある他の多くのイメージにつながるのである。山背《やましろ》事件によって、この場所で太子一族はことごとく惨殺《ざんさつ》された。今、法隆寺が建てられた場所には、おそらく太子の子孫たちの屍《しかばね》がごろごろしていたであろう。その屍の骨を、太子の母と妻、つまり山背皇子からいえば祖母と母とおぼしき人物が拾っている。何と悲しいことであろう。おそらく、法隆寺の建造者の眼には、七十年ほど前にここで起った凄惨《せいさん》なる光景が眼に見えていたにちがいない。この血の汚れを清めねばならぬ。それには、太子および太子の父用明帝を祭るのが一番であろう。王の姿をした祖父と父のそばに子孫の骨を拾っている祖母と母の姿がある。それはきわめて自然な鎮魂のイメージであると私は思う。無実の罪に殺されたものどもよ、汝《なんじ》の先祖がここにこうして祭られている、汝の怨恨《えんこん》を忘れて、ここに静かに眠れ。

もう一つ、こういう悲劇的な死のイメージに結びつくのは、釈迦《しゃか》三尊および薬師如来《にょらい》の光背である。光背は一面に火焔模様である。もとよりこの火焔模様も、北魏《ほくぎ》式という仏像には多く、中国にも朝鮮にもその例がある。しかし、この法隆寺の本尊の火焔模様は特にすさまじい。じっと見ていると、この本尊の背後で炎々と火焔が燃え、この仏像全体が火焔の中にあるかのように思える。たとえば、この火焔模様を仏像学者は次のように見る。

「なお火焔形の中に平行線を陰刻する例は中国の金銅仏の光背に多数みられ、これに由来するものと思われる。朝鮮でも前述した丙辰年銘《ひのえたつのとし》、甲寅年銘《きのえとらのとし》の光背にみられる。だが法隆寺の場合のように、毛筋を思わせる平行線を精緻《せいち》に陰刻した例はほとんどな

（『奈良六大寺大観　法隆寺二』）

私はここに、仏像を海外から移入しようとする一般的意志を越えた特殊的意志を見る。この特殊的意志の正体は何であろうか。われわれは、天智《てんじ》九年に法隆寺をおそった猛烈な火災について知っている。法隆寺に火焔が多いのは、その記憶なのであろうか。それともそれは、不幸に死んだ王子たちが、おそらくは焼かれているにちがいない地獄の火焔のイメージなのであろうか。それとも、後に見事に世阿弥《ぜあみ》によって表現される、怨霊《おんりよう》どもが苦しむ瞋恚《しんい》の炎なのであろうか。当時のひとびとにとって、こういう火焔が、すべて重なって見えたにちがいない。あの救われない怨霊に燃えかかる地獄の業火《ごうか》。その業火を、太子の怒りとして、ひとびとは現実に天智九年の火事において見たにちがいないのである。

このように考えるとき、われわれは法隆寺の釈迦三尊および薬師如来をとりまくイメージを、明らかに理解することができる。一つには、そこに太子一家を表わすイメージがある。一光三尊の光背、光背の銘文、仏像の衣裳《いしよう》などがそれである。

しかし、それらのイメージにはどこかに死の影が、しかも不吉な死の影がさしている。刀剣―舎利―火焔、それらは、あの惨殺事件を示すイメージである。この二種のイメージは、結局、法隆寺は太子一家の怨霊の鎮魂の寺であるというイメージを伴うのである。

戒壇院の邪鬼

とすると、われわれの仮説は、まずその第一段階において、法隆寺の謎を解く必要かつ十分な仮説であることが証明されたわけである。

次に四天王（持国天、増長天、広目天、多聞天《たもんてん》）の像を見てみよう。この四天王もまた異様である。というのは、この四天王はあまりに落着きすぎているからである。ふつう、四天王は、もっとこわい顔をして、あばれようとしている邪鬼をおさえつけている。しかし、この法隆寺では邪鬼もひどくおとなしい。邪鬼はアマノジャクと読まれ、仏の威光に反抗する造反の徒である。造反の徒は、たとえば戒壇院の邪鬼がそうであるようにかなわぬながら仏および仏の従者にせいいっぱいの抵抗を示さねばならぬのに、この邪鬼は四肢をたれて、ただ四天王を乗せる台の役割をしているにすぎない。そしてその顔も、鬼のような容貌《ようぼう》ではない。ウシかサイのように、唯々諾々《いいだくだく》と四天王を背中に乗せているのである。私は何度かその像を見て、汝、われに似た性をもつ邪鬼どもよ、汝の中にある隷属《れいぞく》の心を捨てて、かなわぬながらも四天王に一戦を交えたらどうか、と叫びたい気になったことさえあった。
この邪鬼の無抵抗さに対応するのか、四天王もあまりにも静かである。その顔も怒りの顔ではなく、眼が吊《つ》り上ったような不気味な沈黙の顔である。ふつう、寺院では、本尊の静にたいし、四天王は動を代表する。この静と動とが寺にある種の調和と美をつくり出しているのであるが、この法隆寺の金堂を支配しているのは、全面的な静の精神である。この異常なる静の精神の優越はなにゆえであろうか。
ところが、ここに現在の金堂を見ただけでは気がつかないことがある。それは、明治初年まで、この仏殿の左前にいる持国天と、右前にいる増長天が名剣をもっていたことである。

「次に持国天の御太刀は、太子の七歳已前《いぜん》の御守なり。未来衆生済度のために、この天に持たしむ。あるいは云《い》ふ、国土安穏のために、この天に持たしむと云々《うんぬん》。あるいは云ふ、二世の御宝物中に、最初の御持物ゆゑ、御崇重され、よつて本寺の金堂に安置すと云々。其《そ》の大刀は長くして、金銅なり。雲の形七星の形を裏面《うらおもて》に気に打つ、柄《つか》には銅を巻けり。此《こ》の大刀を拝見する輩《やから》は兵杖《へいじょう》の難を辟除《へきじょ》すと云々。次に増長天の大刀は此の御大刀を本となして造り給《たま》ふ、但《ただ》し七星等なしと云々」

（『聖徳太子伝私記』）

由緒《ゆいしょ》ある名剣をもつ四天王はまったく珍しいが、この太刀は明治十一年に他の宝物と共に一万円の酬賜金の身代りとして宮中へ献納されることになって持国天と増長天の手からはずされ、法隆寺に返された後も大宝蔵殿に納められ、再び持国天、増長天の手に返らなかった。私はやはり二天にこの大刀をもたせてほしいと思うものであるが、なぜ、

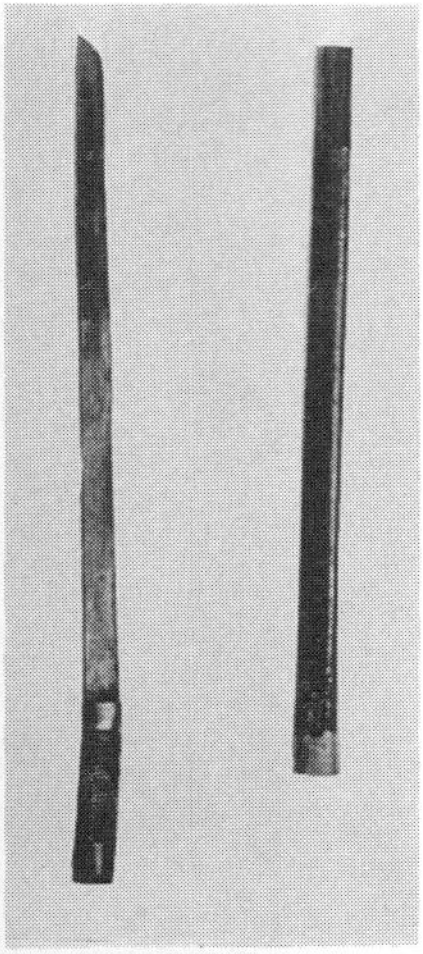

持国天と七星文銅大刀

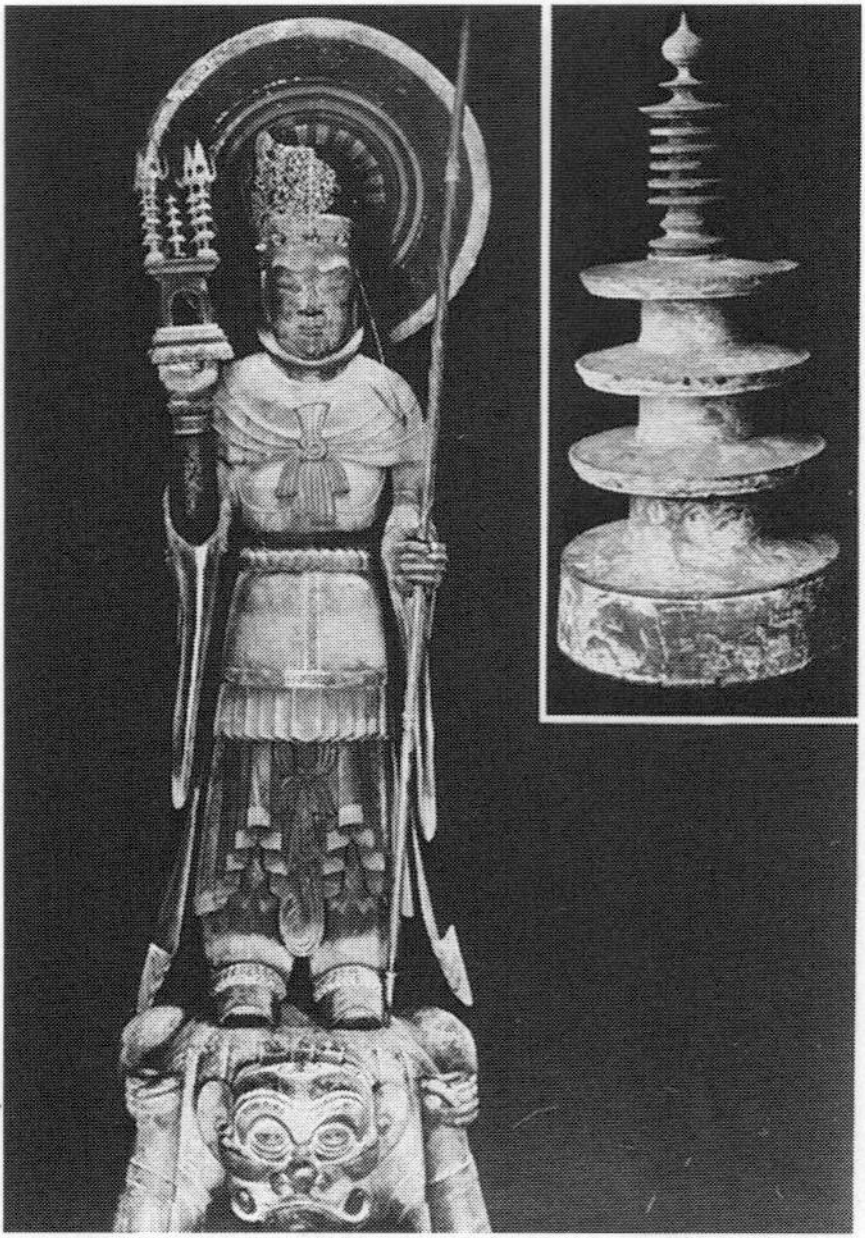
多聞天と百万塔

よりによって名剣をこの左右の二天はもっているのであろうか。

今この大刀は、大宝蔵殿にあり、持国天のものは「七星文銅大刀」、増長天のものは「無文銅大刀」とよばれている。二つの大刀ははなはだ似ているが、持国天のほうには『太子伝私記』の説のように、刀身の表に雲形、七星、日、雲形、日、雲形、鉾形《ほこがた》の線刻がほどこされている。

この二つの刀は、例の「聖徳太子および二王子像」の山背王子および殖栗《うえぐり》王子のもっている大刀を思い出させるものであるが、法隆寺にはよほど剣のイメージが強いのである。この大刀を拝見する輩は兵杖の難をまぬがれるという『太子伝私記』の記事に注意すべきであろう。あるいはこの大刀そのものが、兵杖の難を示しているのではないか。

ところで、残った二体の四天王、広目天と多聞天についても注意すべきことがある。広目天が右手に筆、左手に経典をもち、仏法守護というより経典製作の意志をあらわし、何となく太子の『三経義疏《さんぎょうぎしょ》』の製作の話を暗示しているように思われるのはとにかく、問題は多聞天の姿である。この多聞天は、右手に台をもち、その上に五基の塔をおいている。多聞天は塔をもつ形につくられることがあるが、そのもつ塔は多く多宝塔であって、塔の数も一基であることが多い。

しかるにこの金堂の多聞天はちがう。台の上に五基の相輪を乗せている。そしてその相輪の頂上には、巨大な火焔がつくられている。これはまさに燃える塔であるが、この塔の形は法隆寺に残されている、光明皇后が、彼女によって殺されたのではないかと疑われる聖武《しょうむ》帝の子供、安積《あさか》親王の霊をとむらうために、各寺に寄附したといわれる百万塔にその形が似ている。それは、明らかに多宝塔ではなくて供養《くよう》塔である。しかもそれは、あの猛烈な火焔から見て、やはり救われぬ霊魂への鎮魂のための塔であることを意味しているように思われる。

## 金堂は死霊《しりよう》の極楽往生の場所

以上にのべたように、法隆寺の金堂は、太子一家のイメージと死のイメージに満ち満ちている。救われぬ魂がここには充満しているのである。この魂はどこへゆくのか。舎利と、火焔《かえん》と、刀剣で示される惨劇の犠牲者の魂を誰が救うのか。

ここに、西方世界にましますの救い主の存在理由がある。金堂に坐《いま》す阿弥陀《あみだ》仏は、先にのべたように鎌倉《かまくら》時代に出来たものである。その前にそこにあった仏像は盗まれたゆえ、新たに造られたという。この前に台座の上にのっていた仏像が、はたして阿弥陀仏かどうか疑う人がある。『資財帳』に阿弥陀仏の記事がないことと、ここに多くの小仏像があったらしいなどの理由で、阿弥陀仏は鎌倉時代になってはじめておかれたのではないかという人がある。

しかし、私はそう思わない。阿弥陀仏が、ここに、このようにしていなかったら、困るのである。阿弥陀仏の存在なくして、あるいは浄土思想なくして、法隆寺は考えられないのである。

たとえば法隆寺の講堂は、最初六間であったが、東の間では薬師、西の間では阿弥陀が本尊であったという。薬師と阿弥陀。前者は病気の治療者で、後者は死後の救済者である。薬師如来《にょらい》の銘には、用明帝の病気治癒のためこの仏像を発願したが、用明帝は死んだため、聖徳太子と推古帝がこの仏像を建てたという。つまり、実はここで薬師如来は、一方では病の救済者の役目をつとめると共に、一方では死霊の鎮魂者の役目を果しているのである。そして死霊の鎮魂ならば、薬師如来より阿弥陀如来のほうがより適当

阿弥陀如来（壁画）

である。また光背銘によれば、釈迦《しやか》如来建造の理由は、聖徳太子の病気治癒のためであると同時に太子の浄土往生のためでもあった。このことも実はおかしいのである。われわれが一人の人間の病気全快を祈るとき、同時に、死後の冥福《めいふく》も祈るであろうか。全快を祈りつつ冥福を祈るのは、むしろ変なことであるが、この仏像の銘には、こういう変な願いが書かれている。この釈迦仏は、病気治癒という薬師仏的役割より、死霊の冥福を祈るという阿弥陀仏的役割を、より多く担《にな》わされていることを示すものであろうか。

とすると、当然ここに阿弥陀如来が必要なのである。以前には、この釈迦仏の向い合せに例の玉虫厨子《ずし》があり、その本尊が阿弥陀三尊といわれ、その隣に橘《たちばな》夫人念持仏があったという。この念持仏も、明らかに阿弥陀三尊である。またこの金堂には実に艶麗《えんれい》な壁画が描かれていて、その壁画の中でも、西面、阿弥陀浄土の画がもっともすぐれていることは、多くの美術史家の認めるところである。つまり一言でいえば、金堂には阿弥陀仏のイメージが満ちているのである。

最初の阿弥陀仏がどんな仏像であったかは分らぬけれど、この法隆寺の金堂は阿弥陀仏なしに存在しえぬものなのである。私は前に、仏像は、国家鎮護の役割をすると同時に、個人の内面に働きかけるものであるといった。阿弥陀仏は、もっとも個人の内面に働きかける仏ではなかったか。阿弥陀仏は、死と罪についての形而上学的《けいじじょうがくてき》反省をひとびとに与えるからである。人間は死ぬ。そして死後、定散《じょうさん》二善をつんだ人は極楽浄土へゆき、阿弥陀仏に救われる。このような浄土思想が、いつ日本に入ってきたかは分らない。日本に最初に入って来た阿弥陀信仰はおそらく北魏《ほくぎ》の曇鸞《どんらん》系のものであろうと思われるが、それについてはいつかくわしくつきとめたい。『書紀』における最初の阿弥陀信仰の記録は、舒明《じょめい》天皇十二年（六四〇）五月の項に、前年に唐国より帰った恵隠《えおん》が『無量寿経』を説いたという記事であるが、おそらく阿弥陀信仰が定着したのは孝徳朝（六四五―六五四）以後であろう。孝徳帝のとき出来たとされる現四天王寺の本尊は阿弥陀仏であるが、特に持統帝以後から阿弥陀仏は盛んにつくられるようになる。

しかしこの時代の阿弥陀仏信仰を、平安時代の末期に流行した、この世を苦悩の世、無常の世と考え、現世を超えた浄《きよ》く美しい極楽世界に倦怠《けんたい》のまじった憧憬《どうけい》の眼を投げつつ悲しき心で阿弥陀仏の来迎《らいごう》を待つ、あの時代末的浄土思想と理解してはいけないと思う。平安末期には、阿弥陀仏は来迎印の形でつくられるが、この時代には来迎印の阿弥陀仏はほとんどつくられていない。この時代の阿弥陀仏は定印《じょういん》つまり瞑想《めいそう》している時の姿より、説法印つまり説法している姿の阿弥陀仏が多い。この時代の日本人は、まだ現世を享楽《きょうらく》していた。大伴旅人《おおとものたびと》が「今の世にし楽しくあらば来む世には虫にも鳥にもわれはなりなむ」と歌った強烈な現世肯定の意識が、この時代の人間の精神的特徴であろう。

とすれば、阿弥陀仏はいかなる点においてこの時代の人間に必要であったのか。それを一言でいえば、死霊の恐怖からの解放のためであったと私は思う。自分たちが殺した人間の死霊が再びここに現われ、生きている人間に復讐《ふくしゅう》を試みる。その死霊を誰かがどこかへつれていき、二度と地上に現われて生者の生活を邪魔しないようにしてほしい。そういう要求を人は仏教にもとめる。そして仏教側においては、そういう要求を満たすものとして阿弥陀仏の存在が認められはじめるのである。

古代日本人の生活を知るにつけ、彼等が死者にたいしてもっていた恐怖が、想像も出来ないほど大きなものであったのを私は知るのである。それは、死に対する恐怖ではなく、死者に対する恐怖である。死者の霊魂が、いつ何時、生者の世界に現われて、生者の生活を乱すかもしれない。どうか死者よ、黄泉《よみ》の国にいる死者よ、静かに眠っていてほしい。

おそらく、そういう願いを多分にこめてあの巨大な古墳が築かれたのであろう。あの巨大な古墳とそこにうずめられる巨大な石棺が、その恐怖をわれわれにはっきり見せてくれる。この重い石棺と大きな土山をこわして、まさか死者がこの世に現われようとは思えない。特に偉大な人と恨みをのんで死んでいった人の霊は、よけい手厚く葬《ほうむ》られる必要がある。なぜなら偉大な人間は偉大な力をもっているゆえに、死後もまた偉大な力をもっていると考えられるからである。そしてまた、恨みをのんで死んでいった人間は怨恨《えんこん》ゆえに、しばしば人間の世界に現われやすいと考えられるからである。私は古墳の大きさは、その人の偉大さとともに怨恨の深さにも正比例するのではないかと思うが、まさに聖徳太子の霊こそ、そういう偉大にして、しかも、もっとも深い怨恨をもつ霊なのである。

この霊は、もはや巨大な古墳によって鎮《しず》められる霊ではない。なぜなら太子自身が日本固有の神より異国の神（仏）を信じたからである。それゆえ太子の怨霊《おんりょう》の出現にかんして、日本の神は無力なのである。そこで新しい神、すなわち仏が太子の鎮魂を引きうけねばならぬ。その仏の中でも阿弥陀仏が鎮魂の主役となる。阿弥陀仏は、迷える霊をすべてまとめて極楽浄土へつれてゆく。死霊よ、どうぞ、阿弥陀仏の手によって極楽浄土へ行ってください。

私はこのとき、古墳時代の夜が明けたと思う。古墳時代において神道《しんとう》がはたした役割を、今や仏教が引きうけたのである。太子の霊、このもっとも厄介な死霊を引きうけるのは、もはや古代神道ではなく、仏教なのである。聖徳太子は、巨大な古墳に葬られるべきではなく、寺院に葬られるべきなのである。四天王寺、橘寺、法起寺《ほっきじ》、広隆寺、法輪寺、法隆寺。それぞれ一つの時代の太子信仰、というより太子の霊にたいする恐怖のあとを残す寺が、続々と建てられてゆく。そしてそれらの寺の建造と共に、古墳時代の夜は完全に明けるのである。

この点、奈良時代の人間の意識は、あの平安末期の人間の意識とはちがっているのである。極楽浄土へ行くのは、彼ら自身ではない。自分自身より、むしろ自分の敵ども、自分や自分の祖先が自ら手にかけた犠牲者たちを極楽浄土へ無事送りとどけることによって、自分の政治的権力を安泰化しようとしたのである。

## オイディプス的悲劇の一家

この法隆寺の金堂に、橘《たちばな》夫人念持仏がおかれていたのは、まことに象徴的である。藤原不比等《ふひと》の妻、橘夫人は、どこで聖徳太子と結びついているのであろうか。おそらく藤原政権を安泰化しようとする点において、彼女は聖徳太子の信仰者なのである。彼女は藤原氏と聖徳太子との関係を知っていたにちがいない。知っていただけに、この太子が藤原氏にとってどんなに恐るべき敵であるかを感じていたにちがいない。それゆえに彼女は、彼女の名をもった念持仏をこの金堂に止《とど》めておく。どうか阿弥陀《あみだ》仏よ、この太子の不幸なる魂を救って、私どもの政権を安泰にしてほしい。

このようにいうのは、おそらく稀代《きたい》の賢女であった三千代に酷なことであるかもしれない。三千代、およびこの法隆寺に彼女と共に多くの財宝を寄附している彼女の娘、光明皇后の心を支配したものは、一つの罪の意識であるかもしれない。じっさい、光明皇后という女性は、一生、先祖および自己にたいする罪の意識に憑《つ》かれた人のように思われる。罪の意識を考えずに、あの東大寺建立《こんりゅう》という巨大な事業にそそいだ彼女のおどろくべき情熱は理解出来ないと思う。私は法隆寺にも何分かの罪の意識が見られることを否定しはしない。しかし、その罪の意識は、ここでは一家安全を願う意志とけっして離れたものではなかったと思う。

この法隆寺をとりかこむ家族意識に注意したまえ。聖徳太子ばかりか用明帝、間人太后《はしひとのおおきさき》、そしてどうも創作であるらしい膳大郎女《かしわでのおおいらつめ》という太子妃。そういう太子一家、特に女性を登場させた意図は何か。こういう女性を登場させたのもまた女性であり、太子一家を登場させたのもまた一つの強烈なる家族意識ではないかと思う。われわれは、奈良遷都《せんと》と共に興福寺の建立がはじまったことを知った。そして、興福寺は藤原一家の氏寺《うじでら》である。そこには不比等を中心にして、元明、元正帝、橘三千代、光明皇后などの影が強くさしている。それはまさに藤原氏の氏寺である。そして薬師寺、この薬師寺も実は持統帝の血を引く天皇家のひとびとの氏寺のような役割をはたしているのである。天皇家の氏寺と藤原氏の氏寺。まさに氏寺の流行である。そして法隆寺もまた氏寺であったと私は思う。しかし、この氏寺は、いわば薬師寺や興福寺が生の氏寺であるのにたいし、死の氏寺である。永遠に子孫が絶えた、あわれな上宮聖徳太子一家の霊がここに祭られる。そしてその死の氏寺を祭ることによって、二つの生の氏寺の安泰が保証されるのである。

私は、太子一家はかのギリシア悲劇におけるオイディプス一家のようなものではなかったかと思う。オイディプスは自ら知らずして自分の父を殺し、母を犯す。その罪によってオイディプスは自らの手で盲となり、やがて彼の一家は全滅する。そういう不吉な一家の滅亡を歌うギリシア悲劇は、こういう死の一家の鎮魂を行うことによって、生というもののおどろくべき深さを、生きている人に教えようとしたのかもしれない。

川原寺と橘寺の結合を、ただの政治的なものではなく、もっと内面的なものを意味しているのではないかと私はいった。今ここに、奈良遷都によって、川原寺―弘福寺《ぐふくじ》は興福寺に、橘寺は法隆寺にとって代られた。しかし、その二つの寺の関係はそのまま残っている。生の氏寺と死の氏寺、暗い良心の関係はまだここにも尾を引いているのである。

このように考えると、私は法隆寺の金堂の建てられたのを和銅に近い時期におかないわけにはゆかないが、この金堂の壁画は、古風な建築様式にもかかわらず、かなり時代が下るものであることが、多くの美術史家によって認められている。この金堂の壁画は多分に唐の絵画の影響をうけていて、推古時代はもちろん、持統朝以前におくことも不可能であると考えられているのである。

今はなき小林太市郎氏は、この壁画は、インド的要素が強く、唐の貞観《じようがん》十九年（六四五）、長安へ帰った玄奘《げんじよう》や、それより一年おくれてインドから帰った王玄策がインドからもってきた作風によって書かれていて、それは大宝元年（七〇一）に入唐して養老二年（七一八）に帰朝し、大安寺建築などの建築、絵画にたいへんな才を示した僧道慈によってもたらされたものではないかという。そして、この作風がたいへん女性的であることを考えると、寄進者は橘三千代ではないかといっている。

この小林氏の論文は、壁画の仏像の額と眉《まゆ》、眼、鼻、顔の輪郭、頸《くび》、胴、肩と腕、手指、腰、肢《あし》などを、いちいちインド人のもつ女体の感覚と比較して、それがどんなにインド的官能性をそなえているかを、克明に分析したものであるが、法隆寺を橘三千代との関係においてとらえた点、さすがに慧眼《けいがん》であると私は思う。

「しかるにそれについて考えねばならぬのは、道慈が齎《もたら》したこの印度式の官能的な美術を好んで受け入れるような、いわば女性的な雰囲気《ふんいき》がその頃の宮廷に満ちていたことである。すなわち英明の女傑持統天皇がまず天武の皇后として、ついで自ら天皇として、それから文武の太上后として宮中に権勢をとられた三十年の間に、そこにさすがに女性的な華麗と柔艶との風潮が養われたことは当然で、そうしてその風潮は、文武の次にその母元明天皇が即位されるに及んでまた愈々《いよいよ》勢を増したにちがいない。けだしそのとき文武の子なる首《おびと》皇子すなわち後の聖武《しょうむ》天皇は未《いま》だ幼弱で、宮中府中は全く元明天皇と、そうして持統以来女官の中枢《ちゅうすう》をなしていた内命婦《ないみょうぶ》橘三千代との女天下になってしまったのである。この三千代は県犬養連《あがたのいぬかいのむらじ》東人の女《むすめ》で、はじめ三努《みぬ》王に嫁して二子を生んだうちの長子がすなわち後に左大臣橘諸兄《もろえ》となる。天武の末年に三努王と離婚して宮中に入り、珂瑠《かる》皇子すなわち後の文武天皇を養育したのが宮仕のはじめで、やがて持統天皇の深き信任を得て枢機《すうき》を掌握し、藤原不比等《ふひと》に想《おも》われてその妻となり、光明子すなわち後に光明皇后となる一女を生んだが、その配偶の聖武天皇はまた不比等の女《むすめ》宮子姫の腹なる文武の子首皇子に外ならない。仍《よっ》てこの三千代が持統以来、天平五年正月十一日に薨《こう》ずるに至るまで、宮中ひいて当時においては国家の中心をなしていたと云《い》っても敢《あえ》て過言ではない。しかしかゝる女丈夫とてやはり女のことゆえ、その趣味嗜好《しこう》は優婉《ゆうえん》で、あたかもそのころ盛に渡来した印度及び印度風の柔艶な美術はその殊《こと》に好んだ処《ところ》にちがいない。事実、彼の女が日常に礼拝した所謂《いわゆる》橘夫人念持仏の厨子《ずし》の台座には、金堂の阿弥陀浄土図に少しも劣らぬ印度式の蓮華《れんげ》往生図が画かれている。またその扉に描かれた諸菩薩《ぼさつ》の像も稍《やや》唐土の風になりながら、なお紛れなく印度的な軟い官能美をよく示している」

（小林太市郎『法隆寺金堂壁画の研究』）

この小林説は、壁画制作年代を、大胆に、養老二年に道慈が帰朝したときから天平五年（七三三）、橘夫人薨去《こうきょ》の前後にいたる間においているが、この説をそのまま認めることが出来ないにしても、壁画の制作年代を、そう古くさかのぼることは出来ないのは確実であろう。とすれば、天武帝あるいは持統帝の時代に金堂建設をおく説は、ここに重大な難点をもつわけで、これを説明する理論としては、金堂はすでに天武帝あるいは持統帝のとき一応つくられていたが、後に壁画が描かれたとすると考えるしかないことになる。つまり壁画制作は、法隆寺金堂にとって偶然的なものであったという説である。ところが、もしも金堂の建築そのものがすでに壁画の制作を予想し、壁画制作のために都合のよいように金堂が出来上っていたとすれば、どうなるのか。竹島卓一氏は次のような興味深い指摘をしている。

「金堂の出入口は、幅一メートルを越える一枚板の立派な扉を二枚ずつたてこんだ非常に贅沢《ぜいたく》な出入口である。いくら大材が豊富な時代であったとしても容易なことではなかったであろう。それを正面の三間だけならともかく、背面の出入口も、この両側面の出入口も、正面の出入口と全く同じ贅沢な扱い方で、来迎壁《らいごう》がないから正面から、背面へ見通しである。こんな並はずれた出入口の配置を敢えてしている理由は何か。そこに疑って見る必要が充分あるように思われる。

理由は一にも二にも壁画のためではなかろうか。壁画を配置する壁面の都合と、壁画を描くための採光、それに壁画を観賞するための採光。それを考えなければ、このような破格な出入口の配置をとる筈《はず》がない。壁画の年代については、どんな頑固な非再建論者でも、白鳳《はくほう》期のものであるということは承認していた。それにも拘《かか》らず、金堂の非再建を主張していたのは、壁さえあれば絵はいつでも描けると考えていたからである。あるいはそうかも知れない。しかしこのような破格な出入口の配置まで敢えてして、壁画を描くのにあつらえむきの壁を、五十年も百年も前から用意して待っているというようなことが、果して考えられるであろうか。壁画を描く段階になって、絵に都合のよいように出入口の配置を変えたりしたものでないということは、扉廻りの諸材が、柱をたてる時に同時にたてこまなければならない構造になっていたことで明らかである」

（竹島卓一『秘宝法隆寺』）

もしも竹島氏のいうように、金堂が壁画の制作を予想してつくられたとしたら、この壁画が描かれたと思われる和銅をあまりへだたっていないとき——おそらくは養老以後ではないかと思われる——に金堂は建てられたにちがいないのである。このことは、私のいう和銅年間、藤原氏による法隆寺建設の仮説を強めるものであるが、それは同時に、日本における浄土思想の発達と密接につながるのである。

ここで惨死《ざんし》した聖徳太子の子孫たちが、極楽浄土へ往生してくれねば困るのである。かの山背大兄皇子《やましろのおおえのおうじ》以下二十五人の太子の子孫が死んだときのことを、『書紀』は次のように記している。

「終《つひ》に子弟《うから》・妃妾《みめ》と一時《もろとも》に自《みづか》ら経《わな》きて倶《とも》に死《みう》せましぬ。時に、五つの色の幡蓋《はたきぬがさ》、種種《くさぐさ》の伎楽《おもしろきおと》、空《おほぞら》に照灼《てりひか》りて、寺に臨み垂れり。衆人《もろひと》仰ぎ観《み》、称嘆《なげ》きて、遂《つひ》に入鹿に指《さ》し示す。其《そ》の幡蓋等、変《かへ》りて黒き雲に為《な》りぬ。是《これ》に由《よ》りて、入鹿見ること得るに能《あた》はず」

『日本書紀』の著者は、やはり山背皇子らを浄土へ葬《ほうむ》ることが必要だったのである。

「幡蓋、種種の伎楽……」われわれはそういうものを、金堂の内部に見ることが出来る。三尊をおおう見事な天蓋《てんがい》、それに天蓋の上にかかげられた飛天像、その飛天像はさまざまな楽器をもっている。その楽器からひびいてくる伎楽は、『日本書紀』の著者が聞いた伎楽と同じ音色であったと私は思う。

そしてここで黒き雲が出てくるのである。雲はここで二重の意味をもっているのであろう。入鹿が恐れる黒い雲、しかし、それは一方では天女の乗る天上の雲でもある。法隆寺に雲のイメージがいかに多いか。斗栱《ときょう》が雲形につくられ、これが、かつてエンタシスの柱と共に推古時代の建築物の特徴を示すものであるといわれた。しかし、法隆寺における雲の模様は、この山背皇子殺害における入鹿の見た黒い雲にその原因を求めるべきであると思う。

また日本の正史において、はじめて祥瑞《しょうずい》としての雲が出たのは大宝四年であった。西楼の上に慶雲が出たために年号を慶雲と改めたわけであるが、そのとき最初に慶雲を見つけたのは、平城京司の次官として奈良遷都において重要な役割をはたした小野馬養《うまかい》であった。

雲形斗栱

私は、法隆寺の雲形斗栱の起源を中国や朝鮮の古い建築の例に見るより、近い日本の歴史の事実に見たほうがよいと思うのである。

この天蓋や伎楽は、山背皇子たちが浄土へ迎えられた証拠であるが、どこの浄土へ行ったのか、『書紀』でははっきり書かれていない。しかし『上宮聖徳太子伝補闕記《ほけつき》』には、もっとくわしい説明がある。

「香気郁烈《いくれつ》、上は雲天の上に通じ、三道は種々の仙人の形、種々の伎楽の形、種々の天女の形、種々の六畜の形を現はし、西に向つて飛び去る。光明炫燿《げんよう》し、天華《てんげ》零散し、音楽妙響す」

ここではっきり「西に向って飛び去った」とある。

阿弥陀浄土へとびさったのであろう。それゆえ、この西面にいます阿弥陀如来《にょらい》は、当初からまさに「根本の尊像」であったであろうことは、まずまちがいないと思う。

ここでわれわれも、長い金堂での調査を終えて、西へ、塔へとゆかねばならない。

# 第六章　第五の答（五重塔について）

## 塔の舎利と四面の塑像《そぞう》の謎《なぞ》

法隆寺の塔は現身往生の塔といわれる。この塔から太子の子孫二十五人が、突如、西に向って飛行したところから、そう名づけられたという。太子の一生をえがいた絵巻には、必ず、この塔から太子の子供たちが西の空へ向って、空中高く飛行している絵が描かれている。

往生とか西へ向っての飛行とかは、単なる死ではなく、再生である。その意味で、この塔は、太子の一族二十五人が死んだ今の法隆寺の前身、若草伽藍《がらん》の塔とは性格がちがう。後者が太子の一族の死の塔であるとすれば、前者は、死の塔の性格を受けつぎつつ、同時に、一族を往生、西行させるという再生の塔の性格をもっている。

ところで、塔は、釈迦《しやか》の骨を祭るところである。中国では塔の露盤の上に舎利が納められている場合が多い。ところが日本人は、舎利を露盤の上より、塔の心柱《しんばしら》の下にうずめることを好んだ。これはまことに面白い問題であるが、死人の骨を天上高くあげる

舎利容器

より、地下深くうめた方が、日本人の感覚にマッチしたからであろう。舎利は塔の心柱の底深く埋められたのである。

法隆寺の塔の心柱の上にもまた舎利容器があり、大正十五年に偶然発見され、昭和二十四年の学術調査のときその容器がとり出された。この容器がどう早く見ても白鳳《はくほう》時代（七世紀後半）のものであり、その容器の発見が法隆寺非再建説を否定する一つの根拠ともなった。ところが、法隆寺の塔に納められた舎利は、そのような塔の底にある舎利のみではない。

「戦後、はじまった五重塔の解体修理もすすんでいよいよ第一層を分解し礎石の上の柱がとりさられたとき、その東北隅の四天柱の礎石に、直径二五センチくらい、深さ一〇センチあまりの円い鉢形の穴が掘込まれ、そのなかから火葬された人骨が発見されたのである。

当時の新聞（昭和24年9月24日）には、つぎのように報道されている。

去る六月十一日五重塔初層内部四天柱に根継ぎをするため柱根元七寸ほど切ったと

ころ東北隅の柱の下の礎石に直径七寸一分、深さ三寸六分、ワン形にくりぬいた穴があってこの中から焼けた骨片、布片、木の実、紙片などがあらわれた。そのうち長谷《はせ》部《べ》博士がマッチ箱に入るくらい少量ながら全部で五十六片、装身具らしい鳥獣骨八片を除く四十八片の人骨について鑑定した結果、骨はいずれもむしやきになったように完全に炭化あるいは灰化しており、大部分が頭骨の部分で肋骨《ろっこつ》の破片も一片混っており『カマド』を築いて焼いた〝火葬人骨〟とわかった。同時に発見された歯や頭蓋骨《ずがいこつ》の縫合状態から四十五歳から六十歳ぐらいの成熟男子の骨であることも推定された。木の実二十六個は東大植物学教室前川教授の調べでムクとエノキの果核、布片は京都竜村《たつむら》織物研究所並川安泰氏の調べで絹、綾《あや》など二、三十種であった」

（石田茂作『法隆寺雑記帖《ざっきちょう》』）

塔の心柱の下にあるのは釈迦の骨だとしても、この塔の東北隅の柱の下にあったのは誰の骨か。どうやらこのような骨が隅の柱の下に入れられているのは偶然ではないらしく、法輪寺にもやはりそのような骨が入れられたあとがあったという。

「この法輪寺の三重塔は、戦争中に雷が落ち炎上してしまったのである。戦後は塔の礎石の上に焼材を積んでおいたが、昭和二十五年に発掘調査をするため材木をかたづけたところ、礎石から同じような穴を発見したのである。ただし法輪寺の場合は法隆寺と違って四天柱ではなく、西北側柱の礎石であった。また穴を発見したときには、もう何も残っていなかった」

（同『法隆寺雑記帖』）

法輪寺が法隆寺のミニアチュアであり、「試みの寺」の性格をもっているのではないかと思われることは前にのべた。この二つの寺の塔に、明らかに、釈迦の骨ではない誰かの骨がある。それは誰の骨で、何のためか。それは山背大兄皇子《やましろのおおえのおうじ》の骨ではないかという説があった。ちょうど山背皇子は年の頃も四十五歳から六十歳、殺されたのも秋の頃である。しかし日本で火葬が始まったのは『続日本紀《しょくにほんぎ》』によれば文武四年（七〇〇）に道昭が死んだときからである。とすれば、それを山背皇子の骨と推定することは困難である。

これが誰の骨かは分らない。しかし、ここに釈迦の骨ではなく、別の人間の骨を安置することが必要であったことはたしかである。そしてわれわれは、すでに法隆寺という寺には、舎利のイメージが充満していることを知った。その舎利は、表面は釈迦の骨に見せかけて、その実、別の、つまり太子一族の舎利を意味しているのではないかということを見た。

ここでも、イメージの二重性が支配しているが、その二重のイメージは、単なる死のイメージではない。二重の死のイメージのみではなくて、二重の再生のイメージがそこにはある。

ところで、この塔を一つの美術品として見るとき、最も大きな特徴は、塔の周囲の塑像である。例の『資財帳』に、その塑像が、中門の二体の金剛力士像と共に和銅四年に出来たとあり、それが法隆寺の建造のときを確実に推測させるほとんど唯一《ゆいいつ》の資料であることは前にものべた。

この塑像は、正確にいえば須弥山《しゆみせん》である。須弥山とは、インドの聖なる山であって、オリンポスの山のように、永遠に神々が住むところである。この須弥山崇拝は、仏教が中国に入るにつれて、中国人の以前からもっていた霊山《りようぜん》崇拝と結びつく。霊山、それは、道教でいう神仙の遊ぶところである。峨々《がが》たる山、清澄《せいちよう》な空気の中に、自由に神仙は遊ぶ。その神仙の遊ぶ場所が、仏教の移入と共に、如来《によらい》や菩薩《ぼさつ》や天女の遊ぶ場所となり、須弥山とよばれたのも、あやしむべきことではあるまい。

この須弥山建造のことは『日本書紀』では斉明《さいめい》帝の御代《みよ》において見られ、そのときつくられた須弥山の名残りをわれわれは東京国立博物館の庭において見ることが出来るが、塔の中に須弥山をつくるとすると、多少、話は別になる。塔は死の場所であるのに、須弥山は永遠の生の場所であるからである。塔の中に須弥山をつくることは、塔のもっている死の性格を、生の性格に変質させようとする意味をもっているのであろう。このように塔の周囲に塑像で一種のパノラマをつくるのは、四天王寺にはじまるらしい。

「己未《つちのとのひつじのひ》（八日）に、阿倍大臣、四衆《よくさのおこなひひと》を四天王寺に請《ま》せて、仏像四軀《く》を迎へて、塔の内に坐《ま》せしむ。霊鷲山《りようじゆせん》の像を造る。鼓《つづみ》を累積《かさ》ねて為《つく》る」

大化四年二月八日の『日本書紀』の記事である。ここでやはり、塔の周囲に霊鷲山をこしらえて、そこに四天王を配置したのであろう。ここに塑像的パノラマの元祖があるのであろうが、薬師寺の東西両塔の四隅にも釈迦の一生を表わした釈迦八相の塑像があり、興福寺にも、元興寺にも、このような須弥山と塑像がつくられていたらしい。もちろん、今、当時の塔は、薬師寺の東塔をのぞいては消失し、薬師寺の東塔にも、須弥山及び塑像は失われている。われわれは、このような芸術のほぼ正確な遺品を、ただ法隆寺に見ることが出来るだけである。

ところで、この法隆寺の塑像は、『資財帳』に「合塔本肆面具攝、一具涅《ね》槃《はん》像、土、一具弥勒《みろく》仏像、土、一具維摩詰《ゆいまきつ》像、土、一具分舎利仏、土」とあるが、今でも塑像はその通りである。これについても『聖徳太子伝私記』はかなり詳細な記録を残し、また貞治三年（一三六四）の奥書のある『法隆寺白拍子記』及び、延享《えんきよう》三年（一七四六）の跋《ばつ》が付せられている『古今一陽集』にもまたこの塑像についての記録がある。

そういう記録を、現状と照らしつつ、この塔の塑像の意味を考えるより外はないが、この塔の建造当時と現状との比較にかんして、西川新次氏の『法隆寺五重塔の塑像』というすぐれた研究がある。

私はこの著書に教えられて、この塑像の原型について想像するわけであるが、西川氏によれば、昭和二十二年から行われた須弥山及び須弥壇解体修理工事により、現須弥山及び須弥壇の建造以前に、これより規模の小さい須弥山がつくられたことが判明したという。西川氏は、この原須弥山の建造のときを『資財帳』の記事通り和銅四年において、第二次須弥山、須弥壇建築のときを、中国の仏教彫刻などとの比較によって天平六年前後においているが、これは、法隆寺そのものの意味を藤原氏の権力獲得過程との関連において考える私の所説と一致するものである。

ところで、問題はこの塑像の意味である。西川氏の三つの文献と現状との詳細な比較研究によれば、この像は、その後、何度も修正されたばかりではなく、像の移動及び紛失も生じている。東面にあったものが西面にうつされ、像の配置も、『聖徳太子伝私記』の記録とはだいぶちがっている。そして、法隆寺以外にさえ、法隆寺の像と思われる像が見出されるという。それゆえ、われわれは建造当時の正確な像の有様を知るよしもないが、そのおおよそは、現状及び文献によって推理出来ると思うのである。

もとより、私は正確な美術史的復元を試みようとするわけではない。哲学者として私が問うのは、あくまで西川氏などの実証的研究を参照しつつ、その塑像の意味を問うことでなくてはならぬ。

## 釈迦《しやか》と太子のダブルイメージ

われわれは、金堂を通って、塔の東側に達する。そこに『資財帳』が「維摩詰《ゆいまきつ》像、土」と称する塑《そ》像《ぞう》がある。維摩と文殊《もんじゆ》が問答をしている像である。向って右側にいわゆる菩薩《ぼさつ》形をした文殊がいて、左側に俗人の形をした維摩がいる。維摩は俗人でありながら、仏教については僧よりよく知っていて、文殊と仏教について論争しているのである。維摩は脇息《きようそく》に両肘《りようひじ》をついてこわい顔をしている。この論議の様子を書いたのが『維摩経』であるが、この像は『維摩経』の「問疾品第五」の場面を中心にして、「不思議品第六」「観衆生品第七」「香積《こうしやく》品第十」の諸場面を集めてつくられたものであるらしい。

問答をする維摩と文殊を多くの眷族《けんぞく》がとりかこんでいるが、そこにはまた牀座《しようざ》をもってやってくる二匹の獅子《しし》や、天華《てんげ》を撒《ま》く天女や、またはるか遠い香積仏土より飯をもってやってくる菩薩などがあり、ドラマチックな構成をもった画面である。

そういう雄大なドラマをもつ東面の塑像から、北面にゆくと、われわれは全く別な気分になる。そこに『資財帳』の「涅《ね》槃《はん》像、土」があるが、この涅槃像は、日本に数多い涅槃像の中で最大の傑作といってよいであろう。今しも釈迦《しやか》は死のうとしている。そして、その釈迦を、弟子たちや菩薩たちがとりかこんでいる。号泣する仏弟子、人生無常

塔東面の塑像

の教えをさとって悲哀を抑えつつも深い悲しみの色を表情にただよわせる菩薩たち、そういう涙のシンフォニーの中で、唯《ただ》一人死にゆく釈迦のみは、安らかな寝顔をしている。

私はこの像をはじめて見たとき、その泣き叫ぶ弟子たちの表情のすばらしさに感動した。悲しみの表情には実に変化がある。ある者は胸をうって叫び、あるものは天を仰いで泣く。この悲しみの中で、釈迦は一人静かに、全く静かに死んでゆく。その死の相を、私は何度か、イエス・キリストの死の相や、ソクラテスの死の相に比較して、仏教のもの静かなる諦観《ていかん》の精神に感動したものである。

『聖徳太子伝私記』にも、「北面には涅槃像、皆金色なり。普賢《ふげん》文殊左右にあり、皆

塔西面の塑像

悲愍《ひみん》の相なり。十大弟子七人座にあり。余の三人なく、迦葉《かしよう》一人荼毗《だび》の時来る。八部衆左右山際に列座せり。祇婆《ぎば》大臣、右御手を取り、脈を取る。その辺に国王、大臣、采女《うねめ》等あり。上に雲に乗って、西に四菩薩、東に四菩薩飛び来《きた》れり」とあり、画面は今よりもっと構成的であったらしい。七人の弟子がいて、迦葉がおくれてきた様子などがはっきり画面に見られたらしいが、現在では七人の弟子も、八部衆も、国王も、大臣も、采女も、八菩薩も、入り乱れてしまってはっきり区別さえつけにくいが、ここでいう「悲愍相」は、今もなおわれわれの胸をうつのである。

　この北面は、釈迦の死のときの模様を描いたものであるが、西面は死後の有様である。とうとう釈迦も死んでしまった。中央

塔南面の塑像

上段に、葡萄《ぶどう》唐草文様のある立派な金棺があり、その下に八角形の舎利塔がある。

「また舎利塔は本院東院・夢殿の露盤と相通ずる八角形屋蓋付の古制のもので、現在基部は円形の本心を露出しているが、これを据えた須弥壇《しゅみだん》上面の痕跡《こんせき》を見ると、もと八角形に塑土《そど》で肉づけされていたことが判《わか》り、その姿と、安置の位置を確めることができる」

（西川新次『法隆寺五重塔の塑像』）

この西面も、建造当時と比べて、ダイナミックな画面構成が失われているらしい。この上の段には、釈迦の棺に栴檀《せんだん》の薪をつんでまさに火をつけようとする姿がつくってあったらしい。薪をはこぶ二人の男も、燃えあがっている炎も、そしてその舎利を舎利瓶に入れるところも、つくられていたらしい。またこの舎利瓶をかこんで、南に出家の十大弟子、北に在家の国王、大臣がいて、皆、ことごとく悲しみの相を示し、僧と俗人が見事なコントラストをなしてつくられていたらしいが、今はすべての人が、何の変哲もなく、ただ三段にならんでいるだけである。

　私は、このようなすばらしい像を、雛《ひな》人形のようにならべた人の芸術的感覚の不足を悲しむものであるが、いちばん奇怪な修正がほどこされているのが南面であろう。『法隆寺白拍子記』には「脇士は法苑、大妙の二菩薩なり。二王二天を初として、天人飛び下って、無数の眷属囲繞《いにょう》せり。其《そ》の中に力士大王は、空より雨降りしを、南面の右脇に安置せり。本仏弥勒《みろく》霊像は閻浮檀《えんぶだ》金《ごん》を押し給《たまひ》ける。有りがたく覚る」とある。

　つまり、それは弥勒が再生したときの姿であろう。天人が天から舞い下りて弥勒の再生をよろこび、その中に金剛力士もいるという、はなはだ動きのある画面であったにちがいないが、今は弥勒の下におそらく西面にあったと思われる文殊像をおき、両側に唐獅子をおき、北面や西面と同じく左右対称の構図にしたために、ダイナミックな感じが全く失われている。

　西川氏も注意しているが、この背後の須弥山の構成は、それぞれの情景にふさわしい情感をもった構成がなされている。つまり、背後の岩のリズムがちがうのである。岩のリズムが、それぞれその情景に応じて異なったグルンド・トーンをもち、そのグルンド・トーンが画面構成の基本になっている。東面の文殊、維摩の問答図の背景の岩は、いかにも雄大、壮大である。第一楽章、荘厳《しょうごん》というべきか。次に北面、釈迦の死の場面は、すべての岩が天上にそそり立ち、耐え切れぬ悲しみを歌っているようである。第二楽章、悲愴《ひそう》というべきか。ついで西面、分舎利の場面は、岩の形は乱れ、その様は縹渺《ひょうびょう》としている。第三楽章、虚無というべきか。南面は東面の構成に似ているが、垂直にそそり立つ岩が多く、弥勒が天上からこの世界へ下降してきた有様を表わしているかのようである。第四楽章、再臨というべきか。

このように考えると、塔の四面のこの塑像《そぞう》が、いかに芸術的に入念な注意をもってつくられているかが分るが、この像の思想的意味が問題である。これほど入念な芸術的注意によって出来上っている像は、またそれにふさわしい思想的注意でもってつくられたにちがいない。その意味は何であろうか。

北面及び西面が、釈迦の一生を表わしたものであることははっきり分るが、この釈迦を表わす二面の像が、なぜ維摩、文殊像と弥勒像と共につくられたかは明らかでない。このような例は他に例を見ない。また経典の上からこの四つの場面を理由づけることも困難であろう。

私は今まで、法隆寺においてはすべてのものが二重の意味をもっているのを見た。それらは表面、どんなに仏像の図像学的様式に従っているように見せかけても、どこかに聖徳太子及び太子一家を――あの子孫殺害の悲劇を中心として見られた太子一家を――

暗示しているのを見た。法隆寺にあるすべてのものは、単なる図像学的説明の普遍性を拒否する意味をもっている。われわれはここでもまさにこの拒否に出あうのである。塔の四面にもうけられたこの図は、いかなる図像学的、あるいは教義学的説明もうけつけない。たしかに忠実に経典からその場面がとられている。しかし、それが全体として表わす意味は全くちがうのである。

## 死・復活ドラマの造型

東面から見てみよう。ここの主役は維摩《ゆいま》であるが、太子が『維摩経』を講義したことは誰でも知っている。しかし、この『維摩経』講義のことは『日本書紀』にはなく、推古十四年に『勝鬘経《しょうまんぎょう》』『法華経《ほけきょう》』を講義したとのみある。この太子の三経の講義、及び『義疏《ぎしょ》』製作については後にのべるが、その像が製作された頃、すでに太子を『維摩経』あるいは維摩と関係づける考え方があったのではないかと思われる。維摩は俗人でありながら、僧よりも仏教にくわしく、僧を相手に仏教の問答をする。この維摩の姿が太子の姿と重なるのは当然ではないか。それゆえ、『維摩経』にもとづいて描かれたこの画面は、表面はまさに維摩、文殊問答の場面を描くに似て、実は太子生前の姿を表わしているのではないか。脇息《きょうそく》に肘《ひじ》をついた維摩の姿は、この法隆寺にある『勝鬘経』を講読している太子の像と重なっているではないか。

そして、たしかに釈迦《しゃか》の死を描いている北面の有様は、『日本書紀』に書かれた太子の死の有様と何と似通っていることであろう。先にのべたように、太子はイエス・キリストの如《ごと》く厩戸《うまやど》で生れ、釈迦の如く万人悲嘆の中で死んだ。

「是《こ》の時に、諸王《もろもろのおほきみ》・諸臣《もろもろのおみ》及び天下《あめのした》の百姓《おほみたから》、悉《ことごとく》に長老《おきな》は愛《めぐ》き児《こ》を失へるが如くして、塩酢《しほす》の味《あぢはひ》、口に在れども嘗《な》めず。少幼《わかき》は慈《うつくしび》の父母《かぞいろは》を亡《うしな》へるが如くして、哭《な》き泣《いさ》つる声、行路《みち》に満てり」

この『日本書紀』の語る衆人悲嘆の有様は、『大般涅槃経《だいはつねはんぎょう》』に語られる釈迦の死のときの衆人悲嘆の有様を根拠にしているのかもしれない。とすれば、塔の北面から聞える釈迦の死のときのひとびとの号泣も、実は太子が死んだとき、諸王以下が放った号泣を表わしているのかもしれない。

西面は、この死のテーマが一層発展させられる。釈迦は火葬にされ、この世の人としての存在を終える。彼は舎利となり、舎利瓶に入れて分骨されていくことを示すのである。ところで、もし北面において釈迦のイメージと太子のイメージが重なっているとしたならば、この西面においても、やはり釈迦のイメージと太子のイメージは重なっているのであろう。それは一見、釈迦の骨を分けるかに見えて、実は太子の骨を分けているのではないか。ちょうど釈迦が死んだ後、釈迦を記念するためにあちこちに寺が建てられたように、太子が死んだ後、特に山背大兄皇子《やましろのおおえのおうじ》の死の後に、太子を記念してあちこちに多くの寺が建てられた。われわれは、その寺の名前をいくつもあげることが出来る。四天王寺、橘《たちばな》寺、法起寺《ほっきじ》、広隆寺、法輪寺、法隆寺など。そういう寺には、すべて塔があり、舎利が埋められているが、その舎利は、ただ釈迦の舎利を意味するのであろうか。われわれは法隆寺と法輪寺の塔において、明らかに釈迦の骨ではなく、生身の人間の骨が納められているのをすでに見た。その舎利は、じっさい形なきものであるかもしれない。しかしそれらの寺は、形として、ちょうどインドにおける初期の仏教寺院が釈迦の舎利崇拝を中心として建てられたように、太子の舎利崇拝を中心にして建てられたように思われる。

西川氏も指摘しているこの八角の舎利塔は、夢殿の屋根の上の露盤と全く同じ形であり、こういう形のものは法隆寺にはなはだ多く、私がすでに明らかにしたように、舎利こそ、法隆寺においてもっともしばしばくりかえされるテーマなのである。

この塔の心柱の下についても、『太子伝私記』によれば、「此《こ》の塔の心柱の本には、仏舎利六粒、髻髪《もとどりひげ》六毛を納籠《をさめこめ》たり、六道の衆生《しゆじやう》を利するの相を表す」とある。ここには、舎利ばかりでなく、髻髪六毛も納められているのである。髻髪とは、ふさふさと生えたあごひげと、きちんと結んだ髪を意味する。このヒゲとカミは、いったい誰のものであろうか。仏舎利と共に納められているので、釈迦のヒゲ、釈迦のカミであると考えられ、今までそれを怪しんだ人はいないが、考えてみればおかしなことである。釈迦にヒゲやカミがあるはずはない。ヒゲとカミを剃《そ》ることに、僧の生活の第一歩があるはずである。黒々とヒゲを生やし、きれいに髪を結んだお釈迦さんは、むしろ漫画の素材であろう。インドにおいても、塔に釈迦のヒゲやカミを納める例はない。とすれば、このヒゲやカミは誰のものか。われわれは、阿佐《あさ》太子の描いたといわれる聖徳太子像を思い出す。太子は髪を結い、頬には黒い毛がふさふさと垂れている。法隆寺の塔の心柱の下に埋められたヒゲやカミは、聖徳太子のものではないのか。

法隆寺のヒゲやカミが聖徳太子のものであることを確証する歴史的証拠はない。しかし、四天王寺の塔にもまたカミが納められていて、それが太子のカミであるというはっきりとした証拠がある。

『続日本後紀《しょくにほんこうき》』の仁明天皇の承和《じょうわ》四年（八三七）十二月八日のところに奇妙な記事がある。

「勅《ちょく》して轆轤《ろくろ》の木壺一合、銅壺の釦鏤《こうる》せるもの一合を造らしむ。天王寺の聖霊御髪を納め奉《たてまつ》るに備ふ」

轆轤の木壺とは何か。よく分らないが、ろくろでくった木の壺をつくって、そこに金の細工をした銅壺を入れて二重にし、その中に聖霊の御髪を入れたのであろう。『続日本後紀』はその注として次のように書いている。

「事の由来未《よしいま》だ詳《つまびら》かならず、但《ただ》し口伝に曰《いは》く、聖徳太子の御髪四把《つか》、深く四天王寺の塔の心底下に蔵す。去年冬、かの寺の塔心に霹靂《へきれき》せし時、使を遣はして監察せしむ。しかるにその使ひそかに霊髪を偸《ぬす》み、之《これ》を己れの妻に与ふ。これによつて後日祟《たた》りをなす。因《よ》りて更に捜索して本処に還《かへ》し蔵む」

聖徳太子の御髪四把が、四天王寺の塔の心底に納められていたのである。しかし、承和三年の冬、地震があって、この塔の心底が露出したので、使をつかわして監察させたところ、その使がこの霊髪をぬすんで妻に与えた。そのせいで太子が祟りをしたので、新たに霊髪を入れる壺をつくって、塔の心底に納めたというのである。承和四年は、太子の死後すでに二一五年たっている。二〇〇年もたてば、どんなに強い怨霊《おんりよう》でも時効にかかっているはずである。当時は、もっと新しい怨霊である早良《さわら》親王や伊予《いよ》親王の怨霊が盛んに活躍していた。四天王寺への勅使は、太子の聖霊をすでに時効にかかったものとして軽視したのであろう。しかし、太子の霊は健在であった。「後日祟りをなす」とのみで、どういう祟りがあったかは記せられていない。しかし、新たに轆轤の木壺と鉏鏤の銅壺の二重の容器をつくったところをみると、相当の祟りであったにちがいない。二〇〇年以上たっても、まだ聖徳太子の霊は強い霊力をもっていたのである。

この明確な歴史的証拠は、私がこのエッセエでのべている、法隆寺、四天王寺、太子鎮魂寺説を確証するものであると共に、法隆寺の塔の心底に埋められていた鬢髪と舎利の正体をも明らかにする有力な証拠を提供するものであろう。

四天王寺の塔の心底に埋められていたカミが聖徳太子のカミであるとすれば、法隆寺の塔の心底に埋められているカミとヒゲも、太子のカミとヒゲであることは疑うことは出来ない。とすれば、それと共に埋められていた舎利は、はたして釈迦の舎利であろうか。それは表面上釈迦の舎利に見せて、実は太子の舎利を意味しているのではないか。私はすでに、金堂にしばしば出現する舎利のイメージについて、それが太子の舎利ではないかという仮説をのべたが、この仮説はここでも、かなり有力な歴史的証拠をえたわけである。

とすれば、この西面の図も明らかである。それは釈迦分骨の図に似て、実は太子分骨の図であろう。聖徳太子が死に、そしてあの山背皇子の惨死《ざんし》の後に、太子の舎利があちこちの寺へ分骨されて祭られる。この図は、つまり聖徳太子の舎利供養《くよう》の図ということになる。

残った南面は何を意味するか。南面は弥勒《みろく》浄土の図である。この弥勒浄土図が、『弥勒下生経《げしょうぎょう》』にもとづいているのではないかとは先にのべたが、弥勒像は太子にゆかりのある寺に多い。有名な二大弥勒像のある中宮寺と広隆寺のうち、前者は法隆寺の近くにある法隆寺と関係の深い尼寺であり、後者もまた聖徳太子を祭る寺である。

私は、太子ゆかりの場所にある弥勒像を見て、その弥勒像は太子の理想精神を表わすものではないかと思っていた。なぜなら弥勒は、五十六億七千万年の後に出現する仏であり、兜率天《とそつてん》において弥勒が思索している像というのは、聖徳太子が次に来る新しい時代を思索している像ではないかと思っていた。しかしどうやらそれはまちがっていたようである。なぜなら弥勒信仰が、はたして聖徳太子の頃にあったかどうかも疑問なのである。

福山敏男氏は、日本最古の弥勒像は天智《てんじ》帝の頃のものであり、従って弥勒像は天智帝の時代に定慧《じょうえ》がもたらしたものではないかといわれる。しかし、これについても『日本書紀』にはすでに推古帝の御代に弥勒像渡来の記録があり、もとよりはっきり論証することは出来ないが、広隆寺や中宮尼《にじ》寺が、生前の聖徳太子よりむしろ死後の太子に関係のある、太子の霊を鎮魂する寺であるとすれば、そこに祭られる弥勒像もおのずから性格がちがってくる。

広隆寺や、中宮尼寺、それに当麻寺《たいまでら》、元興寺など、有名な弥勒像のある寺は、聖徳太子や蘇我《そが》氏と関係のある寺でもある。

思い切っていおう。弥勒像は、聖徳太子生前の姿ではなく、一度死に、おそらくは浄土で再生しているにちがいない太子の姿ではないか。その再生の姿として、深い思索の姿、いかにも聖徳太子らしい弥勒思惟《しい》像をつくる。

するとわれわれ日本人があんなに感嘆の言葉を投げた二つの弥勒像も、少し意味がちがってくるのである。広隆寺の弥勒像のあの深い思索の像、そして中宮寺弥勒像のあの甘美な瞑想《めいそう》の像も、実は、生前の聖徳太子より死後の太子、再生した太子を表わしたものではないか。一見明るい、思索にふけっていられる太子のお姿の中には、深い悲劇が隠されているのではないか。

このように考えると、日本の美術史を根本的に考え直さねばならぬことになるが、私はやはり、この塔の南面は、復活がテーマであると思う。聖徳太子が弥勒になって生れ変ったのを、天人が飛来して祝福している様子なのであろう。この図は先にのべたように、雛段《ひなだん》式に画面が改められたため、今ではダイナミックな構成は失われているが、古文書はこのような弥勒再生を祝う画面の存在を伝えている。

聖徳太子復活の話は、いろいろな形で伝えられる。例の「天寿国曼荼羅《まんだら》」は、太子が死後、浄土に生れ変った様を描いたものであるが、この天寿国が、はたして阿弥陀《あみだ》浄土であるか弥勒浄土であるかはいろいろ議論がある。しかし、おそらくはその浄土をどこともはっきり定めず、聖徳太子が死後浄土に往生された所を描いたと考えた方がよいであろう。

じっさい、太子を祭る寺には阿弥陀信仰の寺と弥勒信仰の寺とがある。というより、この阿弥陀崇拝は弥勒崇拝と一体となっているように見える。阿弥陀如来は聖徳太子一族の怨霊を極楽浄土へつれてゆく役割を果し、弥勒菩薩は浄土で生きかえった太子の姿を表わすのであろう。

　このように考えるとき、塔の南面の弥勒浄土の像も、表面は弥勒浄土の像に似て、実は聖徳太子の再生の像であると思う。太子が復活したのは、天上であるか地上であるかは分らない。おそらく須弥山《しゅみせん》という永遠なる空間の一隅であろう。この一隅に一人の人間の復活劇が行われたのである。生―死―舎利供養―復活。むしろここで、生は死の淵《ふち》をくぐって再生する。あの維摩の如く英明な知をもった聖徳太子は衆人悲嘆のうちに死に、その舎利が祭られ、寺が建てられることによって浄土に復活する。この生―死―供養―復活のドラマが、この四面の塑像の表わす意味であり、そのドラマこそ、この法隆寺が建てられた意味でもあろう。

## 塔は血の呪《のろ》いの鎮《しず》めのために建てられた

　このように考えるとき、われわれは塔の四面の塑像《そぞう》の意味をほぼ完全に理解することが出来るが、この四面の塑像の表わすのは、かくあった聖徳太子の姿というより、あるべき太子の姿であろう。つまり、法隆寺の建設者が望んでいる聖徳太子の姿である。聖徳太子よ、このようにあなたはすばらしい人生を送り、このように丁重に葬《ほうむ》られ、このようにまちがいなく浄土に再生しましたので、どうぞ安らかに眠って下さい、というわけである。

　それゆえに、それは表面はまことに静かに聖徳太子を葬りつつ、内面に地獄の相を深く秘めていたのである。地獄といえば、最初この塔の内側には、地獄の像がつくられていたという。『太子伝私記』には次のようにある。

「即《すなは》ち塔の内に地獄の衆生《しゆじやう》等の形を作り給《たま》へり、多分は失《う》せてただ少分ここに在り」。また「御塔内の壇の本の南面に、地を以《もつ》て地獄形を造り、即ち石蓋を覆《おほ》ひ、頭足は顕《あらは》に押出せり、六道の随一なり」とある。塔の内部の南面には、地獄の衆生の有様がつくられていたのである。土で地獄の形をつくり、石の蓋でおしひしがれた頭や足がつくられていたというのである。この地獄図はすでに顕真のときに「多分は失せ」ていたわけであるが、貞治三年（一三六四）の奥書のある『法隆寺白拍子記』には見えず、延享三年（一七四六）の跋《ばつ》が付せられている『古今一陽集』には「私に云《い》はく、此《この》形象当時、全く見えず」といっているところをみると、その頃すでに失われていたのであろうが、創立当初は、塔はその内面に文字通り地獄をもっていたのである。

　この地獄を石の蓋で閉じ込めておく。そしてその石の蓋すらも、深く塔の内面に隠し、その外面は、いかにも静かな釈迦《しやか》の死の相を表わしておく。私はこの釈迦の死の像を見て、しばしば、東洋の聖者の深い諦観《ていかん》の思想に感動したが、実は私自身、巧みに欺《あざむ》かれていたのである。それは自然の諦観ではなく、諦観の強要であった。法隆寺の建築者はあわれな聖徳太子に釈迦の諦観を強要したが、こうした強要にもかかわらず、なおかつ彼らは、太子の霊に強い恐怖をいだいたのである。

今日もなお、このような恐怖のあとを、われわれはまざまざと法隆寺の塔に見ることが出来る。塔の四面の一層から四層までに、細長い四角の木の札のようなものがはりつけてある。それはふつう魔除《まよ》けの札と考えられるが、そのような魔除けの札の例は他の塔にはない。従来から不思議なものとされていたが、この魔除けの札こそ、法隆寺建設者の聖徳太子の霊にたいする強い恐怖を示すものであろう。

この塔は悲劇の塔である。この塔の前身、若草伽藍《がらん》の塔の中で山背大兄皇子《やましろのおおえのおうじ》らは死んだ。おそらくその塔の中は、一面に血の海であったにちがいない。その血で汚れた塔は焼けた。現在の塔は、あの血の塔の後身である。当然それは呪《のろ》いの塔であるはずである。この呪いの塔を、鎮めの塔に変えなければならない。聖徳太子を祭り、そして太子の霊に釈迦の諦観を強要し、子孫の断絶を納得させようとする。用心深く、実に用心深く工夫された霊魂閉じこめの計画。この塑像の土を調べたところ、焼土が見つかったという。焼土とすれば、わざわざ若草伽藍の土をもってきたのであろう。同じ土をもってきて、内に地獄の像を、外に聖徳太子の死と復活の像をつくる。何という霊魂にたいする用心深い配慮であろう。しかし、その配慮にもかかわらず、まだ恐怖がこの塔の建設者を支配する。ここに完全に聖徳太子の霊が閉じこめられたかどうか、やはり心配なのである。

祟《たた》り封じの魔除けの札には、どうか聖徳太子一家の霊よ、この塔の中に心安らかにお鎮まり下さい、という必死の願いがこめられているのである。

## 二乗された死のイメージ

最後に、われわれは塔にかんするもっとも不可思議な謎《なぞ》について論じなければならない。既に述べたように、塔の高さが、十六丈と『資財帳』に書かれているのに、じっさいの現法隆寺の塔は、三二・五六メートル、丈に直して一〇・七四四丈しかないという謎である。元禄《げんろく》時代に修理が行われて、前の高さより少し高くなったらしく、前の高さに直すと三一・七六メートル、丈に直して一〇・四八四丈であったといわれる。とても『資財帳』の高さには及ばない。現在の塔は『資財帳』の高さの約三分の二である。しかも、塔には、大規模に、その高さを変えた形跡はない。一つの塔を全形の三分の二にすることは、全く塔を新たに造り変えでもしない限りは不可能である。

いったい、これはどうしたわけか。『資財帳』のまちがいであろうか。しかし『資財帳』は、「縁起」の部分はともかく、その本来の「資財帳」の部分は至って正確であり、建物の他の部分も正確であるのに、塔の高さに限ってのみ不正確なのである。

『資財帳』の尺度は、現在の尺度と多少ちがう。おそらく、当時つかわれていた尺度であろうか、『資財帳』の一尺を〇・九六現尺と考えて、現実の実測と『資財帳』の記事を比較すると、だいたいあう。たとえば、中門について、『資財帳』は、広さ二十九尺、長さ四十二尺とあるが、その尺度ではかると、広さは合致するが、長さは四十一尺となる。長さの方に多少のちがいがあるが、それでも、誤差はわずかである。塔の高さのような大幅な誤差は他の部分にはない。

その説明に困って、塔の高さだけを古い尺度ではかったのではないかという説があるが、そういうことは、ありそうもない。なぜなら正確さを要求される『資財帳』に、長さの単位を表わす同じ言葉が、二義的に使われているとは考えられないからである。われわれがある男の背の高さを一メートル五十といい、別の男を二メートル五十といい、おどろく人に、後者は、実際の単位が今のメートル法の単位の三分の二にあたる昔のメートル法ではかったなどというような馬鹿《ばか》なことはないからである。やはり、われわれは『資財帳』の高さ十六丈という記事を文字通りにとらねばならない。法隆寺の塔は十六丈の高さでなければならないのである。

われわれは、ここにおいて再び、法隆寺を支配する執拗《しつよう》な偶数性の原理を思い出すのである。偶数性の原理というより、四の原理である。中門の一階と二階、金堂の二階、それは寺院の建物としては異例の四間であった。そして、偶数性の原理は、正面がとれず、「子孫断絶の証」であるといわれる。そして、四の原理は、同時に死の原理でもあった。法隆寺は正にこの偶数性の原理、四の原理で出来ている建物であった。

今このような眼で、塔の高さを考えてみよう。塔の高さは、四カケル四、十六丈なのである。十六は、四の二乗。死の死の原理なのである。法隆寺の建物が、偶数性の原理、死の原理によってつくられている限り、この法隆寺をシンボライズする塔の高さも、二重に死の原理をその内部に含むものでなくてはならない。

その数学的シンボリズムを、われわれは笑うことが出来ない。二十世紀の現在まで、われわれは、数学的シンボリズムの呪縛《じゆばく》をまぬがれることが出来ないからである。今でも、日本の病院やホテルは四の番号の部屋のないところが多い。四二番もないのである。西洋の病院やホテルでは十三番が欠けている。人間は、そういう数字のもつ無気味な暗示に平気でいられるほど、己れの運命に安心出来ない動物なのである。

まして、八世紀という時代、死という言葉がどんなにひとびとの心に不吉に響いたかは、はかり知れない。しかるに、法隆寺においてこの忌《い》むべき死を示す四が、しきりに繰り返されるのである。そして、ついに四は、二乗されて十六となり、十六こそ塔の高さでなくてはならないということになったのであろう。一階四間、二階四間の中門も、二重に死のイメージをもっているのである。

尚《なお》、十六といえば、太子像でもっとも多い孝養像が太子十六歳のときの像であった。そして、その年、太子は父用明帝を失った。それゆえ、その像は、恐らく、父帝の葬式に参列している太子像であると見られるが、この像にも、明らかに、死のイメージがまといついている。

また、われわれは、出雲《いずも》大社の本殿の高さが、十六丈とされていることを忘れてはならない。今は、このちょうど半分、八丈であるが、古い文書には、昔は十六丈あったと書かれている。今でさえ、おどろくべき巨大な建物で、もし創立当時の高さが現在の倍の高さであるとすれば、おどろくべき高さになるが、はたして建造当時十六丈という高さがあったかどうか。私はこの出雲大社の本殿の十六丈という記事も、法隆寺の塔の十六丈という高さの記事と同じ意味をもっているのではないかと思う。昔の出雲大社も、現在と同じ高さではなかったのか。しかし、それは、名目において、法隆寺の塔と同じく、十六丈であり、二重の死のイメージをもっていなくてはならなかったのではないか。とくに出雲大社において、カシワ手は四つ打つ。カシワ手を四つうつ神社は今は少ない。とくに出雲大社において、カシワ手を四つ打つのはなぜか。また出雲大社は柱の大きさが、いずれも四の倍数となっている。

法隆寺と出雲大社の類似点について、先にもいい、また、別稿でも詳しく論じたいと思うが、この二つには、死のイメージがまつわりつかねばならぬ然《しか》るべき理由があったのである。

## 玉虫厨子《ずし》と橘《たちばな》夫人念持仏のもつ役割

以上において、われわれは金堂及び塔の意味を、ほぼ完全に明らかにした。もちろん、まだ残されている問題もあるにはある。もと金堂に存在した玉虫厨子と、橘夫人念持仏をどう見るかである。

玉虫厨子も、かつて、法隆寺そのものと同じく、推古時代（七世紀初期）のものとされた。その建造様式などが、法隆寺の金堂や塔などの建築様式に類似しているからである。しかし、再建論はほぼ決定的となり、現法隆寺の建物を、どんなに早く見積っても、天武帝（在位六七二―六八六）の頃としなければならないことになったとき、玉虫厨子の製作年代のみを推古時代におくことは無理であろう。

塔西面塑像中の舎利瓶

ここでは、玉虫厨子についてのくわしい分析は避けたい。ただ、二つのことだけ注意しておこう。玉虫厨子の前面、下方の図は、明らかに舎利供養図《くようず》である。おそらくこの図は、上、中、下で、三部分に分れ、中心テーマは舎利瓶である。下方、台の上に、舎利瓶が載っている。この形は、先にのべた塔の西面の分舎利図の中の舎利瓶、そして、これからのべる夢殿の屋根上の舎利瓶、そして救世《ぐぜ》観音が手に持っている舎利瓶と形が全く同じである。この舎利瓶を僧が供養している。上段には、その舎利瓶を天女が持っている図がある。おそらく、舎利の主体が昇天、成仏《じょうぶつ》したことを意味するのであろうが、この舎利供養の図は背面の塔らしいものの図と一対をなす。塔は死・復活の意味をもっていることを先にのべた。舎利供養のために塔を建て、聖徳太子の霊を死から復活させる、それこそ、この法隆寺という寺が建てられた目的そのものである。玉虫厨子は、法隆寺建造の目的を先取りしているといえよう。

そして左側面に描かれた画は捨身飼虎《しゃしんしこ》図、右側面には施身聞偈《せしんもんげ》図、いずれも、薩埵《さった》太子および雪山童子が、法のために身を投げる姿が描かれている。つまり、悪者に自分を投げ出す姿である。この姿は私に『日本書紀』あるいは『聖徳太子伝補闕《ほけつ》記』などに描かれた山背大兄皇子《やましろのおおえのおうじ》の姿を思い出させる。飢虎《きこ》を養うために山頂から身を投げて死ぬのは、ほとんど権力に飢えた入鹿《いるか》たちに己が身を与える山背大兄皇子の姿そのままであり、また、雪山童子が自分の身を犠牲にして、帝釈天《たいしゃくてん》から「生滅滅已《しょうめつめつい》、寂滅為楽《じゃくめついらく》」という言葉を聞いたという話も、何か思わせぶりである。

ここには山背事件が隠されているのであろう。山背皇子よ、あなたの行為は立派です。

かの薩埵太子が、自分の身を投じて飢えた虎《とら》を養ったようなものです。そしてあなたは、自分の身を投じて「生滅滅已、寂滅為楽」という真理を得たではありませんか。その言葉通り、ここに寂滅して静かにお眠り下さい。そういう思想、あるいはそういう願望をこの玉虫厨子は示してはいないか。

玉虫厨子は、その名の通り、仏壇であろう。いったい誰を祠《まつ》ったのか。やはり、山背大兄皇子をはじめ聖徳太子一家を祠ったものと私は思う。山背大兄を思わせる二つの物語を仏典からえらび出して、それを両側に描きつつ、舎利の画と塔の画を正面と背面に描いて、一族の菩提《ぼだい》を弔うのである。

『資財帳』には「宮殿像弐具、一具金埿《きんでい》押出千仏像、一具金埿銅像」とあるが、宮殿像

（上）夢殿の宝珠
（下）救世観音の宝珠

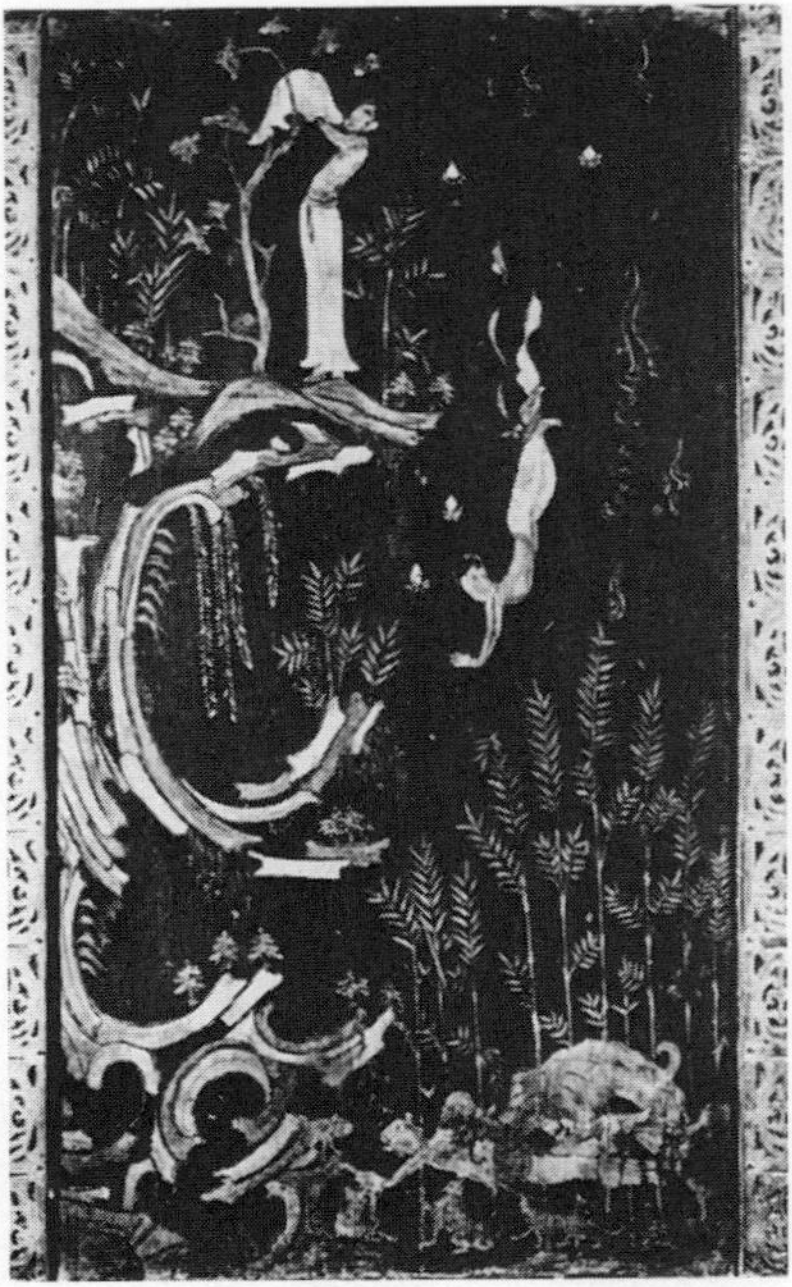

玉虫厨子の捨身飼虎図

二具とはこの玉虫厨子と橘夫人念持仏にあたるのではないかと多くの美術史家は考えるが、多分その通りであろう。この玉虫厨子も、金堂や、塔と同じ目的のためにつくられたと私は思う。

昭和の初めまで、この玉虫厨子は金堂の西の入口のところにあり、それと相対して東の入口に橘夫人念持仏があった。この念持仏は、人もいうようにすばらしく優美な阿弥陀《あみだ》三尊像である。おそらくは極楽の池であろう、その池の中に蓮《はす》の花が開き、その蓮の花の上に阿弥陀三尊がいらっしゃる。まことに美しい極楽の図であるが、この三尊の背後に珍しく後屏《こうへい》と称するものがあり、そこに浄土に生れたばかりの新仏の姿が描かれている。極楽浄土の有様を描くのは珍しくないが、そこに生れたばかりの新仏を描くのはまことに珍しい。誰か新たに死んだ人の成仏が願われているのである。

この法隆寺という聖徳太子ゆかりの寺にいます阿弥陀仏が引きうけるのは当然、聖徳太子一族の成仏であると思われるが、不比等《ふひと》の妻、橘三千代がなぜ聖徳太子一族の極楽浄土往生を願わなければならなかったのか。橘夫人念持仏が、玉虫厨子と共に天平十九年（七四七）以前、この金堂にあったとすれば、この像はすでにこの時期において、法隆寺にとって重要な意味をもっていたことになるが、この念持仏こそ、この寺の本質をはっきり物語るものだと私は思う。聖徳太子一族の鎮魂、それこそ天智《てんじ》―天武帝の血統を継ぐ、天皇家と藤原氏の合体によって成り立った奈良政権の、もっとも重要な宗教的、政治的課題ではなかったであろうか。

玉虫厨子の施身聞偈図

このへんの分析に、すでに読者はあきあきしているかもしれない。怨霊《おんりよう》の話ばかりでは、いささか単調すぎる。私も出来ることなら怨霊の話を早く終りたいのである。じっさい怨霊とつき合っていると、私自身まで怨霊のような気持になってくる。出来るだけ早く怨霊から去りたいと私は思うが、この法隆寺という寺とつき合う限り、まだまだ怨霊の話をやめるわけにはゆかない。じっさい、この寺は、実に注意深くつくられていて、あらゆるものが聖徳太子一族の鎮魂を志向している。この寺をつくって、奈良政権は安心したにちがいない。こんな立派な寺が出来た以上、さすがの聖徳太子の怨霊も鎮《しず》まり、国家は安泰になるにちがいない。私は、和銅八年のあの祈雨の記事は、法隆寺建造完成の喜びではないかと思う。その後、法隆寺にいろいろな物品が寄附され、法隆寺は、養老の末年には現在の如《ごと》き寺としての威容をととのえたようである。そして養老四年の不比等の死、それに続く養老五年の元明帝の死と共に、いったん中断していた食封《へひと》が再開され、多量の物品が法隆寺に寄附される。この相つぐ藤原氏の実力者と、そのパトロンの死に、やはり残されたひとびとは不吉な何かを感じたのかもしれないが、聖徳太子鎮魂のせいか仏は藤原氏に味方して、不比等の死後も、その四人の息子たちはそれぞれ個性的な才能を発揮し、藤原氏は往時の繁栄をとりもどしたのである。

## 再建時の法隆寺は人の住む場所ではなかった

太子の霊はここに閉じこめられ、藤原一家は、持統帝の子孫たちと共に安穏であった。金堂と塔に太子一族を祠《まつ》り、その二つの建物を回廊でとりかこめ。霊を外に出さないように、門の真中に柱を建てよ。

このようにいうとき、人はいうにちがいない。法隆寺の建物は金堂と塔と回廊のみではない。回廊の内部には左右に経蔵《きょうぞう》と鐘楼、そして何よりも北には大講堂があるではないか、と。しかしそれは、現在の法隆寺の建物の有様である。現在の法隆寺の回廊は、南から北へ行くと途中でちょっと内側に入っている。創建当時の法隆寺はこの内側に曲ったところから回廊が東西に横切っていた。従って、鐘楼も経蔵も講堂も、回廊の外にあったのである。

ところで、この講堂について『聖徳太子伝私記』は、講堂は、天平時代に建てられたものが火事で焼けたため、火事をおそれて位置を少し北にずらして再建したとある。つまり、回廊が内側に曲るところの直線上に講堂があったというのであろうか。ところが発掘調査の結果その場所には建物の跡はなく、かえって現在の講堂のところに、かつての建物らしいものの跡があった。してみると、この講堂は最初から現在の場所にあり、回廊の外にあったのである。

しかも、この講堂が、はたして初めからあったかどうかも疑問である。例の天平十九年の『資財帳』には、「堂弐口（一口金堂、二重、長四丈七尺五寸、広三丈六尺五寸、柱高一丈二尺六寸、一口食堂《じきどう》、長十丈二尺、広五丈七寸、柱高一丈五尺九寸）」とあり、金堂と食堂の名はあるが、講堂の名はない。

これはいったいどういうわけであろう。法隆寺には、最初は講堂は存在しなかったのであろうか。『法隆寺資財帳』と同時に出来た天平十九年の大安寺の『資財帳』を見ると、「合堂参口（一口金堂、長十一丈八尺、広六丈、柱高一丈八尺、一口講堂、長十四丈六尺、広九丈二尺、柱高一丈七尺、一口食堂、長十四丈五尺、広八丈八尺、柱高一丈七尺）」とある。大安寺は、金堂と、それより少し大きい講堂と食堂をもっていたのである。それなのに法隆寺には金堂と食堂のみがあり、講堂はなかった。まさか、食堂は講堂のまちがいではあるまい。とすれば、現在の講堂の地にあった奈良時代のものらしい建物の跡は何か。村田治郎氏は次のようにいう。

「したがって私の仮説では、天平十九年以前からあった八間・四間の食堂を、たぶん平安初頭に改造して講堂としたが、延長三年（九二五）全焼したということになる。そして正暦《しょうりゃく》元年（九九〇）再建された第二次講堂も、ほぼ同大の八間・四間堂で、ただ外陣の幅を少し広くしたので、内方の柱が移動したのと仏壇の幅が変ったのみだった。そののち一四〇五年（応永十二年）に鬼瓦《おにがわら》をはじめ主要なかわらがとりかえられ、西に一間の庇《ひさし》を加えるとともに、仏壇を中央三間分の幅とした」

（村田治郎『法隆寺の建築』）

つまり村田氏は、現在の講堂の位置に八間・四間の建物の跡があるが、それが『資財帳』にいう食堂だというのである。天平十九年現在、ここには食堂があった。しかし平安時代の初め、その建物を講堂に改造したというのであろう。そうかもしれない。そして講堂への改造と共に、回廊が北へ拡《ひろ》げられ、現在のように回廊が講堂と連結するものとなり、それによって、鐘楼と経蔵が回廊の内側に入れられたのであろう。

してみると、造営当時には講堂は存在しなかったのである。大安寺には存在した講堂が、法隆寺においては存在しなかったのは、偶然であろうか。私は法隆寺にある一切のものが、注意深く、まことに注意深く配置されているのを見た。この注意深い建物配置の計画が、ふつうの寺院建築において必要欠くべからざる建物である講堂を建造し忘れるはずはない。とすれば、法隆寺は、講堂を必要としない建物であったのではないか。

講堂とは、明らかに講義あるいは儀式の場所である。講義あるいは儀式は共に人間が行うものである。この講義あるいは儀式の場所を必要としない法隆寺という寺院は、もともと人間の住む場所ではなかったのではないか。

金堂と塔には、偉大なる聖徳太子一家の恐るべき死霊《しりょう》がましましているのである。それは、死霊の場所であり、人間の入るべき場所ではない。法隆寺の僧たちの仕事は、この死霊の牢番《ろうばん》である。死霊がこの奥津城《おきつき》からこっそり抜け出して生きている人間に害をしないように、死霊をなぐさめ、死霊の見張りをすることである。この建物をかこんで、東と西と北に僧房があった。いかにも、ここから死霊が逃げ出せないような僧房のつくり方である。

そして、南門はかたく閉ざされ、容易に死霊が出られないようにしてある。こういう寺に、人間が講義や儀式を行う講堂が必要であろうか。村田氏は、この食堂が講堂に改造されたのは、平安期初めであるという。ひょっとしたら、それは道詮《どうせん》の聖霊会《しょうりょうえ》再興と関係あるのかもしれない。つまり、西院の地で儀式が大々的に行われるようになってはじめて、ここに講堂が必要となるのである。死霊に対する恐れが薄らぎ、ショー的な儀式が大きな意味をもってくるようになって、講堂ははじめて法隆寺に必要になるのである。

# 第七章　第六の答（夢殿について）

## 東院伽藍《がらん》を建立《こんりゅう》した意志は何か

西院の地にある法隆寺は、養老から天平にかけて完成された寺として存在していた。それにもかかわらず、この西院と別に、かつて太子が住んでいたといわれる斑鳩宮《いかるがのみや》の跡地に、なぜ新たに東院（夢殿）なる建物が建てられたのであろうか。法隆寺のように、本建造以外に東院なる別院を同じ境内にもつ寺、二つの完成された寺院をもつ寺はほとんどない。なぜ完成された西院建築に加えて東院なる別院が建てられたのか。

この問いに対して、読者は、すでに十分答えることが出来るであろう。一言でいえば、聖徳太子の怨霊《おんりょう》が再現したからである。太子の怨霊は、奈良朝廷の権力者、なかんずく橘《たちばな》三千代をはじめとする女性権力者の、必死の聖霊鎮護の願いにもかかわらず、再びその猛威をふるったのである。

天平九年（七三七）、藤原氏にとって最大のピンチがおとずれた。どうやら天然痘《てんねんとう》であったらしいが、疫病《えきびょう》が九州から流行し、たちまちのうちに藤原氏の権力者の命を奪っ

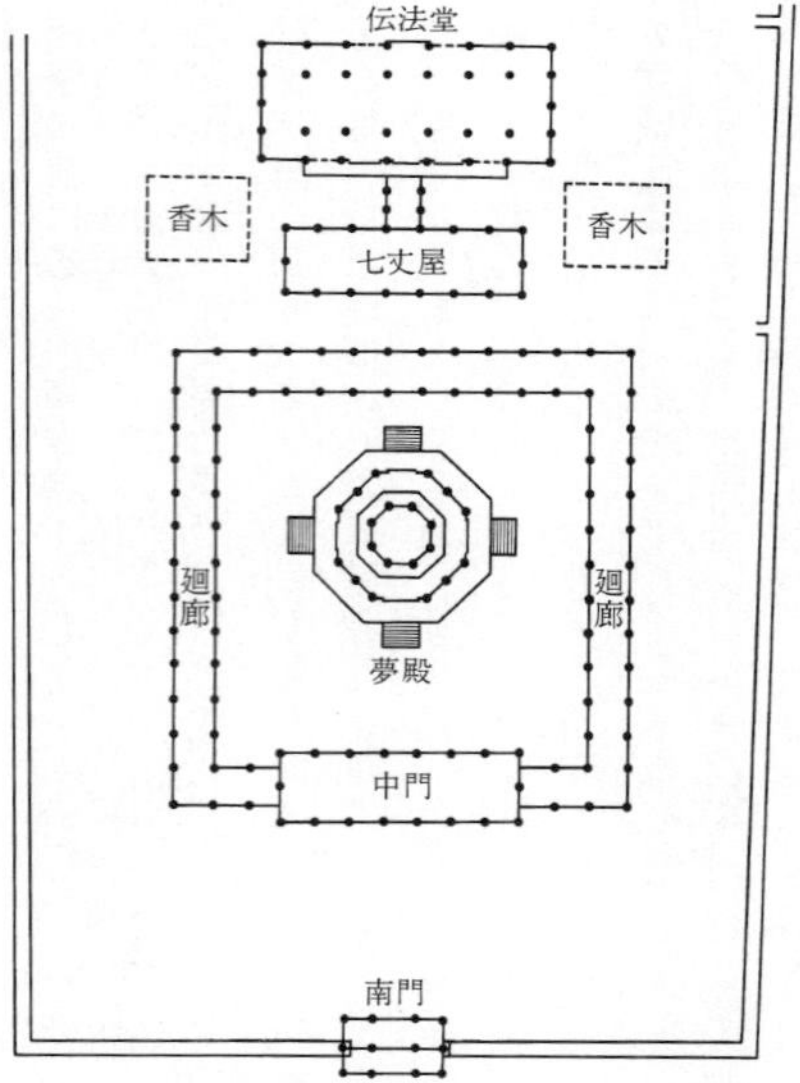


東院伽藍復原図

ていった。

　天平九年四月十七日、不比等《ふひと》の第二子房前《ふささき》が死んだ。私は、この房前こそ実はオモイカネノミコトのモデルではないかと思うが、彼は思兼命や父不比等の如《ごと》く思慮深く、不比等の死後は元正女帝の内大臣《うちのおとど》として、御前のことをつかさどった。四兄弟のうち、もっとも天皇に近かったのは房前であろう。『資財帳』を見ると、法隆寺にもっとも多くの財宝が寄附されたのは養老六年（七二二）十二月四日と天平十年四月十二日であるが、前者は、その前年、養老五年十二月七日に死んだ元明帝の一周忌を記念しての寄附であろうし、後者は、やはりその前年、天平九年四月十七日に死んだ藤原房前の一周忌を記念しての寄附であろう。法隆寺に三度目の食封《へひと》が与えられたのも、やはり天平十年四月十二日であるが、二度目の食封下附のときは、養老六年とのみで日付ははっきり書かれていないけれども、養老六年十二月四日と考えてよいであろう。

元正帝は、母元明帝の死後、一周忌を記念して食封三百戸と多くの財宝を法隆寺に寄附した。そして藤原房前がなくなったときも、やはり一周忌を記念して食封二百戸と多くの財産を法隆寺に寄附した。すると、独身の女帝元正帝と、房前はどういう関係にあったのであろう。

それはとにかく、房前の死は藤原氏にとって大きなショックであったにちがいない。四兄弟中第一の智者《ちしゃ》、そして皇室の信任ももっとも厚い、藤原氏の大黒柱が倒れたのである。しかも、不幸はそれだけに終らなかった。疫病は容易におとろえず、朝廷では僧六百人を宮中によんで『大般若経《だいはんにゃきょう》』をよませたり、大赦を行なったが、死者はいっこうにへらなかった。「六月 癸 丑《みずのとのうしのひ》（十日）、散位従《じゅ》四位下大宅朝臣大国卒《しゅっ》す。甲 寅《きのえとらのひ》（十一日）、大宰大弐従四位下小野朝臣老卒す。辛 酉《かのとのとりのひ》（十八日）、散位正四位下長田王卒す。丙 寅《ひのえとらのひ》（廿三日）、中納言《ちゅうなごん》正三位多治比真人県守《あがたもり》薨《こう》ず」と、『続日本紀《しょくにほんぎ》』は相つぐ要人の死を伝えている。そして七月十三日には藤原四兄弟の末弟、詩人肌の藤原麻呂《まろ》が死んだ。そして、ついに不比等の嫡男《ちゃくなん》、左大臣武智麻呂《むちまろ》も七月二十五日に死んだのである。武智麻呂は、他の三人の兄弟と比べてきわだった才はなかったとはいえ、温厚な長者の風格があり、やはり一門の中心をなしていたのであった。そしてその年八月五日、残った豪快の性をもっていた三男の宇合《うまかい》もまた、三兄弟のあとを追ったのである。
何ということであろう。疫病はたしかに流行したが、必ずしも政府の高官がすべて死んだわけではなかった。どうしてよりによって藤原氏の四兄弟の命のみを疫病は奪ったのであろうか。

おそらく、残された藤原氏の縁者たちは、この突然の不幸になすところを失ったにちがいない。運命は何の先ぶれもなく、権力の絶頂にあった彼らを絶望の淵《ふち》におとし入れた。残された藤原氏の一門の中心には光明皇后があった。藤原不比等と橘三千代の間の子、光明子は、異母姉である聖武《しょうむ》帝の母、宮子と共に、四兄弟の死にもっとも大きな打撃をうけたにちがいない。不安を感じたのは光明皇后や宮子ばかりではない。不比等の孫にあたり、いささか病的な神経をもっていたかにみえる聖武帝も、そして、母元明帝と共に、所詮《しょせん》不比等、房前に擁立された天皇にすぎなかった元正上皇も、光明皇后、宮子ほどではないにしても、また、この藤原四兄弟の死に大きなショックをうけていたにちがいない。

運命の神は、藤原氏の血をうけた人に呪《のろ》いを与えているのではないか。この運命の神の呪いをさけるには、神仏にたよるよりほかにはない。天平九年八月、聖武帝は詔《みことのり》を出して租税を免じ、諸国の神に幣帛《へいはく》をささげると共に、大宮主御巫《みこ》、坐摩《いかすり》御巫、生嶋《いくしま》御巫及び諸神の祝部《いわいべ》等に爵を与えている。そして宮中の十五処に僧七百人を請じて、『大般若経』『最勝王経』をよませ、四百人を僧にしている。

天平七年に帰国したばかりの僧玄昉《げんぼう》が突如として僧正になったのは、この年の八月二十六日である。玄昉は、おそらくこの四兄弟の死にショックをうけた光明皇后や、宮子皇太夫人の心にしのび込んでいったのであろう。そして、例の有名な『続日本紀』の天平九年十二月二十七日の記事になる。

「是《こ》の日、皇太夫人藤原氏（宮子娘）、皇后宮に就きて、僧正玄昉法師を見る。天皇もまた皇后宮に幸す。皇太夫人、幽憂《しづ》に沈み、久しく人事を廃せるがためなり。天皇を誕《う》みたまひてより、未だ曾《かつ》て相見ず。法師一たび看、恵然として晤《ご》を開きたまふ。是に至て、適《まさ》に天皇と相見えたまふ。天下、慶賀せざるはなしといふ」

この記事には、いろいろな解釈がある。『今昔《こんじやく》物語』などには玄昉は光明子と通じていたという話があり、また『元亨釈書』には、僧善珠は玄昉と宮子との間の子であるという話すらあるので、この記事は、玄昉と光明子及び宮子との関係を暗示したものであろうといわれているが、私は、少なくともこの記事は、そのようなことをいいたいために書かれたものではないと思う。

あるいは玄昉と光明子の間には、ひょっとしたら玄昉と宮子との間にも伝承のような深い男女関係があったかもしれない。しかし、ここで『続日本紀』がいおうとしているのは、文字通り宮子のノイローゼが玄昉によって治癒《ちゆ》されたことである。もし、不義密通のことならば、ここに天皇を登場させるはずはない。天皇臨席のもとで、皇后及び、皇太夫人と僧正との不義密通が行われ、そういう不義密通を、天下の人は慶賀せざるはなしなどという馬鹿《ばか》なことが、はたしてあろうか。

## 政略から盲信へ——藤原氏の女性たちの恐怖

皇太夫人宮子は文武帝との間に聖武《しょうむ》帝をもうけたが、生涯、その位は夫人のままであった。天皇の妻妾《さいしょう》には、后、妃、夫人、嬪《ひん》の別があり、后は皇族、妃は一級貴族、夫人および嬪はそれ以下の貴族からというふうに、出身階級によって分けられていたらしい。文武帝には夫人宮子の外に、紀朝臣《きのあそみ》の竈門娘《かまどのいらつめ》、石川朝臣の刀子娘《とねのいらつめ》という二人の妃があり、これらの妃にも息子があったらしいが、藤原氏の権力が確立された和銅六年（七一三）十一月の『続日本紀《しょくにほんぎ》』には「石川、紀の二嬪の号を貶して嬪と称することを得ざらしむ」という記事がある。ここでは石川、紀の娘は、妃でなくて嬪となっているが、文武元年（六九七）八月の項には「藤原朝臣の宮子娘《みやこのいらつめ》を以《もっ》て夫人となし、紀朝臣竈門娘、石川朝臣刀子娘を妃となす」と記されている。私は文武紀の方が正しく、元明紀においては故意か偶然か妃を嬪といいかえたのではないかと思う。紀、石川両氏の娘は、藤原氏よりはるかに由緒《ゆいしょ》ある家柄の出身であり、宮子をこの二妃をこえて妃とするわけにはゆかなかったのであろう。

この一介の夫人が、父不比等《ふひと》の政治力のおかげで皇太夫人となったわけであるが、このときにも一悶着《もんちゃく》があった。神亀元年、聖武帝は中継ぎの天皇であった元正女帝に代って二十四歳にして即位したが、その時詔して母宮子を大夫人と称せしめた。この名前に、高市皇子《たけちのみこ》の子、時の左大臣長屋王《ながやのおう》はクレームをつけたのである。「大宝律令《りつりょう》」の第二十一公式令によれば、天子の母が夫人の位にあるときは皇太夫人というとある。しかるに今、勅によって大夫人といえという、この矛盾をどう解釈するか。長屋王は藤原氏のつくった律令を盾にとって藤原氏の横暴にクレームをつけたわけである。養老五年十月、死の床にあった太上天皇、元明帝は、右大臣長屋王と房前《ふささき》とを召して、彼女の死後二人が手をたずさえて元正帝を助け政治をとってほしいと頼んだが、不比等の孫、聖武帝が帝位についたこのときには、すでに藤原氏を代表する房前の権力が、皇族を代表する長屋王の権力を上廻っていたのは当然であろう。このクレームは、位は左大臣という最高の位に昇りながら、政治の実権から遠ざけられた長屋王の意地悪でもあったが、それにたいして房前は見事に対処するのである。再び詔して、先勅を改めて皇太夫人と文に書き、口では大御祖（オオミオヤ）と呼べという。オオミオヤとは、かつて元明帝が呼ばれた名前である。この皇族のみに許される呼び名を、藤原氏の出身の天皇の母にも与えようという。このことは律令に書かれていず、従って律令とは矛盾しない。律令との矛盾をとがめた長屋王の抗議を認めるかにみえて、逆に一歩、藤原氏の権力を合法的に認めさせようとするわけである。私はこのへんでも、政治家としての房前の腕は長屋王より一枚上のような気がするが、この詔勅を書きかえさせるという長屋王のあまりに論理的な意地悪は、やがて高い、あまりにも高すぎる代償を払わされる結果になるのである。

すなわち、この聖武帝即位（七二四）のときから五年後の神亀六年（七二九）二月十日夜、長屋王反逆のたくらみありという密告により、突如として、式部卿《きょう》従《じゅ》三位藤原宇合《うまかい》を長とする左右衛士《えじ》、兵衛《ひょうえ》の軍が、長屋王の宅をかこむと共に、翌十一日、一品《いっぽん》舎人《とねり》親王、新田部親王、正三位藤原武智麻呂《むちまろ》らが長屋王の宅におもむき、その罪を問うた。そして翌日、長屋王とその子供たちに死を命じた。

かつて山背大兄皇子《やましろのおおえのおうじ》の不意を襲い、あるいは突然入鹿《いるか》に斬《き》りつけたとほぼ同じ手口である。王臣の嫉妬《しっと》を利用し、政治的競争者を孤立させて、時期を見て突然に彼を襲い、詔勅を盾にとってこの非道な殺人を合理化するやり方である。藤原氏先祖伝来のお家芸とでもいうべきものである。

結局、長屋王も、結果的には藤原政権を不比等から四兄弟へと移す橋渡しの役を演じたにすぎない。藤原氏は、この皇族の代表者長屋王のおかげで、いったん得た氏族の権力を他氏族へ渡さずにすんだ。しかし四兄弟が成長し、新しい政権が誕生したからには、橋はもう不要である。長屋王が殺された後、八月五日に年号を天平と改め、また、夫人光明子を従来、皇族出身の女しかなることができなかった皇后という光栄ある位につけた。夫人から皇后へ、不比等の二人の娘は、一代を経て二階級、妻としての位置が上ったわけで、この特進の背後には長屋王をはじめとする無辜《むこ》の人間の血が数多く流されているのである。

皇太夫人宮子が、こういう藤原政権獲得の過程を、よく知っていたかどうかは分らない。というのは、宮子は、聖武帝を産んで以来、幽憂に沈んでいたからである。おそらくノイローゼであろう。彼女は、強引な手段を弄《ろう》して、最高の権力の地位を獲得してゆく、父や兄たちについてゆけない弱気な女であったのではないか。しかしたとえ彼女が幽憂に沈む女であったとしても、房前をはじめとする藤原四兄弟の死がどんなに恐ろしい結果をもたらすか、彼女を不安にしたにちがいない。幽憂に沈んだ女は、いっそう深く幽憂に沈んだであろう。皇后光明子も同じく、そういう幽憂に沈んでいたのであろうが、彼女は若いだけに、玄昉《げんぼう》の慰めによりいち早く元気を回復したのであろう。この精神及び肉体の名医である玄昉を、光明子は義母であり、異母姉でもある宮子に紹介したのであろう。

宮子はその名の如《ごと》く、神のことをつかさどる賀茂《かも》氏の出身である母を持ち、若き日に『古事記』を書き、神道《しんとう》によって国を建てようとした父不比等の思想を、その名においてうけついでいる。その宮子が玄昉によって幽憂の病を癒《いや》され、仏教に転向したのである。そしてこの宮子の仏教への転向は、藤原氏全体の転向を意味するものであろう。妻と母が仏教に夢中であるからには、気の弱い聖武帝が仏教におぼれるのは当然である。ここに、不比等がもっていた神道で国をつくろうとする理想も、また政治の手段としてのみ仏教を認めようとする仏教にたいする警戒心も、すべては藤原氏自身によって完全に捨てられ、今や、不比等の子孫たちは、仏教そのものの中に溺《おぼ》れていくのである。

## 夢殿は怪僧・行信の造った聖徳太子の墓である

私は藤原四兄弟の死と、それに続く玄昉《げんぼう》の僧正就任と、玄昉による宮子のノイローゼ治癒とは、すべて法隆寺東院建造に関係していると思う。というのは翌天平十年閏《うるう》七月九日、行信は律師になるが、おそらくこの律師就任は、玄昉の引きによるのであろう。その後、行信は諸寺の撿挍《けんぎょう》となり、どうやら大僧都にまでなり、玄昉と共に当時の仏教界を支配するようになる。法隆寺の夢殿建造は、もともとこの行信の力によるものである。

法隆寺の夢殿には行信の像がある。私は何度か夢殿に行ってこの像を見たが、何度見てもすごい顔である。とても僧の顔ではない。僧に必要な慈悲の徳のようなものは、この顔には全く見られない。まさに意志の顔である。全身、意志にみちて、異様な迫力が感じられる。この人は僧であるとしても、政治僧であろう。そして、おそらく自分の思ったことは、どんな陋劣《ろうれつ》な手段を使っても、平気でしてゆく顔である。

この像は乾漆でつくられているが、天平時代の人物像はすばらしい。あの義淵《ぎえん》の像といい、そして唐招提寺《とうしょうだいじ》にある鑑真《がんじん》の像といい、この行信の像といい、それぞれの人間の個性的本質を、この時代の彫刻家は見事にとらえている。鎌倉《かまくら》時代につくられた平重盛《しげもり》像や源頼朝《よりとも》像をアンドレ・マルローがほめて以来、鎌倉時代の肖像彫刻の評価が上ったが、私はむしろ、この奈良時代の人物彫刻の方がはるかに上ではないかと思う。そこに描かれているのは、ただ一人の人間の描写ではない。その人間の人間的本質が見事にとらえられているのである。

行信像

『法隆寺東院縁起』は、この東院が、行信の願により建設されたと伝える。行信は、このかつて聖徳太子が住んでいた宮殿の跡が、今は荒れはてて、野獣の住家になっているのを嘆いて、ここに東院建設の願をたてたという。たしかにその通りであろうが、東院建築の理由は、ただ、この太子の宮のあった土地が荒れはてていたためのみではあるまい。おそらく行信は、光明皇后にこう言ったにちがいない。

「先年の不幸はすべて聖徳太子の祟《たた》りのせいです。たしかに、あなたのなくなったお母さん（橘《たちばな》三千代）をはじめ藤原家のひとびとは、法隆寺をつくって手厚く太子を祀《まつ》りました。しかし、まだ太子の霊は慰められていないのです。あなたのおじいさん（鎌足《かまたり》）が何をやったか、あなたは、お父さんやお母さんに聞いていませんか。太子の霊の怨《うら》みは尽きないのです。怨みの霊は、あの、用心深くつくられた法隆寺を脱出して、あなたの四人のお兄さんを殺したではありませんか。太子が生前住んでいた宮殿の跡が荒れはてたままです。そこに太子を祀るのです。もう二度と太子の怨霊《おんりょう》が出られないように、完璧《かんぺき》なお堂をつくるのです」

光明皇后は、このような行信の説得に抵抗するには、あまりに深い不安に囚《とら》われていたと私は思う。正倉院に残る、父不比等《ふひと》および母三千代の成仏《じょうぶつ》のために、日本はおろか中国、インドに伝わる経典をすべて写したいという光明皇后の願文《がんもん》を読むとき、彼女のとりつかれた不安の深さがわかるのである。おそらく、父不比等や母三千代のやったことを、彼女は知っていたにちがいない。父祖のなした悪行が彼女の良心を刺し通し、彼女の不安をかきたてる。自分たちは、父祖のおかした悪行のために滅びゆく運命にあるのではないか。そしてまた、彼女にそう思わせることが、仏教興隆のもっともよい宣伝手段でもあった。彼女は、一人の意志の女としてこの運命に抵抗しようとする。藤原氏を呪《のろ》う怨霊よ、何度かの鎮魂にもかかわらず、なお執念深くわが家を襲う怨霊よ、去れ。

　おそらく行信は、光明皇后の援助のもとに夢殿建設を計画したのであろう。東院、かつて聖徳太子が住んでいて、あの山背大兄皇子《やましろのおおえのおうじ》の事件のとき火を放った斑鳩《いかるが》の宮が、焼け跡のまま放置されている。そこに太子供養《くよう》の寺を建てる。これが夢殿であるが、その寺の形を八角円堂にしたのは何故であろうか。

西円堂（峰の薬師）

　八角円堂は、西院にもその例がある。それは、法隆寺西院の北西方にある、ふつう峰の薬師と呼ばれる西円堂である。西円堂は、寺伝によれば橘三千代が養老二年に建てたという。

　この西円堂の本尊は薬師如来《にょらい》であるが、ここには有名な追儺《ついな》の祭りがある。節分の日にここにやって来る鬼を、毘沙門天《びしゃもんてん》が追払う行事である。この行事は、聖霊会《しょうりょうえ》とならんで法隆寺にとってもっとも大切な祭りであるが、私は、この祭りもまた、何か太子

興福寺北円堂

一族あるいは蘇我《そが》一族の怨霊鎮伏とつながっているのではないかと思う。この西円堂は、『法隆寺資財帳』に見えないところをみると、はたして天平十九年当時にあったかどうか疑問のふしもあるが、もし伝承を信じ養老二年建造とするならば、八角円堂は、東院建設者にとってすでに親しみのある建物であったはずである。おそらく東院建設者の一人である光明皇后は、あれほど聖徳太子の鎮魂に力を尽した亡母、三千代の意志を継承しようとしたのかもしれない。

しかし、この八角円堂の建物は、光明皇后にとって母の記憶とつながっていたが、同時にそれは父の記憶ともつながっていたのである。養老四年父不比等が死んだ後に、元明、元正両帝は、興福寺に北円堂を建てて不比等の霊を祀った。つまり八角円堂の建物は、興福寺の北円堂においては、すぐれた人間の墓であった。この不比等の墓にならって、藤原仲麻呂《なかまろ》は父武智麻呂《むちまろ》の死後、栄山寺八角堂なるものをこしらえて武智麻呂を祀った。とすると、八角円堂は墓であったわけである。

「聖徳太子の斑鳩の宮のあとに建てられた法隆寺東院伽藍《がらん》は、いわゆる円堂院の形式をとっている。中央には八角円堂（六角以上の堂を円堂という）の夢殿があり、周囲が回廊でかこまれている……興福寺では七二〇年（養老四）藤原不比等が死ぬと翌年不比等のために、西金堂の北に円堂院が建てられた……栄山寺は奈良平野の西南端、五条市にある。堂は藤原仲麻呂が父武智麻呂のために造ったという……夢殿は聖徳太子のために、興福寺の円堂は藤原不比等のために、栄山寺八角堂は藤原武智麻呂のために造られていることから考えると、円堂は故人の供養堂の意味をもっていたものと思われる。その意味で、夢殿の屋根に舎利瓶があげられているのは興味がある」

（大岡実『奈良の寺』）

栄山寺八角堂

このように八角形の堂を墓とするのは、もちろん中国に先例があるのであろう。

「ところで、中国の建築は、唐の中期までは平面がほとんど矩形《くけい》か正方形に限られるが、中期以後、にわかに平面八角形の遺構が増えてくる。そして、唐を過ぎると塔婆《とうば》建築などは、ほとんど平面八角形に統一されてくる。今、そうした遺構の内から最も古い一例をあげよう。それは会善寺浄蔵禅師身塔といって、唐の玄宗の天宝五年（七四六）の建築である。河南省登封県の嵩山《すうざん》の麓《ふもと》にあり、身塔の名が示すように墓塔であるが、一種の御影堂とも見られないことはない。天宝五年といえば夢殿におくれることわずかに七年である。同じような墓塔は外にも沢山ある」

（竹島卓一『秘宝法隆寺』）

この八角円堂は、墓である。それは光明皇后にとって、西円堂という母の思い出と、北円堂という父の思い出をもつ墓であった。太子のために、この円堂の墓を建てよう。

学生時代、私は亀井《かめい》勝一郎氏の著書を愛読したが、当時、まだ法隆寺再建説は決定的ではなく、夢殿もまた、生前聖徳太子が住んでいた建物か、それとも天平十一年に建てられたものであるか定説がなかった。顕真の『聖徳太子伝私記』にも、太子在住の建物という説と、天平十一年に行信によって建てられた説とをあげている。そして『聖徳太子伝暦』には、太子が夢殿に入って深い思索にふけられたという話が書かれている。夢殿という名は、太子の瞑想《めいそう》を想起させ易《やす》いのである。それゆえ、亀井氏もそういう『伝暦』の話に従って、ここは太子の瞑想の場所ではないかと考えられた。私も何度か夢殿に行き、太子はこの八角の堂を何度もめぐりつつ、深い思索に入られたにちがいないと思った。私もまた、我を忘れてぶらぶら歩き、瞑想というより放心にふけるくせがあるからである。

夢殿という名は、まさにそういう生前の聖徳太子を思わせるが、実は、八角円堂のこの建物は太子の死後建てられたのである。発掘の結果、この場所に昔の住居のあとが出て来たが、それは八角円堂ではなかった。やはりこの八角円堂は、太子の死後、太子の霊を祀るために建てられたものであろう。

夢殿内部

## 古墳の機能を継承する寺院

夢殿の建造を天平十一年におく伝承は、もう一つ奇怪な話を伝えている。この夢殿は、行信のすすめにより藤原房前《ふささき》が皇太子の力をかりてつくったものであるという。皇太子というのは男ではなく女、後に孝謙帝と称した、聖武《しょうむ》帝と光明皇后の間の一人娘である。名義だけは皇太子の作ということになっているが、その実、光明皇后が建設者であろう。ところが、房前の方は天平九年にすでに死んでいる。死人が堂をつくるはずはない、そう考えて、それは伝承の誤りであろうと思っていた。しかし、今、私は、必ずしも伝承の誤りではないのではないかと思う。後に述べるように、この夢殿建設には、やはり、人に秘すべき瀆神《とくしん》の行為が秘められていた。その瀆神の行為の主犯が、生きている人間ではまずいのである。その主謀者を聖徳太子の怨霊《おんりょう》によって死んだ房前にするのである。すでに死んだ房前が、ここでは、瀆神の行為にも似た怨霊封じこめの主役をさせられるのである。光明皇后は、この建設に、亡兄と亡母を利用する。この堂の講堂にあたる伝法堂は、橘《たちばな》三千代の住宅を寄附したものであると『東院資財帳』はいう。この説には疑いがもたれていたが、昭和の解体修理の際の発掘調査により、この建物が平安時代の寝殿造りの東の対屋《たいのや》によく似たものであり、奈良時代の貴族の住宅であったらしいことが分り、ほぼ『資財帳』の記事は確認された。また『東院資財帳』には、橘夫人からの莫大《ばくだい》な寄附が記せられている。ところが橘三千代が死んだのは天平五年で、天平十一年に、すでに死んでいる三千代が自己の住宅はじめ多くの物品を寄附するはずはない。おそらく、それは、娘の光明皇后の意志であろう。彼女は怨霊鎮《しず》めに亡母と亡兄を利用したのである。

彼らはどういう建物を建てたか。夢殿を見よう。今の東院の建物は、南から不明門《あけずのもん》といわれる南門があり、その北に礼堂、夢殿、絵殿と舎利殿が並び、回廊はこの礼堂と絵殿、舎利殿をつないでいるが、これは平安時代の改造で、当時はこの八角円堂を四方から回廊がとりかこみ、そして南に七間の門があった。つまり、ここでも西院と同じく、回廊が霊魂の逃亡を防いでいる形である。おそらく、今は礼堂となっている中門も、法隆寺の中門と同じく、めったに開かれない門であったにちがいない。この寺院の南門を「明けずの門」というが、中門自身も「明けずの門」という性格をそなえていたと私は思う。今、絵殿及び舎利殿といわれる建物は、倉庫として回廊の外側におかれていた。そしてその北に、今は伝法堂といわれる「瓦葺講堂《かわらぶき》」があったのである。

われわれは、絵殿、舎利殿、伝法堂のことは後にして、まず八角円堂を見てみよう。花崗岩《かこうがん》で出来た二重の基壇の上に、八角の堂がある。東西南北、四方に階段があり、四方に扉がもうけられている。そして屋根の上には露盤がのっていて、これについては例の『東院資財帳』にも記せられているので、創立当時からあったと思われるが、この形が、すでにわれわれが見てきた舎利瓶と同じである。しかもこの舎利瓶には、ごていねいに火焔《かえん》を示す矢のようなものが何本もつくられている。

「屋頂には舎利瓶をのせている。それは、五重塔の分舎利仏土にみる舎利瓶の形にまったく同じである。ということは、つまり塔の意で、聖徳太子をしのぶ建物としては、まことにふさわしい」

（水野清一『法隆寺』）

「八角殿の形をとったのは多くの八角円堂と同じく円形堂の代りであって、聖徳太子の冥福《めいふく》をいのる祠堂《しどう》とか廟所《びょうしょ》のような意味をもつ建物であったからだろうと思われる。したがってインドのストゥーパ形に結びつくのは当然であり、八角屋根の頂上にのせた金銅製のいわゆる露盤が五重塔内の西塑像《そぞう》群（分舎利）における天蓋《てんがい》つきの舎利瓶にそっくり同じであるのも、それを立証するものである」

（村田治郎『法隆寺』）

水野、村田両氏のいうように、露盤というのは舎利瓶であり、従ってこの八角円堂が聖徳太子の御墓、廟所であることは確実である。しかしなぜこの天平十一年という時、太子が死んでから百二十年もたった後に、太子の墓、廟所を建てる必要があるのか。太子はいかなる祭られ方をしたのか。

この八角円堂の中には、やはり八角の石の壇があり、その上に、やはり八角の厨子《ずし》があり、その中にあの有名な救世《ぐぜ》観音がおられるのである（口絵）。私は、通説に従って、ここが太子の瞑想《めいそう》の場所であったと思ってみたが、どうも、この八角の石の基壇の上ではたいへんである。冬などは体が冷えて、きっと瞑想も冷え冷えしたものになったにちがいないと思ったが、どうやら、それは太子の瞑想の場所ではなく、やはり、太子の死の場所であったらしいのである。この八角の大きな石は、何となく石棺を思い出させる。日本人は死者の出現を恐れた。そして、おそらく偉人の霊は死後必ず出現してくる力をもっているにちがいないと思い、大きな古墳をつくり、大きな石棺にその死体をうずめた。永久に死者の霊魂が出てこないようにするためであろう。

おそらく当時、最高の技術が古墳の製作に動員されたのであろうが、仏教はこのような古墳の製作を禁止した。古墳製作に向けられた建築技術が、仏寺の建築に向ったのである。あるいは古墳をつくった同じ技術者が、寺をつくったのかもしれない。夢殿の堂内の冷え冷えするような巨大な石壇は、何となく巨大な石室や石棺のことを思い出させるのである。

この石の壇の上に厨子があり、救世観音がその中に納まっていたのである。今は毎年、春と秋に公開しているが、この救世観音は長い間秘仏であった。秘仏であるばかりか、その体いっぱいに白布が巻かれていたのである。この白布がとりのぞかれ、救世観音が姿をあらわしたのが明治十七年であるが、それ以前、この秘仏のお姿を見たものはほとんどなかったのではないかと思われる。というのは、かの顕真すらこの仏を見ていないからである。

「今此《こ》の夢殿の内に御等身の救世観音像を安んず。金薄にて之《これ》を押す。今世、幷《なら》びに、昔日《せきじつ》にも其《そ》の体《すがた》を知らず。或《あるい》は俗形にして御太刀帯せ給《たま》ふと云《い》ふ。此は即《すなは》ち太子の体を案じ奉《たてまつ》るなり。或は二辟《へき》の如意《によい》輪《りん》を云ふと」

顕真もこの秘仏を見たことはなく、また当時、誰も見た人はなかった。「今世、幷びに、昔日にも其の体を知らず」というところをみると、おそらくは、この仏は創立当時以来、秘仏であったのであろう。この秘仏が、千二百年にわたる秘密のヴェールをはがされたのは、明治十七年の夏であった。

## フェノロサの見た救世《ぐぜ》観音の微笑

「この秀美なる仏像は等身よりは少しく大にして、実に明治十七年の夏、余が一名の日本同僚と倶《とも》に発見したる所に係る。余は日本中央政府より下付せられたる公文に依《よ》り、法隆寺の各倉庫各厨子《づし》の開検を要求する権能を有したり。八角形の夢殿の中央に閉鎖したる大厨子ありて、柱の如《ごと》く天に冲《ちゅう》したり。法隆寺の僧は伝説を語て曰《いはく》、此《こ》の内には推古天皇の時、朝鮮より輸入したるものあり、然《しか》れども二百年前より曾《かつ》て一度も之《これ》を開扉《かいひ》したることなしと。此の如き稀世《きせい》の宝物を見るに熱心なる余は、有らゆる議論を用ひて開扉を強ひたり。寺僧は、若《も》し之を開扉せば忽《たちま》ち神罰あり、地震は全寺を毀《こぼ》つべしとて長く抗論したり。然れども我等の議論は遂《つひ》に勝ち、二百年間用ひざりし鍵《かぎ》が銹《さ》びたる鎖鑰《さやく》内に鳴りたるときの余の快感は今に於《おい》て忘れ難し。厨子の内には木綿を以《もつ》て鄭重《ていちょう》に巻きたる高き物顕《あら》はれ、其《そ》の上に幾世の塵埃堆積《じんあいたいせき》したり。木綿を取り除くこと容易に非《あら》ず、飛散する塵埃に窒息する危険を冒しつゝ、凡そ五百〝ヤード〟の木綿を取り除きたりと思ふとき、最終の包皮落下し、此の驚嘆すべき無二の彫像は忽ち吾人の眼前に現はれたり」

（フェノロサ『東亜美術史綱』）

明治十七年、一人の見知らぬ外人が、政府からの公文をもって、突然、法隆寺をおとずれたときの、法隆寺の僧たちの困惑を私は思う。この外人は、よりによって千二百年もの長い間秘仏となっていた、仏の入っている厨子を開けよというのである。この厨子を開けたら忽ちのうちに地震がおこり、この寺は崩壊するであろうという恐ろしい言伝えがある。もちろん鍵を渡すわけにはいかない。しかしこの外人の背後には日本政府がある。そして明治十七年という時期において、政府の命令がどんなに力をもっていたか。しかも法隆寺は、明治のはじめ、寺にある宝物を皇室に献上して、その代りとして政府から金をもらったことがあった。政府の命令は絶対なのである。おそらく大きな不安をもって、法隆寺の僧はこの異様な外人に鍵を渡したのであろう。

そして僧たちは、天変地異が起るにちがいないと、いっせいに逃げ出したという。「二百年間用ひざりし鍵が錆びたる鎖鑰内に鳴りたるときの余の快感は今に於て忘れ難し」とフェノロサはいう。しかし、その同じ鍵の音を、法隆寺の僧たちは大いなる恐怖をもって聞いたはずである。

しかし天変地異は起らず、夢殿は今に至るまで健在である。フェノロサは正しく、法隆寺の僧たちは誤っていたかに見える。科学は勝ち、迷信は敗《ま》けた。たしかに西洋の科学精神は、この平和な極東の島にやってきて、千二百年間、ただ一度も開けられたことのない厨子の扉を開けさせ、千二百年もの間、誰の眼にもふれなかった仏像を衆人の眼にさらしたのである。

この時から救世観音は、美的観賞の対象となったのであった。それまでは、まず恐ろしき像であり、それに続いて聖なる像、畏敬《いけい》すべき像になった。おそらく長い年月の間に、この像の恐ろしさは徐々にうすれ、この像は尊敬すべきもの、聖なるものとなった。しかし、フェノロサ以来、この像は、芸術的に観賞さるべき日本美術史上の傑作となったのである。いったいフェノロサは、この仏像に何を見たのか。

「像形は人体より少し大なるも背後は中空なり。或《あ》る堅木を最も綿密に彫刻したるものにして金箔《きんぱく》を施しあり。其の金箔は世代を経て銅の黄褐色を為《な》せり。頭首は驚嘆すべき漏空彫を施したる鍍金銅製の冠を以て装飾せられ、此の冠より同じ鍍金したる銅にて朝鮮式作巧を加へ、宝石を以て鏤《ちりば》めたる幾条の長き瓔珞《ようらく》垂下せり。

然れども此の像に於て、最も吾人の注意を引きたるは、其の美学上驚歎《きょうたん》すべき点に在り。此の像は前面より之を観《み》るときは著しき尊厳なしと雖《いへども》、側面より之を観るときは、古代希臘《ギリシヤ》美術の極処に達する観を呈したり。左右両側に於て肩より流下して足に達する衣紋の長線は、曲折なき数条の粛静なる曲線より成り、殆《ほとん》ど直線に近きが故《ゆゑ》に、全体の像に著しき身長と尊厳とを添ふ。胸壁は凹《くぼ》み、下腹は少しく突出し、宝珠を把《と》る手の活動状態は、頗《すこぶ》る活気に富みたる様式を以て形制せらる。然れども姿態の最も秀美なる点は側面観に在り。其の鼻は高くして漢美術の其れの如く、眉宇《びう》は直にして高明なり。其の脣《くちびる》は厚く、殆ど黒人種の其れに似たる内に静にして得て言ふべからざる霊妙の笑を含めり。恰《あたか》もダヴヰンチのモナ・リザの如し」

（同『東亜美術史綱』）

フェノロサは、この仏の側面の形がいいという（五二一ページ写真）。私は何度か夢殿へ行ってこの仏像を拝したけれど、いつも堂の外から真正面に拝するのみだが、写真で見ると、フェノロサのいう通り、側面から見るとこの像はいっそう生き生きして見える。今しも、ここに一人の生きた人間が、ふわりと立っているかに見える。フェノロサはこの姿の美しさを讃美《さんび》したが、この像がなぜかくも長い間秘仏であり、しかも他の仏像と異なり、白布までまとっていたかについては疑問をもたなかった。そしてなぜこの仏像が舎利瓶――それをフェノロサは宝珠と考えたが――をもっているのか、フェノロサはそれ以上問おうとはしなかった。美術史家の彼にとって、日本美術の一大傑作が彼の手で日の目を見れば十分満足だったのである。

## 和辻哲郎の素朴な誤解

フェノロサによって、この千古の秘仏は人目にさらされたが、当時はまだ、仏像は観賞の対象ではなかった。このフェノロサの発見を多くの人に知らせ、この救世《ぐぜ》観音ばかりか、古都にある多くの仏像に興味を起させて、古寺巡礼を盛んにしたのは和辻哲郎である。和辻はこのフェノロサの驚きを紹介しつつ、次のようにフェノロサの感想を修正する。

「このフェノロサの発見はわれわれ日本人の感謝すべきものである。しかしその見解には必ずしも悉《ことごと》く同意することが出来ない。例へばこの微笑をモナリザの微笑に比するのは正当でない。なるほど二者はともに内部から肉の上に造られた美しさである。さうして深い微笑である。しかしモナリザの微笑には、人類のあらゆる光明とともに人類のあらゆる暗黒が宿つてゐる。この観音の微笑は瞑想《めいさう》の奥で得られた自由の境地の純一な表現である。……

モナリザの生れたのは、恐怖に慄《ふる》へる霊的動揺の雰囲気《ふんいき》からであつた。人は土中から掘り出された白い女悪魔の裸体を見て、地獄の火に焚《た》かるべき罪の怖《おそ》れに戦慄《せんりつ》しながらも、その輝ける美しさから眼を離すことが出来ないといふ時代であつた。しかし夢殿観音の生れたのは、素朴な霊的要求が深く自然児の胸に萌《きざ》しはじめたといふ雰囲

モナ・リザの顔

救世観音の顔

気からであつた。そのなかでは人はまだ霊と肉との苦しい争を知らなかつた。彼らを導く仏教も、その生れ出て来た深い内生の分裂からは遠ざかつて、むしろ霊肉の調和のうちに、——芸術的な法悦や理想化せられた慈愛のうちに、——その最高の契機を認めるものであつた。だからそこに結晶したこの観音にも暗い背景は感ぜられない。まして人間の心情を底から掘り返したやうな深い鋭い精神の陰影もない。たゞ素朴で、しかも云《い》ひ難く神秘的なのである。さういふ相違がモナリザの微笑と夢殿観音の微笑との間に認められると思ふ」

（和辻哲郎『古寺巡礼』）

フェノロサはこの仏像の微笑をモナ・リザの微笑に比したが、和辻はちがうという。それはモナ・リザの微笑ほど暗くはない。この微笑こそ「瞑想の奥で得られた自由の境地の純一」である。そして、モナ・リザの微笑は霊と肉との分裂から生れた暗い微笑であるが、この微笑は、「たゞ素朴で、しかも云ひ難く神秘的なのである」というのである。

和辻の『古寺巡礼』によって、この救世観音は一躍有名になり、以後、多くの人を古寺巡礼に誘ったが、この和辻の救世観音の見方は完全な誤解であるといえよう。

聖徳太子の霊よ、おそらくはあなたの子孫と思われるひとびとの骨壺《こつつぼ》をもって立たねばならぬあなたの口もとに浮んでいる微笑を、二十世紀の哲学者は、そこに「人間の心情を底から掘り返したやうな深い鋭い精神の陰影もない」という。あなたの微笑を素朴とこの哲学者はいうけれど、素朴なのは、あなたの方か、それともこの哲学者の方なのか。あなたのあの悲しげな微笑を、哲学者は誤解して「瞑想の奥で得られた自由の境地の純一な表現である」という。いいかげんにしておけとあなたは怒るであろうか、それとも、この哲学者のいささか軽率な誤解を、あなたはあの悲しげな微笑で許し給《たも》うであろうか。

われわれは、この一人の哲学者の完全なる誤解の背後に、明治以来の奈良時代文化にたいする誤解があることを指摘しなければならぬ。明治時代は、一つのルネッサンスの時代であった。暗い中世を否定し、明るい古代へ。ヨーロッパのルネッサンスの思想家たちが古代ギリシアに明るい素朴な文化理想を見出《みいだ》したように、明治の日本は、古代日本に、奈良時代の日本に、明るく素朴な文化理想を見つけようとした。

明るく素朴な日本へ帰れ、そういう眼で正岡子規は『万葉集』を見た。彼は技巧的な、暗い中世的な『古今集』的美の世界を否定して、素朴で明るい美的世界を理想としたが、そういう美の世界を彼は『万葉集』に見つけた。そういう万葉的世界への復帰、それが、明治以来の日本短歌の主流派の考え方であった。

私は前々から、こういう常識的な日本文化論に反対し、日本文化を知るには、『古今集』『新古今集』を知らねばならぬと主張した。それは明治以来の『万葉集』中心の日本文化論にたいするアンチ・テーゼであったが、私はまだ当時は『万葉集』＝明るい歌集、奈良時代＝素朴な時代、という通説を信じていたのである。

『万葉集』とならんで『古事記』がまた素朴な文学書とされ、それと共に飛鳥《あすか》時代の作と称せられる多くの仏像も明るく素朴な仏像であると信じられてきた。和辻のこの誤解も、飛鳥、奈良文化＝素朴な文化という通説の上に立てば、格別怪しむべき説でもないのである。

しかし、はたして奈良時代は素朴な時代で、『古事記』は無邪気な文学で、『万葉集』は明るい生の歌で、飛鳥仏は全く罪の意識のない仏像であろうか。私のこの論文が、こうした通説に対する根本的否定を意味することは、今さらいうまでもないであろう。

奈良時代がいかに政治的時代であり、『古事記』がいかに巧みな宗教改革の書であり、そして飛鳥仏とされる仏像がいかに深く暗い謎《なぞ》を秘めているかをわれわれはすでに見た。そしてまた『万葉集』がいかに絶望の書であるかを、私は別稿において語るであろう。全く和辻哲郎は、見当ちがいの眼で見ていたわけであるが、その誤解は一人、和辻の軽率のせいであるより、時代の常識のせいであったのである。

## 亀井《かめい》勝一郎を捉《とら》えた怨霊《おんりよう》の影

亀井勝一郎は、和辻《わつじ》哲郎のように哲学者ではない。彼は、和辻のように概念をもって仏像を見ず、直観をもって仏像を見た。そのとき、この救世《ぐぜ》観音は、彼の眼に、いささか別のものとしてうつった。

「其後《そのご》、新装成つた夢殿の、新しい八角の厨子《づし》に救世観音を拝するたびに、私はそこに陰翳《いんえい》する上宮王家の無念の思ひと悲願を感ぜずにはをれないのである。私が前に述べた原始人のごとき不思議な生気は変らないが、金色の肌の光りは、ほの暗い御堂に在つて更に異様であつた。たとへば闇《やみ》の底にうづくまつてかすかに息づいてゐる獅子《しし》、或《あるい》は猛虎《まうこ》の発散するエネルギーと香りを感じさせる。私にはそれが復讐の息吹《いぶき》のごとくにも思はれ、また荒々しい捨身《しやしん》への示唆《しさ》のごとくにもみえた。しかし、その口辺に浮んだ微笑は太子の御霊《みたま》の天寿国に安らひ給《たま》ふしるしなのであらうか。永遠の慈心のごとく、同時に無念の情を告ぐる怨霊のごとく、いづれとも分明し難い。救世観音を拝するにつれて、次第に私はその姿や風貌《ふうばう》を正視出来なくなつてきた。一切の分別を放下し、たゞ瞑目《めいもく》してゐて、しかも身にひしと迫つてくるものがある。金色の微光を被ること、即《すなは》ち太子の祈りの息吹にふれることのやうにも思はれ、御一族の悲願が、いよいよ私の心にきざまれてくるのであつた」

（亀井勝一郎『大和古寺風物誌』）

亀井勝一郎は、この仏像の中に「永遠の慈心のごとく、同時に無念の情を告ぐる怨霊のごとく、いづれとも分明し難い」ものを感じた。この感じ方は正しい。しかし、亀井勝一郎は、夢殿を推古朝の建物であり、太子の瞑想の場所と考えたために、ここにあらわれた怨霊のごときものの正体を理解せず、そこに太子一族の捨身の悲願を見たのである。

亀井勝一郎がこのエッセエを書いたのは昭和十七年秋であるが、すでに若草伽藍《がらん》の発掘が行われ、法隆寺再建説はほぼ大勢が定まっていたのである。けれども、亀井はあたかも再建説を知らぬかのように、夢殿と救世観音を、あたかも太子の時代につくられた建物であり彫刻であるかの如《ごと》く論じている。

ここで亀井も藤原氏の策謀に見事にひっかかってしまったのである。自らの手でほろぼした一族をここに祭る。そのほろぼされた太子一族の姿は、当然怨霊の姿でなくてはならぬ。しかも、その怨霊はどこかに慈悲の面影を宿していなければならぬ。なぜなら、生き変り、生れ変りして、怨霊が出てくれては困るからである。怨霊の口もとに慈悲の微笑を浮べさせること、それは怨霊を封じる者の願望の表現なのである。われわれはこんなに丁重にあなたを祀《まつ》っているではないか。どうか、聖なる仏よ、聖なる霊よ、あなたの怨《うら》みを忘れて、われらに慈悲を授け給え。

じっさい亀井がこの仏像に、慈心のごとく、怨霊のごときものを見たのは、美的感受性としてきわめて正しかったのである。しかし、彼にはこの仏像にたいする認識的な用意がなく、藤原氏の仕組んだ、このまことに巧妙な怨霊封じこめのドラマを、太子一族の捨身の悲願のドラマと誤解してしまったのである。

## 高村光太郎の直観した異様な物凄《ものすご》さ

明治十七年以来、この仏像を見た何万、何十万のひとびとの中で、もっとも鋭い眼でこの仏像を見たのは、高村光太郎であるように私には思える。

「更に遡《さかのぼ》れば、私は夢殿の観音を最高のところに置きたい。此《これ》は彫刻などと呼ぶ以上に精神的な部類に入つて了《しま》ふ。この御像は彫刻の技術としては無器用であるけれども、その無器用な所が素晴しい。彫刻的には不調和で無茶苦茶な作であるが、寧《むし》ろその破《は》綻《たん》から良さが出て来て居り、完全に出来てゐない所から命が湧《わ》いて来てゐる例である。お顔と衣紋《えもん》は様式的に全く違ふ。御身軀《しんく》は漢魏《かんぎ》式の決りきつたやり方を踏襲してゐるが、お頭や手は丸で生きてゐる人を標準にして刻んで付けてゐる。法隆寺金堂の薬師にもその傾きはあるけれども夢殿の観音の方が甚しい。あの御像は確かに聖徳太子をお作りする積りで拵《こしら》へたに違ひないと私は信じる。それで時間的には短い期間に早く拵へた作だと思ふ。長く考へながら拵へた作ではない。夢中になつて拵へ、かかりきりで一気呵成《かせい》に仕上げた作だ。あの難しい時代を心配されて亡《な》くなられた杖《つえ》とも柱とも頼む聖徳太子を慕つて、何だつて亡くなられたらうと思ふ痛恨な悲憤な気持で居ても立つてもゐられない思ひに憑《つ》かれたやうになつて拵へ、結果がどうならうとそれを眼中に入れないで作られたものであらう。それは非常にあらたかなものである。自分で彫つて拵へたらうけれども、その作者さへ其処《そこ》に置いては拝めないやうに怖い仏であつたらうと思ふ。御身軀は従来通りに作つたけれども、お頭は聖徳太子を思ひながら拵へたのであらう。……普通の仏とは違つて生物の感じがあり、何か化身のやうな気が漂つてゐる。私達が今見てもさうだけれど、昔は尚更《なほさら》さういふ感じが強かつたに違ひない。それで兎《と》に角《かく》封じて了はなければならぬといふ気持が坊さんの間に起つたのだと思ふ。その為《ため》にただの秘仏ではなく、御身軀を布でぐるぐる巻きにして封じて了つた。その位あの御仏の製作は真剣さに溢《あふ》れ、彫刻上のいろんなことなど考へてゐる暇のない仏である。恐しいのはその精神が溢れてゐるからである。私達を搏《う》つのは彫刻上の技巧ではなく、わけてその形ではなく、而《しか》もその中に籠《こも》つて出て来る物凄い氣魄《きはく》のやうなものである」

（『高村光太郎選集５』）

「救世《ぐぜ》観音像も例によつて甚だしい不協和音の強引な和音で出来てゐる。顔面の不思議極まる化け物じみた物凄さ、からみ合つた手のふるへるやうな細かい神経、あれらをどう写すだらう」

（『高村光太郎選集６』）

「この仏の全体のスタイルは人のいふ通り北魏《ほくぎ》の様式を忠実に踏襲してゐて、釣合といひ衣紋のひだといひその左右斉整といひ、殆《ほとん》ど公式に従つた抽象的形態を持つてゐるのであるが、首がまるで違ふ。顔面となると、ガンダラ系統の様式がどこにもなく、ただアーカイックな、ナイーヴな人面がそこにある。この原始的写実相とあの様式と。これは随分乱暴な諧調《かいちょう》である。明らかに不協和そのものである。しかもその不協和が逆に美しく、不協和の故《ゆゑ》にこそ新鮮で、生命の息吹《いぶき》があたたかく感ぜられる。この不思議感、神秘感、無限感、深淵感の秘密はこの已《や》みがたい具象抽象の衝突不協和から来る一種の動揺、一種の美的噴出によるものらしく思へる」

（『高村光太郎選集６』）

詩人は直観的にものの本質を見ぬくものであるが、ここで、詩人であり彫刻家でもある高村光太郎は、誰よりも深くこの仏像の本質を直観している。美術史家は、この仏像が金堂の釈迦《しゃか》如来《にょらい》、薬師如来と同じく、北魏様式であるという。美術史家は、それぞれ個性的意味をもっている仏像なり建築を一般的様式の中に還元させてしまえば、それだけで、あたかも学問的仕事が終るかのように、仕事をする。しかし、高村光太郎は、こういう美術史家の様式論では満足しない。ここには様式を超えた何かがあると。たしかに衣服は北魏仏と同じかもしれない。しかし顔が全くちがう。その顔は、人間の生の顔である。人間の生首が抽象的な北魏様式の衣服の上にのっている。

この矛盾は無気味である。この無気味さはどこから来るか。高村光太郎はこの仏像の製作過程にたいしても推測を加える。この仏像は早い速度でこしらえられたにちがいない。太子を失った悲痛な気持で、何が何だか分らずつくっているうちに怖い仏になってしまった。それでこの身体をぐるぐる布でまいて、封じてしまったのではないかと思うと彼はいう。

高村光太郎は一人の彫刻家としても、おそらく同業者のみが知るこの仏の恐ろしさを身近に感じたにちがいない。そこから漂ってくる物凄い気魄のようなもの、これを光太郎は「太子を失った悲憤」であると考える。

私はこの高村光太郎の直観の中に、詩人の深い直観を見る。けれどここでもまた法隆寺にかんする非再建論の亡霊が、高村光太郎の判断を狂わせている。東院は明らかに天平十一年に出来たのである。そしてこの建築において、やはり夢殿が中心である。その夢殿が救世観音を安置するために造られたとしたら、やはりその本尊もこのときつくられたと考えるのが、きわめて自然な考え方であろう。

とすると、太子が死んでからすでに百二十年もたっている。太子の死にたいする悲憤が、この仏師をしてこのような精神のこもった仏像をつくらせた理由ではあるまい。またわけの分らぬうちに恐ろしい仏像が出来たのでもあるまい。最初から恐ろしい仏像をつくることを、この仏師は命ぜられていたのではないか。恐ろしい仏像をつくることは、同時にその仏師にとって瀆神《とくしん》の罪を犯すことになる。そういう仏師の恐怖が、この仏像そのものに、異様な「恐ろしさ」を与えているのではないか。

以上で私は、フェノロサ、和辻《わつじ》、亀井《かめい》、高村という四人の詩人や哲学者のこの仏像にたいする見方について述べた。たしかに亀井や高村はすぐれた直観をもっていたが、その直観を、通説になっていた誤った非再建論が狂わせ、まちがった認識に導いたのである。彼等の直観を、正しい認識によって正しく解釈する必要がある。もう一度、注意深くこの仏像を見よう。

## 和を強制された太子の相貌《そうぼう》

救世《ぐぜ》観音というこの仏像は木彫である。全身に金箔《きんぱく》がぬられていて、遠くから見ると金銅仏のように見えるが、実は木彫なのである。金銅仏の如《ごと》く見せた木彫の仏像といってもよいかもしれない。

長身。この長身は例の百済《くだら》観音を思わせる。百済観音は百済伝来と伝えられ、この救世観音も寺伝では百済渡来と伝えられる。それは百済観音に似ているが、決定的なちがいが二点ある。百済観音は背後がつくられているのにたいし、救世観音は背後は作られていず、内は空洞になっていることである。もう一つは、百済観音は光背が支え木によって止められているのに、救世観音の方は支え木はなく、光背が直接釘《くぎ》でもって頭に止められていることである。

このようなちがいの意味については後に論じるが、この救世観音と称せられるものは、その実例が他にないのである。すでに顕真の時代においても、この救世観音はどういうものかよく分らなかったらしい。

「惣《そう》じて、太子造る所の如意輪《にょいりん》の形像、儀軌本経の説くを及ぶを見ず」といっている。救世観音とは儀軌にない仏である。手に如意輪をもっているというが、これはどういう意味か、顕真もはっきり理解することが出来なかった。しかし顕真は、手にもっているのは舎利であるという説をも伝えている。

いずれにしても、この救世観音なるものが聖徳太子御等身の像と考えられたことはたしかである。金堂の釈迦《しゃか》像が太子御等身の像と考えられてきたことは、すでにのべた。この夢殿の聖徳太子御等身の像である救世観音は、金堂における聖徳太子御等身の像である釈迦如来《にょらい》像とたいへんよく似ている。どちらも衣服は北魏《ほくぎ》様式である。衣服はぴんとはって、高村光太郎のいうように、きわめて抽象的、形式的である。

このようなきわめて抽象的、形式的な衣服の上に、おどろくほど生々しい顔がのっている。その顔は、どこか金堂の釈迦如来に似ている。あるいは金堂の釈迦如来がモデルかもしれないが、しかし、釈迦如来よりもっと生身の人間の匂《にお》いがする。切れの長い眼、大きな鼻、厚い唇、おそらくそれは聖徳太子の顔の記憶にもとづくものであろう。この顔にフェノロサや亀井《かめい》は黒人を感じた。たしかにそれは、仏像の一般的な顔であるアーリア的秀麗さを越えた顔である。それはわれわれの民族の中にしばしば存在する顔である。

この仏像が観音であるとすると、その持物はきわめて異例である。この持物はふつう宝珠と考えられているが、明らかに宝珠ではない。それは、すでにわれわれが法隆寺の至るところで見てきた舎利瓶の形である。蓮台《れんだい》にのった舎利瓶、しかもその背後にはめらめらと火焰《かえん》が燃えている。そして救世観音がこの瓶をもつ手の形もまた妙である。あまりもちたくないものをもっているようでもある。そして光背。これは芸術的に非常にすぐれたものとされるが、注意すべきことは、この光背は救世観音のかむっている宝冠と共に一面の火焔模様なのである。法隆寺の仏像の光背がほとんどすべて火焔模様であることをわれわれはすでに見たが、同じ火焔模様にしても、この火焔模様は特にすさまじい。めらめらと燃えあがる火の中に、救世観音が一人立っているように見える。

炎々と燃える火焔の中に、聖徳太子は亡霊の如く立っている。放心したように眼を空《むな》しく開け、体からは不思議に生々しい生気を漂わせて、舎利瓶を、おそらくは自分の息子たちの舎利瓶をもって、そこに立っているのである。

この像の製作者は、ここでもあの金堂の釈迦三尊の脇侍を真似《まね》たのであろうか。おそらくは太子の母と妻を意味するらしい二体の脇侍が、この地にかつて建てられていた斑《いか》鳩寺《るがでら》で死んだ太子の子孫たちの骨を持っている。けれど、太子の母や妻に骨を持たせただけでは、まだ太子一家の悲劇は十分に鎮《しず》められないと考えたのであろう。太子自らに舎利瓶をもたせて、炎々たる火焔の中に立たせる。

何という残酷、何という恐ろしい発想であろう。すべてその発想の根拠は、金堂にすでに存在する。しかしここで、この発想は残酷なまでに尖鋭《せんえい》化されているのである。

哀れな太子よ。あなたの子孫を殺した者の子孫は、あなたを、かつてあなたが住んでいた宮殿の跡に立たせて、この地で惨殺《ざんさつ》されたあなたの子孫たちの骨をあなたにいだかせたのだ。あたかも、あなたがあなたの子孫たちを葬《ほうむ》り、彼らの不幸な霊を慰めねばならぬかのように。

怒れ、太子よ。あなたの子孫を全滅させたのは彼らだ。その奴《やつ》らにあなたは疫病《えきびょう》の神となって、祟《たた》った。けれども狡智《こうち》にたけたそ奴らは、あなたをもう一度冥途《めいど》から引っぱり出して、ここに、八角の堂の中にあなたを閉じこめ、あなたに子孫たちの鎮魂を行わせようとするのだ。

怒れ、太子よ。あなたの内面に鬱積《うっせき》している怨念《おんねん》を、はげしい行動を伴う怒りに変えよ。あなたはなぜ藤原四兄弟だけでなく、藤原の血を引く支配者どもをすべてあなたの怨念で全滅させなかったのか。私がこういっても、あなたはフェノロサがいうモナ・リザの如きあの気味の悪い微笑を浮べて、黙って立っているだけなのか。私はその微笑の意味を知っている。

あなたは、大きな理想をもっていた。その理想はあなたを孤独にし、あなたの子孫を全滅させる原因となった。その理想とは、仏教という理想だった。「和を以《もっ》て貴しとす」、あなたは、あなたがつくった十七条の憲法でそういった。そして、あなたはまたいっている。「忿《こころのいかり》を絶《た》ち、瞋《おもへりのいかり》を棄《す》てて、人の違《たが》ふことを怒《おこ》らざれ」。あなたの理想は和だ。怒り、恨みは、あなたの理想に反する。しかし太子よ。和という言葉は立派だ。しかし、あなたは知っているはずだ。和という言葉は、現支配者にとってはいつの場合も有利であり、被支配者にとってはいつも不利であることを。かつてあなたが輝かしき皇太子であった頃、あなたはこの和ということが、被支配者に対してもっている残酷な意味を知ってはいなかった。しかし今、あなたは和ということの真の意味を知ったはずである。和とは忍従の別名である。あなたは、今、あなたの子孫をすべて惨殺し、その子孫の救われざる霊魂ゆえに、冥途《めいど》からときたま帰ってくるあなたの亡霊をもここに閉じこめ、そして藤原家の四人の権力者の偶然の死すらあなたのせいにして、冥途から来たあなたの霊をこのうす暗い八角の堂におしこめて行動の自由を奪い、その上、あなたの子孫の骨壺《こつつぼ》をあなた自身の手にもたせて子孫の鎮魂を行わせようとする、この残酷きわまる屈辱をも、あなたは和をもって耐えようとするのか。今にいたって、あなたはあなたの説いた和の道徳の意味を知ったはずである。太子よ、和の道徳を捨てよ。あなたが説いた道徳を、今、あなた自身が弊履の如く捨てねばならない。

私は太子にそのようにいうが、太子は依然としてただ微笑を浮べて黙ったままである。この太子には聖徳という名が与えられ、そして太子等身大の仏像には救世観音という名が付けられている。よき名というのは恐ろしい。その二つのよき名ゆえに、哀れにも太子は、屈辱を受けた人間にゆるされる唯一《ゆいいつ》の権利である怒りすら奪われてしまったのである。「聖徳、救世」この名をつくった言葉の魔術師よ、お前はその名によって何を太子から期待しようとするのか。お前たちはそのすばらしい名によって、哀れな太子に正当な道徳的復讐《ふくしゅう》までも禁じようとする。後にお前の子孫たちは、自らの手で殺した早良《さわら》皇太子を崇道《すどう》天皇とよび、自らの手で流竄《るざん》し憤死させた菅原道真《すがわらのみちざね》を天神様といい、海に沈んで死んだ幼帝を安徳帝とよんだ。だまし討ちとほめ殺し、それがお前たちのお家芸だ。

太子よ、今こそあなたは和の精神を捨て、忍従を捨て、微笑を捨てて、聖徳とか救世という美名をあなたの子孫を惨殺した者たちの顔に投げ返さなければならない。けれど、このようにいっても、私の言葉はあなたには伝わらない。所詮《しょせん》、あなたは仏教を捨てられない。そして仏教を捨てられないあなたは、やはりいかなる屈辱にも堪えて、永久に忍従の笑いを浮べて立っているより仕方がないのである。

どうやら、私の言葉は空しい。太子は依然として、あの永遠の謎《なぞ》にも似た微笑を浮べてそこに立っている。太子は私のいうことを信用しないであろうか。どうやら太子は、今まで千何百年間、耳もとでささやく猫なで声のお世辞にだまされて、自己について誤った認識をもっている。自分は仏として十分に手厚く、十分に丁重な尊敬を受けたと思っている。もし私のいうことが真実であれば、自分があまりにみじめすぎると太子は考えているのかもしれない。それゆえ、私は決定的なことを語らねばならない。

## 背面の空洞と頭に打ちつけた光背

先に、私はこの救世《ぐぜ》観音を百済《くだら》観音に比較した。この二つの像はよく似ている。あるいは同じ作者かもしれない。しかし、決定的なちがいが二つある。一つは、救世観音の体は空洞であることである。つまりそれは、前面からは人間に見えるが、実は人間ではない。背や尻《しり》などが、この聖徳太子等身の像には欠如しているのである。そしてもう一つは、光背が大きな釘《くぎ》によって頭に直接うちつけられていることである。この二点に、まさに太子像である救世観音像の本質があると私は思う。

救世観音の横面

百済観音の横面

仏像を彫刻し、中を空にする。それは技術的には一体の仏像を彫るより困難であろう。この精密な傑作を、技術的未熟さのために、あるいは手間をはぶくために、背後をつくらなかったとは考えることが出来ない。これは故意に背後をつくらなかったとしか考えられないのである。

いったい世界の彫刻の中で、背後を中空にしておくという像が他にあろうか。特に仏像彫刻において、そういうことがあるだろうか。しかも偶然ではなく、故意に仏像の中身をぬいて彫刻するというようなことがあろうか。私は寡聞《かぶん》にしてそういう例を聞かない。

なぜ、他ならぬ聖徳太子等身の像の中身を空にしたのか。それは明らかに、人間としての太子ではなく、怨霊《おんりょう》としての太子を表現しようとしたからであろう。それは、地に足をつけていず、亡霊の如《ごと》く立ち現われた太子の姿なのである。それゆえ亀井《かめい》勝一郎がそこに怨霊のごときものを、高村光太郎がそこに化物じみたものを見たのは、直感として正しかったのである。それは怨霊のごときものではなく、怨霊そのものであり、化物じみたものではなく、化物それ自身なのである。

しかもこの仏像の意味をもっとも深く考えさせるのは光背である。光背が直接、太い大きな釘で、仏像の頭の真後ろにうちつけられている。日本ではふつう光背は百済観音のように、支え木で止められるのが常である。もちろんここでも支え木をつくってそれに光背をつける方が技術的に簡単であろう。仏像に直接光背をうちつけると、光背の重みが仏像に加わり、この細く長くしかも中空の仏像のバランスをこわしてしまう。この仏像は一木《いちぼく》づくりであるが、それでもやはり必要以上の重みをその細い体で支えるのはたいへんであろう。この仏像を側面から眺めると、身体の格好がおかしい。異様に下腹を前につき出している形である。従って、その形は首のところで逆「く」の字形に曲り、そしてまた腰のところで「く」の字形に曲っている。これは光背の重みを支えるために、体のバランスをとるためではなかったろうか。

とすると、この光背も故意なのである。重い光背をこの仏像に背負わせ、しかも頭の真後ろに太い釘をうちつける。いったい、こともあろうに仏像の頭の真中に釘をうつというようなことがあろうか。釘をうつのは呪詛《じゅそ》の行為であり、殺意の表現なのである。私は子供のときから母に、柱に釘をうってはいけない、柱はその家の主人だから、柱に釘をうつのは、その家の主人の頭に釘をうつようなものだと教えられた。母が私に教えたのは、日本人が千年以上の間もち続けた生活の知恵であったと思うが、身体に釘をうつことは、日本人にとってまさに最大の冒瀆《ぼうとく》行為であったわけである。今ここに、仏像の頭の真後ろに太い釘がうたれている。しかもその仏像は、救世観音という尊い名でよばれ、聖徳太子御等身の像、すなわち太子御自身であるというのである。

われわれは、いったいこのことをどう考えたらよいのであろう。それは日本人の感覚からいって、最大の瀆神《とくしん》行為である。それは恐るべき犯罪である。聖なる御堂の聖なる観音に、恐るべき犯罪が行われている。ありうべからざることである。それがありうべからざることであるゆえに、今まで誰一人として、この釘と光背の意味について疑おうともしなかった。しかしどうやらこの仏像の奇妙に腹をつき出した形は、あらかじめこの頭にのせられるべき重い光背を予想していたと思われる。とすれば、この仏像は重い光背を太い釘で頭の真後ろにうちこまれなければならない運命をもっていたのである。

それは想像するだに恐ろしいことである。ここまできて、私の筆も恐ろしさにふるえる。全く恐ろしいことであるが、この恐ろしいことが事実なのである。

フェノロサは、この仏像を単なる美術史家の眼でだけ見た。それゆえ彼は、自分が一つのすぐれた日本美術の傑作を発見した喜びに夢中で、なぜこの仏像が秘仏になり、なぜあのような白布をまかれ、しかも「天変地異」の寺伝によってこの秘密が保護されなくてはならなかったかを、少しも問おうとはしなかった。そして、その後の美術史家も、フェノロサのたどった道を歩いた。彼らは美術史家の眼でだけこの仏像を見て、いろいろ分析した。しかし彼らは日本人としての、あるいは人間としての、自然の眼を失っていたのである。もしも日本人としての眼をもっていたならば、当然この仏像の頭に釘がうたれていることに疑問をもったはずである。仏像の頭に釘をうつ、それは日本人の感覚として耐えられないことである。ここで、この聖なる御堂で、こういう耐えられないことが現実に起っていたのである。

およそ犯罪は、軽微なうちには、多くの人に気づかれない。しかしだんだん手口が大胆になり、犯罪が大規模になるとはじめて人の眼にとまるようになる。われわれは夢殿の発想の多くが、すでに法隆寺の金堂にあることを見た。救世観音の顔と姿にも、金堂にその前例らしきものがあった。頭の真後ろにうたれた釘も、また金堂にその先例があるのである。

## 金堂の釈迦《しゃか》如来《にょらい》脇侍《きょうじ》・背面の木板と平城京跡の人形《ひとがた》

金堂には、中央の釈迦如来をかこんで左右に阿弥陀《あみだ》如来と薬師如来がいらっしゃる。釈迦如来は一光三尊式の光背があるのにたいし、薬師如来及び阿弥陀如来はそれぞれ頭光を有しているが、この頭光もまた頭に直接つけられている。そのために、頭に大きなコブをつけている形になっているが、こういう光背のつくり方も異例であろう。先にいったように、光背は別に台座をつくるか、支え木をつくってつけるのがふつうであろう。よりによって後頭部の真中に変なものをつくって光背をつけるのは、これだけとってみれば怪しいことではないかもしれないが、この法隆寺に存在する仏像に限って頭の真中に穴が開けられているというのでは、疑問をおこすのが当然であろう。

釈迦如来の白毫

釈迦如来は一光三尊の大きな光背なので、さすがに頭の後ろに穴は開けられてはいないが、ここにもまた奇妙なことがある。ふつう仏様は眉《み》間《けん》の真中に白毫《びゃくごう》をもっているが、この金堂の釈迦像には白毫のところに釘《くぎ》がささっている。仏像学者は白毫がとれて釘だけ残ったものと解釈するが、はたしてそうであろうか。前から見ると、ちょうど眉間の真中に釘がうたれた感じである。この釘は、夢殿の救世観音の頭の後ろにうたれた釘よりはるかに小さい釘ではあるが、場所が場所だけに致命的である。それは、白毫の釘に見せかけて、実はこの釈迦像に致命傷を与えようとしたものかもしれない。この眉間の釘を、故意の釘と考えることはどうも考えすぎだという人があろう。釈迦像については、まあ考えすぎということにしておいてもよい。しかし釈迦像の脇侍となると、やはりどうしても故意にその体に釘をうつためにつくったとしか思えないふしがある。

　この脇侍は見せかけの金銅仏である。つまり、これは銅の板でつくられたものであり、中は空洞である。夢殿の本尊、救世観音と同じように中空の仏である。しかもなぜか、背面にはこの仏の形の如《ごと》き木の板がはめられ、頭と胸と膝《ひざ》のところに、横に細長い鉄の角材をはめて、その木板を支えている。そしてこの頭と胸の真中あたりに大きな釘をうちこみ、その釘によってその仏像を、頭光と一光三尊式の光背につないでいる。たしかにその二本の釘は、一見、頭光を支えると共に、背後の大きな光背と仏像をつなぐための実用的な役割をしているように見える。

しかし、この釘の位置が問題である。頭光を支える釘は頭の真中、もっとも急所の部分である。そして光背をつなぐ釘は胸の中心にささっている。ここに二本の釘をうったら、人間ならたちまちにして死ぬ。ここに木板をつけたのは、二本の釘をうつために必要であったためであろうが、法隆寺に存在するすぐれた金銀の細工を見ると、当時の技術で、何か別の方法でこの脇侍に頭光をつけ、それを一光三尊式の光背に結びつけることが

釈迦如来脇侍の背面（スケッチ）

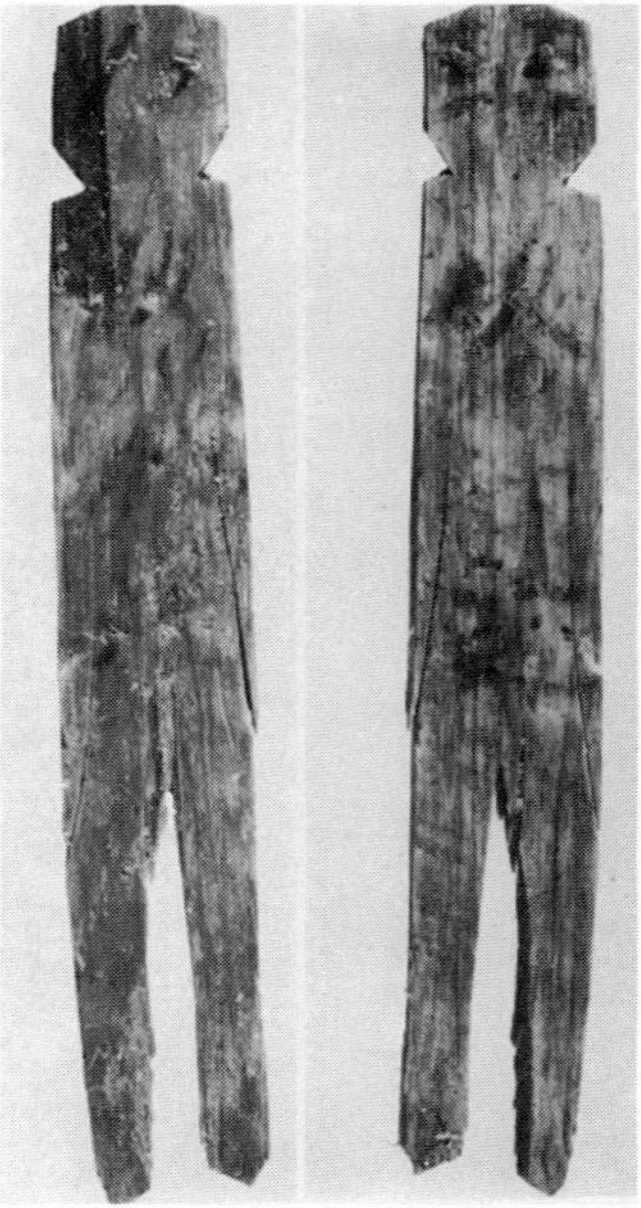

平城京跡の人形

できなかったとは考えられない。とすれば頭と胸の真中に釘をうつために、ここに木の板をつくり、それを入れるために全身を金銅仏にせず、ただ表面だけ金銅にしたのではないか。

その金銅仏にはめこまれた木の板をとり出してみると、その形は、平城京の遺跡から出てきた人形《ひとがた》に似ているように私には思われた。平城京の発掘の結果、さまざまなものが出土したが、井戸らしいものの中から、両眼と胸のところに大きな釘がうたれている人形が発見された。どうやら奈良時代は、隠微なる政治の時代であったらしいのである。政治権力の血なまぐさい戦い、それは、堂々たる戦場における戦いではなく、むしろ隠微なる策謀や呪詛《じゅそ》の戦いであった。この出現した人形がどのようにして使われたか興味深いが、この人形に、脇侍の木板は似ている。胸と頭に釘、しかもその釘は明らかに技術的必要を超えているのである。むしろ、技術的必要であるかのように見せかけて、一つの呪詛の精神がこの金堂を支配しているのではないか。そうすると、釈迦像の眉間の真中にある釘も怪しくなるのである。白毫の釘と称して、実はそれは別の目的をもっていたのではないか。

金堂にはもう一つ、はっきり救世観音の光背の前身をなすと思われる仏像がある。四天王像（持国天、増長天、広目天、多聞天《たもんてん》）。ふつうの四天王のような動的な動きが全くない。この四天王は、太子の四人の家来を表わしているのではないかという伝承がある。私は先にそれを死の四天王と解釈した。この四天王の頭にも、やはり光背が釘でうたれている。

しかしここでは、大きな釘を直接頭にはうちつけず、小さな金具で釘を止めている。そうはいっても、やはりこういうふうに直接、頭に光背をとりつける例は珍しい。同じ法隆寺でも、講堂の四天王には背後に台座があり、そこに光背がつけられている。いかなる理由があるとはいえ、仏様の頭に穴を開けたり、釘をうったりするのは、あまりにも恐れ多いことではないか。

増長天

夢殿の救世《ぐぜ》観音には、この恐れ多い行為がはっきりなされている。大きな釘が頭の真後ろから深く突き刺さっている。金堂の四天王においては、釘は金具で止められている。しかし夢殿では、まさしく釘は頭の奥深く打ち込まれているのである。その例は、金堂の釈迦の脇侍にあるとはいえ、全く恐ろしいことである。

私はこの原稿を書きながら、恐ろしい気がする。人間というものが恐ろしいのである。仏様の頭に釘を刺し、しかもそれを何らかの技術的必要のように見せかけて、けろりとしている人間の心が恐ろしいのである。このような恐ろしいことなしに、政治は可能ではなかったのか。このような恐ろしいことなしに、日本の国造りは可能ではなかったのか。

従来ひとびとは、このような恐ろしい事実には全く気づかなかった。藤原氏がつくりあげた歴史に、見事にだまされていたからである。聖なる寺のもっとも聖なる場所に、このような犯罪が行われていようとは、夢にも思われなかったのは当然である。

しかし、今、私は見た。長い間、謎《なぞ》をたどってここまで来たが、もう私の推論はまちがいないと思う。一つや二つの証明ならば、まだ私は私の仮説を疑わしく思うが、新しく出る証拠がすべて私の仮説を支持するからには、もうまちがいはないと思う。この夢殿の救世観音製作には、少なくとも三人の主なる登場人物がいたと思う。一人はスポンサー、もう一人は発起人、そして他に実際の彫刻家である。スポンサーは明らかに藤原氏の流れをくむ政府の実力者であるが、法隆寺に橘《たちばな》三千代の邸宅が寄附されているところをみると、それはやはり光明皇后であると私は考える。発起人は行信、そして、実際に仏像をつくった仏師、これが、高村光太郎のいうこの世界無比の仏像をつくったメンバーである。

あるいはこの犯罪には光明皇后はタッチしなかったかもしれない。犯罪は、行信一人の計画によって行われたのかもしれないし、少なくともその冒瀆《ぼうとく》の責任は行信一人が背負わねばならないだろう。しかし、行信は光明皇后に次のようにいわなかったであろうか。

「御安心下さい、皇后さま。藤原家に祟《たた》りをなす聖徳太子の怨霊《おんりょう》は、行信の力によってとり鎮《しず》めました。かつて太子が住まわれた斑鳩《いかるが》の地に、八角形の御堂を建てたのです。この八角の御堂は、あなたのお父さんの眠っていらっしゃる興福寺の北円堂のように墓なのですが、ここには厚い石の台をつくり、その厨子《ずし》の中で太子の霊に夢を見てもらうことにいたしましょう。大丈夫か、ですって。大丈夫です。太子の入っている二重の厨子の扉を密封して、霊を外に出さないように致します。そして、これは内緒ですが、御身体は中が空っぽなのです。中が空っぽでは、出るに出られないではありませんか。そして頭の真後ろには釘をうちつけ、その上に重い光背がのっています。いくら執念深い太子の怨霊でも、頭に釘が刺さっていれば、もう安心です。いくら太子の怨霊とはいえ、重い光背を背負ってさまよい出ることは出来ますまい。御安心下さい。藤原家に祟りをなす怨霊は、完全に鎮められましたから」

この救世観音の頭にうたれた釘は行信の発想であろうが、このことを光明皇后が全く知らなかったとは私には思われない。おそらく皇后はにっこり笑って行信の努力をねぎらったことと思う。頭に釘を。しかし、何という発想であろう。あるいはこの瀆神《とくしん》の行為は、多少、光明皇后に不安を与えたかもしれないが、同時に彼女は、このようにして藤原氏に祟る最大の怨霊であり、父不比等《ふひと》、母三千代がもっとも恐れ、そしてその鎮魂の努力にもかかわらず、鎮魂に失敗して四人の兄を殺したこの恐ろしい怨霊が、無事に鎮められたことに、ある安心を感じたにちがいないのである。

## 救世《ぐぜ》観音は秘められた呪《のろ》いの人形である

私がこの救世観音の釘《くぎ》は行信の犯罪であると思うのは、後に行信は厭魅《えんみ》の罪で下野《しもつけ》の薬師寺へ流されるからである。『続日本紀《しよくにほんぎ》』、孝謙天皇の天平勝宝六年（七五四）十一月二十四日の項に以下の記事がある。

「薬師寺の僧行信、八幡神宮の主神、大神多麻呂《おほみわのたまろ》等とともに、意を同じくして厭魅す。所司に下して推《お》し勘《かんがへ》しむるに、罪、遠流《をんる》に合《かな》へり。是《ここ》に於《おい》て中納言《ちゆうなごん》多治比真人広足を遣《つかは》して、薬師寺に就《おもむ》きて詔《みことのり》を宣《の》べしむ。行信を以《もっ》て下野の薬師寺に配す」

行信は天平十年（七三八）、律師になって以来、順調な出世を続けたらしい。天平十一年に発願され、天平十七年に完成したと思われる夢殿の造営は、行信一代の大事業であった。彼はそれによって、法隆寺ばかりか奈良六大寺すべてを撿挍《けんぎょう》する権力を得たのである。なぜか正史である『続日本紀』には、行信の昇進のことは律師就任以外は記されていないが、彼が天平年間、大僧都に昇り、奈良の六大寺をその権力の下に置いたらしいことは、例の法隆寺ならびに大安寺の『資財帳』に、多くの僧に先立って大僧都法師行信の名が書かれており、また『元興寺《がんごうじ》資財帳』にもやはり大僧都行信の名があることからもうかがわれる。

思いのままに当時の仏教界を動かしていたこの怪僧が、ついに天平勝宝六年には失脚したのである。理由は、厭魅の罪であるという。厭魅とは、「律」第七賊盗律の厭魅の条《くだり》の注に次のようにある。

「厭事は多方にして、能《よ》く詳悉《しょうしつ》することまれなり。あるいは人身を刻作し、手を繋《くく》り、足を縛り、此の如《ごと》く人厭勝《えんしょう》す。事一緒に非《あら》ず。魅は、あるいは、鬼神に仮託し、あるいは妄《みだり》に左《さ》道《とう》を行ふの類《たぐひ》、あるいは咒《じゅ》し、あるいは詛《そ》し、以て人を殺さんと欲するものなり」

要するに、呪詛《じゅそ》である。その呪詛のもっともふつうの方法は、人形《ひとがた》をつくってそこに釘《くぎ》をうちこむことであった。奈良時代、こういう厭魅が盛んに行われたらしいことは先にのべた。

行信が、八幡神宮の主神大神多麻呂と共にこのような厭魅を行なったというのであるが、彼が誰を厭魅したかは明記してない。しかし、ここではっきりしていることは、行信が厭魅を行うような怪僧であったということである。もう一度、夢殿にある行信の像を見てほしい。この顔はすごい顔であり、僧の顔ではなく政治家の顔であると私はいった。今、この顔が厭魅を得意とした顔であることが分った。もしこの顔が、真夜中に呪《じゅ》文《もん》をとなえながら人形に釘をうっていたとしたら、どうであろう。ぞっとするような、妖気《ようき》がただようような気がする。おそらくこの僧の厭魅はすごく迫力があり、厭魅された人をただちに死に至らしめるような力をもっていたにちがいない。

このとき、行信は誰か相当な政治の実力者を厭魅したにちがいない。なぜなら、どうやら彼は玄昉《げんぼう》の失脚以後は日の当らぬ場所にいたらしいからである。『七大寺日記』は、彼が天平勝宝二年に入滅したと伝える。この記事は『続日本紀』の記事と矛盾し、少なくとも行信は下野に流罪《るざい》を宣された天平勝宝六年までは生きていたと思われるが、もちろんこのときにはすでに彼は大僧都の位を追われていたのであろう。もはやこのとき僧権は、新しくつくられた東大寺の別当、良弁《ろうべん》の手にあり、玄昉と関係の深い行信は失意のときを迎えていたのであろう。この失意の僧が、おそらくときの権力者に厭魅を行なったものと思われる。

私は常々思う、人は成功を収めたその同じ原因で失敗するのではないかと。武力でもって高位についた人間が、己れのもてる武力におごって滅び、投機的な商法で財をなした商人が、その大胆すぎる投機によって失敗するように、同じ能力が、あるときには成功の原因にもなり、あるときには失敗の原因にもなるのである。とすれば、その失敗において、その成功の秘密があらわれることがあるのである。

今、行信は厭魅によって失脚した。しかしその厭魅という術は、大僧都行信の秘《ひそ》かに持っていた能力であり、その能力に彼の出世の主なる原因もあったのではなかろうか。

『名例律』の第一巻「八虐」の条の不道の項に、この厭魅が入っている。

「厭魅とは其事多端にして具《つぶさ》に述ぶべからず。皆、邪俗にして、陰《ひそ》かに不軌を行ひ、前人をして疾苦及び死せしめんと欲するものなり」

この文章とそっくり同じ言葉が『唐律疏議《とうりつそぎ》』にある。この文章はそれの引きうつしであろう。この文の意味は、厭魅とはいろいろな種類があって、いちがいにいい難いが、まちがった習慣で、不正なことを行い、前人をして病気にさせたり、死せしめたりすることを意味するというのであろう。先に引用した注とほぼ同じ説明であるが、ここで前人は当の被害者をさすのであろう。

ここでは前人、当の被害者は死せる聖徳太子なのである。救世観音製作は、行信が死せる聖徳太子にたいして行なった厭魅ではないだろうか。先に厭は人身を刻作し、手を繋《くく》り、足を縛ることであるといった。夢殿の本尊、救世観音は「刻作された人形」ではないのか。この仏像は聖徳太子そのものであるという。しかも、この仏像は中空である。中空なのは、それが怨霊《おんりよう》の人形であるゆえではないだろうか。「手を繋り、足を縛り……」この救世観音は、全身をぐるぐる白布でつつまれ、厳重にかの厨子《ずし》の中へ入れられて、永久に日の目を仰ぐことができないようにしてあった。それは「手を繋り、足を縛」ることではないのか。そして、厭魅のもっとも大きな特徴は、釘である。逸文の『名例律』裏書には「あるいは人形を作り、心を刺し、眼を釘す」とある。この救世観音には、もちろん心臓にも眼にも釘は刺さっていない。しかし、ちょうど頭の真後ろに太い釘が刺さり、そこに首枷《くびかせ》の如く重い光背がのせられているではないか。厭魅の条のことごとくが、ここにあてはまっているではないか。

しかも厭魅の対象は百二十年前に死んだ聖徳太子である。前代から何度も出現して、藤原政権を悩ませた太子の怨霊を、行信は厭魅の法力を行使してここに見事に閉じこめたのではないか。行信は厭魅の呪力《じゆりよく》によって法隆寺の東院建設に成功し、大僧都の位を手に入れたにちがいない。しかし次に彼が失脚したとき、再びこの厭魅の呪力でもって政治権力を盛りかえそうとしたが、今度は見事に失敗したということではないのか。

このように考えるとき、この救世観音像が建造のとき以来秘仏となり、法隆寺の僧といえども誰一人見た者もなく、またその体が白布でぐるぐるまかれていたという異常な事情がはっきり分るはずである。つまりそれは聖なる仏像であると同時に、呪いの人形でもあったのである。呪いの人形は、絶対に人に見られてはならない。その犯罪は深く隠さねばならない。そのために、全身に白布を何重にもまいて、けっして人目にふれないようにする。

そしていう。「けっしてこの扉を開けて、中の像を見てはならない。この像を見れば、たちまちに天変地異が起り、この法隆寺という殿堂そのものが崩壊するであろう」と。フェノロサにしぶしぶ鍵《かぎ》を渡すや、急いでこの寺から逃げ出した法隆寺の僧たちは、まだ、行信の呪縛《じゆばく》をまぬかれていなかったと思う。法隆寺の僧は、おそらく行信が語った言葉を、代々そのままに伝えてきたのであろう。寺は崩壊すると行信はいったが、私は、その秘密が明らかになることによって、行信は自分の権力の崩壊を恐れたのではないかと思う。

### 仏師を襲った異常なる恐怖と死

先に私は、この仏像は、仏師が夢中になってこしらえ、一気呵成《かせい》に仕上げたものであり、その恐ろしいほどの気魄《きはく》がこの仏像にあらわれていて、それがわれわれの心をうつのであるという、詩人にして彫刻家である高村光太郎の言葉を引用した。私もその通りであると思うが、高村光太郎はその理由を、聖徳太子への思慕の心ゆえだとしているが、そうではあるまい。思慕の心からは、こんな物凄《ものすご》いものが、出来るはずがないからである。

私は一人の仏師の苦悩を思う。突然、今をときめく律師、行信に呼び出され、聖徳太子等身大の像をつくれ、顔はなるべく太子に似せて、その手に骨壺《こつつぼ》をもたせ、体は中空にして、その頭には釘《くぎ》を刺して光背をつけよ、といい渡されたとき、いかなる驚きが彼を襲ったことであろう。

彼は、当代一流の仏師であったろう。おそらく彼は百済《くだら》系の帰化人、ひょっとしたらあの八等身の百済観音も彼の手になるものかもしれない。その見事な腕前を見こんで、行信は、この仏師に頼みこんだのであろう。いや、依頼というよりは、むしろ強制であったのであろう。おそらく行信は、彼が引受けた場合の多量の恩賞を約束すると共に、それを拒否した場合の脅迫の言葉をも用意していたと思う。あの眼のつり上ったこわい顔の行信が、光明皇后の権力を背景として、一介の仏師にこの奇妙な仏像彫刻を命じたのである。

聖徳太子の像をこしらえて、二重の厨子《ずし》に閉じこめ、その頭には大きな釘をうち、それには首枷《くびかせ》の如《ごと》く光背をつける。そんな恐ろしいことが出来るであろうか。おそらく彼は、瀆神《とくしん》の恐怖におののいたにちがいない。しかし彼の心にある行信とその背後にある現実の権力にたいする恐怖は、瀆神にたいする恐怖にうちかったのである。今をときめく怪僧、行信ににらまれたら、仏師として彼は生きる道を失うにちがいない。おそらく行信は、厭魅《えんみ》ばかりではなく、恐喝の能力をも十分もっていたであろうことは、彼の顔を見れば分る。

秘かに、誰にも知られぬように、この仏師はこの像をつくったにちがいない。高村光太郎は、この像は短期日に出来た作にちがいないといったが、私もそう思う。彼は全身全霊をこめてこの像を彫ったにちがいない。そして、彼の心を支配したのは、聖徳太子にたいする怖《おそ》れであったろう。おそらくは、この瀆神の像をつくる彼に、罰を下すにちがいないであろう太子の霊への恐怖である。暗い仕事場で、彼はおそらく太子の怨霊《おんりよう》そのものを見たにちがいない。太子の怨霊が骨壺を手にもって、そっと彼の前に立つ姿を彼はありありと見たにちがいない。この仏像のお顔の生々しさはどうか、このお顔の無気味さはどうか。このお顔の生々しさは、彼がその仕事場で見た太子の怨霊が実に生々しかったことを物語り、このお顔の無気味さは、彼自身も深く太子の霊にたいする恐怖に襲われていたことを物語っている。

そして出来上った仏像に釘をうち、光背をとりつけるときの彼の気持はどうであったろう。仏師というものは、自分のつくった仏像を大切にする。ましてこれは聖徳太子御等身の仏像である。その仏像の頭に釘をうつ。おそらく、かつて何人も感じたことのない瀆神の恐怖が、彼を襲ったであろう。そして現にわれわれが見るような芸術的にも技術的にも見事な仏像が出来上ったのである。この仏像を見て、行信はにんまり笑ったにちがいない。さすがの太子の怨霊も、もうこれで二度と出ては来まい。そして、この見事な仏像に何重にも白布を巻いて、永久に人眼にふれないようにする。これで、犯罪はまさに完了したのである。ここにおいては行信は、実に巧みな完全犯罪を行なったわけであるが、よくしたものである。次には彼は実に下手な厭魅を行なって、前の犯罪の秘密まで暴露してしまったのである。下野《しもつけ》国薬師寺は、後に道鏡が流される場所でもあるが、政府としては、くさいものには蓋《ふた》をしてしまいたいような気持であったと思う。

豪毅《ごうき》な怪僧、行信は、とにかく天平勝宝六年十一月まではたしかに生きながらえていたが、仏師の方はどうなったのであろうか。顕真は、この仏師について次のように伝える。

「其《そ》の仏師造り畢《をは》りて、久しからずして死に畢る。その所以《ゆゑん》を知らざるの者なり」

（『聖徳太子伝私記』）

これは法隆寺に伝わる伝説を記したものであろうが、この仏師は、この仏像をつくって間もなく死んだという。そして、そのために、それがどんな仏像であるか誰も知るすべがなかったという。おそらく彼は、その仏像のことを誰にも一言も語らず、その秘密を独り胸に隠して死んだにちがいない。彼を死なせたのは、太子の霊に対する瀆神の恐怖のためであるか、それとも、この傑作の仏像を彫り終えた疲労のためであったかは分らない。彼は太子の怨霊に憑《つ》かれたもののように、この仏像を彫り上げた。おそらく自分でも驚くばかりの恐ろしい傑作が出来上った。彼の心の中にある太子の霊にたいする強い恐怖が、ここに、ぞっとするような仏像をつくり上げたのである。おそらく、精も根もつきはてて、『聖徳太子伝私記』にいうように、彼はまもなく病床につき、やがて死んだのであろう。太子の怨霊は、またしてもここに一人の犠牲者をつくったのである。

　私は、異常にすぐれた芸術は、やはり異常な精神によってしかつくられないと思う。高村光太郎のいう、日本彫刻史上におけるもっともすぐれた、もっとも恐ろしい仏像をつくり出したのは、これをつくった仏師を襲った異常な恐怖であったであろう。この像は、太子の霊にたいする恐怖を表現すべきはずであった。この仏師は、幸か不幸か、強制的に、このような太子の霊にたいする恐怖を感ぜざるをえない状況に置かれたのである。この異常な精神状態においてつくられたのが、今日われわれが夢殿で見る救世《ぐぜ》観音なのである。

　こうして夢殿と、その本尊の救世観音はつくられた。太子の怨霊は見事に閉じこめられ、行信の厭魅は成功し、ここに光明皇后はじめ、藤原氏の血を引く権力者は不安から解放されたのである。

かくして怨霊の鎮魂は終った。しかし、なお一つの課題が残っている。それは、この聖徳太子の霊を慰める祭りである。いつも閉じこめられているのでは、怨霊がいつ何時、荒れ出すか分らない。いつも怨霊を鎮める経を読むと共に、一年に一度、この怨霊を呼び出して慰める必要がある。

## 第八章　第七の答（聖霊会《しょうりょうえ》について）

### 怨霊《おんりょう》の狂乱の舞に聖霊会の本質がある

聖霊会、それは太子の霊を祀《まつ》る祭りであり、興福寺の維摩会《ゆいまえ》、東大寺の修二会《しゅにえ》とならんで、奈良時代より現代に伝わる重要な祭りである。

この聖霊会がいつはじまったかは、はっきり分らないが、『法隆寺東院縁起』には、次のようにある。

「天平七年歳乙亥《きのとのゐ》に在る十二月二十日、春宮坊《とうぐう》、聖徳尊霊及び今見天朝のために、法華経《ほけきやう》を講ず。衣服参十領・生絹四百疋《ぴき》・調綿一千斤・長布五百端を施料《せれう》す。天平八年歳丙子《ひのえね》に在る二月二十二日、法師行信、皇后宮職大進安宿部《あすかべ》真人等を率ゐて、講師律師道慈法師及僧尼《そうに》三百余人ではじめて件《くだん》の経を講ず、施し賜ひし、衣服等施用すでに尽く」

この聖霊会の開始を天平八年（七三六）におこうとしているのだが、この時はまだ夢殿は出来ていず、そこで行われたのは「聖霊」のための『法華経』講読で、現在のような聖霊会ではなかったであろう。現在のような形の聖霊会は、やはり夢殿の完成後、その完成祝と共にはじめられたものと考えられる。『法隆寺別当記』に、次のようにある。

「古日記に云《いは》く、天平二十年戊子《つちのえね》二月二十二日、行信大僧都、聖霊会、之《これ》を始む。道慈導師なり。聖武《しやうむ》天皇皇后御入寺、云々《うんぬん》。貞観《じやうぐわん》元年己卯《つちのとのう》、道詮《だうせん》律師之を再興す。行信僧都之を行ひて後、百十二年に相当す」

ここでも道慈が導師をつとめたとあるが、道慈は天平十六年に死んでいて、天平二十年が聖霊会のはじめとすると、道慈が導師をつとめることはありえないが、しかし聖霊会のはじまりを天平二十年におくことは、十分考えられるのである。

「しかし、天平廿年頃には既に上宮王院の造立も完成しており、その落成法要と共に聖霊会が厳修されたことは、容易に想像することが出来る。依《よ》って当会の始行は、上宮王院完成の天平十一年以降、同廿年の間に始行せられたと考えるのが妥当と言えよう。それ以降、幾多の盛衰を経て、今に連綿として伝承されているのであり、まさに、この聖霊会は、当時の中心的行事であり、法隆寺の生命であると言っても、決して過言ではない」

(高田良信「法隆寺に於《お》ける聖徳太子奉讃《ほうさん》」『聖徳』四十八号)

この行信によってはじめられた聖霊会は、いったん中断されていたらしいが、再び道詮によって再興されたらしい。

「其後《ノ》涼燠《リヨウイク》久《ク》送リシカハ、梵宇《ボンウ》荒廃《シテ》仏庭再《ヒ》野干之棲《ト》ナリシ時、此《コノ》会モ同《ク》シク絶《ウ》。法《ノリ》ノ場《ニハ》 苔《コケ》ムス路《ミチ》トナリハテ、ワツカニ残ル霊閣ハカタムク。軒《ハ》シノフ草、月モタマラスナリニケリ。見《ル》人コレヲ悲シメト、月午空《ムナ》シク送シニ、清和天皇ノ御宇、吾等《ワレラニ》有一人之明哲名《ナヅク》道詮《ト》和尚《ヲシヤウ》、智《ハ》貫八蔵《ヲ》行《ハ》兼《ヌ》三学《ヲ》二明之英才トシテ一朝之独歩タリシカトモ、非《レハ》天恩者其力難《ク》及《ヒ》シテ憑《タノミテ》仏神之加護《ヲ》朝暮《アサユウ》祈《リ》申サレキ。心ヲ四方ニ廻シテ、思ソシケム。大政《オオ》キ夏木立、夕風サハク、サ、カニノ、イト、心ハミタルレト、落ル涙ノタマクシケ、フタコ、ロナク祈リシニ、祈念ヤ冥慮《メイリヨ》通大臣藤原忠仁《ノ》公干時天下ノ執柄トシテ初メテ関白ヲ置レテ請《ケ》三宝興行之叡慮《エイリヨ》給《タマ》ヒシ折節、彼和尚被達申子細シカハ速宣下アリツ、修造三年ニ終リテ貞観年中懇《ニ》被付大会《ノ》要所《ヲ》万代不朽之会式トシテ今ニ絶セサリケル」

（源春房重懐編「法隆寺白拍子」『聖徳』四十八号）

この道詮の像も、行信の像と同じく夢殿にある。この方は、いかにも徳高く温厚そうな感じの像である。彼ははらはら落ちる涙によって藤原忠仁の心を動かしたわけであるが、この顔からはらはらと涙を落したら、いかにも誠実、鬼神をも感動させるという感じである。

聖霊会は、貞観元年から現在に至るまでたえず続けられてきたが、これは全くたいへんなことである。日本という国は不思議な国で、はるか昔インドや西域や中国から伝えられた文物風習が、そのまま残されているのである。日本は文化移入の東の極点で、日本全体はすべての文物風習の博物館の役割をしているのかもしれない。

この法隆寺の聖霊会も、天平二十年から、少なくとも貞観元年からは断絶なく行われてきたわけであるが、記録によると、ときどきさまざまな事情でこの会を行わないと、寺中に「不思議佐異出来《かいいしゆったい》」したらしい。つまり聖徳太子の霊は「佐異」を起して聖霊会を催促したらしいが、太子の霊にたいする恐怖がこの聖霊会を現在まで続けさせたというべきであろう。

ところで、この聖霊会には、すでに室町時代の頃から、大会式《だいえしき》と小会式があると記録されているが、現在では、小会式は毎年、太子の命日に三日間聖霊院で行われる太子法要をいい、大会式は、五十年ごとに行われる、舞楽を伴う聖霊会をいうのである。この大会式は、幕末までは十年に一度行われたらしいが、現在では五十年に一度となっている。おそらくかつて聖霊会とは大会式をいうのであったが、聖霊院がつくられたという鎌倉《かまくら》時代の頃から簡略化され、ふだんの会は小会式ですますことにしたのではないか。したがってわれわれは、聖霊会といえば大会式、五十年に一度の盛大な聖霊会を中心に考えればよい。聖霊会は多少形は変っても、その大要においては変化なく今日まで伝えられたと考えてよいのである。

古い記録に聖霊会のことがあり、聖霊会の用具についてもいろいろ記録がある。ただ、今の大会式の聖霊会は西院講堂前で行われているが、元禄《げんろく》三年に、東院の地が狭すぎるため、西院に場所をうつして行われて以来であると記録にあり、『聖霊会縁起幷《ならびに》会場事』にも、聖霊会が夢殿の前で行われた旨《むね》の記述がある。しかし、室町時代に講堂で舎利供養《くよう》をしたという記述もあり、西院の地も、東院の地と同じく、儀式につかわれていたのであろう。

細かい穿鑿《せんさく》は後にして、われわれは聖霊会そのものを見ることにしよう。幸いに、まことにそれは、偶然というにはあまりに幸運すぎるのであるが、法隆寺と聖徳太子にかんしての秘められた真実が私の頭にひらめき、その大要が見えはじめた昨年、一九七一年は、太子がなくなられて千三百五十年目にあたり、五十年ごとに催される大会式が行われ、私はそれをまのあたりに見ることができたのである。あるいは、千三百五十年忌にあたり、太子の怨霊《おんりよう》は私にのりうつり、千三百年もの間かくされてきた歴史の真実を私に告げ、その怨念《おんねん》をはらさせ賜うのであるかと、私は考えたほどであった。

しかも、うっかりものの私は、今年が千三百五十年忌にあたることに気がつかず、法隆寺に聖霊会があることに気づいたのさえ、その四、五日前であった。それを聞いて、私は古い友人に会の次第を聞き、万障くり合せて出席をきめたのはその前日であった。聖霊会は、昨年（昭和四十六年）四月二日から三日間、法隆寺で行われたが、私が参加したのはその第一日だけである。

聖霊会から帰って、私はとほうもなく興奮していた。ああ、ああ、まちがいはない。もうまちがいはない。誰がどういっても、法隆寺は太子の怨霊鎮《しず》めの寺であることは、もうまちがいない。この真実を認めないパリサイ人よ、矢でも、鉄砲でも、原爆でも、十字架でももってこい。俺が一人で相手になってやろう。ひどく興奮して家へ帰って、夜おそくまで、妻や子を相手にわめきちらしたので、翌日すっかり疲れが出て、出席を予定していた第二日の聖霊会に参加出来なくなってしまったのである。

しかし今度の御忌を記念して法隆寺から発行された『聖徳』四十八号―聖徳太子一三五〇年御聖諱《せいき》記念号には、三日間にわたる会の予定が書かれ、また昭和十六年、千三百二十年忌を記念してもよおされた聖霊会のくわしい記録が『法隆寺聖霊会』という本として出されている上に、やはり太子の千三百五十年御忌を記念して四月二十二日から三日間行われた四天王寺の聖霊会にも私は参加することができたので、だいたいその大要を理解することが出来た。

その様子を書きたいが、ここに、聖霊会を見て興奮し、早速その翌日、筆をとった一文がある。

「聖徳太子の霊が舞うのを見たのである。

時に昭和四十六年四月二日、場所は法隆寺の中庭である。法隆寺の塔にも、金堂にも一面に幡《はた》がたなびき、荘厳《しょうごん》の気はあたりにみち、妙《たえ》なる音楽が聞え、天からはらはらと蓮花《れんげ》が散る中で、太子の霊はしずしずと、講堂の前にもうけられた、舞台の上に登場し、そこで舞を舞うたのである。そのとき、太子の顔は真赤であり、白の長い毛が、ふさふさとたれ下り、その赤い顔をかくしていた。そしてその白い長い毛ごしに見えた太子のお顔はいとも恐ろしいお顔であった。眼をかっと見開き、口は大声で何かを叫び、舞いというより、それは、おどりに近い早い動きである。しばらく、太子は舞台で奇怪な舞いを舞い、そして消えた。

このようにいうと、人は、私が幻影を見たというであろう。しかし、私は幻影とは思わないのである。私が見たのはたしかに太子の霊だと思う。それが、幻影であるか、幻影ではないか、判断は、読者にまかせるより他はないが、私はひとまず、事実を報告することにしよう」

（拙稿『塔・17』「芸術新潮」昭和四十六年五月号）

どうも表現がオーバーで、今読み返して見るといささか気はずかしい気がする。しかし、そのとき私は、ひどく興奮し、じっさい太子の霊にあった思いであった。この興奮の中にえられた直観を、冷静に説明する必要がある。

## 骨・少年像のダブルイメージ

三日間にわたる聖霊会《しょうりょうえ》は、第一日の前夜に行われる「蜂起《ほうき》の儀」によって幕が開けられる。一山の大衆《だいしゅ》が黒衣をつけ、白の覆面をして、初夜の鐘の音を合図に西院、大湯屋の前に集合、ついで弁天池の北、三経院にあつまり、法隆寺の鎮守である龍田《たつた》神社の方にむかって、明日からの聖霊会が無事に行われるように祈った後に、まず西院、ついで東院を、松明《たいまつ》をもち法螺《ほら》をふいて廻るのである。

この聖霊会に先立って行われる夜の儀式は、はたして単なる悪魔鎮《しず》めであろうか。私は、そのものものしい松明と「蜂起の儀」という、聖霊会にふさわしくない言葉は、山背《やましろ》事件に関係があるのではないかと思うが、いまはまだそのように言い切ることは出来ない。

とにかく、こうして土地の鎮めが終り、いよいよ三日間の儀式が行われる。儀式はまず夢殿から始まる。東院の中庭に、音楽隊がならんでゆっくりと雅楽の演奏をはじめる。笛五人と鉦鼓《しょうこ》といわれる火焔《かえん》のついた太鼓一人、丸い太鼓一人、それにオーケストラの指揮者にあたる楽頭一人。多少間のびした音楽がゆっくり奏せられる間に、若い僧が数人、夢殿の壇上に昇り、伽陀《かだ》をとなえる。伽陀とは、梵語《ぼんご》で歌という意味である。

「奉請救世観世音

伝燈演説微妙法
五濁悪世末法時
当於此度利群生
仏非血肉身
云何有舎利
方便留身骨
為益諸衆生」

このような文句を節をつけて誦《じゅ》すわけであるが、「仏非血肉身」以下ひときわ声が高くなる。これは一体どういう意味か。

「仏は血や肉をもった身体ではないので、どうして骨があろうか。今、方便として身体の骨を留《とど》めるのは、多くの衆生《しゅじょう》に利益《りやく》を与えるためである」

一体、この身骨を留める仏とは誰のことをいうのであろうか。何度もくり返していったように、法隆寺には舎利が実に多い。そして表面的には、舎利は釈迦《しゃか》の骨であろう。しかし、われわれはすでに舎利を釈迦の骨とのみ考えると法隆寺の謎《なぞ》は解くことが出来ないのを見た。舎利は、釈迦の骨に見せて、実は聖徳太子および太子一族の骨であろう。今ここで、救世《ぐぜ》観音の面前、すなわち太子の面前で、仏の骨について語るのである。その骨はおそらく救世観音の、すなわち聖徳太子の骨を意味するのであろう。

聖徳太子二歳像

実は、昔はこの夢殿の中に聖霊会の主役である舎利と太子七歳像が納められていて、伽陀を唱えるや否《いな》や、その舎利と七歳像とを持ち出して御輿《みこし》の中に入れたのである。今はその舎利は舎利殿にあり、七歳像は絵殿にあって、ここで伽陀衆が伽陀を唱える頃には、すでに二台の御輿の中へそれぞれ舎利と七歳像が安置されているが、伽陀はこの夢殿から舎利を取り出すためのものであろう。

夢殿の本尊は長い間秘仏であり、白帛《しらぎぬ》でぐるぐると巻かれてあった。それゆえ聖霊会のときといえども、そのお姿は人目にさらされなかったであろう。そして、このけっして人目にさらされることのないお姿のシンボルが、この舎利と七歳像であったのだろう。

この聖徳太子七歳像とは何か。前にも少しふれたが、不思議なことには四十九歳で、つまり壮年で死んだ聖徳太子には二歳像、七歳像、十六歳像などと子供の像が多いのである。聖徳太子の思い出は、当然壮年の太子の姿で残るはずである。たとえばわれわれが知人の葬式にゆくとき、そこに飾ってある写真は、たいていは死の前の写真であろう。老人の葬式にその人の青年時代の写真を飾り、青年の葬式にその人の子供時代の写真を飾ってあるというのはおかしい。それと同じく、壮年にして死んだ聖徳太子は当然、壮年の姿で祭られるのがふつうであるのに、聖霊会において太子は壮年の姿ではなく、子供の姿で祭られるのは一体どういうわけであろう。

太子二歳像は、太子が二歳のとき東を向いて合掌され、その掌中から舎利が出てきたという話による像で、かわいい子供が上半身裸で合掌をしている姿である。これをふつう「南無《なむ》太子像」という。この南無太子像とならんで、もっとも多い太子像は「孝養太子像」である。『伝暦』によれば太子の十六歳のとき、父、用明帝がなくなった、そのときの姿であろう。頭髪を美豆良《みずら》に結い、赤い着物の上に袈裟《けさ》を掛け、柄香炉《えこうろ》を持って立つ。父用明帝の病気平癒《へいゆ》を祈る姿であろうか。

以上の二つの像のほか、ふだんは東院の絵殿にあり、舎利と共にこの聖霊会の主役を勤めるのは、太子七歳像である。この七歳像は、先の二歳像および十六歳像に比べれば類例は少ないが、やはり髪は美豆良に結い、左手には白い団扇《うちわ》を持っている座像である。もともとこれは十六歳像で、後になって七歳像とよばれるようになったともいわれるが、本来、南面している絵殿にあって東面、すなわち舎利殿の方を向いて坐っている。おそらく先にのべた太子二歳の頃、東に向って合掌したという伝承にならったものであろう。この七歳像は、形は十六歳像に似ているが、また二歳像の意味をも持たせているのであろう。

聖徳太子十六歳像

聖徳太子七歳像

一体、聖霊会、すなわち聖徳太子の霊を慰める会《え》式《しき》に、どうして成年の太子像ではなくて太子の七歳像が持ち出されるのであろうか。なぜ聖徳太子の像に限って、子供の像が多いのであろうか。

　私は思う。やはりこの二歳太子、七歳太子、十六歳太子の各像はすべて、聖徳太子に見せかけて、実はここで死んだ太子の子孫たちの姿ではなかったろうかと。すべての殺人は傷《いた》ましい。しかし、とりわけ無垢《むく》な子供の殺人ほど傷ましいものはない。皇極二年（六四三）、この斑鳩《いかるが》の地において、聖徳太子の子孫はすべて惨殺《ざんさつ》されたが、その中には多くのいたいけな年端《としは》もゆかぬ幼い者が入っていたにちがいない。殺人者たちはその殺人に、特にいたいけな生命の殺害にたいして、ある程度の良心の呵責《かしやく》を感じたにちがいない。その殺人の後におきる病気と災害。聖徳太子一族の崇《たた》りがささやかれるとき、やはり人はそこで殺されたいたいけな子供たちの惨《むご》たらしい死を、まざまざと思い出したにちがいない。

舎利と七歳像、それはおそらく聖徳太子と殺されたその子孫たちのイメージであろう。もとより舎利が聖徳太子、七歳像が太子の子孫たちという意味ではない。舎利の中にも太子の子孫のイメージがあり、七歳像の中にも太子のイメージがあろう。しかし、おそらくこの舎利と七歳像によって、かつてこの地にいて日本を統治し、やがて謀《はか》られて一人残らず惨殺された聖徳太子一族を十分に象徴することが出来ると考えられたのであろう。

## 御輿《みこし》はしばしば復活した怨霊《おんりよう》のひそむ柩《ひつぎ》である

そのように、聖霊会《しようりようえ》はこの舎利と七歳像とを夢殿から運び出す儀式から始まる。それから行列をつくって西院へ行く。東院から西院までかなりあるが、もし聖霊会がもともと東院の中で行われていたとしたら、行列は不要である。この行列は、聖霊会が西院で行われるようになった元禄《げんろく》の頃に始まったものかと思われるかもしれないが、そうではあるまい。聖霊慰めにこの行列は不可欠なのである。四天王寺の聖霊会は同じ境内で行われるが、やはりそこでも同じように舎利と聖像は金堂から四囲をまわって講堂へと行列をつくって送られるのである。たとえどんなに距離が短くても、行列は聖霊慰めには欠かせないのであろう。

この聖霊会の行列は、前列と後列とに分れる。前列の中心は、舎利の乗っている舎利御輿と七歳像の乗っている聖皇御輿であり、後列の中心は講師《こうじ》・読師《とくじ》・諷誦師《ふじゅ》であり、講師は四方輿《しほう》、読師・諷誦師は轅《ながえ》に乗る。四方輿というのは、四方が開いている輿をいい、轅というのは、輿の屋根のないものと考えてよいであろう。要するに、前列は霊が中心の行列であるにたいして、後列は人間が中心の行列である。

御輿、それはにぎやかなものである。われわれは「御輿《おみこし》」という名でもって、陽気なお祭りを連想する。「オミコシ、ワッショイ」それは生の興奮の極致である。御輿――それはまさに日本のディオニュソス祭、日本の熱狂であると、ついこの頃まで私は思っていた。しかし、最近私は、この御輿かつぎは葬儀のお棺かつぎから来ているのではないかと思うようになった。とすれば、生の極致は、同時に死の極致にもなることになる。

例によって、あまりに突飛な発想と人はいうかもしれない。例をあげよう。京都の上《かみ》御霊《ごりよう》神社。それは下御霊神社とともに早良《さわら》皇太子をはじめ、井上内親王、他戸《おさべ》皇太子、伊予《いよ》親王などの、奈良時代から平安時代の初めに殺された政治的敗北者たちの霊を祭る神社である。つまりこの御霊神社は、その時代に祟《たた》った怨霊をすべてひとまとめにして祭った神社である。この神社の祭りが五月にあるが、その中心は、渡しである。三台の御輿が神社の拝殿に置かれてある。それを一台ずつ地上に降ろして、それから氏子の住む場所を一巡する行列が始まる。祭りの見せ場は、行列よりもこの御輿を拝殿の下へ降ろす渡しであるといわれる。この渡しがすさまじい。

それはまさに怨霊の怒りである。一年間、この狭い神社に閉じこめられていた怨霊が、今やっと自由になるのである。御輿は大勢の人によって持ち上げられ、荒々しく上下左右に揺さぶられる。それは、あたかも眠っていた怨霊が眼をさまして、むっくり起き上り、暴れまわる姿にも似ている。わけのわからぬ喚声と熱狂のうちに、御輿は躍り跳ね、怒り狂ったように階段を下りて地面に降りたまうのである。

多くの人の子供の頃の記憶をたどると、村祭りの思い出がある。そしてその祭りの記憶の中でも、御輿は荒々しく恐ろしいものとして残っている。それは、あっちへ行ったり、こっちへ行ったり、いつなんどきやってくるかもしれない、恐ろしいものである。山車《だし》ならそんなことはないのに、御輿は、どうも恐ろしい。私も子供の頃、そう思った。なぜ、御輿はあんなに怖いのかしら。

私は今、その理由が分る。それは、多くは怨霊の神なのである。怨霊の神は、ふだんは狭いお宮の中に閉じこめられている。神主は、多くはそういう怨霊の守り番であり、なだめたりすかしたりして、怨霊をこの場所に閉じこめておく。しかし、一年に一度だけ、怨霊を解放する。それが、お祭りの日である。解放された怨霊が、御輿に乗って現われる。一年の間、狭いお宮に閉じこめられていた怨霊が、解放されたのであるから、暴れまわるのは当然ではないか。御輿は、出来るだけ暴れたほうがいいという。御輿が暴れたほうが、その年は無事であり、豊作であるとひとびとは信じてきた。

それは当然なのだ。一年に一度、怨霊を暴れさせるがよい。暴れさせれば暴れさせるだけ、怨霊は慰められ、ふだんはおとなしくなり、その恐ろしい祟りの力は弱まり、むしろそれを人間に有利に利用することが出来るようになる。神の霊験はあらたかになるのである。

すべての神が怨霊であり、すべての御輿が怨霊復活の儀式ではないにしても、日本の神には意外に怨霊が多く、従って御輿は、怨霊復活の儀式である場合が意外に多いのではないかと思われる。とすると、日本のディオニュソスは、怨霊のディオニュソスであり、日本の熱狂は、死霊《しりよう》の熱狂であることになるが、ディオニュソスは、本場においてもやはり死の儀式と深く関係をもっているのである。

ところで、この怨霊らしい神の乗っている御輿であるが、いったい何から来たものであろうか。古代の日本では、生きている人を輿に乗せてかつぐことはあまりなかったであろう。輿に乗せてかつぐのは、やはり死人である。私は田舎で育ったが、子供の頃はまだ土葬であり、死ぬと棺に入れて死者にもっとも近い肉親の人がその棺をかつぐ。その前後に、紙でつくった華や、菓子を持つ人、親戚《しんせき》、縁者がずっと続いて行列をつくり、墓場まで行くのである。おそらくそういう葬式のならわしは、古墳時代から続いた習慣であろうが、最近テレビで見た朝鮮の葬式を見ると、その有様は日本に残ったものより、もっと御輿に似ている。「ワッショイ、ワッショイ」といって棺をかつぎ、やはりオミコシのようにあっちこっちへ行ったり来たりしながら、墓場へ行くのである。

とすると、御輿は、その起源において実は葬礼の儀式なのではないか。そして死者の葬《とむら》いの儀式は、やがて怨霊鎮《しず》めの儀式となり、ついには祭りの儀式になったのではないか。

この点については、もっとくわしく論証する必要があろうが、多くの神社をまわってみて、私は改めて、神社はいかに多くの死のイメージを持っているかにおどろいている。古い由緒《ゆいしょ》ある神社の中には、古墳を持っている神社が多い。また、その重要なる祭りとして、明らかに葬式を意味する祭りを行なっている神社が意外に多い。

おそらく古代神道《しんとう》において、死の儀式はもっとも重要な儀式であったであろうが、仏教が日本に入り、古墳の建造が廃止されるようになってから、その重要なる死の儀式を仏教に奪われてしまったのである。そして神道は、死の儀式はすっかり仏教にまかせてしまい、もっぱら生に——結婚や誕生などにたずさわってきたが、おそらくそういう形は神道の堕落形態であるにちがいない。死にたいして何らの視点を持たない宗教がすぐれた宗教であるはずはないからである。特に明治以来、国家神道は、神道を全く死と関係のないものと考えたが、それはまちがっている。死の意味を見出し、死の儀式を復活しない限り、神道が、今後の日本人を指導してゆくことは困難であろう。

## 祭礼は過去からのメッセージである

本題にもどって、聖霊会《しょうりようえ》の行列の後を追おう。この行列の前列には、先払いに続いて、胡蝶《こちよう》と迦陵頻《かりようびん》の舞を舞う少年舞人、ついで楽頭に率いられる多くの楽人たち、それに続く舞人、そこに中綱《ちゆうごう》と称する僧と、綱に引かれた獅子《しし》が来るが、この獅子の隣に蝿叩《はえたた》きと称する者がいて、大きな団扇《うちわ》を持っている。この蝿叩きのかむっている面は、滑稽《こつけい》であると共に何となく無気味である。そして、天童と称する華を持った子供に続いて、菩《ぼ》薩《さつ》のお通りである。菩薩が一人ずつ僧につきそわれて、歩かれるのである。仏様はいつも寺の中でじっとしているものとわれわれは考えているので、てくてくと歩いている菩薩を見ると奇妙な気がする。当麻寺《たいまでら》でも、このような菩薩が歩く行列の祭りがあるが、どうも気味のよいものではない。

この菩薩の後から、舎利御輿《みこし》が続く。御輿をかつぐのは、八部衆《はちぶしゆう》である。天、竜、夜《や》叉《しや》、乾闥婆《けんだつば》、阿修羅《あしゆら》、迦楼羅《かるら》、緊那羅《きんなら》、摩睺羅迦《まこらが》の八部衆のそれぞれの面をかぶった人

聖霊会・夢殿前での楽人

が、御輿をかついでいるのであるが、やはりどう見ても化物である。黒い頭巾《ずきん》に緑がかった面、とてもこの世の顔ではない。私はこれを見て、例の塔の北面にある釈迦涅《しゃかね》槃《はん》図の中にいる八部衆を思い出した。どうしてこんなところに八部衆がいるのかと不思議に思ったが、この八部衆は、ひょっとしたら仏の葬式の世話をする人かもしれない。菩薩に先導され、八部衆によってかつがれる御輿の行列は、どう見ても葬列であろう。墓場から聖徳太子の霊が復活し、地上にふらふら出現したところであろうか。

それに続いて聖皇御輿、これもまた八部衆にかつがれている。こちらの八部衆の頭巾は緑色であり、多少感じはちがうがこれもやはり冥途《めいど》の住民である。冥途から舎利と七歳像が現われてきたのである。その後

聖霊会・東院から西院へ行く菩薩行列

に、黒衣に白い覆面の僧兵姿をした僧が続き、大行事と称する僧がその二台の御輿を後ろから護衛するかのように続く。

前列が霊の行列であるにたいして、後列は人間の行列のように見える。そしてここでも主役の人間は、舎利や聖皇のように輿に乗るわけであるが、人間の場合は外から人間が見えるようにつくられている。まず前後を三十数人の人にとりまかれた当日の儀式の主役である講師が四方輿に乗って通る。それに続いて、また前後に大勢の者を従えた読師《とくじ》が屋根のない輿といってよい轅《ながえ》に乗って通り、諷誦《ふじゅ》師がそれに続き、その後に南都六大寺の僧たちが、晴れの衣裳《いしょう》を着て従うという、絢爛《けんらん》たる行列である。

この前列と後列は、深く関係しているように見える。前列は死者の、後列は生者の

聖霊会・行列の中心の舎利御輿

行列ではあるけれど、ここでやはり行列の主役は死者であり、後列に並ぶ僧たちは死者供養《くよう》の役をするわけであるが、それにはやはり死者を呼び出す必要がある。諷誦師を除く二人の輿に乗った僧、講師と読師は、死霊《しりょう》呼び出しの役割をする僧であろうか。四天王寺では、講師と読師にあたるものを、それぞれ「一の舎利」「二の舎利」といっているのである。

こうして、行列は東院から西院へと進み、ふだんはけっして開かれない法隆寺の中門を通って、大講堂の前に設けられたはなやかな舞台を中心とした所定の場所につくのである。そして、舎利と七歳像は御輿から出され、大講堂の本尊、薬師如来《にょらい》の前に置かれるのである。

この日、法隆寺はまさに満艦飾に化粧を

聖霊会・輦に乗った諷誦師

ほどこした貴婦人であった。私はそれまで、何十度か法隆寺へ行ったが、こんなに若やいだ法隆寺を見たことはなかった。ふつう、人は古美術を見に古寺へ行く。そこに人は古い歴史の遺産を見る。古い仏像や建築を見て、人は懐旧の思いにふける。そして古寺のほうも、そういういわば懐旧の情をそそるために、そこにあるかのようである。たしかにそこにすばらしい寺があるが、それはあくまでも古寺、とっくの昔に活動をやめた寺なのである。

しかし、本当はそうではない。やはり寺院や神社は、祭りの日に行くべきものなのである。古寺といえども例外ではない。ふだんはとっくの昔に死んでしまったかのように見える古寺が、その日には、歴史の彼方《かなた》から息をふき返して、今われわれに面

聖霊会・薬師如来の前に置かれた舎利と太子七歳像

と向って語りかけるのである。

塔や金堂には幡《はた》が立てられ、その幡がはたはたと風に鳴る。大講堂の前には、この舎利と太子七歳像が置かれ、その前には花や菓子など、色とりどりの供物《くもつ》が捧《ささ》げられている。そして、ふだんはほとんどわれわれの眼にとまらない講堂の薬師如来が、今日はいかにもたのもしく見える。講堂は、金堂よりはるかに大きい。この大きな講堂に、ふだんは仏様はばらばらにいらっしゃる感じで、どうしてこのような建物が必要なのかよく分らなかったが、今見ると、この儀式にはこのような大きな堂が必要で、ここにおいでの薬師如来は、聖霊会の儀式の主役に実にふさわしいものであることが分った。この薬師如来の前の中庭に舞台が設けられ、その舞台をめぐって舞人、楽人、僧侶《そうりょ》、俗人が色とりどりに盛装して、庭いっぱいに並んでいるのである。何という華やかさであろうか。

私は、この華やいだ法隆寺の姿に、半ば啞然《あぜん》たる思いであった。それはまるで、上品で貞淑な老女が、ふとした機会に見せた色気にも似ていた。古寺はまさに今、若やぎ、色めき、華やかな昔を再現しようとするのである。私は講堂を背にして、見なれた塔や金堂を見ていたが、実際、この二つのすぐれた古代建築物は、今、ここで行われようとしている舞楽の背景としてここにあるのではないかと思った。そして、背景としては、まさに高い塔となだらかな金堂のコンポジションはすばらしい。いわゆる法隆寺様式も、もともとこの儀式のために工夫されたものではないかとさえ思われたのである。

舞台の左右に高座があり、そこに講師と読師が昇ると、舞楽の開始である。舞楽の最初は振鉾で、「えんぶ」という。長い鉾《ほこ》を持った舞人が出て一人で舞う。鉾を振るのは邪鬼を払うためであろう。舞楽の初めには、必ずこの振鉾の舞が奏せられるという。私は、神道《しんとう》のハライも東西の漢氏《あやうじ》が行なった刀による祓《はらい》の儀式からきたものではないかと思っているが、この振鉾もまたハライの一種であろう。鉾による祓である。

振鉾がすむと、次に迦陵頻と胡蝶の舞が舞われる。この二つの舞は対《つい》をなしている。迦陵頻は林邑《りんゆう》すなわち今のヴェトナムの舞、それに対して胡蝶の舞は日本の舞、左舞に対して右舞の答礼のための舞である。いずれも舞人は少年である。若々しい少年が、迦《か》陵頻伽《りようびんが》（極楽にいるという想像上の鳥）と胡蝶に扮《ふん》して舞うのを見るのは楽しい。四天王寺の場合には、寺の名前にちなんでか、ほとんどの舞が四人舞であり、この舞もやはり四人の少女が舞っているが、法隆寺の場合は舞手は二人ずつ、少年が舞う。私は、少年の美しい舞にうっとりとしていたが、後から考えると少し妙なことがある。

迦陵頻伽とは、極楽の不死鳥である。つまりそれは、この世のものではなく、霊魂の国の鳥なのである。はるか西の国の、霊魂の国の使いがこの世に現われたことを意味するのであろう。古代の日本人が、鳥を霊の使いと考えたことは、装飾古墳などにしきりに鳥の絵が描かれていることによっても分る。

とすれば、胡蝶はどうなるか。胡蝶もやはり、霊の国の使いなのであろうか。蝶についていえば、あれほど自然を愛した古代の日本人が、『万葉集』において、ほとんど蝶のことを歌っていないのは不思議である。やはり古代日本人は、蝶を死霊の使いとして忌《い》んだゆえであろう。そういう忌みはつい最近まで残っていて、私の死んだ母などは、蝶の模様の着物を着た人を見ると、あの人は気持ちの悪い柄の着物を着ている、蝶のついた着物を着るものではないと、私に語ったものである。

とすれば、こういうことになる。迦陵頻伽と胡蝶とは、ともに霊魂の使いなのである。南方からやって来た霊の使いと、日本の霊の使いと、二種の美しい霊の国の使者は、われわれをして霊の国へと導くのである。それゆえ、この二人の舞楽は、聖霊会の序の舞楽として、まことにふさわしい舞楽であるといわねばならぬ。こうしてわれわれの心が霊の世界へ向わされた後に、唄《うた》、散華《さんげ》、梵音《ぼんおん》、錫杖《しやくじよう》の四箇《しか》法要が始まる。唄を唄い、華を撒《ま》き、梵語を唱え、錫杖を鳴らして、仏を讃美《さんび》するわけである。仏を迎える用意であろう。こうして儀式は次第次第に盛り上って、荘厳《しようごん》の気はあたりにただよう。散華とは、僧が紙でつくった美しい色の蓮《はす》の花を撒いてゆくわけであるが、それと同時に天華《てんげ》が降ってくる。天華といっても、実はこの五重塔の三重の屋根の上に僧俗が数人いて、この天華を撒くのだが、晴れ渡った四月の空に、色とりどりの天華が舞い降りてくるのを見ると、じっさい、どこか別の国へ来たかのような感がある。見事な演出効果といおうか。

## 舞楽・蘇莫者《そまくしや》の秘密

こうして、ひときわ荘厳の気があたりに満ち、神的なものの存在があたりに感じられるとき、講師《こうじ》は声高々と「神分《しんぶん》、表白《ひようはく》」を朗読するのである。

神分とは、神にたいする表白であろう。この大乗講讃の場に、報恩謝徳の砌《みぎり》に、多くの神々がやってきた。そこで上には上梵天王をはじめとし、日本の天照大神《あまてらすおおみかみ》や八幡、加茂など、わけても本寺と関係の深い春日《かすが》、龍田《たつた》の神々がやってきた。その神々の法楽のために、『般若《はんにゃ》心経』一丁および、『大般若経』を一丁各々《おのおの》捧《ささ》げ奉《たてまつ》るというのである。神分によって神々に敬意を表した後に「表白」がはじまるが、一言でいえば、「表白」は、聖徳太子の礼讃《らいさん》である。

「乃《すなは》ち知る、教王、上宮聖師、天蹤《てんしょう》の徳あり、生まれて能《よ》く言ふ。睿達聡敏《えいたつそうびん》、一を聞いて十を知る。具葉の梵文を知り、竹帛《ちくはく》の墳籍を修め、学内外を兼ね、百家衆流、一として通ぜざるはなし」

聖徳太子は、冠位十二階を制定し、十七条の憲法を発布し、療病院、悲田院をつくり、三経の講義を行い、内治につとめるとともに、隋《ずい》に使いをつかわして大いに国威を輝かせた。すばらしい太子。しかし、太子も死の運命にはさからえない。

「いかんぞ、世間本虚仮《せけんもとこけ》、愁霊忽《たちまち》に鵤《いかるが》宮を鎖《とざ》し、仏界唯真実、霊化夐《はる》かに寿国《じゅこく》に登る。日月輝きを失ひ、天地崩れんと欲し、天下の萌隷《ぼうれい》、老妣《ろうひ》を喪《うしな》ふが如し。四海蠕《ぜん》動《どう》し、跂脚《ききゃく》錯るなし、哭泣《こっきゅう》路に満ち、悲哀声を失ふ」

私は講師が音吐朗々と読み下す表白文に聞きほれていたが、高らかな太鼓の音と共にふと舞台の上を見ると、そこに奇妙な姿があった。表白文を読みはじめたとき、その姿はなかったところを見ると、表白文が太子の死を告げた頃、彼はそっと舞台に上ったらしい。それが蘇莫者であるが、一見してそれは怨霊《おんりょう》なのである（口絵）。頭に三角の帽子、そして頭から真白な毛が胸のところまでたれている。そして眼は大きく見開き、口も何かを叫ぶように開かれている。桴《ばち》をもって舞うのであるが、その舞い方も、われわれがふつう舞楽という言葉で想像するようなゆっくりした優美な舞い方ではない。むしろこの蘇莫者は、何か自己の内面にもっている深い思いのようなものを身ぶり手ぶりで表現するかのように、舞うのである。あるときは訴えるかのようであり、あるときは怒っているかのようであり、あるときはまた泣いているかのようであった。そしてときどき思い出したように、舞台の上を急がしく動きまわるのである。前から見ると、顔はほとんど見えず、わずかに白い長い毛の間からぎらりとした眼が輝いているのみであるが、横からみた姿は特にすごい。顔から腹にかけて一面に白い毛におおわれ、どう見てもこの世のものではない。われわれはこれが法隆寺の聖霊会《しょうりょうえ》のもっとも重要な舞楽・蘇莫者だと思うから、それを厳粛なものと見るが、子供に見せたら、一言にしてオバケというであろう。横顔がすごいといえば、例の救世《ぐぜ》観音を思い出すが、蘇莫者はどこかで救世観音に似ていると思うのは思いすぎであろうか。

蘇莫者は、いつとなく舞台に現われたと私はいった。たしかに、それが舞台に現われたのは読師《とくじ》が太子の死を告げてからであった。

「世間本虚仮、愁霊忽に鵤宮を鎖し」と講師が読み上げたとき、この亡霊にも似た蘇莫者は舞台に現われたのである。してみると、蘇莫者なるものは太子の亡霊であろうか。もともと聖霊会は、文字通り聖霊、すなわち太子の霊と出会う儀式である。われわれはすでに御霊神社の祭りにおいて、早良《さわら》皇太子をはじめとする怨霊が御輿《みこし》にのって荒れ狂うのを知った。

ここでも、やはり聖霊は現われねばならぬ。しかもそれはこの祭りのクライマックスにおいてである。聖霊会のクライマックスは、明らかにこの表白文朗読と、舞楽・蘇莫者の演奏の時である。しかも私は、はっきりと、表白文の朗読と、舞楽・蘇莫者の演奏が別なものではないことを知った。つまりここで舞楽は、儀式の外におかれているのではなく、儀式の内にあり、儀式の本質的な部分を構成するのである。われわれが、太子の聖霊とこの儀式のクライマックスにおいて出会わなければならないとしたら、まさにこの表白文と舞楽、演奏の場において、太子の霊と出会わねばならないはずである。太子の霊はどこにいるのか。今、このように舞台の上で、狂うように舞っている蘇莫者こそ、太子の霊ではないか。

私のこの長いエッセエが示すように、太子の霊は怨霊のはずである。この蘇莫者の白い毛と、丸く見開いた眼と、狂ったように舞台いっぱい駆けながら舞うこの舞こそ、怨霊の舞ではないか。

してみると、もう一度あの薬師如来《にょらい》の前におかれた舎利と七歳像の意味を考えねばならぬ。この舎利と七歳像は、古くは夢殿に、今は舎利殿と絵殿に、大切に保存されている。それは、太子及び太子の子孫のシンボルである。そのシンボルを一年に一度、この講堂の前へもち出す。そして、そのシンボルに、花や菓子を捧《ささ》げるところから、この祭りははじまる。舎利と七歳像はこの儀式において何を意味するか。

それは霊の依代《よりしろ》ではないか、われわれは古代日本人が、どのように依代を重んじたかを知っている。古代日本人において、神あるいは霊は、いつもどこかへ閉じこもっているようなものではなかった。神や霊は遠い天上や冥界《めいかい》から地上にやってくる。そしてそれは必ず、その神、その霊に、何かゆかりのある依代を通じてやってくるのである。古代日本人にとっては巌や木が神の依代であった。そして人間の死霊《しりよう》は、その人間の思い出が残ったものを依代として、この世に現われる。世阿弥《ぜあみ》の能は、ほとんど何か死霊の思い出の残っているものを依代として霊が出現してくる話であることを考えてみるがよい。

今この場合、祭りははっきり聖徳太子の慰めの儀式である。太子の霊を降ろさねばならない。その霊は、法隆寺、特にあの東院の地に閉じこめられているのかもしれない。しかし、この祭りの日、霊は解放されたはずだ。解放された霊は、どこか遠い冥界へ行ってしまうかもしれない。霊をよびもどせ。

よびもどすには何がよいか。自分および自分の一族の骨、太子七歳の像は、同時に太子生前の山背大兄皇子《やましろ》の姿かもしれないし、あるいは太子の孫かもしれない。とにかく可愛《かわい》い太子の子や孫の姿であろう。子や孫の姿を見たら、太子は必ずこの現世に帰ってくるにちがいない。おそらく、それが太子の霊供養者《くようしゃ》の期待であり、この聖霊会の意味であるにちがいない。子孫にたいする未練ゆえに、太子は何度も出没し、祟《たた》りをなす。その太子の子孫への愛着心を、ここでは逆に利用するのである。太子の骨と太子の子孫をおとりにして、太子の霊をおびきよせようとするのである。

そして、その計画はまさに成功して、太子はここに出現し給うた。おいたわしや、太子よ、あなたはそんなお姿になり、狂ったように舞い給《たも》うのか。あなたの怨念を私はよく分るが、多少、取りみだしすぎはしないであろうか。

## 死霊《しりょう》の幽閉を完成する聖霊会《しょうりょうえ》

たしかに太子は、こういう、いわばはしたない姿を見られることを好まれない。それゆえ、この聖霊会に際して、自己の姿をくらまし給《たも》うのである。この舞楽・蘇莫者《そまくしゃ》は聖霊会の儀式の中心である。聖霊会は三日間行われ、それぞれの日に多少内容はちがうが、儀式の中心に蘇莫者の舞が演じられることだけは変りはない。しかもこの蘇莫者は、外の場合ではけっして演ぜられないし、また演じてはならないものである。古来それは、四天王寺に伝わる秘曲とされる。秘曲とは、けっして他人に見せ、他人に聞かせてはならない曲である。おそらくこの聖霊会も、今われわれは目《ま》のあたりに見ることができるが、おそらく昔は限られた人しか見ることができなかったものであろう。それはなぜか秘密にされねばならぬ曲であるが、同時にそれが太子と深い関係をもつものであると証明されねばならぬ曲でもあった。『聖徳太子伝私記』に次のような言葉がある。

「次に尺八《しやくはつ》、漢竹《からたけ》なり。太子此《この》笛を法隆寺より天王寺へむかふ道、椎坂《しひのさか》にして吹き給ふの時（蘇莫者楽）、山神御笛に目出《めで》て、御後にして舞ふ。太子奇《あやし》みて見返し給ふ。爰《ここ》に山神、見奉《たてまつ》りて、怖《おそ》れて舌を指出づ、其様舞ひ伝へて天王寺に之《これ》を舞ふ。今に蘇莫者と云《い》ふなり」

私は、先に、表白文の太子の死の知らせと共に蘇莫者が舞台に現われるのを見たといった。しかしそれは、正確にいえばちがう。蘇莫者と共にもう一人、舞人が舞台に上っているのである。それを御笛役、または太子という。唐装束に大刀を佩《お》び、舞台の西の端に、東を向いて、立って笛を吹いている。『太子伝私記』その他の伝承の語るところによれば、それは太子四十三歳のときの姿で、椎坂で笛を吹いたとき山神が現われたという。とすれば、蘇莫者は山神であることになり、笛を吹いているのが太子であることになる。

たしかに蘇莫者は、蓑《みの》をまとい、山神の格好のようでもある。唐の『古楽目録』にも蘇莫者というものがあり、服装から見て西域の舞ではないかといわれる。おそらくそれは、その本来の形においては外来のものであろう。それが、この「山神」伝説によって太子に附与されたものであろうが、山神伝説は蘇莫者という劇の真理を伝えるためのものであろうか。

笛役が太子であるとしたら、太子はあまりにみすぼらしすぎると私は思う。ここでは太子は明らかに脇役《わきやく》で、唯《ただ》、笛を吹いて舞台にたたずんでいるにすぎない。そして、主役は蘇莫者、山神である。とすれば、聖霊は山神以外は出現しないことになるが、なぜ法隆寺の聖霊会の儀式のクライマックスに山神が登場しなければならないのか。太子の霊が出現しない聖霊会が、聖霊会として可能であろうか。

四天王寺の聖霊会では、この御笛役、太子の役割はもう一つ小さい。舞台の上に上ることができず、舞台の下でつつましく笛を吹くのみである。聖霊会が、太子の霊が出現し、それを慰める会《え》である以上、笛を吹いているのは太子ではないと私は思う。それは儀式で呼ぶ通り、御笛役にすぎない。

いったい蘇莫者とはどういう意味であろう。文字通りにとれば蘇我《そが》の莫《な》き者、蘇我一門の亡霊という意味ではないか。蘇我一門の精神的代表者である太子の霊が、蘇莫者という名でよばれても不思議はない。

四天王寺の聖霊会においては、迦陵頻伽《かりょうびんが》と胡蝶《こちょう》の舞以前に、蘇利古《そりこ》という舞が舞われる。これも奇妙な舞である。紙の面をつけた五人の舞人が舞うのであるが、この面の形はまことに奇妙で、もとより人間の顔ではない。これはこの寺の名である四天王と太子との五人の亡霊ではないかと私は思うが、これもまた聖霊会独自の舞である。聖霊会独自の舞には、不思議に「蘇」のついた舞が多い。蘇は蘇我の蘇ではないか。そして蘇のついた舞には、仮面の舞、霊の舞が多いとしたら、これはすべて蘇我一族、太子一族の怨霊《おんりょう》の舞ではないか。

とすると、われわれは蘇莫者を山神の舞と見る伝承に疑問を投げねばならぬ。太子は笛役の方ではなく蘇莫者の方ではないか。太子が蘇莫者という形で現われることによって、なぜ、舞楽・蘇莫者が、法隆寺および四天王寺の聖霊会に欠くべからざる舞であるかが分るはずである。聖霊会である以上、聖霊が出現しなければならない。しかし聖霊のあまりの物凄《ものすご》さに、聖霊は自らをいつわって出現していたのであろう。われわれはその仮装にごまかされて、聖霊がそこに出現しても、それを聖霊とは見なかったのである。

私が蘇莫者を聖霊と考えるのは、以上にのべた理由によるのみではない。以後に続く儀式は、やはり、その舞楽における聖霊の出現を前提としてはじめて理解できるからである。

舞楽・蘇莫者が終ると、諷誦《ふじゅ》師が、今、蘇莫者が狂乱の舞を舞った舞台に上り、しきりに太子の徳をたたえると共に聖霊の加護を願う。諷誦師には、講師《こうじ》・読師《とくじ》に続く一山の長老があたる。そして多くの僧及び俗人による頌徳文《しょうとくもん》、焼香とつづき、ここで本来の聖霊会は終って来賓は帰るわけであるが、これらはすべて太子の霊の慰めである。今、舞台の上で荒れ狂った太子の霊への鎮魂であろう。

こうして聖霊会のもっとも主要な部分は終るが、まだ鎮魂の行事は続く。「発願、祈《き》禱《とう》、教化、経釈」すべてが、太子の霊の鎮魂を目的としている。われわれは、このように熱心に発願して、太子の霊をつつしんで祭る。どうか太子の霊よ、われらに加護を与えたまえ。聖霊のために仏道を増進するのです。このように太子の霊をなだめすかした後に、聖霊を楽しませるという名目で経典の解釈が行われる。つまり太子の霊をなぐさめるために、『法華経《ほけきよう》』あるいは『勝鬘経《しようまんぎよう》』について、講師と読師の間に問答を、論議を行うのである。これを「講問」というが、この間ずっと舞台では舞楽万歳楽が舞われる。緋《ひ》の衣を着た舞人が四人、鳳凰《ほうおう》の頭に似せた鳥甲《とりかぶと》を冠って舞う。鳳凰が賢王の万歳を頌《しよう》する意味を表わす舞で、即位礼の際用いられる舞である。

聖霊の鎮魂がすむと、即位の礼にうつる。何かそこに、その儀式の構成の中に、読者は思い当るものがないであろうか。それがすむと、『般若心経《はんにやしんぎよう》』一巻と『法華経』普門《ふもん》品《ぼん》、すなわち『観音経』の偈《げ》をとなえ、香をたいて仏に供養《くよう》し、講師、読師は高座から下りて今日の会《え》の終了を示す。講師、読師は往路と同じに輿《こし》と轅《ながえ》にのって東院へ帰るが、舎利と七歳像は、この儀式が終るまで、三日間講堂にとどまり給うのである。そして二日目、三日目は多少ちがい、たとえば二日目には、管絃《かんげん》を主とするが、この儀式の本来の部分、舞楽・蘇莫者の演舞は変っていない。かくて三日間太子の霊をなぐさめ、三日目の夕方、舎利と七歳像は、無事、東院の舎利殿と絵殿に、還御し給うのである。

これが、聖霊会のだいたいであるが、聖霊会がいったいどういう意味をもつか、もう改めて説明するまでもないであろう。太子の聖霊は、あの山背《やましろ》事件以後、あちこちに現われ給うた。その殺害者たちを苦しめ給うたのである。その霊の本拠地、斑鳩《いかるが》に寺をつくれ。寺はおそらく和銅の頃出来たであろうが、寺の造営にもかかわらず太子は出現し、時の権力者四人の生命を奪ったのである。それで稀代《きたい》の怪僧、行信は太子の霊を夢殿へ幽閉申し上げたわけであろうが、これにはやはり祭りが、一年に一度、聖霊を解放し、その聖霊をなぐさめることが必要であった。かくして聖霊会がはじまったのであろうが、はたして現在の聖霊会が、どれだけ過去へさかのぼりうるかは分らない。たとえば舞楽・蘇莫者と聖霊会の結びつきがいつできたか、それが天平年間（七二九—七四九）、行信によってか、それとも貞観《じょうがん》年間（八五九—八七七）、道詮《どうせん》によってかは、はっきり決定することが出来ない。

この聖霊会において、舞楽は単に儀式の余興として行われるのではなく、むしろ儀式の中心的、本質的部分を占める。舞楽・蘇莫者は、講師の神分表白文の朗読とならんで、あるいはそれ以上に重要な、儀式の中心部を形成するのである。このように、儀式の中に舞楽が不可欠な部分として入りこむことが、はたして天平の時代にあったかどうかについては問題がある。これについて小野功龍氏は次のようにいう。

「この『東大寺要録』に記された法会《ほうえ》次第を見ると、法会の主要な部分、すなわち開《かい》眼《げん》作法を初めとして華厳経《けごんきょう》の講説などが先に行なわれ、その後に先述したような種々の歌舞が連なって演奏されているところから、それらの歌舞は、単に余興的なものとして行なわれたものと考えられる。いうなれば、こうした諸々の歌舞は、中国大陸、朝鮮半島、もしくはその他の諸地方から伝来されたままの、あるいはそれに近い状態なのであって、これが有機的に法会と結びつき、余興的なものの域から脱するまでには至らなかったと考えられる。それが可能となるのは、諸楽が整理統合され新しく雅楽が擡頭《たいとう》してからのこと、すなわち平安朝時代に入ってからであろう」

（『日本の古典芸能2　雅楽』）

とすれば、現在のような舞楽が儀式の本質的部分を形成する聖霊会は、平安時代に成立したことになる。行信ではなく道詮が現在のような儀式をつくり出したのかもしれない。いずれにしても、聖霊会は法隆寺の完成であると考えてよい。聖霊の完全な幽閉は、その鎮魂の儀式の成立によって完成するのである。

## 鎮魂の舞楽に見る能の起源

聖霊会の解明を終るにあたって、一つだけいっておきたい。従来、私は舞楽というものがいったいどういうものであり、日本の演劇史においてどういう意味をもつか、はっきり分らなかった。能は舞楽から発達したといわれるが、はたしていかにして能が舞楽から発達したのか、学界にも定説はない。この聖霊会《しょうりょうえ》の意味を理解することによって、私ははじめてその関係の深さを理解することが出来た。舞楽・蘇莫者《そまくしゃ》は、世阿弥《ぜあみ》によって大成された能と同じ構造をもっているのである。能において、シテは多くは怨霊《おんりょう》、ワキは旅の僧である。ワキは怨霊の精神の代理者であると共に、怨霊の世界の鎮魂者である。何気なく怨霊の依代《よりしろ》の残っている土地を訪ねたワキは、はからずもそこで、生者の仮面をかぶった怨霊に出くわす。そして問いつめてゆくうちに、怨霊は姿を現わし、その怨《うら》みをのべ、そして、荒れ狂う心の苦しみを語るのである。ワキはその間、じっと舞台の片隅でシテの狂乱を見ているが、彼は単なる狂乱の観察者ではなく同時に狂乱の鎮魂者であり、やがてワキに鎮魂されたシテは、舞台を下りるのである。

　この世阿弥の能の精神はどこからくるのか。世阿弥という人間がその内面に深くもった怨恨《えんこん》の精神から来るのか。それとも、室町時代という時代がもった暗い運命観から来るのか。今にしてその由来が分るのである。由来は古く、少なくとも舞楽までさかのぼりうるのである。

　世阿弥の能は、社寺を舞台にして行われた。なぜ社寺において能が必要であったか。それはやはり鎮魂の儀式のためである。世阿弥は、実は職業的な鎮魂者であったのである。

われわれは、舞楽・蘇莫者において、荒れ狂う霊であるシテと、そのそばにたたずむ笛を吹くワキを見た。その儀式全体が、この荒れ狂うシテ、太子の霊の鎮魂のためであった。そしてその儀式において、舞楽は表白文の朗読とならんで、もっとも重要な役割をはたしたのである。ここで舞楽は、けっして儀式の余興ではない。能のもつ厳粛さ、それは能そのものが、けっして一つの余興ではなく、まさに鎮魂の行事であることに原因するのであろう。とすれば、能と、舞楽・蘇莫者は、その精神においてまことに類似しているのである。舞楽はたしかに外来のものである。しかしそれが日本に定着するとき、どのようにして日本化が行われたのか。それを明らかにする一つの視点を、舞楽・蘇莫者は提供しているのである。この点については、なお後学の精細なる研究を待ちたい。

ああ、思えば長い追求の旅路であった。七つの謎《なぞ》の提出にはじまったこのエッセエは、多くの用意をととのえた上、やっとその解明に向うことが出来た。正直にいえば、私は、この謎に気づき、その解決の糸口が見つかってから、あれこれと調べているうちに、また多くの新しい事実を発見し、最初私が見当をつけた別の分野においても、思いがけない事実が次々にあらわれてきた。聖霊の謎はほぼ完全に解けたと思うが、じっさい、法隆寺について、われわれは、ごく当り前のことが分らなかったのである。

たとえば、あの夢違観音《ゆめたがえ》、今は大宝蔵殿にいて、そのあどけない顔とこぼれるような微笑で多くの見学者の心に残るあの像は、いつの頃からか夢違観音とよばれ、悪夢を善夢に変える観音であるといわれてきた。それは、そのあどけない御姿から、いったん見た不吉な夢をよき夢に変えようとする初々《ういうい》しい少女の願いを表わしているのではないかと思わせる。そしてそのように、今まで多くの人によって解釈されてきた。しかしじっさいは、そこでいう悪夢なるものは、生やさしいものではなかったのである。もっと深く暗い、政治的な悪夢を指すのであることは、この像が、もとは東院の舎利殿にあったことからでも分るであろう。夢違いとは実に深い意味をもっているのである。あの太子の子孫をおそった一連の悲劇的運命を、ここで悪夢というのである。そしてこの悪夢を善夢に変える。まさに、この願いの上に、法隆寺は建てられたと思う。そして法隆寺そのものも、また長い悪夢の一つではなかったか。悪夢を善夢と思わせようとする意志によって出来上っている法隆寺そのものについても、われわれはたとえば夢違観音の無邪気な微笑にだまされて、隠された悪夢の深さに、千三百年ものあいだ気づかなかったからである。

われわれは、法隆寺の謎にかんする長い追求の旅を終えた。われわれの仕事は終ったのであろうか。そうではない。まだ、根本的な謎が残っている。法隆寺はわれわれにその正体を明かしたが、そこに祀《まつ》られる聖徳太子は、まだ、あまりにも明らかでない部分が多い。

いったい、聖徳太子とはいかなる人か。われわれは、その人をどう考えたらよいか。一つの謎の解明はまた新たな謎を生み、その謎の解明なしには「隠された十字架」という仮に私がこのエッセエにつけた題名の意味も十分には理解されないであろう。私は最初、法隆寺の謎が解ければ、聖徳太子という人の謎もしぜんに解けると思っていた。しかし、どうやら、そうではないようである。その謎はなお深く、根本的に、稿を改めて取り組まねばならない。

認識の道は、限りなく困難な道であるが、また限りなく楽しき道なのである。

# 解説

秦恒平

## 一

梅原猛氏の一連の著作にふれはじめたころ、面白さのあまりに、たわむれて、しかし半分本気で私は綽名《あだな》を二つ付けた。〝猛然文学〟そして〝非小説〟と。

前者はともあれ、〝非小説〟は皮肉のつもりだった。むろん梅原氏に対してではない。昨今のさも〝小説らしい小説〟という〝小説以前〟の汎濫《はんらん》に呆《あき》れて、いっそそんな怠惰な常識や通念に捉《とら》われない、名だけは居直りじみるが〝文学〟と呼ぶに値する〝非小説〟の面白いのが読みたかったからだ。

ただし梅原氏の場合、〝文学〟〝小説〟と呼ぶにはなお少しく褒《ほ》めすぎの感があり、このさきそう願いたいという期待を今ももっている。『隠された十字架』(毎日出版文化賞)や『水底《みなそこ》の歌』(大佛《おさらぎ》次郎賞)などを、名実備わった〝論証〟〝考察〟として十分面白く読んだことと、この期待が、矛盾するとはけっして思わない。

〝論考〟をはらんだ著述は〝文学〟〝小説〟になりえないと思うのは、幸田露伴の『連環記』、森鷗外の『澀江抽斎《しぶえちゅうさい》』、夏目漱石の『文学評論』などの面白さを忘れ、これまた〝小説らしい小説〟という今や悪しき常識や通念に毒されているにすぎない。

梅原猛氏が大正十四年（一九二五）仙台に生れ、昭和二十三年京都大学哲学科を卒業、立命館大学教授、京都市立芸術大学学長を経て現在なお教壇に立つかたわら多方面に活躍される〝哲学者〟であるのは、広くよく知られている。紙数に限りもあり、この稿ではあえて略歴以上の紹介を割愛させていただく。

そうは言いながら私は途惑っている。この本にいわゆる〝解説〟が要るのだろうか、と。梅原氏は総じて反復力説する人だから、行文にしたがっていねいに読めば著者の主張はそれなりにはっきり伝わる。ただし、それでいて一般に妙に読み洩《も》らしている、もっとだいじそうな著者の本音が、表むき論旨のほかに私には聴こえてしかたがない。これはもう〝解説〟でなく、一読者の頑《かたくな》な読みを、お節介までに厚顔に披露するにすぎぬとも、あらかじめお断りしておく。

『隠された十字架――法隆寺論――』は、当時季刊誌だった「すばる」に三回にわたり連載ののち、昭和四十七年五月に出版され、版を重ねつづけてきた。その間には坂本太郎氏の「法隆寺怨霊《おんりょう》寺説について」（日本歴史第三百号）などを皮切りに厳しい批判や反論もあらわれた。五十年刊の上原和氏『斑鳩《いかるが》の白い道のうえに――聖徳太子論――』

もその有力な一例であり、論の厳正を自身判断したい読者は、こうした発言にも無関心であってはなるまい。

しかもなお、この梅原氏の猛然たる著作はけっして否定し去られることなく、今また文庫本の一冊としてより広範囲の読者に手渡されようとしている。この不逞《ふてい》なまでの活火山的噴出力には、秘められた根源的な何らかのエネルギーが燃えつづけているのだろう。それは何か。

「法隆寺は怨霊鎮魂の寺！　美しく妙《たえ》なる法隆寺像はこの本によって崩壊する。大胆な仮説によって学界の通説に華麗な挑戦を行い、推理小説のような面白さで真実の古代史像をよみがえらせた知的冒険の書。」

単行本の帯にはさすがに要領をえたこういう文章が今も刷りこんである。ただし功罪半ばと言おうか、「法隆寺は怨霊鎮魂の寺！」式の結論・謎解《なぞと》きの答えをあんまり安易に読者が先取りしてしまうと、果敢かつ綿密な「知的冒険」の、算術ふうにいえば答ならぬ式の立て方の、えも言えない魅惑もさりながら、もっと本当はだいじそうな、表むきの結論や答よりもだいじそうな、梅原氏を猛然とかりたてている根本の〝哲学〟を、まんまと見喪《みうしな》いかねない。

「この本を読むにさいして、読者はたった一つのことを要求されるのである。それは、ものごとを常識ではなく、理性でもって判断することである。」「私は哲学を天職として選んだ。」「哲学の仕事は……常識を否定して、人々を懐疑の中につき落し、そこから新たに根源的な思惟《しい》をはじめさせようとする仕事である。」

梅原氏はことの初めに情熱的にそう提唱している。この情熱ぬきにただ〝言葉〟ただ〝常識〟を信じこんでいると、あやうく、胡散《うさん》臭い首領《ドン》がたとえば「親孝行をしよう」と音頭《おんど》をとるのを聞かされへへえと感じ入って勲章でもあげたいような、他愛ない錯覚に陥りかねない。「親孝行」といった常識的な言葉のあやつりに紛れてその欺瞞《ぎまん》をつい受け入れてしまいかねない。梅原氏の仕事にはたいがいこの種の欺瞞に対し、猛烈な批判が息づいている。法隆寺の謎に挑み謎を解きながら、梅原氏は、いわば欺瞞的な言辞を弄《ろう》して歴史を偽造することにより権柄《けんぺい》を恣《ほしいま》まにした手合いを、多感多彩な声と身ぶりとで告発しつづけるのである。

法隆寺には「分らないものがいっぱいある。その分らないところがまた法隆寺の魅力」と梅原氏は書きはじめる。この著者はだが、分らない点を分ろうとしないまま、いつか誤解と妄想《もうそう》が常識や通説となりかねないのを看過《みす》ごしにできない。差当ってはその辺からこの本への衝動が始まったと見当をつけることは出来るだろう。試みに、異例に詳細な本書目次から、大項目だけを順に拾ってみよう。

第一部　謎の提起（著者の考える法隆寺七つの謎）

第二部　解決への手掛り

幾何の図形を眺めるくらい揺ぎなく、いかに著者が自分の問題をあざやかに把握《はあく》しているかを、この目次は物語っている。梅原氏の物証や事例を把握する力は強く、強いあまり時として把握の対象を歪形《わいけい》させ、ひいては行文の動揺、重畳、煩縟《はんじょく》といったひずみも招きやすい。その著述が、概して明快な基本の構図をもつわりに長大に過ぎるのはそのためで、それで〝文学〟的感銘や〝小説〟的美学からはかけ隔ってくる。真に非小説の猛然文学たりうる素質は、梅原氏の場合、把握と表現とのアクの強い齟齬によって自身の手で損われる例が多いのは、惜しまれる。

## 二

　さて、では梅原氏は氏の「法隆寺論」にどんな〝哲学〟を、〝根源的思惟《しい》〟を、籠《こ》めたといえるのか。

「法隆寺は怨霊《おんりよう》鎮魂の寺!」だけではあるまい。またたとえば法隆寺の再建は早くも「和銅」年間に近い時期のこと、寺としての体裁が調《ととの》ったのもそれ以後「養老」年間のことで、持統七年以前とする通説は梅原説のまえに「雲散霧消」したとだけを力説しているのでもあるまい。あらまし右のような主筋の論旨をさまざまに補強する形をとりながら、じつは主筋以上に「日本」の理解に基本的な「梅原日本学」の主張が随処に露出しており、傾聴しかつ今後の追究をさらに望みたい卓見も幾つも見られる。

　たとえば「日本の思想」に関する近・現代の学問研究の欠陥として、神と仏、神社と寺院、神道《しんとう》と仏教とをとかく「分離」し、その「相似関係」を正しく把握してこなかったこと、とくに神社（神道）が本来もっていたはずの死や葬に関《かか》わる濃密な機能を十分見抜けていないのはまずいという指摘など、柳田国男の「山宮考《やまみやこう》」の着眼を正しく承《う》けたたいへん有効な指摘になっている。

また、「正直にいおう。私は現代の日本の美術史の方法論に、深い不満をおぼえる」と、芸術作品に対する綜合的《そうごう》、統一的、人間的視点を見失い、仏像も建築もただ「一般的様式の中に還元」して事足れりとしている学問の瑣末《さまつ》分解主義を真向から痛撃するのも、今さらと思うくらい、ともあれ本質探求の〃哲学者〃らしい。

そして右のような視線に照らされて、著者は概略二つの洞察へと導かれて行く。

一つには「祟《たた》り神」という「神信仰の起源」に渡来仏教がどう接近し、それがまた政治的打算にどう巧妙に組入れられながら、たとえば法隆寺五重塔に聖徳太子をめぐる「生—死—供養《くよう》—復活のドラマ」を表現した塑像《そぞう》群がどう造られたとか、八角円堂の夢殿は、怖《おそ》るべき屍霊《しりよう》を封じこめた「墓」にほかならぬとかいった推論が、迫力十分にくりひろげられる。

二つには『古事記』『日本書紀』の成立について、藤原不比等《ふひと》の名とともにあっと驚く仮説が示され、うち重ねて、奈良遷都《せんと》は藤原氏の宗教的（神仏両面）指導権を奪取し確立する「ねらい」があって実現したものとの推論を強めながら、一方に法隆寺「再建」の、他方に不比等らの正史「偽造」の、大きなからくりを力づよく発《あば》いて行く。

もとより梅原氏の〃論考〃が、相当の説得力をもって従前の常識や通説を大胆に否定し修正していることは、それ自体誰かの手でまた否定され修正されるかも知れぬことと、（著者も認めているように）すこしも撞着《どうちゃく》しない。〃批判〃はつねに必要だ。

だが、たとえば夢殿の秘密を猛然と解きあかすなかで、本書の主人公聖徳太子にむかって梅原氏がこう叫ぶ声は、どう聴けばいいか。

「怒れ、太子よ。あなたの内面に鬱積《うっせき》している怨念《おんねん》を、はげしい行動を伴う怒りに変えよ。あなたはなぜ藤原四兄弟（武智麻呂《むちまろ》、房前《ふささき》ら）だけでなく、藤原の血を引く支配者ども（聖武《しょうむ》天皇、光明皇后ら）をすべてあなたの怨念で全滅させなかったのか。……あなたは、大きな理想をもっていた。その理想はあなたを孤独にし、あなたの子孫を全滅させる原因となった。その理想とは、仏教という理想だった。『和を以《もっ》て貴しとす』、あなたは、あなたがつくった十七条の憲法でそういった。……太子よ。和という言葉は立派だ。しかし、あなたは知っているはずだ。和という言葉は、現支配者にとってはいつの場合も有利であり、被支配者にとってはいつも不利であることを。……和とは忍従の別名である。あなたは、今、あなたの子孫をすべて惨殺《ざんさつ》し、その子孫の救われざる霊魂ゆえに、冥途《めいど》からときたま帰ってくるあなたの亡霊をもここ（夢殿）に閉じこめ、そして藤原家の四人の権力者の偶然の死すらあなたのせいにして、冥途から来たあなたの霊をこのうす暗い八角の堂におしこめて行動の自由を奪い、その上、あなたの子孫の骨壺《こつつぼ》をあなた自身の手にもたせて子孫の鎮魂を行わせようとする、この残酷きわまる屈辱をも、あなたは和をもって耐えようとするのか。……太子よ和の道徳を捨てよ。」

この余の結論や謎《なぞ》解きの答がもしかりに否定されえても、この呼びかけだけは梅原氏は撤回しないのではないか。

太子には「聖徳」という名が与えられ、頭に釘《くぎ》打たれ全身を白布でぐるぐる巻きにされた太子等身大の夢殿の秘仏には「救世《ぐぜ》」観音という名が付けられている。このまたない佳《よ》い名前を工夫した「言葉の魔術師よ」と、梅原氏は叫びつづける。「後にお前の子孫たちは、自らの手で殺した早良《さわら》皇太子（桓武《かんむ》天皇の弟）を崇道《すどう》天皇とよび、自らの手で流竄《るざん》し憤死させた菅原道真《すがわらのみちざね》を天神様といい、海に沈んで死んだ幼帝を安徳帝と（すばらしい名で）よんだ。だまし討ちとほめ殺し、それがお前たち（皇室、藤原氏をはじめすべての権門勢家）のお家芸だ」と。

この叫びに耳をかさないでは、その余の精細な論証など、すべて知的冒険ならぬただ一堆《いったい》の知的快楽と化してしまいかねない。しかしこの恐ろしく真率な叫び声にじっと聴き入るなら、梅原氏がのちに柿本人麻呂《かきのもとのひとまろ》を論じ、山部赤人《やまべのあかひと》や大伴家持《おおとものやかもち》を論じ、また精力的に『古事記』や『日本書紀』を論じつづけたことの、〝論〟としての今後の試練はいかにもあれ、「日本」の国を本質的に見直し考え直そうとする哲学者の、身ぶりは大きいが説得力もすばらしく大きい提唱の意義にまで、眼も、手も、心も届かすことが可能になるだろう。

「太子よ、今こそあなたは和の精神を捨て、忍従を捨て、微笑を捨てて、聖徳とか救世という美名をあなたの子孫を惨殺した者たちの顔に投げ返さなければならない」と言い切る梅原氏が、太子ならぬ昭和の御代《みよ》に飼い殺しの安逸をむさぼっているわれわれ一億市民の敢然奮起を促していることは、疑いもない。敗者よ、起《た》て。

梅原氏が「和」の代りに何を国民の武器と考えているかは、見当がつかぬではない。私の思い入れ混じりに言えば、たとえば猛然の「猛」でも倭建《やまとたける》の「建」でもいい、もともとイズモ、クマソの敗亡土族が逞《たくま》しく心身に備えていたあの「タケル」、ヤマトの一皇子がたばかり奪い去った「タケル」こそ、それではないか。

ところが「消えたかタケル」——ヤマトの支配者たちは、土着民衆から吸収し肩代りした雄々しく端的な「タケル」を、じりじり変質させ、見喪って行った。ついには、たとえば聖徳太子は「和」を提唱し、太子一族を抹殺《まっさつ》した連中は「武」を手中に権謀を駆使した——。

と、かりに右のような上部構造の変貌《へんぼう》を顧みると、梅原氏は、聖徳太子ならぬじつは二十世紀の我々市民を叱咤《しった》し激励して、中世みごとに地下《じげ》から復活した世阿弥《ぜあみ》の聡明《そうめい》にも深く学びながら、遠き古《いにしえ》に敗亡の苦渋をなめた古代の祖先たちがもともと身に抱いていたあの誇らかな活力「タケル」を真に回復し、千年二千年来の怨念の矢を、的を見錯《みあやま》ることなく敵の頭上に射当てよと獅子吼《ししく》していることがわかる。

梅原氏は夢殿、救世観音はじめ幾つかの法隆寺仏像に具体的に言い及んだあと、こうも言う。「私はこの原稿を書きながら、恐ろしい気がする。人間というものが恐ろしいのである。仏様の頭に釘を刺し、しかもそれを何らかの技術的必要のように見せかけて、けろりとしている人間の心が恐ろしいのである。このように恐ろしいことなしに、政治は可能ではなかったのか。このような恐ろしいことなしに、日本の国造りは可能ではなかったのか。

従来ひとびとは、このような恐ろしい事実には全く気づかなかった。藤原氏がつくりあげた歴史に、見事にだまされていたからである。」

「藤原氏」を「現支配者」「権道を求める者」とでも言い換えながら、右の「政治」「国造り」という語を読みこめば、梅原氏のこの根源的な嘆きと恐れは、いかなる時代、今日只今《ただいま》も、つねに我々市民が強いられつづけているものだと分る。

梅原氏のいわゆる一連の「日本学」は、文字どおり野にあって覇道《はどう》、権道の不正と欺瞞《ぎまん》を猛然弾劾《だんがい》せずにいない怨念に血塗られているとも読めてくる。初心を貫いてほしいものだ。

（昭和五十六年三月、作家）

# 年表

| 西暦 | 年号 | 事項 |
|---|---|---|
| 五三八 | 宣化　三 | 百済聖明王より仏像・経論をおくられ、日本に仏教が正式に伝わる。一説に五五二年(欽明十三年)。 |
| 五七〇 | 欽明三一 | 蘇我稲目死ぬ。物部氏向原の仏殿を焼き、仏像を難波の堀江に流す。 |
| 五七四 | 敏達　三 | 聖徳太子生れる。 |
| 五八三 | 一二 | 火ノ葦北国造の子日羅、百済から来朝す。 |
| 五八四 | 一三 | 蘇我馬子、石川の宅に仏殿を営む。 |
| 五八五 | 一四 | 二月、蘇我馬子、仏塔を大野丘の北に建て、斎会を設く。三月、物部守屋・中臣勝海ら仏殿仏塔を焼く。八月、敏達天皇殁。九月、用明天皇即位。 |
| 五八七 | 用明　二 | 四月、崇仏の可否を群臣にはかる。用明天皇発病、殁する。七月、物部守屋滅ぼされる。八月、崇峻天皇即位。聖徳太子、四天王寺発願、馬子、法興寺発願。 |
| 五八八 | 崇峻　元 | 百済が仏舎利を献ず。僧・寺工・鑪盤博士・瓦博士・画工を送る。法興寺の造営はじまる。 |
| 五九二 | 五 | 十一月、馬子が崇峻天皇を殺す。十二月、推古天皇、豊浦宮に即位する。 |
| 五九三 | 推古　元 | 四月、聖徳太子摂政となる。この年難波に四天王寺着工される。 |
| 五九四 | 二 | 二月、仏教興隆の詔を発する。 |
| 五九五 | 三 | 五月、高句麗僧恵慈、帰化して聖徳太子の師となる。百済僧恵聡来朝す。 |
| 五九六 | 四 | 十一月、法興寺完成し、恵慈・恵聡が住す。 |

| | | |
|---|---|---|
| 五九七 | 五 | 四月、百済王子、阿佐来朝す。 |
| 六〇〇 | 八 | 新羅と任那が戦い、任那救援の境部臣ら新羅を破る。第一回遣隋使。 |
| 六〇一 | 九 | 二月、聖徳太子、斑鳩宮を造営する。 |
| 六〇三 | 一一 | 十二月、冠位十二階を制定する。秦河勝、聖徳太子より仏像を受けて峰岡寺（広隆寺）を造る。 |
| 六〇四 | 一二 | 四月、憲法十七条を制定する。 |
| 六〇五 | 一三 | 十月、聖徳太子、斑鳩宮に移住する。 |
| 六〇七 | 一五 | 七月、小野妹子を隋に遣わす（第二次遣隋使）。この年、法隆寺建立。 |
| 六〇八 | 一六 | 四月、小野妹子、隋使裴世清とともに帰国す。九月、小野妹子を再び隋に遣わす（第三次遣隋使）。この時、留学生、学問僧八人を随行せしむ。 |
| 六一三 | 二一 | 十二月、聖徳太子片岡山に遊行し、飢人にあい、飲食・衣服を与える。 |
| 六一四 | 二二 | 六月、犬上御田鍬らを隋に派遣する（第四次遣隋使）。八月、蘇我馬子病臥し、そのために男女四人を出家させる。 |
| 六一五 | 二三 | 十一月、高句麗僧恵慈帰国する。 |
| 六二〇 | 二八 | 聖徳太子・蘇我馬子と『天皇記』『国記』などをつくる。 |
| 六二一 | 二九 | 十二月、聖徳太子の生母穴穂部間人大后歿する。 |
| 六二二 | 三〇 | 二月、聖徳太子歿する（四九歳）。 |
| 六二六 | 三四 | 五月、蘇我馬子歿し、子の蝦夷が大臣となる。 |
| 六二八 | 三六 | 三月、推古天皇歿。この年、山背大兄王、斑鳩宮に居住している。 |
| 六三九 | 舒明一一 | 百済大寺を造営する。 |
| 六四〇 | 一二 | 五月、斎会を宮中に設ける。恵隠、『無量寿経』を講ず。 |

| | | |
|---|---|---|
| 六四一 | 一三 | 十月、舒明天皇歿。この年、浄土寺（山田寺）の造営はじまる。 |
| 六四二 | 皇極 元 | 一月、皇極天皇即位。蘇我入鹿執政。 |
| 六四三 | 二 | 十一月、蘇我入鹿、軽皇子（孝徳帝）ら山背大兄王を襲い、斑鳩宮焼かれる。山背大兄王とその一族、法隆寺で自殺する。 |
| 六四五 | 大化 元 | 六月、中大兄皇子ら蘇我入鹿を殺し、蝦夷、自殺する。軽皇子即位し孝徳天皇となる。大化改新はじまる。十二月、難波へ遷都。 |
| 六四七 | 三 | 九月二十一日、法隆寺に食封三百戸施入。 |
| 六四八 | 四 | 二月、四天王寺の塔に仏像四体安置す。 |
| 六四九 | 五 | 三月、蘇我倉山田石川麻呂、叛乱の疑いをかけられ自殺する。 |
| 六五〇 | 白雉 元 | 山背事件の功績者巨勢徳太および大伴長徳（馬飼）左右大臣となる。 |
| 六五三 | 四 | 中臣鎌足の長男定慧（十一歳）出家し、入唐する。この年、中大兄皇子、天皇と不和となり、皇極上皇らと難波より飛鳥へ移る。 |
| 六五四 | 五 | 十月、孝徳天皇、難波に歿し、磯長陵に葬られる。御物釈迦像制作。 |
| 六五五 | 斉明 元 | 一月、皇極上皇、飛鳥板蓋宮に即位、斉明天皇となる。この冬、板蓋宮焼けて飛鳥川原宮に移る。 |
| 六五六 | 二 | 『維摩経』を誦し、中臣鎌足の病回復を祈る。 |
| 六五七 | 三 | 中臣鎌足、維摩会をはじめて行う。 |
| 六五八 | 四 | 四月十五日、播磨国の領地を賜う。五月、建皇子歿（八歳）。十一月、有間皇子殺される。 |
| 六六一 | 七 | 七月、斉明天皇、歿。中大兄皇子、称制する。 |
| 六六三 | 天智 二 | 八月、日本軍、白村江において唐軍に敗れる。この年、山田寺の塔完成。 |

| | | |
|---|---|---|
| 六六五 | 四 | 九月、定慧帰国。十二月、定慧毒殺される。 |
| 六六六 | 五 | 野中寺の弥勒菩薩像、法隆寺の金銅半跏思惟像成る。（共に丙寅年銘） |
| 六六七 | 六 | 三月、近江大津宮に遷都。この年、金堂薬師如来像成る。 |
| 六六八 | 七 | 一月、中大兄皇子即位し、天智天皇となる。この年、中臣鎌足ら近江令を撰定する。 |
| 六六九 | 八 | 十月、天皇、中臣鎌足の病を見舞う。大織冠を授け、内大臣とし、藤原の姓を賜う。鎌足歿す（五六歳）。冬、法隆寺、出火。 |
| 六七〇 | 九 | 四月三十日、法隆寺全焼する。 |
| 六七一 | 一〇 | 十二月、天智天皇歿す。 |
| 六七二 | 天武元 | 壬申の乱起る。 |
| 六七三 | 二 | 二月、大海人皇子即位し、天武天皇となる。三月、始めて一切経を川原寺で写す。十二月、百済大寺を高市に移して再建する（高市大寺）。 |
| 六七六 | 五 | 十一月、使いを諸国に遣わし、『金光明経』を講読させる。 |
| 六七七 | 六 | 九月、高市大寺を大官大寺と改める。 |
| 六七九 | 八 | 四月、法隆寺の食封停止。諸寺の名を定める。 |
| 六八〇 | 九 | 四月、諸寺の食封の年限を三十年と定める。橘寺失火。 |
| 六八一 | 一〇 | 二月、律令撰定の詔を出す（浄御原令）。 |
| 六八三 | 一二 | 法隆寺金堂釈迦三尊成る。三月、僧正・僧都・律師を置き、僧尼を統率させる。この夏、始めて宮中に安居を行う。 |
| 六八四 | 一三 | 法起寺建造開始する。 |
| 六八六 | 朱鳥元 | 九月、天武天皇歿。皇后（持統）称制する。十月、大津皇子、謀叛の罪に問われて自害させられる。 |

| | | |
|---|---|---|
| 六八八 | 持統　二 | 十一月、天武天皇を大内陵に葬る。 |
| 六九〇 | 四 | 一月、持統天皇即位する。 |
| 六九二 | 六 | 四月、藤原宮造営。 |
| 六九三 | 七 | 十月二十六日、法隆寺に経台その他を施入する。 |
| 六九四 | 八 | 五月、『金光明経』百部を諸国に送り、毎年正月に読ませる。この年、法隆寺に『金光明経』一部八巻が下賜される。 |
| 六九七 | 文武　元 | 八月、持統天皇譲位して太上天皇という。軽皇子即位して文武天皇となる。七月、薬師寺の仏像の開眼供養を行う。 |
| 六九八 | 二 | 八月、不比等とその子孫以外の藤原氏を中臣の姓に帰し、中臣には神事を司らせる。十月、薬師寺成る。 |
| 七〇〇 | 四 | 三月、道昭歿し、火葬する。火葬の始。六月、刑部親王・藤原不比等らに律令を撰定させる。 |
| 七〇一 | 大宝　元 | 八月、大宝律令成る。 |
| 七〇二 | 二 | 十二月、太上天皇歿する。 |
| 七〇六 | 慶雲　三 | 法起寺成る。 |
| 七〇七 | 四 | 六月、文武天皇歿する。七月、元明天皇即位する。 |
| 七一〇 | 和銅　三 | 三月、平城京遷都。この年、山階寺を奈良に移し、興福寺と改称する。 |
| 七一一 | 四 | 法隆寺五重塔塑像および中門仁王像成る。再建法隆寺の完成。 |
| 七一二 | 五 | 一月、『古事記』成る。 |
| 七一五 | 霊亀　元 | 六月、斎を弘福、法隆の二寺に設ける。九月、元明天皇譲位し、元正天皇即位する。 |
| 七一六 | 二 | 五月、大官大寺（大安寺）を左京に移す。 |

| | | |
|---|---|---|
| 七一八 | 養老 二 | 九月、法興寺（元興寺）を奈良に移す。この年、薬師寺を奈良に移す。法隆寺西円堂建立。道慈（大宝元年入唐）帰朝する。 |
| 七一九 | 三 | 法隆寺へ舎利五粒と檀像一具が唐より施入される。 |
| 七二〇 | 四 | 五月、『日本書紀』成る。八月、藤原不比等歿す。この年川原寺の僧道明、長谷寺を建立。 |
| 七二一 | 五 | 八月、興福寺北円堂建立。十二月、元明天皇歿す。 |
| 七二二 | 六 | 十二月四日、法隆寺に多くの財宝が寄進される。またこの年、食封三百戸施入される。 |
| 七二四 | 神亀 元 | 二月、元正天皇譲位し、聖武天皇即位。 |
| 七二六 | 三 | 七月、聖武天皇、興福寺東金堂を建立する。 |
| 七二七 | 四 | 法隆寺食封三百戸停止される。 |
| 七二九 | 天平 元 | 二月、長屋王、自殺させられる。八月、光明子、皇后となる。 |
| 七三〇 | 二 | 三月、薬師寺東塔が建立。四月、光明皇后興福寺五重塔を建立。 |
| 七三三 | 五 | 一月、橘三千代歿す。 |
| 七三四 | 六 | 一月、光明皇后、母橘三千代の菩提のために興福寺西金堂を建立。二月・三月、法隆寺に財宝寄進される。 |
| 七三七 | 九 | 天然痘により藤原房前等四兄弟歿す。 |
| 七三八 | 一〇 | 四月十二日、法隆寺に食封二百戸施入される。また多くの財宝が寄進される。 |
| 七三九 | 一一 | 四月、斑鳩宮跡に東院伽藍造営される。 |
| 七四七 | 一九 | 二月十一日、『法隆寺資財帳』成る。 |
| 七四八 | 二〇 | 行信、聖霊会を始行する。 |

# 図版目録

（上の数字はページ、カッコ内は写真撮影・提供者名）

四〇三　室生寺の釈迦如来（同）
四〇四　薬師如来の印相（坂本写真研究所）
四〇六　雲岡第六洞仏像（小川光三）
四一二　善光寺前立本尊（善光寺）
四一三　聖徳太子および二王子像（小川光三）
四一七　釈迦如来脇侍の印相（坂本写真研究所）
四二一　戒壇院の邪鬼（小川光三）
四二三　持国天と七星文銅大刀（同）
四二四　多聞天と百万塔（同）
四二七　阿弥陀如来（壁画）（同）
四三九　雲形斗栱（同）
四四二　舎利容器（講談社）
四四九　塔東面の塑像（小川光三）
四五〇　塔西面の塑像（同）
四五一　塔南面の塑像（同）
四六九　塔西面塑像中の舎利瓶（同）
四七一　夢殿の宝珠
四七一　救世観音の宝珠（小川光三）
四七二　玉虫厨子の捨身飼虎図（同）
四七三　玉虫厨子の施身聞偈図（同）
四八〇　東院伽藍復原図
四八九　行信像（小川光三）
四九一　西円堂（同）
四九二　興福寺北円堂（同）
四九三　栄山寺八角堂
四九五　夢殿内部
五〇五　救世観音の顔（小川光三）
五〇五　モナ・リザの顔
五二一　救世観音の横面
五二一　百済観音の横面（坂本写真研究所）
五二六　釈迦如来の白毫（小川光三）
五二七　釈迦如来脇侍の背面（スケッチ）
五二八　平城京跡の人形（奈良国立文化財研究所）
五二九　増長天
五五二　聖徳太子二歳像（小川光三）
五五四　聖徳太子七歳像（同）
五五四　聖徳太子十六歳像（同）
五六一　聖霊会・夢殿前での楽人（著者）
五六二　聖霊会・東院から西院へ行く菩薩行列（同）
五六三　聖霊会・行列の中心の舎利御輿（同）
五六四　聖霊会・轅に乗った諷誦師（同）
五六五　聖霊会・薬師如来の前に置かれた舎利と太子七歳像（同）

この作品は昭和四十七年五月新潮社より刊行された。

## 新潮文庫最新刊

松原始著
カラスは飼えるか
頭の良さで知られながら、嫌われたりもするカラス。この身近な野鳥を愛してやまない研究者がカラスのかわいさ面白さを熱く語る。

五条紀夫著
クローズドサスペンスヘブン
俺は、殺された――なのに、ここはどこだ？天国屋敷に辿りついた6人の殺人被害者たち。「全員もう死んでる」特殊設定ミステリ爆誕。

A・ハンセン
M・ヴェンブラード
久山葉子訳
脱スマホ脳かんたんマニュアル
集中力がない、時間の使い方が下手、なんだか寝不足。スマホと脳の関係を知ればきっと悩みは解決！　大ベストセラーのジュニア版。

奥泉光著
死神の棋譜
将棋ペンクラブ大賞文芸部門優秀賞受賞
名人戦の最中、将棋会館に詰将棋の矢文を持ち込んだ男が消息を絶った。ライターの〈私〉は行方を追うが。究極の将棋ミステリ！

逢坂剛著
鏡影劇場（上・下）
この〈大迷宮〉には巧みな謎が多すぎる！不思議な古文書、秘密めいた人間たち。虚実入れ子のミステリーは、脱出不能の〈結末〉へ。

白井智之著
名探偵のはらわた
史上最強の名探偵VS.史上最凶の殺人鬼。昭和史に残る極悪犯罪者たちが地獄から甦る。特殊設定・多重解決ミステリの鬼才による傑作。

# 隠《かく》された十《じゆう》字《じ》架《か》

―法隆寺論―

新潮文庫　う-5-1

昭和五十六年四月二十五日　発行
平成十五年四月二十五日　四十四刷改版
令和五年四月十五日　六十刷

著者　梅《うめ》原《はら》猛《たけし》

発行者　佐藤隆信
発行所　株式会社新潮社
郵便番号　一六二―八七一一
東京都新宿区矢来町七一
電話　編集部(〇三)三二六六―五四四〇
　　　読者係(〇三)三二六六―五一一一
https://www.shinchosha.co.jp

価格はカバーに表示してあります。

乱丁・落丁本は、ご面倒ですが小社読者係宛ご送付ください。送料小社負担にてお取替えいたします。

印刷・株式会社光邦　製本・株式会社大進堂



ISBN978-4-10-124401-3 C0115